高等学校经济与管理类系列教材

U0652009

管理学 （第二版）

主　编 ◇ 金润圭

副主编 ◇ 杨　蓉　符全胜

华东师范大学出版社

·上海·

图书在版编目(CIP)数据

管理学/金润圭主编. —上海:华东师范大学出版社,
2014.12
ISBN 978-7-5675-2916-8

Ⅰ.①管… Ⅱ.①金… Ⅲ.①管理学-高等学校-
教材 Ⅳ.①C93

中国版本图书馆 CIP 数据核字(2015)第 008311 号

管理学(第二版)

主　　编　金润圭
副 主 编　杨　蓉　符全胜
项目编辑　孙小帆
审读编辑　崔　攀
责任校对　时东明
装帧设计　孔薇薇

出版发行　华东师范大学出版社
社　　址　上海市中山北路 3663 号　邮编 200062
网　　址　www.ecnupress.com.cn
电　　话　021-60821666　行政传真 021-62572105
客服电话　021-62865537　门市(邮购)电话 021-62869887
地　　址　上海市中山北路 3663 号华东师范大学校内先锋路口
网　　店　http://hdsdcbs.tmall.com

印 刷 者　常熟市文化印刷有限公司
开　　本　787×1092　16 开
印　　张　20.5
字　　数　450 千字
版　　次　2015 年 2 月第 2 版
印　　次　2021 年 7 月第 3 次
书　　号　ISBN 978-7-5675-2916-8/F·317
定　　价　43.00 元

出 版 人　王　焰

(如发现本版图书有印订质量问题,请寄回本社客服中心调换或电话 021-62865537 联系)

前　言

　　管理是人类的一种特殊活动。物质生产是人类的基本活动,管理则首先与人类的生产活动紧密相联。只要有生产活动,管理就不可避免。这正如马克思所比喻的那样,一个乐队离不开指挥,生产也须臾离不开管理。生产活动需要投入劳动、资本和管理等要素。在一定的条件下,劳动与资本可以互相替代,但是管理与其他生产要素之间不存在替代关系。管理是劳动、资本等要素的一种补充,没有这种补充,其他的生产要素就不能合理配置,就不能转化为生产力。随着人类社会的发展,人类活动已经不仅仅局限于生产,管理也从基本的生产管理扩展到经营管理、行政管理、公共管理、文化管理等各个领域。在 21 世纪,管理活动在整个社会中简直是无处不在,无时不有。今天,我们随意打开百度搜索引擎,搜索"管理"这个词,符合条件的就有100 000 000 项以上。管理的普遍性和重要性,从中可见一斑。

　　有关管理的实践活动,可以追溯到数千年前。埃及人在建造金字塔时已经运用了规划、组织和控制职能。罗马帝国设计了一种精密的组织结构,极大地方便了沟通和控制。我国早在 1 500 年前就建立了复杂的政府组织结构。很难想象,如果没有有效的组织与管理,蔚为壮观的万里长城怎么能够建成? 尽管管理的历史源远流长,但是管理本身却一直得不到应有的重视。真正认识、研究,并逐渐形成比较系统的管理理论直到 19 世纪才初见端倪。20 世纪初以来,基于资本主义大生产的实践和社会的发展,西方很多管理者和理论家相继提出了科学管理、行政管理、行为科学、管理科学等系统的管理理论。管理实践不断发展,管理理论层出不穷,以至于形成了管理丛林。在当代,各种各样的管理理论又在走向融合。我国古代一些思想家虽然曾经关注管理活动,有过一些关于管理的基本思想,但是中国长期以来处于封建社会,没有工厂式的大生产。所以,有关管理的一些思想是间接的、零星的,主要表现在文化和哲学层面。我们之所以重新学习我国古代的管理思想,为的是站在 21 世纪管理学的高度,寻求中华文化与思想之根,中西结合,博采众长,以建立适合中国文化传统的管理理论与思想。

　　管理学是专门研究管理实践及其理论的科学。管理实践和理论的发展,为管理学这门学科的建立和发展奠定了基础。从第一本《管理学》问世至今,无数的人从中得益。管理人员、准管理人员以及学生从管理学中了解管理是什么,应该如何进行管理。管理的实践者从管理学中将自己的管理实践上升到理论,从必然王国逐渐走向自由王国。没有管理实践的学生或准管理人员,从管理学中获取间接经验和管理理论,为今后从事管理实践奠定基础。当代世界各国的管理水平的极大提高,管理学的发展功不可没。正如美国著名的管理学家彼得·杜拉克所指出的,在人类历史上,还很少有什么事比管理学的出现和发展更为迅猛,对人类具有更为重大和更为激烈的影响。

全世界管理学教材虽然汗牛充栋,但是仍然年年有新版,一本胜似一本,层出不穷。这主要是因为:管理学基于管理的实践及其理论的发展,环境变化了,实践发展了,理论就要有创新。2008年,我和我的同事出版了《管理学》,希望通过自己的努力,写出具有时代特点的管理学教材。时光如白驹过隙,一晃就过去了四五年。虽然这本书得到了广大读者的好评和支持,但是一本管理学教材如同计算机软件一样,往往自问世之日起就意味着可能过时,需要不断地进行更新或升级,以适应环境变化的需要,概括和总结新鲜的实践经验。因此,我们决定将《管理学》升级到2.0版。

第二版除了继续保持第一版教材的综合性、继承性、新鲜性和参与性等特点外,主要在以下几个方面作了修改。

第一,近年来,新的事物如移动互联网等发展很快,相应地,管理实践也屡屡创新,人们对管理的认识也日益深化。新思想、新观点如雨后春笋般发展。因此,第二版在总结以往管理经验的基础上,注意吸收能反映现代管理的最新观点和思想。

第二,管理不仅仅是理论与概念,更重要的是其实践活动。管理学的教和学,离不开对典型的管理实践活动进行分析和研究。管理案例是对典型的管理实践活动的描述,如同医学、法学等学科一样,案例教学是学好管理学的重要途径。第二版对原有的案例进行了梳理、修改和增减,并尽可能使用中国管理案例,同时也保留了经典的案例。

第三,修改了与目前社会经济环境不相匹配的内容,删除了明显过时的内容。

这本教材的体系框架大致分成三个部分:第一部分是导论,包括第一章、第二章、第三章和第四章,主要分析管理的一般性问题,管理思想的发展以及管理的环境;第二部分是管理的职能,包括第五章、第六章、第七章、第八章,从决策和规划、组织、领导、激励与沟通、控制五个方面阐述了现代管理的职能;第三部分是管理职能在当代的深化和延伸,包括第九章和第十章,着重探讨了管理创新和国际化问题。全书各章都设计了小结、案例和思考题。

本书的参编人员都是多年从事管理学教学的教授们,他们在教学活动中积累了丰富的经验和心得。参加本书第一版编写的人员(按姓氏的字母顺序排列)有:方奕(第一章、第六章)、侯仕军(第四章、第十章)、胡平(第二章、第五章)、黄焱(第七章、第八章)、金润圭(前言、第九章)、潘晓云(第三章)。金润圭教授担任主编,侯仕军为编写组的学术秘书。

在第二版修改的时候,教授们在内容、案例选择、思考题设问等各个方面,充分考虑和吸收了老师、学生,以及很多读者对第一版教材的意见。参加第二版编写的人员是:方奕(第一章)、符全胜(第二章、第三章)、侯仕军(第四章、第十章)、金润圭(前言、第九章)、杨蓉(第五章、第八章)、张琰(第六章、第七章)。其中,金润圭教授担任主编,负责全书的体系设计、修改和定稿。杨蓉教授、符全胜副教授担任副主编,协助主编。

本书的出版要感谢华东师范大学出版社的前社长朱杰人和编辑曹利群、赵建军、孙小帆,没有他们的支持和帮助,没有他们的辛勤劳动,《管理学》及其第二版的出版,是不可能的。

本书适合高等院校管理以及非管理专业的学生,也适合管理人员的自修。如果这本管理学能够为我国各行各业管理水平的提高作出微薄的贡献,我们就感到心满意足了。第二版问世之日也是更新之时,我们恳请读者对今后教材的不断升级提出宝贵的意见。

金润圭

2014 年 10 月 29 日于华东师范大学

目录

第一章
导　　论

2012年，曾是中国冰箱"四朵金花"之一的新飞电器，正陷入内忧外患中难以自拔。内部，上万名工人要求涨薪及调整部分管理层；外部，新飞电器的行业地位和市场份额急剧下跌，前景堪忧。这是自新加坡丰隆亚洲公司接手新飞6年以来，内部矛盾的集中爆发。

2006年，丰隆亚洲获取了新飞电器90%的股权，同时也获得了新飞电器的经营权。接手新飞之后，管理层的重点放在了改观"国企"的通病之上，进行了一系列改造，包括完善企业制度、规范和流程，高层大换血以及企业文化再造，旨在改变新飞的国企运作模式，将国际化、专业化的理念和模式引入新飞，提高新飞的管理水平。然而在诸多经历了中方管理时代的新飞前高层和员工看来，管理制度的变革同样给新飞电器带来了效率低下、人浮于事的弊病。此前新飞电器实行扁平化管理，从董事长、总裁至企业一线只有两个环节的模式，帮助新飞实现了突飞猛进式的增长。但是没有多少制造业管理经验的丰隆亚洲团队入主新飞之后，基本废弃了扁平化管理体系，管理层变得越来越多，而管理人员的权限却在削减，事情越来越难办，新飞面对快速变化的市场反应也越来越迟钝。

在丰隆亚洲获得经营权之后，此前的一些颇有威望的中方高层就逐步离开或被调离原来的岗位，带走了经验和人脉。即便是由丰隆亚洲任命的新飞高层也在不断变换。新上任的高管又没能带领新飞取得好的业绩，工人的待遇也没有改善。而且由控股方所任命的部分高管管理方式非常粗暴，令工人们愤怒。老员工们怀念中方管理时代，那时候管理层和员工们打成一片，管理方式都非常"亲民"。职业经理人不断调换，也是导致新飞不能确定长期发展战略的重要原因。

新飞电器不得不面对的一个现实窘境就是严重的亏损，行业地位急剧滑落。新飞换标之举被认为是挽救颓势的关键步骤。2012年9月，新飞的新标识"Frestec新飞"正式亮相，流畅的英文线条之上，善于搏击长空的"老鹰"被喜于海面飞行的"海鸥"替代。丰隆亚洲认为新的标识柔和时尚，更加贴近年轻消费群体，也更契合国际市场，展现了品牌形象。但是很多员工并不认可新标识，认为换标没有继承原有公司"鹰"的文化。雄鹰标识已经传承了28年之久，即便更改也应该基于已在消费者心目中形成的标识基础之上。

丰隆亚洲对新飞电器导入的国际化管理遭遇了"水土不服"，没有达到预期效果，反而冲淡了中方管理时代留下的企业DNA。处于风波中的新飞将如何度过严冬？[①]

人类的管理活动具有普遍适用的规律，所以管理学应作为一门科学去认真学习，但是某种管理理论或者经验并不是一副包治百病的灵丹妙药，管理具有很强的实践性，管理上的挑战是无穷无尽的，所以管理者要动用智慧去思考，去探索，去创新。管理是科学和艺术的结合。

第一节　管理及其特性

管理是什么？对于一个从未亲历管理工作的人或从未学习过管理知识的人来说，就

---

① 陈都，李泽民. 新飞电器折翅背后："国际化管理"水土不服. http://www.nbd.com.cn，2012-10-16.

像雾里看花,朦胧而神秘,说也说不清。然而,即便对于有些正在从事管理工作的人来说,也未必明了管理的含义,甚至于十分困惑。管理就像空气一样无时无刻不围绕在人们的身边,能感觉它的存在,却又很难勾勒出清晰的轮廓。因此,无论是学习管理知识还是从事管理实践工作,"管理是什么"都是首先要面对的问题。

一、管理的概念

管理在人类活动中无所不在。人类的管理实践几乎和人类历史一样悠久。管理实践最初萌芽在远古时代人类与大自然的抗争之中。在原始部落中,人类以群体合作的方式来实现个体无法完成的生存与发展目标。在漫长的人类发展历程中,随着社会生产力的不断发展,人类活动的群体性有过之而无不及,尤其是在工业化革命之后,分工经济的发展使得各类组织层出不穷而又相互依存,管理实践即表现在这些有目的的组织活动中。因此,要理解管理的概念首先要认识"组织"。

我们的社会已经是一个组织的社会。从我们出生开始便身处于各种各样的组织之中。我们在医院里出生,在学校里受教育,走上社会之后又在各种各样的单位里工作。我们每天需要的生活用品、所使用的公共设施、所享受的各种服务等无不是各类组织提供的。我们不是管理别人就是被别人管理着。这些形形色色的、无处不在的被亨利·明茨伯格称之为"奇异的集体怪兽"的组织正在深刻地影响着我们的生活和我们的社会。

对于组织(Organization)的界定,巴纳德(Chester I. Barnard)认为"正式组织是有意识地协调两个或两个以上的人的活动或力量的一种系统"[1],他强调的是一种人与人之间的合作关系。罗宾斯(Stephen P. Robbins)认为"组织是对完成特定使命的人们的系统性安排"[2]。明茨伯格(Henry Mintzberg)认为组织是"为了追求一个共同的使命而出现的集体行为",是"一群人集合在一个明确的标志下,一起生产某种产品,提供某种服务"。[3] 从这些关于组织的定义表述中可以总结出以下几个要点:①每一个组织都有共同的目的;②每一个组织都是由一群人组成的,而且人们愿意为实现共同的目的做出努力;③每一个组织都具有反映内部工作关系的系统性结构。

尽管当今的人类已经拥有了日益强大的科学技术,有足够的能力谋求自身的生存和发展,但是,所有的活动仍然高度依赖于各种各样、大大小小的组织。组织存在的意义就在于它可以协调个人的努力,整合群体力量去完成个体力量无法完成的任务,发挥出远远大于个体力量之简单总和的效应,并且在目标的实现中使得个体利益和组织利益均得到适当的满足。组织的最初成立基于人们共同的目标和合作意愿,组织的持续存在则取决于它在一定的环境条件下实现目标的能力。每一个组织无不通过管理来谋求自身的生存和发展,有组织存在就有管理存在。

何谓管理(Management)? 很多著名的管理学家都给管理下过定义。在弗雷德里克·

---

① 切斯特·I·巴纳德. 经理人员的职能[M]. 王永贵,译. 北京:机械工业出版社,2007:50.
② 斯蒂芬·P·罗宾斯. 管理学(第四版)[M]. 黄卫伟,等,译. 北京:中国人民大学出版社,1997:4.
③ 亨利·明茨伯格. 明茨伯格论管理[M]. 闫佳,译. 北京:机械工业出版社,2007.

泰勒(Frederick Winslow Taylor)的科学管理研究中,管理被认为是用科学的方法去做好一项工作;亨利·法约尔(Henri Fayol)认为管理是企业所有活动中的一项,"管理是计划、组织、指挥、协调和控制"。[①] 他所提出的是管理的五项职能,管理就是从事这五个方面的活动。尽管法约尔只是提出了管理的职能,没有给出一个确切的概念,但是此后众多的管理定义都是以此为基础发展的。罗宾斯认为"管理是指同别人一起,或通过别人使活动完成得更有效的过程";[②] 海因茨·韦里克(Heinz Weihrich)和哈罗德·孔茨(Harold Koontz)认为"管理是设计并保持一种良好的环境,使人们在群体状态下高效率地完成既定目标的过程"。[③] 国内学者对管理的定义有,周三多等认为"管理是社会组织中,为了实现预期目标,以人为中心进行的协调活动"[④];芮明杰等认为"管理是对组织的资源进行有效整合以达到组织既定目标与责任的动态创造性活动"。[⑤]

对管理概念的理解应当建立在以下认知上。首先,管理存在于组织中,而且是对处于特定环境中的组织活动的管理。其次,管理是有目的的,管理的目的是不仅要实现组织的目标,而且要通过组织资源的调配更加有效率地达到目标。简而言之,管理的目的是让组织的活动有效率、有效果。第三,管理的过程是协调的过程,是对组织内部成员关系进行协调,同时也对组织和外部环境的关系进行协调。因此,我们认为管理是在特定的环境条件下,通过计划、组织、领导、控制等职能,调配组织资源以实现组织预期目标的协调过程。

二、管理的特性

组织是管理存在的前提,管理是一切组织正常运行的保证。正如一个乐手不能成为一支乐队,一支乐队就需要一个指挥,没有指挥,就不能保证乐手们之间的良好配合,就会影响演奏的效果。在一个组织中,没有管理,就无法彼此协作地进行工作。有效的管理,不仅可以放大组织系统的整体功能而且可以有效地实现组织的目标。为什么在相同的物质条件和技术条件下,不同的组织会产生效益或效率方面的差别,这主要是由于管理水平的差异造成的。管理有其自身的特性,认清管理的特性有助于管理者将管理理论和管理实践有机地结合起来。

(一)科学性

管理是一门科学,意味着管理有一些本质上的规律可遵循。人们在长期的管理实践中总结出管理的一般原理、原则和方法,对管理者从事管理活动予以普遍性的指导。管理具有科学性,就要求人们按照管理的规律来办事,在科学的管理理论与原则的指导下,使管理工作做得更加有效,使管理实践少走弯路。比如,当一个公司刚创立的时候,由于员工较少,管理层次较少,管理者有能力通过自己的努力全方位地管理公司的各个方面。当

① 亨利·法约尔.一般管理和工业管理[M].北京:机械工业出版社,2007:6.
② 斯蒂芬·P·罗宾斯.管理学(第四版)[M].黄卫伟,等,译.北京:中国人民大学出版社,1997:4.
③ 海因茨·韦里克,哈罗德·孔茨.管理学——全球化视角(第十一版)[M].北京:经济科学出版社,2004:4.
④ 周三多,陈传明,鲁明泓.管理学——原理与方法(第四版)[M].上海:复旦大学出版社,2005:11.
⑤ 芮明杰,等.管理学——现代的观点(第二版)[M].上海:上海人民出版社,2005:15.

公司发展到一定阶段时,由于公司规模的逐步增大,或者业务范围的不断扩展,管理层次随之而增加,管理者的精力已经无法顾及公司的方方面面,此时必须遵照管理的科学性要求,通过建立相应的组织结构和组织制度,使公司的管理规范化、制度化,以保证公司的运转步入正轨。

孔茨认为"医生如果不掌握科学,几乎和巫医一样;而高级管理人员如果不具备科学管理知识,则工作中只能碰运气、凭直觉或照老经验行事"。[①] 承认管理的科学性不仅要求在管理实践中运用已有的管理理论和方法,也要求人们在不断的管理实践活动中总结和探索新的理论和方法,人类永无止境的管理活动会不断地促进管理科学的发展。毋庸置疑,在管理实践家和理论研究者的不懈探究下,管理学已经成为一门独立的科学,并且因为管理实践的广泛需求而成为社会科学的主流学科之一。在中国,自改革开放以来,为加快社会经济的发展,为适应不断变化的环境,上至政府,下至企业,对管理知识和技能的渴求达到了前所未有的强度。或许,这些年来在国内受人追捧、遍地开花的高校管理类专业以及 MBA、EMBA 教育项目等恰恰说明现代管理不再是拍拍脑袋的事情了,管理工作是要有理性基础的,是需要基本的理论和方法做指导的。

(二) 艺术性

古典名著《三国演义》中诸葛亮的智慧不仅体现在军事指挥上的出神入化,还体现在用人上。对刘备,诸葛亮从两个方面来"用",一是作为汉室合法经营人的招牌来用,另一个是作为这个组织的领导来用。关羽是刘备的结义兄弟,武艺高强、战功赫赫,又能独当一面,但是过于骄傲,诸葛亮对他既恭维又打击;张飞英勇善战,心直口快,诸葛亮就不断地挖掘他的潜能。赵云虽然没有参加桃园结义,但是赤胆忠心,诸葛亮总是把关键的任务交给他去完成,并充分肯定赵云的功劳,使赵云在诸葛亮经营蜀汉事业的过程中发挥了重要作用。诸葛亮高超的用人之道就是一种管理艺术的体现。

管理的艺术性是通过管理活动表现的。虽然管理理论反映了管理活动的科学规律,但是管理理论也不是万能的。因为,管理是一定情境下的管理,环境因素的变化要求管理模式和管理方法也要相应调整,管理者必须具备一定的应变能力。管理也是对特定组织中的人的管理,他们是一群有思想、有情感又各不相同的人,管理者对人际关系的协调同样需要很多技巧。比如现在的企业老板都会碰到炒员工鱿鱼的问题,这种看起来很简单的事情常常需要艺术化地处理。因为对于被解聘的人来说这是一件大事,如果处理不好,会使员工心存芥蒂,有可能散布一些对组织不利的言论,甚至会透露商业机密,给企业造成损失。一般来说,员工被辞退总是有一定原因的,当事人往往自己也心知肚明。而人都是有自尊心的,被人炒鱿鱼终究不是什么光彩的事情,因此,最好是让人适当地去点拨一下,让他自己提出辞职,给他留一点面子,这样做要比直接说"尽快交接工作,再到财务部拿钱走人"的效果好得多,因为保护了别人的自尊心也就保护了企业。即使是直接辞退员工,也要注意谈话的用语和态度,少提及他所犯的错误,更多地是鼓励他自信地面对今后的职业生涯。对辞退的员工多说几句"祝你前程似锦"、"欢迎常回来坐坐"、"以后有什么

---

① 海因茨·韦里克,哈罗德·孔茨. 管理学——全球化视角(第十一版)[M].北京:经济科学出版社,2004:9.

困难可以来找我"之类的客气话也会减少员工的怨恨。

概括地说,管理的艺术性就体现在要灵活地应用管理理论来处理实践中千差万别的问题,要达到这个境界,常常需要一些创新思维、创新方法去解决问题,因此,创造性是管理艺术性的重要表现。

管理是科学性与艺术性的结合,"科学和艺术不是相互排斥而是互为补充的",①对此人们都有了共识。德鲁克(Peter F. Drucker)也认为"管理就是传统意义上的人文艺术——它之所以被称为'人文',是因为它涉及知识、自我认知、智慧与领导艺术等基本要素;它之所以被称为'艺术',是因为管理是一种实践与应用"。②

（三）动态性

管理不是静止的,组织的运转不但受自身条件的影响,而且也受到环境因素的影响。这些内外部因素不是一成不变的,会随着时间、地点的不同出现不同的情况,因此,管理要根据这些变动适时地调整组织的整体目标,在动态的情况下做好管理工作。管理的动态特性要求管理者应不断更新管理观念,在处理管理问题时避免僵化的管理思想和方法,不能凭主观臆断行事,应遵守权变原则,随机应变,选择符合实际的管理行为和方法。正因为影响管理的因素是变化的,管理对其认识是有一定的局限性的,因此,管理应该留有余地,并充分重视信息的搜集,经常注意反馈以便随时进行调节,使管理保持一定的弹性。管理的动态性意味着管理也是一种变革活动,要求管理要有创新。只有变革和创新,才能及时适应客观事物各种可能的变化,有效地实现动态管理。如果管理者只做一些以前做过的事情,那么组织也会是一个墨守成规的组织。时间一长,组织就会停滞不前,甚至衰退。

（四）经济性

管理过程是配置组织资源,实现组织目标的过程。组织的资源不但是有限的,而且在配置资源时是有成本的,资源配置方式的不同、管理活动安排的不同都有机会成本的产生,因此管理也具有经济特性。组织应当充分有效地利用有限的资源,更好地实现组织的目标,即在特定的投入下得到更多的产出,或者是在既定的目标下投入最小,好的管理方法可以提高管理效率,产生直接或间接的经济效益。比如逐渐在国内企业界得到应用的企业资源计划(Enterprise Resource Planning,简称 ERP)就是一种可以提高管理效率,带来经济效益的管理系统。ERP 以先进的管理理论为基础,应用现代信息技术,为企业提供了决策、计划、控制和经营业绩评估全方位的管理平台,是自 20 世纪 90 年代以来在国际上通行的一种管理系统。ERP 可以对企业拥有的制造资源(如人、财、物、信息、时间、空间等)进行综合平衡和优化管理,可以协调企业生产经营各个环节,以市场为导向开展各项业务活动,有助于提高的市场竞争能力,取得较好的经济效益。

---

① 海因茨·韦里克,哈罗德·孔茨.管理学——全球化视角(第十一版)[M].北京:经济科学出版社,2004:9.
② 彼得·德鲁克.德鲁克管理思想精要[M].北京:机械工业出版社,2007:10.

第二节 管理职能

尽管组织的类型多种多样,组织的规模有大有小,组织的任务和目标也各不相同,但是管理活动都贯穿于资源配置的过程中并循环下去,那么管理活动一定存在共性的东西,即"管理者在做什么","管理者应该做什么",这就是管理的基本职能。

在20世纪初,亨利·法约尔就提出了管理的五项职能:计划、组织、指挥、协调和控制。此后也有不同的学者根据社会环境的新变化,对管理的职能进行了进一步的探究。古利克(Luther Gulick)和厄威克(Lyndall Fownes Urwick)在1937年提出了著名的"管理七职能",他们认为管理的职能是计划、组织、人事、指挥、协调、报告、预算。此后哈罗德·孔茨和西里尔·奥唐奈把管理的职能划分为计划、组织、人事、领导和控制,其中人事职能的提出是因为管理学家已经注意到了人的管理在管理行为中的重要性。孔茨还利用这些管理职能对管理理论进行分析、研究和阐述,最终得以建立起管理过程学派。管理决策学派的代表人物西蒙(Herbert A. Simon)认为组织活动的中心就是决策,因而突出了决策职能。此外还有学者将领导、沟通、激励、监督、创新等等都认为是管理的职能。管理学家们对管理职能的划分认识不一,一方面是因为他们所处的时代、环境等条件不同而导致对管理职能的划分界定不同,另一方面也是因为各管理职能之间并无严格的次序和界限,往往互相关联或交叉,造成了不同的职能划分。尽管说法很多,但是当代管理学家们对管理职能的划分,大体上没有超出法约尔的范围。无论组织的性质多么不同(如经济组织、政府组织、宗教组织和军事组织等),组织的管理中总有一些是最基本的、带有共性的活动,得到管理界广泛认同的管理基本职能是计划、组织、领导和控制(如图1-1所示)。

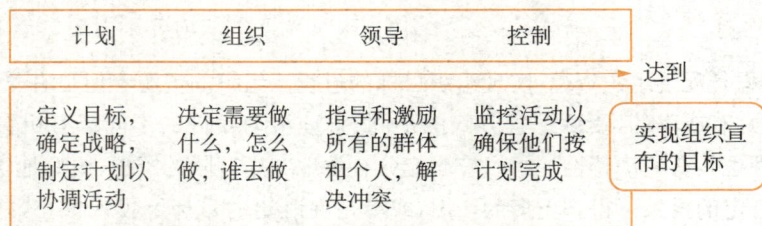

计划	组织	领导	控制	
				→ 达到
定义目标,确定战略,制定计划以协调活动	决定需要做什么,怎么做,谁去做	指导和激励所有的群体和个人,解决冲突	监控活动以确保他们按计划完成	实现组织宣布的目标

图1-1 管理职能

资料来源:斯蒂芬·P·罗宾斯,玛丽·库尔特. 管理学(第11版)[M]. 北京:中国人民大学出版社,2012:9.

一、计划(Planning)

所谓计划是预先对组织未来的活动进行安排。具体来说计划职能是根据组织的外部环境和内部条件,明确组织的目标,制定为达到目标所必需的战略决策和行动计划,并加以执行和监督的工作过程。

我们常说"商场如战场",激烈的竞争常常使管理者们想到"兵贵神速"、"先下手为强"等古训,然而,抢占先机、迎难而上未必就一定能克敌制胜,因为开发新产品、进入新市场需要各方面条件的保障，否则企业将面临高风险。有时，在竞争中主动慢一拍，等待最佳时机，也不失为一种高明的选择。换句话说，审时度势、扬长避短才是保证取胜的关键，这正是计划职能所要发挥的作用。

计划职能包括了决策、计划制定和活动实施。决策是组织为了实现一定的目标而对组织活动的方向、活动的方案作出分析、判断和选择的管理活动，是形成计划的前提。从管理活动的重要性来说，决策对组织的发展有着举足轻重的作用。

制定和实施计划是决策的逻辑延续，涉及组织目标的确定、战略的规划以及为实现目标而进行的具体活动安排。计划是组织成员的行动指南，是协调组织活动的依据，也是控制的标准。

组织活动面临着很多不确定性，决策和计划工作带有普遍性，其意义就在于使组织了解不确定的因素，以恰当的方式适应环境的变化，使组织有条不紊地展开各项活动，因此，计划是管理过程的首要环节，有了计划，其他的管理活动才可以展开。

二、组织（Organizing）

组织的计划必须落实在行动上。为了实现目标需要做哪些工作，由哪些人去做这些工作，这些工作之间是什么关系，如何协调这些关系等等，解决这些问题的工作就是组织职能。因此，组织职能就是根据组织活动的特点进行部门分工和岗位设计，合理安排人力资源，规定成员的职责和工作报告关系，从而形成一个有机的组织结构，使组织协调运行的管理活动。可以说，组织职能是实现组织目标的根本保证。

组织职能的首要任务是建立组织结构，也就是根据组织活动的要求和特点进行分工，形成不同的工作部门，并明确管理幅度和管理层次，同时要规定成员的职权和责任，保证组织资源的合理调配。人力资源是组织最重要的资源，所以，组织职能的另一项重要任务是人员的配备，也就是为各个岗位配备合适的人员。主要的工作内容有人力资源的规划、人员的选聘、人员的培训与开发以及人员的考核等。

组织职能的重要性并不仅仅体现在组织建立之初，而是一直贯穿于组织的持续运行中。因为组织的环境是不断变化的，组织的任务和目标也是不断调整的，这就需要对人员、岗位、组织结构等随之做出适应性的安排，甚至是较大的变革，所以组织职能不是一劳永逸的。组织职能作为管理的基本职能之一，是否能充分发挥作用既关系到组织的工作效率问题，也关系到组织自身发展成败的问题。

三、领导（Leading）

组织的各项任务最终将由组织成员来完成，组织目标能否实现也取决于组织成员的共同努力，人是组织中最具能动性的因素，所以管理者最终还是要做人的工作。领导职能就是管理者利用组织赋予的权力和自身的能力去激励和引导组织成员为实现组织目标而努力的管理活动。

具体来说，领导职能包括了以下活动：一是指挥和指导组织成员按照一定的计划进行工作。管理者拥有组织赋予的法定权力，可以命令下属承担相关的任务。二是激发组织成员的积极性,给予他们发挥创造性的机会,也就是激励成员。三是通过有效的沟通方式协调组织内部的人际关系,营造一个良好的工作环境。一个管理者不一定就是一个领导者,领导职能作用的发挥取决于领导的影响力。领导的影响力来源于两个方面,一个是组织赋予管理者的法定权力,这是履行领导职能的基础;另一个是来自于管理者自身的影响力,如个人的专长、魅力、才智、修养等。因为组织的领导工作归根到底是对成员的领导,所以管理者对人的态度直接影响到领导作用的发挥。如果管理者能够关心下属、激励下属、愿意帮助下属,关注人际关系的和谐和团队的建设,那么就能够吸引下属积极地投身于工作中。

组织成员在性格、素养、偏好、个人目标、价值观等方面都是有差异的,如何使存在差异的一群人能够认同组织的目标和价值观并自愿为之努力,在很大程度上取决于管理者的领导艺术。管理实践的艺术性在领导职能上体现得尤为突出。

四、控制(Controlling)

控制职能指的是检查、监督组织活动的进展情况,以便及时采取措施纠正偏差,确保计划及组织目标得以实现的过程。组织在实施计划的过程中会面对多种不确定因素的影响,无论是来自外部的影响还是来自内部的影响,都有可能导致计划执行的实际效果与预期目标产生偏离,为了保证组织活动与目标实现相一致,就必须对各方面的工作进行严格的检查和监督,以便及时发现问题和解决问题。

控制的对象往往反映了组织活动中的关键点,比如财务控制、人员控制、作业控制、绩效控制等。虽然控制的目标和手段不尽相同,但是"确定控制的标准→衡量实际绩效→分析偏差原因→纠正偏差"构成了控制的一般过程。无论是"防患于未然"还是"亡羊补牢,未为迟也",控制都是管理过程中重要的一环。

以上四项管理职能在所有的组织管理活动中都是普遍存在的,而且是处于不同组织层次上的管理者都要执行的基本职能。当然,因为每一个管理层次上关注的重点不同,在每一种基本职能的履行程度上会有所区别。高层管理者更着重于计划职能和组织职能,因为决策和资源分配是主要的工作;其次是领导职能,而对控制职能执行较少。中层管理者主要的职能重点在于领导和组织,计划和控制则不作为重点。基层管理者最主要的管理职能是领导职能,因为基层管理者是计划的执行者,直接和作业人员在一起;组织职能次之,计划和控制职能的履行程度则比较低。

管理过程是一个不断循环的过程,从计划开始,经过组织、领导而结束于控制,同时控制的结果又会产生新的计划,如此开始新一轮的管理活动。计划是组织、领导和控制职能的依据,组织、领导和控制职能又是有效管理的重要环节和必要手段,是计划及其目标得以实现的保障。四项基本职能是相互联系、相互制约的。不过,这种过程上的逻辑性在管理实践中并不一定表现得十分明显,尤其是在一些成熟的组织运行中,则更多地体现为管理职能的相互交融和渗透。

在所有这些管理职能执行的过程中,值得重视的是管理创新问题。熊彼特曾经说过,企业家精神的真谛就是创新,创新是一种管理职能。我国的一些管理学家也有类似的观点,即创新是管理的一种职能。当然,对创新是不是一个独立的管理职能,观点还不尽一致。但是人们逐渐已经形成共识，创新在管理中的作用已经越来越重要了，从某种意义上看，管理创新是 21 世纪管理的重要特点。

第三节 管 理 者

管理工作由管理者来完成。管理者必须通过协调、监督和支持其他人的活动，来确保他们能够有效地执行任务，以实现组织的既定目标，这是管理者对一个组织"正确地做事情"的贡献。而在一个充满不确定性和复杂性的环境里，管理者的管理思维和应变能力更显重要，他必须帮助组织"做正确的事情"。管理者也是影响组织成员忠诚度和满意度的重要因素，尤其是高层管理者的管理能力、价值观、人格特质会深刻地影响到组织价值观。优秀的管理者是组织走向成功的根本保证。

一、管理者及其分类

组织中的成员一般可以分为两类，一类是管理者，另一类是操作者。管理者（Managers）是组织中从事管理工作的人员，即具有一定的职责，可以指挥他人活动的人，如我们熟悉的企业经理、学校校长、工厂厂长、医院院长等等。而操作者（Operatives）是直接从事某项工作或任务，但是不具有监督他人的职责的人，如商店的营业员、车间的工人、医院的护士、餐馆的厨师等等。虽然我们可以根据组织成员的工作性质对管理者和操作者加以区分，但是，组织成员既是管理者又是操作者的现象还是比比皆是的，如大学校长仍然承担培养研究生的任务，剧团团长也要演戏，医院院长也要亲自上手术台给病人做手术等。在一些新型组织中，如团队结构内，传统的纵向指挥关系几乎不存在，横向的协调关系更为重要，此时团队的成员既是管理者也是操作者。

在大多数组织中，管理者是一个群体，我们可以将管理群体按照等级的不同进行划分，这样就形成高层管理者、中层管理者和基层管理者，如果再加上一线的操作人员，就构成了金字塔状的组织层次，如图 1-2 所示。

高层管理者位于金字塔的塔尖位置，是组织的最高领导人，对组织目标和战略的制定、组织资源的调配具有决策权，对整个组织的绩效负有责任，如公司的董事长、总裁、CEO、总经理，还有学校的校长、医院的院长等等，各地政府最高行政长官们也是高层管理人员。

中层管理者介于高层管理者和基层管理者之间，他们起到一个上传下达、协调关系的作用，一方面贯彻和执行高层的战略部署，一方面指挥和指导基层做好工作。与高层管理人员相比，中层管理人员特别注意日常的管理

图 1-2 组织的层次

资料来源：斯蒂芬·P·罗宾斯. 管理学（第四版）[M]. 黄卫伟，等，译. 北京：中国人民大学出版社，1997:5.

工作。通常,部门经理、系主任、科主任、地区办事处主任等是所在组织的中层管理者。

基层管理者是直接指挥和监督一线操作人员工作的管理者,其工作职责是根据工作目标将工作安排给每一位下属,协调和激励下属人员有效地完成任务。各种组织中的基层管理者的头衔常常是班组长、领班、护士长、店长等。

不论管理者处于哪一个层次,就管理职能来说都是计划、组织、领导和控制四个方面,只是管理层次的不同,管理者在四项职能上所花费的时间不同。高层管理者更多地是在执行组织、计划的职能,中层管理者更多是执行领导和组织职能,而基层管理者最为重要的职能是领导。从整体来看,最高管理层就好比人的头脑,决定组织前进的方向,而基层管理者是脚踏实地的双足,中层管理者则好比承上启下的腰,是组织发展的中坚力量。

当然,我们必须看到,并不是所有的组织都采用传统的金字塔结构来完成工作。实践中有的组织拥有更为松散、灵活的结构形式,任务是由不断变化的团队来完成的。在这种团队结构中已不太容易看到传统的权威式的管理者,但是并不意味着没有管理者存在,事实上团队中会有某个成员在扮演管理者这个角色,甚至人人都是一个自我管理者。

二、管理者的角色

美国著名管理学家亨利·明茨伯格在其著作中曾经列举过人们对管理者工作的一些传奇说法,比如管理者是深思熟虑、有系统的计划者;有效率的管理者无需履行常规职责;高级管理人员需要由正式管理信息系统提供的综合性信息等。而事实并非如此,明茨伯格用一个星期的时间对五位来自不同行业的首席执行官的日常活动进行观察,发现他们的管理工作并不是像人们想象的那样在从事计划、组织、领导和控制活动,而是忙碌于大量杂乱的、无序的、艰巨的甚至无法纳入传统认识上的管理的活动。明茨伯格通过这项研究揭示了管理者工作的实质,认为管理者都拥有在组织内的正式权威,正式的权威带来了地位,地位让他接触到各种人际关系,从人际关系中又产生各种信息,这些信息反过来可以帮助管理者制定决策。他将管理者的工作行为称为管理者的"角色",认为管理者扮演了十种角色。这十种角色可以归纳为三大类,即人际角色、信息角色和决策角色(如表1-1所示)。

表1-1　明茨伯格的管理者角色理论

角色	描述	特征活动
人际关系方面		
1. 挂名首脑	象征性的首脑,必须履行许多法律性的或社会性的例行义务	迎接来访者,签署法律文件
2. 领导者	负责激励和动员下属,负责人员配备、培训和交往的职责	实际上从事所有的有下级参与的活动
3. 联络者	维护自行发展起来的外部接触和联系网络,向人们提供恩惠和信息	发感谢信,从事外部委员会工作,从事其他有外部人员参加的活动

续　表

角色	描述	特征活动
信息传递方面		
4. 监听者	寻求和获取各种特定的信息（其中许多是即时的），以便透彻地了解组织与环境；作为组织内部和外部信息的神经中枢	阅读期刊和报告，保持私人接触
5. 传播者	将从外部人员和下级那里获得的信息传递给组织的其他成员——有些是关于事实信息的，有些是解释和综合组织中有影响的人物的各种有价值的观点	举行信息交流会，用打电话的方式传达信息
6. 发言人	向外界发布有关组织的计划、政策、行动、结果等信息；作为组织所在产业方面的专家	举行董事会议，向媒体发布信息
决策制定方面		
7. 企业家	寻求组织和环境中的机会，制定"改进方案"以发起变革，监督某些方案的策划	制定战略，检查会议决议执行情况，开发新项目
8. 混乱驾驭者	当组织面临重大的、意外的动乱时，负责采取补救行动	制定战略，应对陷入混乱和危机的时期
9. 资源分配者	负责分配组织的各种资源——事实上是批准所有重要的组织决策	调度、询问、授权，从事涉及预算的各种活动和安排下级的工作
10. 谈判者	在主要的谈判中作为组织的代表	参与工会，进行合同谈判

资料来源：斯蒂芬·P·罗宾斯.管理学（第四版）[M].黄卫伟,等,译.北京：中国人民大学出版社,1997:9.

（一）人际角色（Interpersonal Roles）

　　管理者在人际关系方面扮演三种角色。挂名首脑角色是作为组织的代表必须履行礼仪性和象征性的义务,如厂长参加新建厂房的奠基仪式、市长会见来访的代表团、校长参加毕业典礼、CEO签署重要协议等等。领导者的角色体现在对下属员工的雇用、培训、激励、惩戒等方面,目的是引导成员实现目标。管理者除了在组织内部需要与上下级和员工保持接触外,还需要维持与组织外部有关对象的联系,如供应商、客户、业务伙伴、业界同行、政府部门、媒体等,扮演着联络者的角色,这种角色可以帮助管理者建立自己的社会网络资源,同时也可以"帮助管理者建立起非正式的、私人的、口头的,同时又非常有效的外部信息网"。[①]现实生活中,我们常常可以看到一些组织的高层管理人员出现在名人云集的重要活动中,此时,这些管理者既是本组织的挂名首脑,也是联络者。管理人员亲临生产现场慰问一线职工时,三种角色往往是重合的。

---

① 亨利·明茨伯格.明茨伯格论管理[M].北京：机械工业出版社,2007:11.

（二）信息角色（Informational Roles）

监听者角色使管理者能够从各个渠道搜索和获取大量的信息,如接受下属的汇报、询问有关的联系人、参加会议、阅读报刊、聊天,甚至是道听途说。如前所述,管理者的人际角色使其具有获得信息的天然优势。管理者必须将获得的来自于外部或内部的信息传播给组织中的其他成员,尤其对组织有用,而其他成员又无法获悉的外部信息。作为发言人,管理者经常要代表组织向外界发布有关信息或表明有关决定、态度等。比如 CEO 向董事和股东汇报公司的财务状况、股份有限公司实施 IPO 时高层管理人员参加路演,或者针对有关事件、活动,管理者代表组织向媒体发布正式的"官方"说法等。

（三）决策角色（Decisional Roles）

管理者拥有组织赋予的法定权力,只有管理者才有决策的权力,而管理者所拥有的信息是制定决策的保障。决策角色主要有企业家、混乱驾驭者、资源分配者和谈判者。管理者扮演企业家的角色就是要时刻关注环境的变化,不断提出新的思路、新的方法,开发新的项目。尤其是高层管理者更有责任把握好组织发展的机会,制定相应的战略决策。组织难免会面临各种危机,如供应商违约、产品有严重的质量问题、重大的医疗事故、员工集体辞职等等,混乱驾驭者要能够处理危机,保证组织活动正常开展。资源分配者角色体现在管理者必须根据组织的目标和战略对人力资源、物质资源、金融资源等进行调配,实际上就是决策权的行使。正因为管理者拥有分配资源的权力,也掌握着大量信息,所以最后一个决策角色是谈判者,也就是管理者为了组织的利益要花大量的时间与其他组织商定合作或交易的条件,或者在组织内部平衡部门间的资源要求和利益分配,或者是为解决事端和纠纷进行谈判等。

管理者的人际角色、信息角色和决策角色是三位一体、密不可分的。但是,由于管理者所处管理层次不同、职能领域不同,十种角色的扮演频率、主次关系会有差别。高层管理者对组织的整体发展负有责任,最重要的角色是决策角色;基层管理者直接与操作人员打交道,担负着调动下属工作积极性的职责,因此最重要的角色是人际角色;而介于高层和基层之间的中层管理者,既是联络"桥梁",又要独当一面,所以三个方面角色的重要性基本一致。图 1-3 示意了这种管理层次和角色分配的关系。

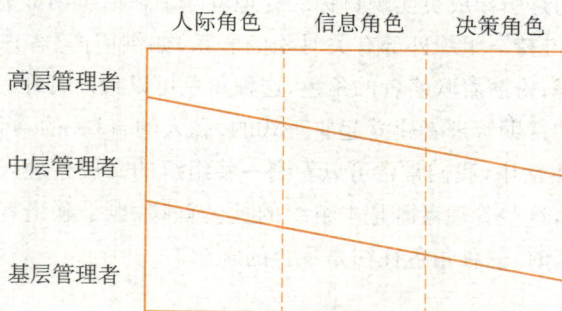

图 1-3　不同层次管理者的角色分配

　　组织规模的大小对管理者角色的重要性有不同的影响（如图1-4所示）。大组织有正式的组织结构，分工明确，管理者的主要精力放在组织资源的配置上以及组织外部网络的建立上，所以主要扮演资源分配者、联络者。而小组织的管理者最重要的角色是组织的发言人、企业家，因为小组织要发展管理者，就必须不失时机地向外界推介本组织，就必须不断地筹措资源，就必须不断地搜寻发展机遇。从现实来看，小组织的管理者更像一个多面手，上至组织的决策，下到工作的分派和监督，甚至有些工作不得不亲力亲为。

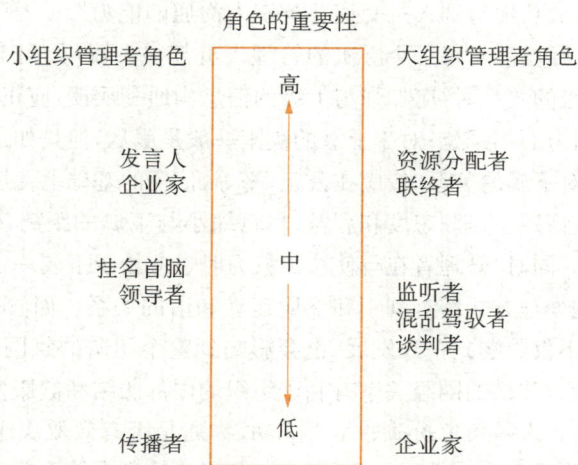

角色的重要性

小组织管理者角色		大组织管理者角色
	高	
发言人 企业家		资源分配者 联络者
挂名首脑 领导者	中	监听者 混乱驾驭者 谈判者
传播者	低	企业家

图1-4　小组织和大组织中管理者角色的重要性

资料来源：芮明杰等. 管理学——现代的观点（第二版）
[M]. 上海：上海人民出版社，2005：69.

三、管理者的技能

　　管理者在履行管理职能、扮演三类角色时一般来说具备三种技能。

（一）技术技能

　　技术技能是指"运用管理者所监督的专业领域中的过程、惯例、技术和工具的能力"。[①] 当管理者在一定的岗位上行使管理职能时，如果具备所分管工作的专业知识，了解工作的流程，掌握足够的技能，就能够在工作中更加有效地指导和监督下属人员。如财务总监要懂财务，销售经理要懂营销，急诊室主任要具备精湛的医术。尽管对管理者技术技能的要求并不是要达到专家的水平，但是掌握一定的技术技能会因为有业务上的"共同语言"而提高管理者与下属在工作中的沟通效果，而且技术权威从事管理工作能进一步提高领导的影响力。

　　管理人员应当具备一定的技术技能也不是绝对的，应当辩证地对待。技术技能对高层要求不高，但是对中层较为重要，对基层管理者最为重要，因为基层管理者对完成任务

---

① 周三多，陈传明，鲁明泓. 管理学——原理与方法（第四版）[M]. 上海：复旦大学出版社，2005：24.

负有责任,较高的技术技能有利于组织任务、解决问题(如图 1-5 所示)。现实中不乏"外行领导内行"成功的例子,也有"内行领导内行"失败的例子。打仗出身的将军可以管理好"两弹一星"这样宏大的项目,取得举世瞩目的成就,但是教授、工程师下海也不一定能管好一个公司。管理本身也是一门专长,只有真正懂管理规律的人才能做好管理工作。

(二)人际技能

人际技能是指"成功地与别人打交道并与别人沟通的能力"。[①] 管理者在工作中始终是在与人打交道,人际技能对每一个层次的管理人员都很重要(如图 1-5 所示)。比如,管理者在协调同上级的关系时,应加强与上级的信息沟通和反馈,应正确认识到自己的角色地位,努力做到出力而不越位;对于上级的决策一般是服从,但是如果有严重失误,也应据理力争。在协调对下属的关系时,应在公正、平等、信任的基础上营造自身的吸引力,努力关注下属的目标、情感、心理、态度和利益,尽量缩小与下属的距离,使之紧密地团结在自己周围一道工作。同时,管理者在行使法定权力时也应给予下属一定的空间,让下属感到充分的自由,这些处理方式都有利于和下属建立和谐的关系。而管理者是否能协调好与同级之间的关系不仅影响到个人发展,也会影响到整个团队的氛围。同级之间既是合作关系也是竞争关系,和谐的同级关系有利于组织的内部团结和健康发展。

总而言之,管理者人际角色扮演的是否成功,沟通是否有效取决于人际技能的高低。人际技能的高低是管理者个人情商的重要表现,是影响管理者能否取得成功的重要因素。

(三)概念技能

概念技能是指"把观点设想出来并加以处理以及将关系抽象化的精神能力"。[②] 也就是说,管理者需要用"脑"来管理,管理者需要清醒的"思路"。年轻人耳熟能详的中国本土休闲装品牌"美特斯邦威"在其创业过程中就不走寻常之路。20 世纪 90 年代,"美特斯邦威"在国内服装业中率先采用了非传统的扩张模式——虚拟经营。这种虚拟经营的战略是自己不建厂房,而是通过严格的选择和认证,将社会上的服装生产厂家发展为自己的定牌生产厂商;同时,采取特许连锁经营的策略,快速拓展了市场销售网络,而集团总裁周成建和他的核心团队则集中精力进行品牌推广和款式设计。虚拟经营战略使"美特斯邦威"发展异常迅速,在十年内一跃而为国内最大的一家休闲服饰集团。可见,管理者的战略思维对组织的发展极为重要。

组织内各层次上的管理者都需要概念技能,尤其是对高层管理者而言,因为组织的发展需要整体的战略思路和战略决策(如图 1-5 所示)。高层管理者要具备舍去管理过程的细枝末节而抽象出其中的本质问题的能力,用战略的眼光来思考问题,"不谋全局不足以谋一域,不谋长远不足以谋一时",从而将组织的命运掌握在自己的手里。概念技能也表现在管理者对事物发展趋势的判断力上,这是进行逻辑思维的基础。概念技能的核心在于创新思维,组织只有在竞争环境中不断地求新、求异、求先才能取胜。

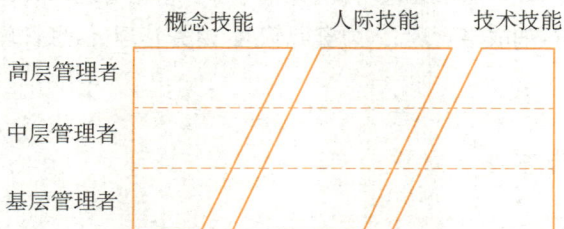

概念技能　　人际技能　　技术技能

高层管理者

中层管理者

基层管理者

图 1-5　不同层次的管理者所需管理技能的构成

第四节　管理学的研究对象与方法

管理实践一直伴随着人类社会的发展,管理思想和管理方法如同智慧的火花闪烁在人类进步的历程上。人类的工业革命大大促进了管理理论的发展,众多的管理研究者们在不同的阶段对管理理论进行了多角度的探索,逐渐形成了系统的管理学体系。

一、管理学的研究对象

任何一门学科都有自身的研究对象,管理学就是一门以管理活动中的普遍规律、普遍原理和方法为研究对象的学科。尽管组织的类型各种各样,具体任务千差万别,但是所有的组织都离不开管理。从事管理的人员尽管职务大小和管理领域不同,但是管理活动的职能、管理工作的本质都是一致的。管理的目的都是为了实现本组织的既定目标,都要通过计划、组织、领导、控制等职能来调配组织的资源,管理的本质都是对组织内部关系、组织和环境关系的协调,所有这些都是可以抽象出来的共性问题,构成了管理学的研究对象。具体来说,管理学的研究对象有管理内容、管理原理、管理方法、管理者、管理历史等。

(1)管理内容。研究管理的概念、职能、本质、性质和特征等,其中管理的职能不仅体现了管理的基本任务,而且反映了管理的全过程。

(2)管理原理。研究管理活动中普遍适用的基本规律。管理原理是实施管理职能的理论依据,对管理活动具有重要的指导意义。

(3)管理方法。研究管理目标的实现途径和手段。管理方法是管理原理的自然延伸,管理职能要充分发挥作用必须依靠正确有效的方法。

(4)管理历史。研究管理思想和管理理论的沿革,这是继承和发展管理理论的重要基础。

随着社会经济的发展和科学技术的进步,不论是营利性组织还是非营利性组织,不论是宏观管理方面还是微观管理方面,管理的重要性都越来越突出,管理学得到了前所未有的发展,作为应用学科之一大放异彩。由于各行各业具有差异性,管理中面对的任务和问题也具有特殊性,所以也形成了各种门类的管理学。根据行业或组织的不同形成了企业管理、行政管理、教育管理、旅游管理、科研管理等等。根据管理的具体内容的不同也形成了众多的专门管理学，如战略管理、人力资源管理、财务管理、信息管理、运营管理、决策科学等等。

二、管理学的研究方法

管理学的基本研究方法主要有归纳法、试验法、演绎法等。

（一）归纳法

归纳法是通过对一系列典型事物进行观察，分析事物之间的因果关系，从中找出事物发展的一般规律的思维方法。人们对客观事物的认识，总是从个别的、特殊的事物开始，先认识一个个单独的对象及其每一个方面，然后才能逐步把握某一类事物的一般特点，归纳过程就体现了从个别到一般的思维运动。归纳法也称为实证研究方法。归纳法按照它概括的对象是否完全而分为完全归纳和不完全归纳。根据某类事物的全体对象作出概括的推理方法，叫做完全归纳法。只根据部分对象具有某种特点作出概括的推理方法，叫做不完全归纳法。

归纳法是管理学领域应用最广的一种研究方法，这是因为影响管理活动的因素非常多，人们看到的只是众多因素综合影响的结果，而各个因素的影响程度不易量化，所以只能通过归纳法研究大量的管理问题，比如本章提到的管理角色理论就是在对五位 CEO 日常管理工作的观察基础上进行分析而得出的结论。

归纳法也有一定的局限性，比如很多研究因无法做到穷尽所有的研究对象，而且也只能是对已有的事实进行归纳，而与将来发生的事实未必相符。所以，在运用归纳法研究管理问题时必须注意以下几点：一是要选好典型研究对象，要具有足够的代表性；二是要选取足够数量的典型，只有样本数符合抽样调查原理，才能得出反映事物本质的结论。三是要设计合适的调查方案，获取有效的信息，并用辩证唯物主义和历史唯物主义的方法加以分析整理，寻找出事物之间的因果关系。

（二）试验法

所谓的试验法是人为地为某个试验创造一定条件，并观察试验的结果，将其与对照组（即未给予这些条件的研究对象）的实际结果进行对比分析，以寻找外加条件与试验结果之间的因果关系的研究方法。如果通过多次试验都可以得出相同的结果，就说明其中存在着普遍适用的规律性。著名的"霍桑试验"就是经典一例，以埃尔顿·梅奥教授为主的研究者们在此试验的基础上提出了人际关系理论。

试验法比较适合于微观管理问题，如生产管理、设备管理、质量管理、营销方法、组织行为等方面的研究，通过试验可以得到较为可靠的结果。但是，对诸如投资决策、人事管理、财务计划、资源分配等宏观的、高层的管理问题并不适合。主要是因为这些性质的管理问题往往涉及非常多的内外部影响因素，而这些因素之间也存在着或多或少的联系，因此，这些管理问题具有不可复制性，所以几乎不可能用试验法来进行研究。

（三）演绎法

演绎法是从某个概念或原理出发，建立起反映某种逻辑关系的模型，通过计算或推理得到对某个特定问题的结论。归纳法是从个别到一般，而演绎法是从一般到个别，是一种必然性推理。人们对管理规律的认识，由个别到一般还远远不够，因为人类的活动无止境，管理活动也就无止境，会不断地有更新、更复杂的事物出现，这就必须以一般的原理作为指导，继续对尚未研究过的或者尚未深入研究过的事物进行研究，从而得出对这些个别事物的正确认识，这就是演绎的过程。演绎法可以使原有的知识得到扩展和深化，为新理论的建立提供指导线索。

演绎法对管理学研究非常重要，很多复杂的管理问题都可以运用演绎法进行研究。随着计算机技术的迅速发展，管理中的很多复杂性问题都可以通过模型加以解决，如投入产出模型、决策模型、预测模型、库存模型等已经在实践中得到推广。演绎法的运用加强了管理学与数学、计算机技术的结合，使得管理学的定量分析得到发展，实践中解决问题的速度和精度也得到很大提高。

三、面对变化的管理学

管理学的相关理论是从大量的管理实践中得来的，是从经验到理论的过程，是一个去情境化的抽象过程。反过来，管理学知识要为管理实践服务，是要解决具体问题的，这是从认识到实践的过程，也是一个需要融合其他学科知识并进行情境化的过程。一个世纪以来，泰勒、法约尔、梅奥、巴纳德、孔茨、德鲁克等等管理思想大家的出现使得管理学成长为一棵茂盛的大树，但是管理学与其他学科相比较，仍然显得年轻，新的管理实践不断挑战着传统的管理理论。

20 世纪 90 年代之后，日益扩大的全球化和不断升级的科技进步，让这个世界处在瞬息万变之中，也让组织的外部环境变得更加不确定和复杂化，组织边界亦发生变化，内部传统的分工与协作关系受到挑战，用于指导稳定环境中科层制组织的传统管理理论也需要有新的补充和突破。在波澜壮阔的信息化浪潮中，信息和知识已经成为组织资源的重要组成部分，网络经济的发展改变了组织对资源的管理方式，催生了虚拟组织、网络组织。对于这些新型的组织，尚未形成成熟的理论。转眼之间，人类又迎来了"大数据"和"云时代"，对于很多组织而言，也许未来的管理活动会有更多的外包，甚至众包，自己只保留少数的核心部门，这个有可能颠覆传统的管理。在管理实践中，管理更是一个需要处理错综复杂关系、解决各种问题的过程，如何提高管理的有效性，提高管理者决策的质量，也需要管理学者们更好地从事实践研究。

在管理学研究发展中，关于人性的假设主要有经济人（泰罗）、社会人（梅奥）、自我实现人（马斯洛、麦格雷戈）、复杂人（沙因）、决策人或有限理性人（巴纳德、西蒙）、知识人（德鲁克）等，但至今未能接近人性的真相。在后工业化时代，人类的物质财富更为丰富，政治、经济、文化和道德等方面也随着时代发生变迁，人性随之变得更为复杂。人的本质性需求是什么？组织成员工作的动机是什么？如何满足员工的需要？如何调动他们的潜能？随着对人性的认知态度的转变，管理活动中的伦理化色彩正在增加，它强调管理要充分尊重人的价值,强调组织的社会责任,强调组织成员的主体价值,强调组织文化的作用,强调以组织价值观为导向的柔性控制。研究现代人性的人文价值、构建组织系统的价值模式和考察现代人的行为价值逻辑,应该成为管理学研究的核心。

毫无疑问,伴随着工业化革命发展起来的西方管理学体系对人类管理学做出了极其重要的贡献,中国在发展市场经济的进程中,得益于西方管理学的输入,涌现出不少成功的案例,但是也有大量的"水土不服"的例子。进入 21 世纪后,"中国管理学"、"东方管理学"已然成为中国管理学界讨论的热点,这是因为一方面西方管理学在中国面临着适用性、有效性的问题,另一方面中国丰富的管理实践活动和管理经验的积累也为中国管理学研究奠定了一定的基础,而中国传统的哲学思想更是为中国本土管理学研究提供了丰厚的营养。中国对世界的重要性已不言而喻,从中国的管理情境和管理实践出发探索管理的真谛,为管理学这棵大树增添新的枝叶,这当是中国管理学者们对人类管理学做出的贡献,也是中国管理学者们的社会责任和历史使命。

案例

一个 CEO 的工作日志[①]

2005 年 1 月 30 日,掌上灵通的董事们刚从世界各地飞来上海,准备参加公司 2005 年的第一次董事会议。2005 年 1 月 31 日凌晨 1 点钟,掌上灵通的 CEO 杨镭刚刚结束了和公司董事们的会面,并开始为后两天的董事会议做准备。

几年前,伴随着国内互联网创业潮中一群"海归"的声名鹊起,CEO(首席执行官)一词悄然兴起。那时,曾有人这样描述它指代的这一群体:30 岁出头,40 岁不到,身穿名牌西装或休闲服,有欧美留学背景,带着笔记本电脑在头等舱里穿梭于世界各地……

杨镭就是这样的一个 CEO。他 1989 年留学美国,1995 年回国创业。自从 2003 年出任掌上灵通公司的 CEO 之后,他每天都处在繁忙劳顿之中——除了睡觉之外,他的脑袋同时要思考十几件事情;发现一件小事,也可以联想到公司业务;虽然出入于豪华酒店,却从来无暇享受度假的轻松;就餐于高档餐馆,却不记得吃了什么,因为只顾谈工作了;平时每天工作 18 个小时以上,看上去要比同龄人老上 5—8 岁……如今,杨镭已经习惯以 20 分钟作为一个时间段,来分配自己的时间。做个"空中飞人"自然是不可避免的,每隔两个月,他都要东奔西走,到世界各地去开各种各样的投资人会议,宣传自己打理的公司。2004 年 12 月连续几天,杨镭马不停蹄地从新加坡飞到香港,晚上再飞伦敦,凌晨五点钟在机场贵宾室稍作休息,换上正装去参加会议,下午五点半再飞纽约继续工作。这样下来,收获也不错,一位纽约的投资人在会后便决定投资 1 000 多万美元购买公司股票。

来掌上灵通之前,杨镭曾在美国担任过 CEO,因此对美国式的公司管理结构比

---

① 改编自安静《掌上灵通公司 CEO 杨镭称管理应实行祖父原则》,每日经济新闻,2005－02－01。

较认同，做 CEO 也比较职业，做完事情就可以下班了。而在中国做 CEO，他觉得就像家长一样，带有更多的人情味，有太多的事情需要操心，总是忙碌到深夜。现在杨镭的主要职责是制定公司发展战略，确定运营架构、流程设置，以及招聘人员。

自 2003 年上任以来，杨镭领导的员工人数迅猛增长，为杨镭带来了非常大的挑战：公司架构和管理模式如何变化，才能使企业进入专业化、职业化的管理层面？经过四处寻觅和不断调整，杨镭如今已经搭建好了公司的组织架构。他在 CEO 下面设 CFO（首席财务官）、COO（首席运营官）和 CTO（首席技术官）三个高管职位，此外还有销售、财务、业务、法律等高级副总裁。

不久前，在从深圳回上海的飞机上，杨镭遇到了一个朋友，向他提起自己正在寻找人力资源副总裁，对方推荐了一个人选，而且正是公司 CTO 叶忻很熟悉的人。下了飞机后，杨镭立即打电话给叶忻，叶忻说："竞争对手已经给这个人发了聘书，他肯定不会来的。"但杨镭坚持要他约此人见面。第二天中午，杨与此人谈了一个半小时，发现对方不浮夸、实干，而且头脑清醒，马上就确定了这一人选。

自 2003 年 3 月，杨镭应邀加盟掌上灵通之后，两位创始人就不再介入公司的日常管理，完全放权给 CEO 一手打理。上任后，杨镭便开始积极筹划上市事宜，因为在新经济领域，这往往被认为是公司的头等大事。2004 年 2 月，掌上灵通如愿冲上了纳斯达克，而且上市工作只花费了 4 个月的时间①。上市的同时，公司 7 人董事会也随之成立，董事长平时极少介入公司日常经营，仅起组织、协调、代表的作用，日常工作全部由杨镭来负责。

掌上灵通是"国内少有的完全按照美国上市公司的标准建立的公司之一"，这令杨镭感到自豪。作为公司 CEO，他同时也是董事会成员之一。直接站在杨镭背后的就是董事会。在杨镭看来，董事会不仅是公司的"看门人"，还应该是 CEO 的顾问和帮手。在遇到重大决策时，杨镭都会主动去向董事会成员请教。比如三四个月前，杨镭提出要收购北京四海天地数码科技有限公司的计划，董事们会根据自己的想法给出一些建议。在个别重要的人事安排上，董事们还会推荐人选，而对于有些难以把握的候选人，杨镭还会让董事们进行面试，提供参考意见。

按照惯例，本次董事会议将持续两天。第一天将由董事会下设的各专业委员会开会，进行财务总结，对普华永道审查完毕的账务进行审计。第二天的会议则由杨镭主持，主要是汇报掌上灵通业绩，讨论一些提案，以及提交今年的工作计划。在掌上灵通的财务报表上，杨镭也要签上大名，这就是美国 CEO 体制的"个人担保"体系，这意味着杨镭要以 CEO 的职业道德、个人信誉为代价，对公司的财务数据全权负责。董事们对公司财务报表的审批，则成了公司名副其实的"把关者"，而财务报表正关系着 CEO 的"身家性命"。因此，一旦出了问题，有可能要把个人财产全搭进去，甚至可能有牢狱之灾。

---

① 掌上灵通已于 2014 年 1 月从美国纳斯达克退市。编者注。

▶ 本章小结

人类的管理活动具有悠久的历史,管理活动始终与组织相伴。组织是对完成特定使命的人们的系统性安排。

管理是在特定的环境条件下,通过计划、组织、领导、控制等职能,调配组织资源以实现组织预期目标的协调过程。

管理职能包括计划、组织、领导和控制。计划职能是根据组织的外部环境和内部条件,明确组织的目标,制定为达到目标所必需的战略决策和行动计划,并加以执行和监督的工作过程。组织职能是根据组织活动的特点进行部门分工和岗位设计,将适当的人员安排在适当的岗位上,规定各个人员的职责和工作报告关系,形成一个有机的组织结构的工作过程。领导职能就是管理者利用组织赋予的权力和自身的能力去激励和引导组织成员为实现组织目标而努力的管理活动。控制职能指的是检查、监督组织活动的进展情况,以便及时采取措施纠正偏差,确保计划及组织目标得以实现的过程。管理职能的实施是组织发挥功能的保证。

管理者是组织中从事管理工作的人员,即具有一定的职责,可以指挥他人活动的人。职务等级的不同形成了组织中高层管理者、中层管理者和基层管理者的区分。管理者在履行管理职能时扮演着三大类角色,即人际角色、信息角色和决策角色。管理者应当具备技术技能、人际技能和概念技能。

管理学就是一门以管理活动中的普遍规律、普遍原理和方法为研究对象的学科。管理学主要的研究方法有归纳法、演绎法和试验法。管理学已发展为一门重要的应用性学科,21世纪管理学面临着众多变化与挑战。只要人类的管理实践不停止,管理学就会不断地发展。

▶ 思考题

1. 何谓组织? 何谓管理? 如何理解管理的重要性?

2. 管理的基本职能有哪些? 如何理解它们之间的关系?

3. 如何理解管理是科学性和艺术性的结合?

4. 管理学的研究对象是什么? 有哪些主要的研究方法?

5. 管理者在管理活动中扮演哪些角色? 需要具备哪些技能? 试分析本章案例中,作为公司CEO的主人公扮演了哪些角色? 你认为在创业时期组织的高层管理人员显得异常忙碌有可能是由哪些原因造成的?

第二章
管理思想与理论的产生

宋真宗大中祥符年间(1008—1016)，一场大火把京城汴梁(今河南开封市)整个皇宫的楼台殿阁烧成一片废墟瓦砾。灾后，真宗皇帝赵恒命晋国公丁渭主持皇宫修复工程。按常规的方法，皇宫修复工程首先要清理残砖碎瓦，运出京城。然后，从外地取土制作砖瓦，调运木材、石料等建筑物资。丁渭却一反常规，先挖开通衢大道，用断砖筑窑，以焦木作燃料，用从通衢大道挖出的土制作砖坯，就地烧制砖瓦。挖开的通衢大道深沟与汴河接通，装有石料的木筏便可直接驶到皇宫门前。待工程完毕后，又将建筑废料全部填入深沟，恢复通衢大道原形。结果，修复皇宫的复杂工程既快又好地顺利完成。

丁渭把清理砖瓦、取土烧砖、调运建材和全面兴建，合理、有效地协调起来。从整体上进行系统安排，做到了空间上立体展开，时间上充分利用，以最小的投入取得最大的经济效益。这是一种系统管理的思维和实践。

管理是人们在一定组织环境下所从事的一种智力活动。管理现象随着人类共同劳动的出现已有几千年的历史，要组织和协调集体活动就需要管理。因此，自从有了人类组织就有了管理。人们对管理现象的思考和研究，逐渐形成了管理思想和理论。

第一节　东方管理思想的产生

在现代社会里，不管人们从事何种职业，事实上人人都在参与管理，管理国家、管理政府、管理企业、管理家庭、管理学校、管理某个部门、管理某项业务。但绝大多数管理者都是从实践中去学管理的，当然在学习过程中免不了要付出代价，要走一些弯路。正是因为无数前人对实践经验的积累和研究，才产生管理学这门学问。管理学是人类智慧的结晶，正如美国管理学家彼得·德鲁克所说："在人类历史上，还很少有什么事比管理学的出现和发展更为迅猛，对人类具有更为重大和更为激烈的影响[①]。"

东方管理思想在人类管理学发展过程中具有重要的地位。尽管管理学理论体系的建立是在西方，但是东方管理思想的火花及其实践至今仍然发挥着重要作用。特别是探讨中国式管理的时候，东方元素、中国元素可谓无时不在，无处不在。

一、人类的管理实践

人"是一种社会的动物"，人类的活动从一开始就是在集体的基础上进行的，这就需要管理。可以说，人类的管理实践同人类活动一样由来已久。早在7 000年前就有记录活

---

① 周三多，陈传明，鲁明泓.管理学——原理与方法(第五版)[M].上海:复旦大学出版社，2009:1.

动。如:公元前 5000 年前,生活在幼发拉底河流域的闪米尔人就已经开始了最原始的记录活动,这也是有据可考的人类历史的最早管理活动。[1]

在中国商代,大约公元前 17 世纪,有几十万军队作战、上百万奴隶生产劳动,也就有了指挥管理。始于春秋的驿站可算是世界上最早的管理信息系统(Management Information System,简称 MIS),驿站每三十里设一驿,备良马固车专门负责传递官府文书,接待往来官吏运送货物,并形成了全国性的信息网络。

中国秦汉之际形成的"三公九卿[2]"和隋唐以后的"三省六部[3]"官吏制度,是较早的一种行政管理体制。"三省六部"比"三公九卿"的制度更加严密,更加完善,在中国政治制度发展史上具有重要的意义,成为中国封建社会自隋朝以后历朝中央政体的基本模式。

除了治国学以外,在治生学方面,"井田制"是比较有代表性的制度,"方里而井,井九百亩,其中为公田,八家皆私百亩,同养公田,公事毕,然后敢治私事[4]"。这也可谓土地资源管理的记载。

为什么管理实践会有如此悠久的历史呢? 其实这是由人类活动的特点决定的。[5] 人类活动有三个最基本的特点:

1. 目的性。人类是地球上唯一有智慧会思考的动物,他们的活动都会经过大脑思考,因而有很强的目的性。

2. 依存性。一是人类依存外部环境,从外部环境获得资源以利于自身的生存和发展;一是人类自身的相互依存,尽管在人类发展的历史中,各个集团、阶级、民族、国际之间经常充满着矛盾、冲突和斗争,但这也是一种相互依存的方式。

3. 知识性。人类善于总结过去、总结前人经验,并加以记忆、分析、推理,从而形成各种人类独有的知识体系。这种知识反过来又可以指导人类实践。

人类活动的目的性、依存性、知识性的特点表明人类管理实践和人类历史一样悠久,但这一时期的管理始终是一种零散的经验和某种闪光的思想,并没有形成理论。

---

① 周三多,陈传明,鲁明泓. 管理学——原理与方法[M]. 上海:复旦大学出版社,2009:1.
② 三公是指丞相、御史大夫和太尉。丞相辅佐皇帝治理国家;御史大夫是副丞相,负责监察百官;太尉主持军事。三公始于秦朝,汉承秦制,也设三公。西汉后期,三公分别改名司徒、司空、司马,因为这是中央最高官职,权力很大。东汉开国皇帝刘秀大权独揽,限制三公的权力,三公的实际地位开始下降。三公下面设置九卿。秦朝的九卿是指奉常(掌管宗庙礼仪)、郎中令(掌管皇帝侍从)、卫尉(掌管宫廷警卫)、太仆(掌管皇帝车马)、廷尉(掌管司法)、典客(掌管民族事务)、宗正(掌管皇家宗族事务)、治粟内史(掌管国家财政)和少府(掌管皇家财政)这九个部门的长官。汉朝改奉常为太常,郎中令为光禄勋,典客为大鸿胪,治粟内史为大司农。三公九卿组成了中央政府,人们常用三公九卿制来概括当时中央的官吏制度。魏晋以后,随着尚书省、中书省、门下省的建立,三公和九卿的权力逐渐被替代和分割。到了隋统一后,三公九卿制让位于三省六部制。
③ 国家设置中书省、门下省,使它们互相监督。中书省起草的诏书如有不妥,门下省应当加以驳正,务求不出差错。再加上尚书省,并称"三省",是唐王朝中央的中枢机构。中书省的长官称中书令,门下省的长官称侍中,尚书省的长官称尚书令。唐制:"中书主出命,门下主封驳,尚书主奉行。"这就是说,中书省主管制定诏命,交给门下省审议驳正,然后交付尚书省颁布执行。三省各司其职,分工明确,互相监督,共同对皇帝负责。在尚书省下,又分设吏、户、礼、兵、刑、工六部,是国家政务机关,具体执行各项行政工作。六部长官称尚书,副官称侍郎。吏部掌管官吏的任免、考绩、升降、调动等事务;户部掌管全国土地、户籍、赋税、仓贮、财政等事务;礼部掌管礼仪、祭祀、教育、外交,并主持科举考试;兵部掌管军籍、军队训练、选拔军官等军事事务;刑部掌管法律、刑狱等事务;工部掌管工程、营造、屯田、水利等事务。
④ 《孟子·滕文公上》。
⑤ 周三多,陈传明,鲁明泓. 管理学——原理与方法(第五版)[M]. 上海:复旦大学出版社,2009:4.

二、中国传统文化思想

任何管理思想都根植于一定的社会文化土壤之中，而一定的社会文化土壤又都割不断与历史传统的联系，并且总是在继承中发展，发展中继承。说到东方传统管理思想，最具有代表性的是中国传统管理思想。

从管理学的角度来说，中国悠久的历史给我们留下了有关管理国家、巩固政权、统帅军队、组织战争、治理经济、发展生产、安定社会等方面极为丰富的经验和理论，其中也包含着许多至今仍闪耀着光辉的管理思想。

要了解中国古代管理思想，就必须了解中国传统文化背景，这一背景的主体就是儒、墨、道、法。

（一）理想主义的儒家思想

中国儒家思想是中国传统文化的主流。儒家思想的特点着重于对人的精神文明的研究，儒家思想在中国封建社会形成长达数千年的超稳定组织的过程中起了极其重要的作用。

儒家思想的创始人是孔丘。孔丘（公元前551—前479）是中国历史上伟大的思想家和教育家，史称孔子。古时候，学堂里都挂着孔子的画像，孩子们入学的第一件事，就是向孔子像磕头行礼。那时，孔子被尊奉为"至圣先师"，连皇帝每年也要到孔庙里祭拜他。

孔子名丘，字仲尼，鲁国陬邑（今山东曲阜东南）人。他的祖先是宋国贵族，因遭家难，迁居鲁国。孔子3岁时父亲就死了，家境贫困，没有机会接受正规教育，他的学问全靠自修得来。孔子自幼非常好学，他说"三人行必有我师"。

他不耻下问，每事必问。为了丰富知识，他拜了许多人为师，所以精通礼仪、音乐、射箭、驾车、计算等本领。年轻时，他曾做过管仓库、管牛羊的小官，50多岁才当了鲁国司寇，参与国家大事的决策。不久便因为政治见解不合，一气之下离开鲁国，带着一些学生周游列国。晚年回到家乡，埋头讲学和整理古书。

孔子主张严格遵守"礼"的规定。这"礼"就是周朝制定用来区分君臣上下、父子尊卑等级界限的典章制度。他特别强调"仁"，认为"仁"就是"爱人"，提出"己所不欲，勿施于人"等观点。孔子提倡"爱人"，一方面要求统治者相亲相爱，加强内部团结；另一方面也要求统治者爱惜民力，不能过分剥削和压迫民众。

孔子对古代教育事业作出了很大贡献。他开创了私人讲学的风气，公开提出"有教无类"的口号，一改过去学在官府、只有贵族子弟才能受教育的局面。他收的学生不论富贵贫贱。据说，他有3000弟子，其中优秀的有72人。他教育学生"每事问"，勤思考，温故知新；他提倡教学相长，因材施教，诱导启发的教育方法。

孔子的另一重大贡献，是整理编订古代文化典籍《尚书》《诗经》《礼记》《乐经》和《周易》，被后人尊为经典，号称"五经"。他还根据鲁国的历史材料编成《春秋》一书，成为中国第一部编年史著作。他的学生把孔子的言论编成《论语》一书，一向受到尊奉。这些书籍都是儒家学派的经典，对后代有重大影响，历代封建统治者把孔子尊为"圣人"。

儒家另一位重要代表是孟轲(公元前 372—前 289),是我国古代著名的思想家。战国时期邹(今山东邹县东南)人,史称孟子。

孟子自幼丧父,全靠母亲抚养成人。孟母对孟子要求很严,十分注意对他的教育。孟子小时候,家住在坟墓附近,他做游戏就学埋葬死人。孟母便将家搬到集市附近,孟子做游戏又学商贩的叫卖。孟母又将家迁徙到学校近旁,孟子做游戏便学起揖让进退的礼仪来。孟母认为这是教育孩子的好地方,便定居下来。

孟子年轻时,跟随子思的一位弟子学习儒家学说。子思是孔子的孙子,孟子也算是孔子的间接传人了。后来,孟子一直过着讲学授徒的生活。他像孔子一样,曾带着学生周游列国,随从的学生最多时达数百人。他到过宋国、魏国,做过齐宣王的卿。但各国统治者只是把他当作一个令人尊敬的学者,而不接受他的政治主张。孟子晚年回到家乡,从事讲学,著有《孟子》一书。

孟子是孔子思想的主要继承者,后世把他们合称为孔孟。孟子着重发挥了孔子的“仁学”,提出“仁政”的主张,认为应该让农民占有一定的土地,减轻赋税,放宽刑罚。他还公开提出“民为贵”、“君为轻”的口号,号召在一定限度内“改善”君民关系。但是,孟子从人生下来都具有善良的本性的“性善论”出发,认为实施“仁政”全靠统治者大发“仁心”。他还宣扬:“劳心者治人,劳力者治于人,治于人者食人,治人者食于人。”这是为统治阶级压迫和剥削人民辩护的思想。

孟子去世后并没有立刻受到统治阶级的重视,直到宋代以后才被抬到仅次于孔子的地位,被尊奉为“亚圣”,而《孟子》一书也被列为封建经典“四书五经”之一。

我国管理思想,以儒家为主流。孔子“摄礼归义”,更“纳礼于仁”,构成“仁、义、礼”一贯的思想体系。孟子重仁、义,并不忘礼;荀子重礼、义,也不忘仁。儒家“仁、义、礼”的管理理念,实践起来,就成为中国人常说的“情、理、法”。

“情、理、法”系以“法”为基础,一层一层向上提升,任何组织都应该以“制度化”为实施管理的起点;组织成员,共同以“崇法务实”为基本的行为规范,一方面自己守法,一方面也要发挥道德勇气,以反抗不法的行为。制度化管理,重点即在大家共同守“法”。

但是制度由人创立,亦由人改订,看起来好像固定,却仍随着人事的变动而变动。制度最初订立的时候,必有其外在的需要与内在的用意;此二者又皆是变动的。可见制度如果不能因时因地而制宜,那就会僵化,形成官僚管理,难以应付两可及例外事宜。制度为求合宜,必须“应时而造道”,不可不“持经达变”,为求“经权”得宜,就应该依“理”变“法”,把“制度化”提升为“合理化”。

管理者一切求合“理”,必然合“法”,如果出现合理而不合法,便证明此“法”已不合理,有修订的必要,可见制度的适时调整,确有其实际上的需要。

事实上,管理是离不开人情的。空喊“制度”而未能“合理”,即是“恶法”。标榜“合理”却不能为同仁认可,便是未得人心,大概有违人情。典章制度日久疲弊,变成形式而缺乏真实的生命,仅仅具有束缚作用,就会和人性发生冲突,造成矛盾。管理者动机不纯正,再合理的规定,大家也看成不合理。所以如何“安人”,才是管理的最终目标。“安”就是“大家好”,管理者以“大家好”的“公心”,来感应员工,员工有了“大家好”个人才能好的心情,一切“理”、“法”,自然接纳。管理人性化,其实就是合乎人“情”的管理。

“情”必须以“理”“法”为基石。许多人从表面上观察,认为中国人是讲“情”的民族。

其实,中国人所看重的,乃是可贵的"合理的情";中国人所十分厌恶的,实在就是"不合理的情"。"情理"合,才是纯真的"情"。中国的经营理念,具体说来,便是"情、理、法"的管理。

中国的儒家思想早在一千多年前的唐朝就传播到了日本、朝鲜和东南亚各国,成为世界东方文化的渊源之一。特别是当代许多东亚、东南亚国家和地区都走上了现代化的道路,社会经济得到了高度民主发达,企业管理也达到了世界先进水平。管理者都没有否定儒家思想为核心的东方文化、实行全盘西化的道路,而是在吸收东西方文化中有益的东西与本国实际和传统文化相结合的方面取得了成功。他们成功地把儒家思想中最核心的家庭观念引进了企业,把企业大家庭当成企业组织的理想目标,把对君和父的忠心用于建立企业中上下级关系的楷模,把"仁义礼智信"作为塑造企业文化的精髓,形成了与西方企业文化不同的特色。

(二) 现实主义的法家思想

古代卓有成效的管理思想首推法家,集法家学说大成的是韩非,中国历史上著名的思想家,史称韩非子。

韩非总结前期法家的思想和实践,提出了以法为中心的"法、术、势"三者合一的封建君主统治术。韩非以前的法家,商鞅强调"法"治,申不害强调"术"治,慎到强调"势"治。韩非认为三者必须并用。君主光靠法令治国不行,还要靠君主的权势来推行法令,作为执法的力量。有了权,有了法,即使一个平凡的君王也可以"抱法处势","无为而治天下"。此外,还要有一套驾驭臣下的手段相辅助。这三者结合起来,才能充分发挥法治的作用。韩非的这套理论有利于实行和加强君主专制统治,因此为后来的许多封建统治者奉为准则。

韩非还发挥了法家进步的历史观,认为历史是向前发展的,人们应该按照现实需要制定政策。提出"不期修古,不法常可",反对因循守旧、墨守成规、不知应变、什么都照老办法办事。韩非的这种进化观念,充分反映了新兴地主阶级要求变法革命的积极进取精神。

韩非在文学方面也有较高的成就。他善于用寓言说明道理,如"守株待兔"、"自相矛盾"等成语故事,都出自韩非之文。

(三) 极权主义的墨家思想

战国初期,一个中年人急匆匆地赶到楚都,劝说楚王放弃攻打宋国的计划。楚王伐宋所依仗的不过是一个叫公输盘(即鲁班)发明的云梯。于是中年人就请楚王把公输盘找来与他对阵,进行了假想的楚攻宋演习。公输盘先后采取了几种进攻策略,使用了多种攻城器械,都被那个中年人——识破、制服,公输盘只得甘拜下风。这场演习打动了楚王,最终放弃了进攻宋国的计划。这个中年人,就是我国古代著名的思想家、墨家学派的创始人墨子(公元前468—前376)。

墨子主张"兼爱"、"非攻",就是要求人们互爱互利,反对掠夺战争。他不相信天命,强调人为的努力,主张选举贤能的人做天子、国君和大臣,反对依靠关系取得富贵,并提出国君的权威必须是绝对的，国家也必须是极权主义的。他还提倡勤俭节约，反对奢侈浪费。墨子的门徒大多来自社会下层，墨子的思想正是反映了小生产者反对兼并战争，要求改善经济地位和社会地位的愿望。这在当时虽有进步意义，但是不可能实现。

墨派有严密的组织和严格的纪律，穿短衣草鞋，生活俭朴，可使"赴汤蹈刃"。墨子的思想被记录在《墨子》一书中，在当时的思想界影响很大，被称为"墨学"。

（四）无政府主义的道家思想

道家学派的创始人是老聃，历史上称为老子。战国初期，老子的语录广泛流传，被整理成《道德经》，就是现在的《老子》一书。老子用"道"来说明宇宙万物的演变。他认为"道"是创造一切的母力，是宇宙万物的本源，它是永远不可感知的精神实体，而是在天地产生以前便存在了。这是唯心主义的论点。因为老子把"道"作为他思想体系的核心，所以人们便把这一学派称为道家学派。

老子虽然是个唯心主义者，但是他的思想中却包含有不少朴素的辩证法。他认识到一切事物都有对立面，如有和无、生和死、贵和贱、上和下、强和弱等。他还认识到对立面可以互相转化。他说过一句很有名的话："祸兮福之所倚，福兮祸之所伏。"意思是说，祸是造成福的前提，而福又含有祸的因素，祸和福是可以转化的。

老子的学说对中国哲学的发展有很大的影响，后来唯物、唯心两派都从不同的角度吸取了他的思想。到战国时期，老子的学说被庄子加以继承和发展，形成了道家学派。

人们把老子和庄子合称为"老庄"。

庄周思想的一个特点，是把世界上的事物都看作是相对的，认为事物大小的量没有穷尽，时间的长河没有止境，人的得失没有固定，事物的头尾追不到底。他认为真正聪明的人总是看全面，不把小当作少，不把大当作多，因为事物大小的量是没有穷尽的。庄周清楚地看到了事物的相对性，这是非常可贵的。但是，他却过分地夸大了相对性，抹杀了一切对立物的界限，如把生死、寿夭、是非、祸福等，都看成是一样的，没有区别的，从而否认了客观真理的存在，完全陷入了唯心主义。

儒、墨、道、法只是中国文化主体，并非全部。所作介绍也是挂一漏万，但足以说明中国古代文化博大精深，思想体系源远流长，影响程度至深至广。

三、中国传统管理思想

中国历代的思想家，从孔子、孟子、庄子、墨子、管子等诸子百家起，反复论述的基本主题就是："人的本性及人与人之间的社会关系。"他们提出"三纲"作为处理君臣、父子、夫妻之间相互关系的道德规范；"五常"作为处理个人与国家、社会、家庭与其他人之间相互关系的行为准则。中国传统的管理思想作为管理的指导思想和主要原则，可以概括为以下一些要点[①]：

[①] 周三多，陈传明，鲁明泓. 管理学——原理与方法（第四版）[M]. 上海：复旦大学出版社，2005：41.

1. 顺道。指管理要顺应自然规律。"顺道"、"守常"、"守则"、"循轨"是中国传统管理活动的重要指导思想。管子认为,"天不变其常,地不易其则,春夏秋冬,不更其节","不通于轨数而欲为国,不可"。

2. 重人。一重人心向背;二重人才离归。我国古代历来讲究得人之道,用人之道。得民心者得天下,管子有云,"政之所兴,在顺民心;政之所废,在逆民心"。"从民所欲,去民所恶,为政之宝"。得人才是得人的核心,要得人才,先得民心,众心所归,群才荟萃。管子有云,"德以合人","人以德使"。

3. 人和。就是调整好人际关系,我国古代历来把"天时"、"地利"、"人和"当作事业成功的三要素。孔子说:"礼之用,和为贵。"管子说:"上下不和,虽安必危。"求和的关键在当权者严于律己、严禁宗派、任人唯贤、公正无私。

4. 守信。信誉是人类社会建立稳定关系的基础,是国家兴旺和事业成功的保证。《管子》中提出一条重要原则,即"不行不可复"。"言而不可复者,君不言也;行而不可再者,君不行也。凡言而不可复,行而不可再者,有国者之大禁也"。

5. 利器。孔子说:"工欲善其事,必先利其器。""利器说"贯乎古今,成为兴邦立业的重要思想。

6. 求实。实事求是,办事要从实际出发,是思想方法和行为的准则。管子提出"动必量力,举必量技"的量力原则,"事以时举"的时空原则。

7. 对策。一是预测,如范蠡的"旱则资舟,水则资车"的待乏原则;一是运筹,如战国的田忌与齐王赛马就是我国历史上有记载的最早运用运筹学的典型事例。

案例

田忌与齐王赛马

相传,在战国时期,一天齐国的国王要和他的大臣田忌赛马,双方规定每人选上、中、下三匹马来参加比赛,每匹马都必须赛一次,而且只赛一次,输一次就付给胜者1 000金。因为在同等的马中,齐王的马要比田忌的马好,所以大家都认为田忌一定要输3 000金。但是,田忌的谋士孙膑给田忌出了一个主意,结果田忌反而赢了1 000金。

原来齐王是将马按上、中、下三等的顺序参加比赛的,而孙膑却叫田忌将马按下、上、中的顺序参加比赛。也就是说,比赛是这样进行的:

	齐王	田忌
第一局	上马——	下马
第二局	中马——	上马
第三局	下马——	中马

于是,田忌输了第一局,而胜了第二局和第三局。最后他赢了1 000金。

田忌取胜的秘诀在于他选取了最佳的比赛策略。在现代科学中人们把研究如何选取最佳策略的数学分支叫做运筹学。运筹学是由于实际需要而产生和发展起来的。比如，在对敌作战中，兵力怎样部署，物资怎样调运；在生产中，设备和技术力量怎样安排；商品和市场需要怎样协调；体育比赛中，怎样根据对手情况安排分组和采取获胜的方法，等等。这些都需要运用运筹学的知识。因此，人们把运筹学称之为"克敌制胜的法宝"。

8. 节俭。我国历来提倡开源节流、崇俭拙奢、勤俭建国、勤俭持家。孔子主张："节用而爱人，使民以时。"

9. 法治。我国的法治思想起源于先秦法家和《管子》，后来逐渐演变成一整套法制体系，包括田土法制、财税法制、军事法制、人才法制、行政管理法制、市场法制等等。韩非子主张"法治优于人治"，实行"明法"和"一法"原则。

中国古代有不少名著至今仍闪耀着管理思想的光辉，具有很高的理论和实践的价值。

《孙子兵法》，春秋末期所作，共 13 篇，105 段，1 289 句，6 082 个字(郭化若《孙子今译》版本)。虽出自兵家，但其中确能提出国家大政、策略、战略，许多原则成为企业管理的信条。可谓集中国管理之大成，如战略论、信息论、人才论等。

《管子》，战国时齐稷下学者托名管仲所作，也有汉代附益部分，共 24 卷。原本 86 篇，今存 76 篇。内容包括有道、法、名等家的思想及天文、历数、舆地、经济和农业知识。其中《牧民》、《形势》、《权修》、《乘马》等篇存有管仲遗说。《轻重》等篇是中国古代典籍中阐述经济问题篇幅最多的著作，在生产、分配、交易、消费和财政等方面均有论述①。

《菜根谭》，明代洪应明著，原是一本论述修身、处世、待人接物、应事的格言集。最近日本又出现了《菜根谭》热，因为日本普遍认为这本书在企业管理、用人制度、业务推销、开拓市场，及企业家的自身修养方面都是一本弥足珍贵的教材。

第二节　西方管理思想的产生

西方管理思想由来已久，但是在 19 世纪末 20 世纪初之前，这些管理思想还没有形成系统的理论，还处在管理理论的萌芽状态。

一、西方古代管理思想

早在古代，西方管理思想已在以下几个方面有了初步的发展：

(一) 计划方面

埃及人建造金字塔、大规模灌溉系统和运河，都涉及数以万计的劳动力，有的甚至历经几十年时间，计划是十分周全的。摩西率领希伯来人摆脱埃及人奴役，进行了周密的计划安排②。这些历史事件虽然没有留下系统的书面材料，但实际事例都表现了计划管理

---

① 辞海(1989 年版缩印本)[M].上海：上海辞书出版社，1994：2124.
② 雷恩.管理思想的演变[M].孙耀君，译.北京：中国社会科学出版社，1995：13.

的思想。

（二）组织方面

苏美尔人早在四五千年以前就发展了一种庙宇"公司"，由一个共同的管理机构来管理一批庙宇。从埃及人建造金字塔的组织工作直到罗马帝国的庞大组织，可以看出组织管理思想的发展轨迹。至于希腊人对分工和专业化的重视，则从另一方面看出组织思想的进一步深化。

希腊人很重视分工和专业化，连石匠的工具都设有专人磨琢。柏拉图在《理想国》一书中首先提出了劳动分工和专业化原理。他说："每个人从事几种行业或坚守自己的本行——哪一种更好呢？应该坚守自己的本行。如果一个人按照他的能力并在恰当的时机做事，他就能做得更多、更好而且更容易。"

（三）控制方面

苏美尔人和埃及人已有了账目、文件等控制手段。巴比伦人更把这种控制手段定型化为"汉谟拉比法典"。至于控制中对集权和分权的关系如何处理的问题，早在埃及的古王国、中王国时期就已发现这一问题，并有人试图予以解决。此后，罗马帝国的戴克里又进一步予以发展，并获得相当的成功。

（四）人事方面

埃及人很早就注意到要恰当地处理人际关系。这可以从一些大臣写给儿子的告诫书中看出。罗马的瓦洛更明确提出人的选择和安置问题。巴比伦人实行了萌芽状态的计件工资制作为激励人的手段。摩西的岳父可以说是最早的管理咨询人员，而希腊的城邦则推行了最早的协商式管理。希腊的苏格拉底、色诺芬等人还首先提出了管理普遍性的原则[①]。

这些古代管理思想，虽然还比较粗糙，处于萌芽状态，但都成为以后管理思想发展的渊源。

二、西方早期管理思想

西方管理理论萌芽于 18 世纪下半叶。这个阶段从 18 世纪 60 年代产业革命开始到 19 世纪末，历经 100 多年。

在 18 世纪 60 年代以后，西方国家开始进行产业革命。这场革命使以手工业为基础的资本主义工场向采用机器生产的资本主义工厂制度过渡。产业革命使生产力有了较大的发展，随之而来的是管理思想的革命，计划、组织、控制等职能相继产生。企业规模不断扩大，劳动产品的复杂程度与工作专业化程度日益提高，企业经理人员也逐渐摆脱了其他工作，专门从事管理。所以，产业革命不仅是生产技术上的革命，而且也是管理制度和管理思想上的革命。

---

① 郭咸纲.西方管理思想史(第 2 版)[M].北京:经济管理出版社,2002:9.

(一) 亚当·斯密

亚当·斯密(Adam Smith　1723—1790)是第一个对西方管理理论作出贡献的英国资产阶级古典经济学家。在1776年发表了他的代表作《国富论》①。该著作不但对经济和政治理论的发展有着突出贡献,对管理思想的发展也有重要的贡献。亚当·斯密在他的《国富论》中以制针业为例说明了劳动分工给制造业带来的变化。书中写道:"如果一名工人没有受过专门的训练,恐怕工作一天也难以制造出一枚针来。如果把制针程序分为若干项目,每个工人只分工负责其中一项,这样一来,平均一个工人每天可以生产48 000枚针,生产效率提高的幅度是相当惊人的。"

亚当·斯密认为:"劳动是国民财富的源泉,劳动生产力的改良和增进,是国民财富增长的基本原因。"这一观点,已经成为西方管理理论的一个重要论点。斯密特别强调了分工的作用并分析了劳动分工的经济效益,提出了"生产合理化"的概念。他的这些观点为西方管理理论提出了一条极其重要的原理。

斯密提出了"经济人"观点,反映了资本主义的生产关系,后来成了整个资本主义管理的理论基础;所谓"经济人"观点,指经济现象是由具有利己主义特点的人们的活动所产生的。人们在经济活动中追求个人利益,社会上每个人的利益总是受到他人利益的制约,各人都需要兼顾到他人的利益,由此而产生共同利益,进而形成总的社会利益。所以,社会利益正是以个人利益为立脚点和基础的。"经济人"是斯密的一个根本论点,这个观点对后来的西方管理理论的发展及其实践,都具有重要的影响。

(二) 罗伯特·欧文

罗伯特·欧文(Robert Owen,1771—1858)是英国的空想社会主义者②。他的著作有:《有关新拉纳克机构的陈述》(1812)、《新社会观》(1813—1814)、《关于制造制度的效果的观察》(1815)、《对新拉纳克的演说》(1816)、关于《使国家摆脱目前所处困境的方案》的三篇演说(1817)、《对拉纳克郡的报告》(1821)。

欧文最早注意到人的因素对提高劳动生产率的重要性,他反对将人视为机器,强调人和机器的根本区别在于人是有需要的有机体。因此,要区别"有生机器"和"无生机器"。欧文的管理思想,集中体现于他在苏格兰新拉纳克工厂的改良措施中。包括:(1)改善工厂的生产条件,使生产设备布局合理化,缩短劳动时间;(2)提高雇用童工的最低年龄限制;(3)提高工资,在厂内免费为工人提供膳食,开设工厂商店,设立幼儿园和模范学校,创办互助储金会和医院,发放抚恤金;(4)与工人接触,了解工人的生产、生活情况。欧文的改革设想,尽管在当时看来很不现实,但他最早注意到管理中人的因素,欧文是人事管理的先驱者,他重视人的因素在工业中所起的重要作用。他的理论和实践对以后的管理特别是人事管理有相当大的影响③。

---

① 郭咸纲.西方管理思想史(第2版)[M].北京:经济管理出版社,2002:60.
② 厄威克.管理备要[M].北京:中国社会科学出版社,1994:12.
③ 郭咸纲.西方管理思想史(第2版)[M].北京:经济管理出版社,2002:69.

（三）查尔斯·巴贝奇

在产业革命后期,英国人查尔斯·巴贝奇(Charles Babbage,1792—1871)是对管理思想贡献最大的主要人物①。巴贝奇也是数学家、科学家和作家。他于 1832 年出版了《论机器和制造业的经济》,论述了专业分工、工作方法、机器与工具的使用和成本记录等,是管理学上一本重要的文献。他在进行管理研究时曾走遍英国和欧洲大陆,了解有关制造业方面的各种问题,并研究了经理人员解决这类问题的办法。巴贝奇以自己的亲身经验,奉劝当时的经理人员尽量采用劳动分工。通过时间研究和成本分析,他进一步地分析了劳动分工使生产率提高的原因,他的解释比亚当·斯密更全面、更细致。

巴贝奇进一步发展了亚当·斯密关于劳动分工的利益的思想,指出了脑力劳动同体力劳动一样,也可以进行劳动分工的道理,提出了要提高效率必须细致研究工作方法和以专业技能作为工资与奖金基础的原理。巴贝奇提出了一种工资加利润的分配制度,指出工人的收入应由三部分组成:①固定工资;②利润分享部分;③奖金。而后两项是与工人的劳动生产率直接相关联的。这项具有刺激作用的分配制度的提出和实施,是巴贝奇为现代劳动工资制度的发展和完善作出的一项重要贡献。巴贝奇还重视人的作用,鼓励工人提建议,主张实行有益的建议制度,重视运用管理技术等等。由此可知,巴贝奇早在泰罗发表《科学管理原理》前 80 多年就已把科学方法应用于管理,并加以理论化。

在这一阶段,西方管理理论尚未形成系统的理论。管理主要凭个人经验,靠饥饿政策迫使工人工作。但是,在生产管理、工资奖励、成本核算、人事管理、领导方式、组织结构等方面,特别是在劳动组织问题上,产生了很多独到的见解和思想,这些思想对西方管理理论的发展起着重要的影响。

总之,西方早期的管理思想和管理实践,特别是 18 世纪以来所产生与发展的管理理论,尽管对管理的发展有其重要的贡献,但是在这一时期的管理思想还不系统、不全面,还没有形成专门的管理学派。因此,多数学者认为这一阶段在管理发展的历史上,仍然属于传统的经验管理阶段。

第三节　古典管理思想与理论

19 世纪末 20 世纪初是管理理论最初形成和系统建立的阶段。当时,在美国、法国、德国分别活跃着具有奠基人地位的管理大师,如"科学管理之父"泰罗(F. W. Taylor)、"现代经营管理之父"法约尔(H. Fayol)等等。泰罗重点研究在工厂管理中如何提高效率,代表作是《科学管理原理》(1911)。法约尔在他的著作《工业管理与一般管理》(1916)中关于管理组织与管理过程职能划分的理论,对后来的管理理论发展具有深远影响。

泰罗的科学管理理论和法约尔的组织管理理论是这一阶段具有代表性的理论。

---

① 厄威克. 管理备要[M]. 北京:中国社会科学出版社,1994:15.

一、泰罗的科学管理理论

钢铁是从高炉中冶炼出来的，要使炉火能熔化铁矿石，就需要往炉膛不停地加煤。过去，炉前工给炉膛上煤，用手工操作铁锹铲煤和送煤，是一种又紧张又累人的工作，炉前工干不了多久就会累得精疲力竭，来不及给炉子上煤。能不能使炉前工操作既省力、持久又快速？

美国米德维尔钢铁公司车间主任泰罗经过观察思考，发现炉前工的工作效率并不与体力成正比，身体单薄的工人，干起活来比那些粗手粗脚的壮汉有时要利索得多。他得出结论，工作效率主要与两人的操作方式有很大关系。前者操作时动作幅度适当，躯体和手协调，铲煤时铁锹角度也适中，送煤时动作较稳而能利用惯性，这样就节省了体力，提高了速度。而后者往往动作幅度过大，用力也不均匀，送煤动作不准确，有些动作是多余的，所以多消耗了体力，影响了速度和持久能力。由此，泰罗将炉前工的整个操作分为铲煤、送煤、回缩三个动作，规定了工人铲煤时手握锹柄的姿态、铲煤时下锹的角度、煤的大致数量、送煤时用力大小和手臂前进的幅度、回缩时躯体姿势和手臂力量，以此作为标准来训练工人，结果大大提高了炉前工的效率。

是不是任何工种的操作都可分解为一系列动作，而只要研究出每个动作的最佳方法，以此作为标准来培训工人，就可以提高工作效率呢？按照这样的想法，泰罗又进行了搬运铁块和金属切削的试验，制定出相应的标准操作方法，在工厂运用后又成功地提高了效率，泰罗因此也被提升为总工程师。

泰罗认为：任何操作都存在一种最佳的方法——标准操作，用这种操作方法来培训工人，在工作中循"规"蹈"矩"可以提高工作效率。这种思想导致了管理科学的诞生，泰罗也被称为"管理科学之父"。

（一）泰罗的主要观点

泰罗（Frederick Winslow Taylor，1856 - 1915）[①]，美国人，1856 年 3 月 20 日生于费城。22 岁到米德维尔钢铁公司当学徒，先后做过车间管理员、技师、小组长、工长、维修工长、制图部主任和总工程师。并通过夜晚学习于 1883 年获新泽西州史蒂文斯工艺技术学院的机械工程学位。1893 年独立开业从事工厂管理咨询工作。1911 年出版代表作《科学管理原理》。由于泰罗的经历使他对生产现场很熟悉，他认为单凭经验管理的方法是不科学的，必须加以改变，于是就开始了管理方面的革新活动。泰罗的理论主要有以下观点：

1. 科学管理的根本目的是谋求最高工作效率。提高劳动生产率可以使工人得到较高的工资、资本家得到较多的利润，从而达到共同富裕。

2. 达到最高工作效率的重要手段是用科学的管理方法代替旧的经验管理。科学管理表现为生产实践中的各种明确的规定、条例、标准等。

3. 实施科学管理的核心是管理人员和工人双方在精神和思想上来一次彻底变革，将

---

① 厄威克. 管理备要[M]. 北京：中国社会科学出版社，1994：69.

重点从盈利的分配转到增加盈利的数量上来。

（二）泰罗制

根据以上观点，泰罗提出以下管理制度：

1. 制定工作定额。对工人提出科学的操作方法，并对全体工人进行训练，据此制定较高的工作定额，以便合理利用工时，提高工效。

2. 实行差别计件工资制。

3. 推行标准化。除了对工人进行科学的选择、培训和提高外，还对工人使用的工具、机械、材料和作业环境加以标准化。

4. 规定科学的工艺规程，并用文件形式固定下来以利推广。

5. 使管理和劳动分离，把管理工作称为计划职能，把工人的劳动称为执行职能。

泰罗及其他同期先行者的理论和实践构成了泰罗制。可以看出泰罗制重点解决的是用科学方法提高生产现场的效率问题。泰罗制冲破了沿袭了百余年的传统落后方法，创立科学管理方法来代替经验管理方法，使得生产效率提高2—3倍，从而推动了生产的发展，开创了管理理论和实践的新局面。由于管理职能与执行职能的分离，企业中有一些人专门从事管理，这就为管理工作的专业化发展打下了基础。当然，泰罗把工人看成是"会说话的机器"，是纯粹的"经济人"，忽视了企业成员之间的交往以及人的感情、态度等社会因素对生产效率的影响，因而其理论有一定的局限性。此外，泰罗制主要是解决生产的操作问题，对企业供应、财务、销售、人事等方面的活动基本没有涉及。

二、法约尔的组织管理理论

与泰罗同时代的古典管理学派的代表人物还有很多，其中影响最大的首属法约尔。法约尔研究了组织结构、管理原则以及管理人员职责分工的合理化，他的组织理论在一定程度上弥补了泰罗在科学管理理论中的不足和局限性。

亨利·法约尔[①]（Henri Fayol，1841—1925），法国人，1860年从圣艾蒂安国立矿业学院毕业后，被任命为科芒特里矿井的工程师，历任矿井经理、综合经理、总经理。1888年，被任命为科芒特里—富香博采矿冶金公司总经理，1918年从总经理的位置上退休，但仍作为董事。由于泰罗一直是在生产第一线，他的研究也是从"车床前的工人"开始，重点是解决企业内部具体工作的效率问题。与泰罗不同，由于法约尔早期就参与企业的管理工作，并长期担任企业高级领导职务，法约尔的研究则是从"办公桌前的总经理"出发的，以企业整体作为研究对象。法约尔认为，管理理论是"指有关管理的、得到普遍承认的理论，是经过普遍经验检验并得到论证的一套有关原则、标准、方法、程序等内容的完整体系"；有关管理的理论和方法不仅适用于公私企业，也适用于机关和社会团体。这正是一般管理理论的基石。他对管理理论独一无二的贡献就在于把管理作为一种独立的职能并加以分析，这为以后通过职能分析来研究高层管理的现代方法的演进铺平了道路。在退休后

① 厄威克.管理备要[M].北京：中国社会科学出版社，1994：26.

的 7 年时间里,法约尔都孜孜不倦地传播他的管理理论。

法约尔的著述很多,1916 年出版的《工业管理与一般管理》是其最主要的代表作,标志着一般管理理论的形成。其主要内容如下:

(一)从企业经营活动中提炼出管理活动

法约尔区别了经营和管理,认为这是两个不同的概念。管理包括经营好一个企业要改善的六个方面的活动,即:

技术活动:设计制造。

商业活动:进行采购、销售和交换。

财务活动:确定资金来源和使用计划。

安全活动:保证员工劳动安全和设备使用安全。

会计活动:编制财产目录、进行成本统计。

管理活动:包括计划、组织、指挥、协调、控制。

法约尔通过对企业全部活动的分析,将管理活动从经营职能(包括的技术、商业、业务、安全和会计等五大职能)中提炼出来,成为经营的第六项职能。法约尔进一步提出了具有普遍意义上的管理定义,即"管理是普遍的一种单独活动,有自己的一套知识体系,由各种职能构成,管理者通过完成各种职能来实现目标的一个过程"。

法约尔还分析了处于不同管理层次的管理者其各种能力的相对要求,随着企业由小到大、职位由低到高,管理能力在管理者必要能力中的相对重要性不断增加,而其他诸如技术、商业、财务、安全、会计等能力的重要性则会相对下降。

(二)提出五大管理职能

法约尔将管理活动分为计划、组织、指挥、协调和控制等五大管理职能,并进行了相应的分析和讨论。

管理的五大职能并不是企业管理者个人的责任,它同企业经营的其他五大活动一样,是一种分配于领导人与整个组织成员之间的工作。

(三)提出十四项管理原则

法约尔提出了一般管理的 14 项原则:劳动分工;权力与责任;纪律;统一指挥;统一领导;个人利益服从整体利益;人员报酬;集中;等级制度;秩序;公平;人员稳定;首创精神;团队精神。

(四)倡导管理教育

法约尔认为管理能力可以通过教育来获得,"缺少管理教育"是由于"没有管理理论",每一个管理者都按照他自己的方法、原则和个人的经验行事,但是谁也不曾设法使那些被人们接受的规则和经验变成普遍的管理理论。

法约尔的一般管理理论是西方古典管理思想的重要代表,后来成为管理过程学派的理论基础(该学派将法约尔尊奉为开山祖师),也是以后各种管理理论和管理实践的重要依据,对管理理论的发展和企业管理的实践均有着深刻的影响。管理之所以能够走进大学讲堂,全赖于法约尔的卓越贡献。一般管理思想的系统性和理论性较强,对管理五大职能的分析为管理科学提供了一套科学的理论构架。来源于长期实践经验的管理原则给实际管理人员提供了巨大的帮助,其中某些原则甚至以"公理"的形式为人们接受和使用。因此,继泰罗的科学管理之后,一般管理也被誉为管理史上的第二座丰碑,法约尔也被后人尊称为"现代经营管理之父"。

除了泰罗和法约尔之外,这个时期还出现了很多其他的创立管理理论的先驱者,如马克斯·韦伯(M. Weber)、厄威克(L. F. Urwick)和古利克(L. Gulick)。马克斯·韦伯在其《社会和经济理论之中》中主张建立一种高度结构化的、正式的、非人格化的"理想的行政组织体系",他认为这是对个人进行强制控制的最合理手段,是达到目标、提高劳动生产率的最有效形式,而且在精确性、稳定性、纪律性和可靠性方面优于其他组织。马克斯·韦伯被称为"组织理论之父"。英国的厄威克提出了他认为适用于一切组织的十条原则,美国的古利克用"POSDCRB"概括了管理的七项职能,即计划(Planing)、组织(Organising)、人事(Staffing)、指挥(Directing)、协调(Coordinating)、报告(Reporting)和预算(Budgeting)。

值得一提的是,当时很多公司开始将理论付诸行动。通用汽车公司总裁斯隆对公司进行了改组,采用集中控制下的分权制,建立事业部,成为分权的第一人。

古典管理理论侧重于从管理职能、组织方式等方面研究效率问题,但是对人的心理因素考虑很少或根本不去考虑。

第四节　行为科学理论

20 世纪 20 年代末 30 年代初全世界出现经济大危机,在美国,罗斯福政府从宏观上对经济实施管制,管理学者们则开始从微观上研究除"硬件"以外的造成企业效率下降的影响因素,行为科学应运而生。

行为科学理论重视研究人的心理、行为等对高效率实现组织目标的影响和作用。这些研究起源于以梅奥(G. E. Mayo)为首的美国国家研究委员会与西方电气公司合作进行的霍桑实验(1924—1932),该实验的结论引起了管理学者对人的行为的兴趣,从而促进了行为科学理论的发展,该理论主要研究个体行为、团体行为与组织行为。

该时期具有代表性的理论成果包括:马斯洛(A. H. Maslou)的需求层次理论;赫茨伯格(F. Herzberg)的双因素理论;麦克莱兰(D. C. Macleland)的激励需求理论;麦格雷戈(D. M. McGregor)的"X—Y理论";波特—劳勒模式等等。

行为科学是一门研究人类行为规律的科学,管理学家试图通过对工人在生产中的行为及这些行为产生的原因,进行分析研究,以便掌握人们行为的规律,找出对待工人的新手法和提高工作效率的新途径,其发展是从人际关系论开始的。

一、人际关系理论

梅奥①(George Elton Mayo，1880—1949)，美籍澳人，逻辑和哲学硕士，1919 年任昆士兰大学教授，1922 年移居美国，1927—1932 年参加"霍桑试验"。实验表明：生产效率不仅受物理、生理的因素影响，而且受社会环境和社会心理的影响。霍桑实验是产生"社会人"假说的直接导因。

(一)霍桑实验

传统的管理理论一直认为，工人是天生懒惰的，干活只是为了挣钱。因此必须加强对工人的监督，同时用报酬来诱使工人多干活、干好活。

1924 年，在美国芝加哥西方电器公司霍桑工厂所做的一项实验打破了这种结论。霍桑实验中最出名的有照明实验和福利实验两个②。

照明实验：霍桑厂生产电话交换机，因此绕线圈班组的进度对全厂产量影响很大，长期以来班组产量供不应求，跟不上发展需要。在进行实验时，将这个班组分为实验组和对照组。实验组不断改变照明条件，对照组不改变任何条件。原来设想，由于实验组改善了劳动条件会增加产量，会比对照组的产量高。但是结果却大出所料，两组的产量都在增加。

福利实验：霍桑厂还有装配继电器的班组，让其中 6 名女工在单独的房间内工作。在实验中，免费给这些女工提供茶点，缩短工作时间，工人们干劲很足，产量果然得到了提高。原来的设想认为：如果一旦取消这些福利措施，这个班组的产量肯定会降低。但结果却恰恰相反，取消福利措施后 2 个月，继电器班组的产量仍继续上升。

为什么会有上述两种实验结果呢？研究人员经过调查研究，摸清了其中奥秘。在第一个实验中，两个组的工人认为被挑选参加实验是工厂对他们的重视，同时实验过程中管理人员与工人、工人与工人之间关系密切了，配合得更好了，从而生产效率也提高了。这表明，要提高劳动生产率，人际关系比照明条件更为重要。在第二个实验中，由于管理人员与工人保持经常性接触，形成了融洽的人际关系。工人感觉自己受到了尊重和关心，就拼命为工厂干活，相应地，产量也就提高了。这同样表明：要提高劳动生产率，人际关系比福利措施更为重要。

(二)社会人假说

这两个结论都是与传统管理理论相矛盾的，古典管理理论显得过于简单，无法解释实验的结果。1933 年，主持霍桑实验的梅奥教授出版了《工业文明中的问题》一书，提出了新的管理理论——"社会人假说"。其主要论点如下：

1. 企业的职工是社会人，是复杂的社会系统的成员。

① 厄威克. 管理备要[M]. 北京：中国社会科学出版社，1994：196.
② 郭咸纲. 西方管理思想史(第 2 版)[M]. 北京：经济管理出版社，2002：206.

2. 必须从社会心理方面来鼓励工人,满足工人的社会欲望,提高工人士气,这是提高生产效率的关键。

3. 企业中实际存在着一种"非正式组织",这是企业成员在共同工作过程中,由于拥有共同的社会感情而形成的非正式团体。

4. 企业应采用新型领导方法,通过提高工人需求的满足度,激励工人的士气,进而达到提高生产率的目的。

二、行为科学理论

梅奥的人际关系理论为管理学引入了以人为本的思想。在此基础之上,就形成了行为科学学派。行为科学学派主要从心理学、社会学、生理学等方面来研究人的行为和动机,把人看成是"社会人",试图建立各种激励理论,来最大限度地发挥人的积极性,以提高劳动生产率。行为科学理论主要集中在以下四个领域展开。

（一）有关人的需要、动机和激励问题

在有关人的需要、动机和激励问题的理论研究中,最具有代表性的是需要层次理论和双因素理论。

1. 需要层次论(人类动机理论)

行为科学认为:需要是一切行为的起始点,需要是激动动机的主要因素,动机通过一定的行为指向目标。关于需要的理论很多,其中影响最大最广的是美国人亚伯拉罕·马斯洛(Abraham H. Maslow,1908—1970)的需要层次理论(马斯洛之塔,如图 2 - 1 所示)[①]。

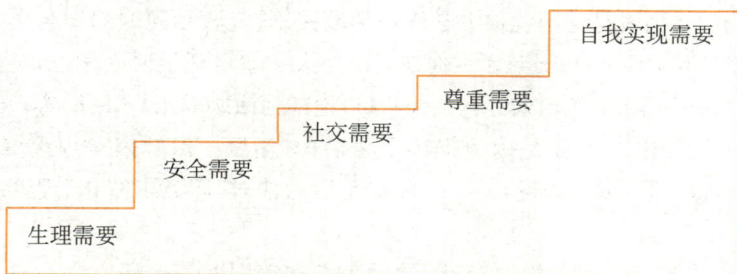

图 2 - 1　马斯洛之塔

马斯洛是美国行为科学家。他于 1934 年在美国威斯康星大学获心理学博士学位,并在该校任教 5 年,然后迁往纽约,在哥伦比亚大学和布鲁克林学院任教,1951 年任布兰代斯大学心理系教授兼系主任。马斯洛一生著述颇多,其中最著名的是 1943 年发表的《人类动机理论》。正是在这部著作中,马斯洛提出了著名的人类基本需要等级论,即需要层次理论(Hierarchy of Needs Theory)。

---

① 郭咸纲. 西方管理思想史(第 2 版)[M]. 北京:经济管理出版社,2002:223.

世上的塔形形色色，但都是一个模式：塔拔地而起，塔级愈高，塔体就愈小，形成下宽上窄的体型，这给人以稳固和严密的感觉。人类的各种需要排列起来，也像一个有许多层次的塔。美国著名心理学家马斯洛发现了这个塔，因此这个塔被称为"马斯洛之塔"。

马斯洛发现：人活在世上，饿了必须要吃，渴了必须要饮，困了必须要睡。人的吃饭、饮水、睡眠等本能的满足，是最起码的需求，相当于第一层塔基。

人吃饱喝足睡够以后，就想方设法使他的食物源源不断，在生活中就想有稳定的收入，他的身体保持健康，他的财产不受侵害，这些需要被称为安全需要，相当于塔的第二层。

人得到了安全保障，他就想参加一定的社会活动，加入一定的团体，在团体中与伙伴们友好相处，得到别人的友情和喜欢。这些需要被称为社交需要，相当于塔的第三层。

人在参加了社会活动并获得同伴的友情后，总想自己胜任一定的工作，有一定的独立性，同时在同伴中有权威，受到同伴的尊敬和信赖。这些需要是尊重需要，比社交需要更高一层。

人还总是想实现自己的理想抱负，使自己的才能得到充分的发挥，这样才会心满意足。这是最高层次的需要，马斯洛称它为自我实现。

这样，人的需要由低到高排列起来，就成了一个整齐的"马斯洛之塔"。马斯洛的基本论点有两个：(1)人是有需要的动物，没有需要就没有动力，需要满足了也就不再成为一种激励力量。(2)人的需要是分成不同层次的，并由低级向高级发展，在一定阶段，优势需要起支配作用。当然，在生活上登上塔尖即满足了所有需要的人是很少的。对每一个人来说，也不是一定要在满足了低一层次需要之后，才有更高层次的需要，而是各种需要是同时产生的，只不过从低级到高级，需要的欲望强弱不同而已。①

2. 双因素理论

这一理论的提出者是美国犹他大学管理学教授、研究激励问题的知名学者弗雷德里克·赫茨伯格(Frederick Herzberg)。他在匹茨堡大学取得理学博士学位，主要著作包括《工作的激励》(1959)、《工作与人性》(1966)、《再论如何激励职工》(1968)等。赫茨伯格在管理学界的巨大声望，一方面是因为提出了著名的"激励—保健因素理论"(Motivation-Hygiene Theory)，即双因素理论，另一方面则是因为他对"职务丰富化"理论所进行的开拓性研究。

20世纪50年代末期，赫茨伯格和他的助手们在美国匹茨堡研究中心对200名工程师、会计师进行了调查访问。调查的问题主要有两个：第一，什么原因使你愿意干你的工作？第二，什么原因使你不愿意干你的工作？调查结果表明，凡是激励人工作的因素都与工作本身有关，而使人不愿工作的因素都与工作环境有关。在这项调查的基础上，赫茨伯格于1959年在《工作的激励》中提出了激励的双因素理论。

双因素理论认为，有两种不同的因素在影响着人们的行为。一是保健因素，这是与工作环境有关的因素，主要有工作条件、安全、工资、监督、公司政策、人际关系等。这些都是员工在感到不满意时所常常抱怨的外部因素。这些因素如果不能满足员工的需要就会导

① 马洪，孙尚清. 现代管理百科全书[M]. 北京：中国发展出版社，1991：98.

致员工的不满。但这些因素条件再好也不会产生更强烈的激励作用,保健因素只能防止产生不满情绪而已。另一个是激励因素,这些因素与工作本身有关,主要包括成就、承认、工作本身、责任、晋升、个人的成长与发展等。这些因素可以起到对员工的强烈激励作用。马斯洛的需要层次理论中的生理需要、安全需要、社会需要常常属于保健因素,而尊重和自我实现这些高层次的需要则属于激励因素。

双因素理论与传统激励观点不同之处在于,传统观点将员工的态度分为满意/不满意两种,而双因素理论则将其划分为四种,即满意/没有满意、没有不满意/不满意。激励因素影响前一对状态,而保健因素则对后两种态度起作用。也就是说,导致工作满意感的因素与导致工作不满意感的因素是彼此独立而不同的。因此,在管理中应当正确识别与区分这两种因素,为员工提供适度的保健因素以防止出现工作不满意感,同时通过提供激励因素来达到激励员工的目的。

在有关人的需要、动机和激励问题的理论研究中,还有一些理论值得关注,例如,斯金纳(B. F. Skinner)的强化理论,是以学习的强化原则为基础的对理解和修正人们行为的一种探讨。从其最基本形式来讲,强化指的是对一种行为的肯定或否定的后果(奖或惩)至少在一定程度上会决定这种行为是否重复。弗鲁姆(Victor H. Vroom)的期望概率模式理论,理论认为:选择性行动成果的强度(即职工对某一行动成果的评价)和期望概率(即职工认为某一行动成果的评价)两者决定激励力的大小。激励力促使行动,行动取得成果,通过成果职工得到满足。

(二) 同企业管理有关的"人性"问题

管理学历来有关于人性问题的争论和相关研究,在同企业管理有关的"人性"问题的理论研究中,最具有代表性的是"X—Y 理论"、"不成熟—成熟理论"以及后来的"Z 理论"。

1. X—Y 理论

X、Y 理论是美国 MIT 教授麦格雷戈(Douglas Mcgrager, 1904—1964)提出的。美国管理学家麦格雷戈认为,管理人员对工人的行为有不同的假设,一种是 X 假设,一种是 Y 假设,这两种假设是截然对立的。

X 理论假设:(1)人天性好逸恶劳,只要有可能就会逃避工作。(2)人生来以自我为中心,漠视组织的要求。(3)一般人缺乏进取心,逃避责任,甘愿听从指挥,安于现状,没有创造性。(4)人们通常容易受骗,亦受人煽动。所以,就需要通过强制、处罚、解雇等手段来迫使工人工作,实行高度控制的集权和独裁管理。麦格雷戈认为,泰罗和泰罗以前的管理者主要采取了集权型的领导方式,这种领导方式是基于对人性的 X 假设的。

Y 理论假设:(1)一般人天生并不是好逸恶劳。(2)外来的控制和处罚并不是使人们为实现组织目标而努力的唯一方法,人们对自己所参与的目标,能实现自我指挥和控制。(3)在适当的条件下,一般人是能主动承担责任的,不愿负责、缺乏雄心壮志并不是人的天性。(4)大多数人都具有一定的想象力、独创性和创造力。(5)在现代社会中,人们的智慧和潜能只有部分得到了发挥。麦格雷戈认为,根据这种假设,对工人就应该实行民主式、放任式管理;要以人为中心,实行宽容、放权的原则。

麦格雷戈指出:X 理论主张对工人的管理以管束和强制为主,Y 理论主张以诱导的办法鼓励职工发挥主动性和积极性。只有 Y 理论才能取得管理上的成果。

在我国古代也有很类似的说法。荀子提倡的"性恶论",认为人的本性是恶的,并认为"性恶"经过教育是能够改变的;孟子提倡"性善论",认为人性天生是善良的。

2. 不成熟—成熟理论

美国人阿吉里斯(Chris Argyris)认为:人的个性发展也有一个不成熟到成熟的过程,这个过程就是从被动到主动,从依赖到独立,从缺乏自觉到自觉自制。一个人在这个发展过程中所处的位置就体现其自我实现的程度。而正式组织的基本性质就是使个人保持在"不成熟"阶段。消除个性和组织矛盾的办法就是:扩大职工工作范围;采取参与式,以职工为中心的领导方式;使职工有从事多种工作的经验;加重职工的责任;更多依靠职工的自我指挥和自我控制。

3. Z 理论

Z 理论是由日裔美籍人威廉·大内在 1981 年提出的。他认为企业管理当局与职工的利益是一致的,两者的积极性可以融为一体。大内研究了美国和日本两个国家的企业,将领导者个人决策和员工处于被动服从地位的企业称为 A 型企业,而日本的企业不是这样的,他将日本的企业称为 Z 型组织,其特点是:

(1)长期雇用。企业对职工的雇用应该是长期的而不是短期的,使员工与企业同甘苦,共命运。

(2)参与管理。采用集体研究和个人负责相结合的决策方法,上下结合制定决策,鼓励职工参与企业管理。

(3)上下级关系融洽,管理当局要关心职工,使职工心情舒畅。

(4)长期考核和逐步提拔。对职工的评价和提拔要进行长期而全面的考察,不依"一时一事"下结论。

(5)多专多能。对职工要进行全面的知识培训,使职工有多方面工作经验。

(6)控制诱导相结合。既要有统计报表、数字信息等清晰鲜明的控制机制手段,又要注意人的潜能和经验,进行积极细致的启发和诱寻。

威廉·大内认为:这是日本经济起飞的重要原因,美国应该学习日本的经验。

(三)企业中的非正式组织的人际关系问题

在有关企业中的非正式组织的人际关系问题研究方面,最具有代表性的理论是:团体力学理论和敏感性训练理论。

1. 团体力学理论

该理论由美籍德人卢因(Kurt Lewin,1890—1947)提出,主要论述了作为非正式组织的团体的要素、目标、内聚力、规范、结构、领导方式、参与者、行为分类、规模、对变动的反应等。

2. 敏感性训练理论

美国人利兰·布雷福德(Leland Bradford)认为:敏感性训练的目的是通过受训者在团体学习环境中的相互影响,提高受训者对自己的感情和情绪、角色等的敏感性,进而改变个人和团体的行为,达到提高工作效率和满足个人需求的目标。

（四）企业中领导方式的问题

企业中领导方式的问题的理论研究是比较多的，这方面代表性的理论有：连续统一体理论、管理方格理论等，限于后文还要重点谈及，在此只作简单介绍。

1. 连续统一体理论

1958年，该理论首先在《怎样选择一种领导模式》（发表在《哈佛商业评论》）一文中，由美国的坦南鲍姆（Robert Tannenbaum）和施米特（Warreu H. Schmidt）提出，他们认为：在企业领导方式中，从专权的、以上司为中心的到极为民主的、以职工为中心的领导方式之间，存在着多种多样的领导方式，是一个连续的统一体。领导方式有一种连续性是沿着一根标尺的延长线运作的，完全以领导为中心的低点，趋向完全以职工为中心的高点，这中间存在许多过渡方式，共有7种。至于采用哪一种领导方式，不能一概而论，要考虑经理、职工、形势、长期战略等方面的因素。

影响领导方式的各种可能因素有：(1)对领导者的个性起作用的一些因素；(2)下属所具有的可能影响领导者行为的因素；(3)情景因素。

2. 管理方格理论

美国的布莱克（Robert R. Blake）和穆顿（Jane S. Mouton）于1964年提出：为了避免企业领导工作趋于极端的方式，即或是科学管理，或是人际关系；或是以生产为中心，或是以职工为中心；或者采取X理论，或者采取Y理论，应采取各种不同的中和领导方式。他们以对生产的关系为横轴，对职工的关心为纵轴，每根轴线分为9小格，共分成81小方格，代表各种不同的领导方式。他们认为对生产的高度关心和对职工的高度关心结合起来的领导方式是效率最高的。

除上述理论外，美国的利克特（Rensis Likert）在他的《管理的新模式》中提出的"支持关系理论"也是比较有影响的，该理论认为，领导者要考虑下属职工的处境、想法和希望，支持职工实现其目标的行动，让职工认识到自己的价值和重要性，认识到自己在工作中的经验有助于个人价值的实现。由于领导者支持职工，就能激发职工对领导者采取合作态度和抱有信任感，支持领导者，这就叫做相互支持的原则。

案例

一种新的力量——整体大于部分之和[1]

在拿破仑时代，法国骑兵的骑术不精，但部队纪律严明。与之作战的马木留克骑兵，骑术出色，善于单个格斗，但缺乏组织纪律。在战斗中，3个法国兵打不过2个马木留克兵；100个法国兵与100个马木留克兵势均力敌；而300个法国兵则能战胜300个马木留克兵，如果1000个法国兵的话，却能打败1500个马木留克兵。

法国士兵随着人数的增加整体力量增大的情况，马克思曾给予高度评价。他说：

[1] 资料来源：《中华学生百科全书：系统工程》。

"许多人的协作,许多力量的融合,会产生一种新的力量。"这种新的力量,是由组成整体的各个局部通过有机的配合和联系形成了一种优化的结构而产生的。相反,如果局部只是简单结合,彼此缺乏联系,那么,整体的功能还不如局部力量之和。这就是系统科学的重要原理——系统整体性原理。

显然,马木留克兵之所以整体上不敌法国兵,就是由于士兵们缺乏严密的组织纪律,不能默契配合的缘故。同样,一盘散沙,一群缺乏指挥的人群,不会产生整体的力量。

系统科学家在处理由多个因素组成的复杂系统时,就经常使用这个原理,尽量使各因素有最佳的组合,而不单纯追求局部的最优化。例如,对于有大量元件组成的电视机,科学家除了制造高质量的元件外,特别重视使这些元件在电视机中的排列能形成最好的结构。这好像拔河比赛,一队中力气很大的队员,但若他站的位置不正确,他的用力偏离了其他队员的用力方向,这样反而会使比赛失利。

本章小结

本章主要介绍四个方面的内容,第一部分从人类的管理实践出发,介绍东方管理思想的产生,特别是中国传统管理思想的四大文化基础,即:理想主义的儒家思想、现实主义的法家思想、极权主义的墨家思想和无政府主义的道家思想,并总结出中国古代管理思想要点,即顺道、重人、人和、守信、利器、求实、对策、节俭、法治。

第二部分介绍西方管理思想的产生,早期西方古代管理思想在计划、组织、控制、人事等管理普遍性的原则上都作了一些探索,也出现了亚当·斯密、罗伯特·欧文和查尔斯·巴贝奇等代表人物。

第三部分具体介绍了古典管理理论的两个主要代表,泰罗的科学管理理论和法约尔的组织管理理论。

泰罗的理论主要有以下观点:一是科学管理的根本目的是谋求最高工作效率;二是达到最高工作效率的重要手段是用科学的管理方法代替旧的经验管理;三是实施科学管理的核心是管理人员和工人双方在精神和思想上来一次彻底变革,将重点从盈利的分配转到增加盈利的数量上来。根据以上观点,泰罗提出以下管理制度:制定工作定额;实行差别计件工资制;推行标准化;工艺规程文件化;使管理和劳动分离,把管理工作称为计划职能,把工人的劳动称为执行职能。

法约尔的理论主要内容包括:从企业经营活动中提炼出管理活动;提出五大管理职能;提出十四项管理原则;倡导管理教育。

第四部分主要介绍行为科学理论,包括以霍桑实验为基础的人际关系理论,这是早期行为科学理论的代表,也包括从不同角度研究行为科学的理论,如:有关人的需要、动机和激励的问题的需要层次论、双因素理论、强化理论、期望概率模式理论;同企业管理有关的"人性"问题的X—Y理论、不成熟—成熟理论、Z理论;企业中的非正式组织及人与人之间的关系问题的团体力学理论、敏感性训练理论;企业中领导方式的问题的连续统一体理论和管理方格理论。

思考题

1. 简述中国古代管理思想要点。
2. 简述科学管理理论和组织管理理论的主要内容。
3. 简述霍桑实验的过程和人际关系学说。
4. 简述需求层次论和 Z 理论的主要内容。
5. 你认为上述有关法国骑兵与马木留克骑兵案例对现代企业管理有何启迪？

第三章
当代管理理论与挑战

海南航空股份有限公司的管理特别注重"新锐"，即突出"快"和"新"，积极采用世界上先进的经营理念和管理办法，强调"新锐"的前瞻性和创新性。他们认为，在传统的经营理念下，要从美国的西海岸运送一卡车土豆，用现在最快的运输方式也得九个小时，但是，如果换成运送一百亿美金，只需不到一分钟的时间。这种创造的前瞻性和引导性就在"新锐"人群中体现出来了。与此同时，海航又高度重视管理的中国化，专门请邓英淘先生编撰《中国传统文化导读》读本，对《老子》《论语》等国学经典进行阐述和研究，并从儒、佛、道三家修身养性之学中，摄取精华，写成《海航员工守则》及《干部管理守则十条》。海航从最开始的 1 000 万元启动资金，发展成为具有一定规模的大集团，这与其注重吸纳西方现代管理的精华，又把中国传统文化的精髓融入到企业管理中密切相关。①

第二次世界大战以后，科学技术日新月异，生产力迅速发展。管理环境与管理实践与过去相比，已不可同日而语。原有的管理理论不能完全解释很多新的现象，因而面临着挑战。同时，人们受教育程度也不断提高。现代管理理论正是在这样一种社会大背景下应运而生，并得到不断地丰富和深化。在现代管理理论产生的过程中，一个值得注意的现象是东方管理思想和西方管理思想正在不断相互交融。

第一节　管理理论丛林

随着现代科学技术的发展，自然科学思想对管理学的不断渗透，并伴随着日益激烈的市场竞争环境，社会对企业管理提出了新的要求。许多学者和实际工作者在前人的理论与实践的基础上，结合自己的专业知识，去研究现代管理问题，出现了许多新的理论和学说，产生了众多学派，形成了所谓的管理理论丛林。

一、管理理论丛林形成的原因

著名管理学家哈罗德·孔茨（Harold Koontz）于 1961 年 12 月在美国《管理学杂志》上发表了《管理理论的丛林》一文，最早提出了"管理丛林"的概念。在论文中，他指出："现代管理理论在其形成时期，的确缺少学术性的论著。可是现在，学术机构的论著犹如雨后春笋，完全能够弥补以前的不足且有余，并形成了一片各种管理理论和流派盘根错节的丛林。"他进一步指出，"由于社会学家、物理学家、生物学家在管理这个老问题范围内新近都有所发现，由于各类企业管理人员对管理理论的兴趣极大地增长，现在要想穿过我们称之

---

① 改编自段淳林，程宇宏，晁罡.中国管理哲学与现代企业管理[M].广州：广东经济出版社，2006：41.

为管理理论的这个丛林会有多么不容易"。①

　　1980 年，哈罗德·孔茨又在《管理学会评论》上发表了《再论管理理论丛林》一文。在文中，孔茨指出，20 世纪早期从事管理理论的研究和著述的，都是有实际管理经验的人员，如泰罗在米德维尔钢铁公司和贝瑟利恩钢铁公司等处从事过工程、管理和咨询工作；法约尔是法国康曼包矿冶公司总经理；穆尼是美国通用汽车公司总经理；阿尔文·布朗是约翰——曼维尔公司副总经理；奥利佛·谢尔登是英国朗特里公司总经理；林德尔·厄威克长期从事过管理咨询工作等等。可是，从 50 年代中期以来，从事管理理论研究的主要是高等学府中受过专门训练但缺乏实际管理经验的人。这就有点像医学院中教外科学的教授，却从来不曾给病人做过外科手术一样，难免造成混乱，并失去实际管理人员的信任。此后的 20 年，"丛林"已显得更加茂密而难以通过了。并且，孔茨在本文中进一步提出形成管理理论丛林的原因主要包括②：

（一）语义上的混乱

　　由于管理学处在快速发展阶段，人们在使用管理学的概念方面存在着严重的语义混乱现象。如"管理"一词，多数人都同意是指通过别人或同别人一道去完成工作，但这里说的"别人"是指正式组织中的人还是指所有群体活动中的人就有着不同的解释；在管理中是对人加以统治，还是进行引导或是教育，各人也有着不同的看法。又如"组织"一词，管理过程学派用其表示一个企业的工作职权结构，即企业中的正式组织，而有些组织理论家将其视为一切群众活动中人的关系总和，几乎把"组织"等同于"社会结构"。再如"决策"、"领导"等管理学中基本的概念术语，也同样存在着不同的解释，这不能不导致各管理学说的林立。

（二）对管理和管理学的定义与涵盖范围没有取得一致意见

　　有人认为凡是处理人际关系的活动都属于管理的范围，而有人则认为其范围要小一些；有人认为管理学的范围等于社会学和社会心理学范围的总和，有人则认为其范围要大得多。正因为对此没有形成一致的意见，以至于把一切事物都归纳到管理学的范围，这不仅降低了管理理论的科学价值，而且也不能对管理实践起指导作用。

（三）把前人对管理经验的概括和总结看成是"先验的假设"而予以摒弃

　　法约尔、穆尼、厄威克、古利克等人对管理经验加以概括和总结，提出了一些非常重要的分析和见解，却被人认为是先验的假设而加以否定，这只会造成管理理论的混乱。

（四）曲解并摒弃前人提出的一些管理原则

　　当代的某些管理学者往往把前人提出的一些管理原则加以曲解，认为不过是老生常

---

① Harold Koontz. Management Theory of Jungle ［J］. Academy of Management Journal，1961，3(4)：174－188.
② Harold Koontz. Management Theory of Jungle Revised ［J］. Academy of Management Journal，1980，5(2)，175－187.

谈而予以抛弃,然后提出一些貌似不同的"新"原则。其实,这些"新"原则正是前人早已发现的基本原则,只不过是用不同的话语表述出来而已。如有人抓住企业中存在双重隶属关系而否定统一指挥的原则,抓住下属人数超过 3—6 人的界限来否定管理幅度原则等。这种"攻其一点,不及其余"的做法只会造成或增加混乱程度。

(五)管理学者不能或不愿互相了解

可能是由于学科不同所引起的专业上的"隔阂",也可能是由于害怕别人的某一发现会影响自己的专业与学术地位,还可能是由于担心自己的专业知识变得陈旧过时,致使从事管理理论研究的人不能或不愿通过思想交流和沟通的方式进行相互了解,结果导致了管理学混乱状况的形成。

虽然管理理论的丛林中的各派观点不同,显得还有些混乱,但是也出现了各派理论合一和融合的新趋势。

二、管理理论丛林中的主要学派

在《再论管理理论的丛林》一文中,哈罗德·孔茨指出,经过这一段时间以后,管理理论的丛林更加茂密,从 20 世纪 60 年代到 80 年代,有的学派分化成了两个学派(如人类行为学派分化成为人际关系学派和群体行为学派,管理过程学派中分化出了权变理论学派),同时又有新的学派出现(如社会技术系统学派、经理角色学派等)。于是西方的管理学派从过去的 6 个增加到了 11 个。这 11 个学派分别是管理过程学派、人际关系学派、群体行为学派、经验主义学派、社会协作系统学派、社会技术系统学派、系统管理学派、决策理论学派、管理科学学派、权变理论学派和经理角色学派。

(一)管理过程学派

管理过程学派是在法约尔一般管理理论的基础上发展起来的,又称为传统学派或管理职能学派。该学派的代表人物是美国加利福尼亚大学的教授哈罗德·孔茨和西里尔·奥唐奈(Cyril O'Donnell)。

管理过程学派强调对管理的过程和职能进行研究,认为管理就是在组织中通过别人或同别人一起完成工作的过程。管理过程同管理职能是分不开的,所以他们试图对管理过程和管理职能进行分析,从理性上加以概括,把用于管理实践的概念、原则、理论和方法结合起来形成一门管理学科。

哈罗德·孔茨等人认为,管理就是设计并保持一种良好环境,使人在群体里高效率地完成既定目标的过程。作为管理人员,需要完成计划、组织、用人、领导、控制等管理职能。孔茨认为,有一种只在管理领域才存在的有关管理工作的核心知识,例如直线职权和参谋职权、部门划分法、管理的评价和各种管理控制方法等,它们各自有其概念和知识。但这种方法也吸取了来自其他领域的许多知识,包括系统理论、决策理论、激励与领导理论、个人与集体行为、社会系统理论、数学方法等。他们认为,管理过程法的内容包括管理所独有的一个科学和理论的核心,并且也从其他管理理论和管理方法中吸收知识,如图 3-1 所示①。

图 3-1   管理过程法的内容

管理过程法把数学方法、系统理论、权变理论、人际关系理论等看成管理方法,它们本身不构成管理学的基本内容。根据上图,圆圈以内的内容是管理理论的范围,处于中心方框中的"基本的管理科学和理论"是管理理论的核心,而圆圈以外的知识可以被管理理论吸收和运用,但不属于管理理论的范畴。因此,管理理论应建立在以下几条基本信念的基础上②:

(1) 管理是一个过程,可以通过分析管理人员的职能,从理论上更好地对管理加以剖析。

(2) 根据在各种企业中长期从事管理的经验,可以总结出一些基本管理原理。这些基本管理原理对认识和改进管理工作能起到一种说明和启示作用。

(3) 可以围绕这些基本原理开展有益的研究,以确定其实际效用,增大其在实践中的作用和适用范围。

(4) 这些基本管理原理只要还没有被证明为不正确或被修正,就可以为形成一种有用的管理理论提供若干要素。

(5) 就像医学和工程学那样,管理是一种可以依靠原理的启发加以改进的技能。

(6) 有时在实际管理工作中,会因违背某一管理原理而造成损失,或采用其他办法来弥补所造成的损失,但管理中的基本原理与生物学和物理学中的基本原理一样,仍然是可靠的。

(7) 管理人员的环境和任务受到文化、物理、生物等方面的影响,管理理论也从其他学科中汲取营养,但管理理论并不需要把所有的知识都包括进来才能起到一种科学基础或理论基础的作用。

管理过程学派是管理各学派中最具有影响力的学派。因为它提供了一种分析管理的

① 哈罗德·孔茨,海因茨·韦里克. 管理学(第 10 版)[M]. 北京:经济科学出版社,1998:33.

② Harold Koontz. Management Theory of Jungle [J]. Academy of Management Journal, 1961,3(4),174-188.

理论框架。框架中包含的范围广泛并且容易理解,管理学方面的任何一种新概念、新知识、新思想、新理论几乎都可以纳入到这个框架之中。

（二）人际关系学派

人际关系学派是从 20 世纪 60 年代的人类行为学派演变而来的。这个学派认为,既然管理是通过别人或同别人一起去完成工作,那么,对管理学的研究就必须围绕人与人之间的关系这个核心来进行。这个学派的学者大多数都受过心理学方面的训练,他们注重于对组织中的个人和人的行为动因进行研究。这个学派的最早代表人物是梅奥（George Elton Mayo）教授,代表著作有《工业文明中人的问题》。其他著名的理论有马斯洛（Abraham Maslow）的"需求层次论"、赫茨伯格（F. Herzberg）的"双因素论"、麦格雷戈（Douglas McGregor）的"Y 理论"、布莱克（Robert Blake）和穆顿（Janes. Mouton）的"管理方格论"等。

该学派把社会科学方面已有的和新近提出的有关理论、方法和技术用来研究人与人之间以及个人的各种现象,从个人的个性特点到文化关系,范围广泛,无所不包。他们将人的行为动因看成为一种社会心理现象,并进一步指出,处理好组织中人与人之间的关系是组织中的管理者必须理解和掌握的一种技巧。其中有些人强调处理人的关系的重要性,有些人认为管理就是领导,还有不少人则着重研究人的行为与动机之间的关系,以及有关激励和领导的问题等。

（三）群体行为学派

群体行为学派是从人际关系学派中分化出来的,因此它与人际关系学派关系密切,但群体行为学派更侧重于研究群体中的人的行为,而不是一般的人际关系和个人行为。这一学派以社会学、人类学和社会心理学为基础,着重研究各种群体行为方式。从小群体的文化和行为方式,到大群体的行为特点,都在它研究之列。它也常常被叫做"组织行为学"。"组织"一词在这里可以表示公司、企业、政府机构、医院以及其他任何一种事业中一组群体关系的体系和类型。有时则按切斯特·巴纳德（Chester Barnard）的用法,用来表示人们间的协作关系。而所谓正式组织则指一种有着自觉的精心筹划的共同目的的组织。克里斯·阿吉里斯（Chris Argyris）甚至用"组织"一词来概括"集体事业中所有参加者的所有行为"。他们从事的研究主要有:研究组织中的非正式组织对正式组织行为的影响,研究组织中个人的从众行为,研究组织中的信息沟通等等。

这个学派的最早代表人物和研究活动也是梅奥和霍桑实验。20 世纪 50 年代,美国管理学家克里斯·阿吉里斯提出的"不成熟—成熟交替循环的模式"也是该学派的一个代表理论。

（四）经验主义学派

经验主义学派通过分析实验（常常就是案例）来研究管理学问题。该学派开展研究的理论前提是:通过对管理者的个别情况下成功和失败的经验教训的研究,会使人们懂得在将来相应的情况下如何运用有效的方法来解决现实中的管理问题,因此,这个学派的学者把对管理理论的研究集中于对实际管理工作者的管理实践活动的研究上,强调从企业管理的实际经验而不是从一般原理出发来进行研究,强调用比较的方法来研究和概括管理经验。

这一学派的最早代表人物主要有:彼得·德鲁克(Peter F. Drucker),代表著作有《管理实践》《有效的管理者》《管理、任务、责任、实践》等;欧内斯特·戴尔(Ernest Dale),代表著作有《企业管理的理论与实践》《公司组织结构的计划和发展》等;威廉·纽曼(William H. Newman),代表著作有《经济管理活动:组织和管理的技术》等。

（五）社会协作系统学派

社会协作系统学派注重对人的研究,在一定程度上,可以把它看作对人际关系学派和群体行为学派的修正。它与行为学派关系密切而且常常互相混同。有些人,如詹姆斯·马奇(James G. March)和赫伯特·亚历山大·西蒙(Herbert Alexander Simon),把社会系统(即一种文化的相互关系系统)只限于正式组织,把"组织"这个词与企业等同起来,而不是指管理学中最常用的那个职权活动概念。另外一些人则不区分正式组织和非正式组织,而把所有人类关系的各种系统都包括进来。

该学派把组织中的人看成是有各种社会的和心理的愿望和需求的人,而组织就是由许多具有这种社会和心理需求的人及其行为所形成的合作社会系统。因此,组织成效的高低,就取决于组织中个人成效的高低及人们相互之间合作的成效,其中,组织的管理者是创造必要的个人努力和成员间有效合作的关键。所以,这个学派的学者从分析组织中管理者的工作出发,着重研究组织中的管理者在这个合作系统中如何才能有效地维护和协调这个系统。其代表人物是切斯特·巴纳德,代表作为《经理的职能》。他把企业看成是一个由物质子系统、人员子系统、社会子系统和组织子系统组成的一个复合的协作系统,经理的职能就是维持好这个协作系统。

（六）社会技术系统学派

社会技术系统学派的创始人是特里司特(E. L. Trist)及其在英国塔维斯托克研究所中的同事。其代表著作有《长壁采煤法的某些社会学的和心理学的意义》《社会技术系统的特征》等。他们通过对英国煤矿中长壁采煤法生产问题的研究,发现仅仅分析企业中的社会方面是不够的,还必须注意其技术方面。在解决采煤生产率问题的过程中,他们发现,企业中的技术系统(如机器设备和采掘方法)对社会系统有很大的影响。个人态度和群体行为都受到人们在其中工作的技术系统的重大影响。

社会技术系统学派认为,组织既是一个社会系统,又是一个技术系统。并非强调技术系统的重要性,他们认为技术系统是组织同环境进行联系的中介,个人的态度和行为都受到人们在其中工作的技术系统的巨大影响;管理不能只研究社会系统,必须把企业中的社会系统同技术系统结合起来考虑,而管理者的一项主要任务就是要确保这两个系统相互协调。

（七）系统管理学派

系统管理学派的主要观点是,组织是一个由相互联系的若干子系统所组成、为环境所影响并反过来影响环境的开放系统；组织不仅本身是一个系统，它同时又是更为广阔的社会系统的一个分系统，它在与环境的相互影响中取得动态平衡；组织从外界环境接受能源、信息、物质等各种投入，经过转换，再以产品或劳务的形式向外界环境输出产品。这种把组织看作是一个开放系统的观点，为管理者提供了一种思想方法，即把组织的内部和外部环境的各种因素看作是一个有机整体。管理者必须从组织的整体出发，研究组织与环境之间的关系，研究组织的各个部分之间的关系，使组织的各个部分之间以及组织和外界环境之间保持动态平衡。

系统管理学派的代表人物是美国的卡斯特（Fremont E. Kast）和罗森茨维克（James E. Rosezweig），代表著作是《系统理论和管理》《组织与管理：系统与权变的方法》。系统管理学派的主要贡献是将组织看作一个开放的社会技术系统，以整个组织系统作为研究管理的出发点，研究一切主要的分系统及其相互关系。这突破了以往各个学派仅从局部出发孤立地对组织的各分系统进行研究的方法。

（八）决策理论学派

决策理论学派由社会系统学派发展而来。决策理论学派的主要观点是，决策贯穿了管理的全过程，管理就是决策，决策不单是最上层人员的工作，而是从上层到中层、基层乃至作业人员的共同工作；组织则是由作为决策者的个人所组成的系统，而现实中的人或组织都只是有限度的理性，不可能作出最优决策，因此，决策只有"令人满意"的准则，传统决策的"最优化"准则是一种超于现实的理想境界，而事实上是做不到的；管理决策时，必须充分发挥组织的作用，创造条件，以解决知识的不全面性、价值体系的不稳定性及竞争环境的可变性等问题；一个组织的决策根据其活动是否反复出现可分为程序化决策和非程序化决策。组织中的基层管理人员主要处理日常业务中常见的、重复性的问题，利用常规的、标准的工作程序进行程序性决策，组织中的高层管理人员主要针对非定型的、复杂性问题，采用非程序性决策。图 3 - 2 表示了不同问题类型、决策类型以及组织层次之间的关系[①]。

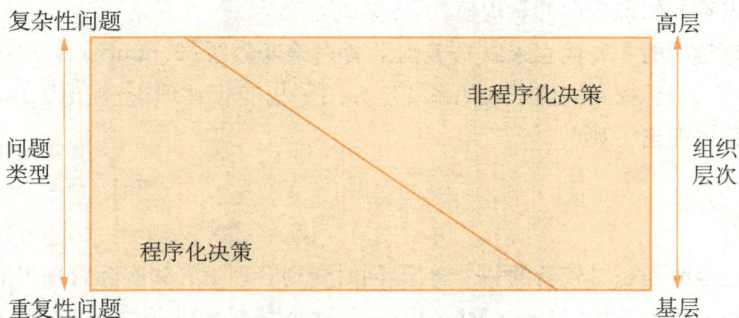

图 3 - 2　问题类型、决策类型以及组织层次之间的关系

决策理论学派的代表人物有美国的赫伯特·亚历山大·西蒙和詹姆斯·马奇。他们

---

① 冯国珍，王云玺. 管理学[M]. 上海：复旦大学出版社，2006：49.

的代表著作主要是《组织》和《管理决策新科学》。

（九）管理科学学派

管理科学学派，也称计量管理学派、数学学派。该学派成立于1939年由美国曼彻斯特大学教授布莱克特领导的运筹学小组。就管理科学的实质而言，管理科学学派是在泰勒科学管理的基础上发展起来的。然而与泰勒的科学管理不同的是，管理科学学派的研究已经突破了泰勒的操作方法和作业研究的范围，而向整个组织的所有活动方面扩展，要求进行整体性的管理。管理科学学派主要注重数学模型，将管理看成是一个数学模型和程序的系统，通过数学模型将问题的基本关系表示出来。他们认为，只要管理、组织、计划，或决策是一个逻辑过程，就能用数学符号和运算关系来加以描述和表达。因此，管理科学学派主要是以系统的观点，运用数学、统计学的方法和计算机技术，为现代管理决策提供科学依据，解决各项生产、经营问题。

管理科学学派的主要代表人物有布莱克特（P. M. S. Blackett）、丹齐克（George Dantzig）、丘奇曼（C. West Churchman）、阿考夫（Russeu L. Ackoff）、贝尔曼（Richard Beuman）和伯法（E. S. Buffa）等人，主要代表著作有布莱克特的《运筹学方法论上的某些方面》、伯法的《生产管理基础》等。

（十）权变理论学派

权变理论学派是20世纪70年代在西方形成的一个管理学派，该学派的主要观点是，在企业管理中要根据企业所处的内外条件随机应变，并不存在什么一成不变、普遍适用的"最好的"管理理论和方法。因此，管理者必须明确每一情境中的各种变数，了解这些变数之间的关系及其相互作用，把握原因与结果之间的复杂关系，从而针对不同情况而灵活变通。该学派是从系统观点来考察问题的，它的理论核心就是通过组织的各子系统内部和各子系统之间的相互联系，以及组织和它所处的环境之间的联系，来确定各种变数的关系类型和结构类型。它强调在管理中要根据组织所处的内外部条件随机应变，针对不同的具体条件寻求不同的最合适的管理模式、方案或方法。

权变理论学派的主要代表人物是美国学者卢桑斯教授（F. Luthans）。在1976年出版的《管理导论：一种权变学说》中，他系统地介绍了权变管理理论，提出了用权变理论可以统一各种管理理论的观点。

（十一）经理角色学派

经理角色学派是相对较新的一个学派，同时受到管理学者和实际管理者的重视，其推广得力于亨利·明茨伯格（Henry Mintzberg）。这个学派主要通过观察经理的实际活动来明确经理角色的内容。对经理（从总经理到领班）实际工作进行研究的人早就有，但把这种研究发展成为一个众所周知的学派的却是明茨伯格。明茨伯格系统地研究了不同组织中5位总经理的活动，得出结论，即总经理们并不按人们通常认为的那种职能分工行事，即只从事计划、组织、协调和控制工作，而是还进行许多别的工作。明茨伯格根据他自己和别人对经理实际活动的研究，将经理扮演的角色分为3大类10种角色。人际关系方面的角色有 3 种:挂名首脑角色(作为一个组织的代表,执行礼仪和社会方面的职责);领导者角色;联系人角色(特别是同外界联系)。信息方面的角色有 3 种:信息接受者角色(接受有关企业经营管理的信息);信息传播者角色(向下级传达信息);发言人角色(向组织外部传递信息)。决策方面的角色有 4 种:领导者角色;故障排除者角色;资源分配者角色;谈判者角色(与各种人和组织打交道)。

第二节　西方管理理论的整合

20 世纪 80 年代之后的二十多年里,西方管理理论又得到了极大的发展,进入 21 世纪,西方管理理论开始呈现整合的态势,出现一些新的理论观点。

一、企业文化

20 世纪 80 年代初,随着日本企业的兴起,人们注意到了文化差异对企业管理的影响,进而发现了社会文化与组织管理的融合。美国管理界通过对日本管理经验的总结研究,哈佛大学教授泰伦斯·迪尔(Terrence E. Deal)和麦肯锡咨询公司顾问阿伦·肯尼迪(Allan Kennedy)在长期的企业管理研究中积累了丰富的资料,写成了《企业文化——企业生存的习俗和礼仪》一书。在书中,他们用丰富的例证指出:杰出而成功的企业都有强有力的企业文化,即为全体员工共同遵守,但往往是自然约定俗成的而非书面的行为规范;并有各种各样用来宣传、强化这些价值观念的仪式和习俗。正是企业文化,这一非技术、非经济的因素,导致了这些决策的产生、企业中的人事任免,乃至员工们的行为举止、衣着爱好、生活习惯。在两个其他条件都相差无几的企业中,其文化的强弱对企业发展所产生的后果就完全不同。

(一)企业文化的概念

关于企业文化的概念,不同的学者有着不同的认识和表达:美国学者约翰·科特(John P. Kotter)和詹姆斯·赫斯克特(James L. Heskett)在《企业文化和经营业绩》一书中指出:"企业文化是指一个企业中各个部门,至少是企业高层管理者们所共同拥有的那些企业价值观念和经营实践。……是指企业中一个分部的各个职能部门或地处不同地理环境的部门所拥有的那种共同的文化现象。"泰伦斯·迪尔和阿伦·肯尼迪则认为:"企业文化是价值观、英雄人物、习俗仪式、文化网络、企业环境。"威廉·大内(William Ouchi)指出:"一个公司的文化由其传统和风气构成。此外,文化还包含着一个公司的价值观,如进取心、守势、灵活性——即确定活动、意见和行为模式的价值观。"[①]

一般来说,企业文化就是指企业在生产经营实践中逐步形成的,为全体员工所认同并

---

① 威廉·大内. Z 理论[M]. 北京:中国社会科学出版社,1984:169.

遵守的、带有本组织特点的使命、愿景、宗旨、精神、价值观和经营理念,以及这些理念在生产经营实践、管理制度、员工行为方式与企业对外形象的体现的总和。

(二) 企业文化的构成

肯尼迪和迪尔在《企业文化》一书中认为,企业文化由以下要素构成[①]:

(1) 企业环境。每个公司均因为其产品、竞争对手、顾客、技术、政府影响等因素在市场中面临着不同的现实。公司的经营环境决定了什么是成功的关键,因而这是对企业文化的形成和发展影响最大的一项因素。

(2) 价值观。它是一个组织的基本思想和信念,其本身构成企业文化的核心。

(3) 英雄人物。这是把企业的价值观人格化,为职工提供可效法的具体楷模。

(4) 礼节和仪式。这些是公司日常生活中的惯例和常规,它向职工表明公司所期望的行为模式。有强烈文化的公司往往不厌其烦地详细制定它们希望职工遵守的礼节和仪式。

(5) 文化网络。它是组织内部的主要(但非正式的)沟通手段,由某种非正式的组织和人群以及某一特定场合所组成。它所传递的信息往往能反映职工的愿望和心态,有利于企业文化的形成与传播。

(三) 企业文化的类型

1. 约翰·科特和詹姆斯·赫斯克特的三分法

美国学者约翰·科特和詹姆斯·赫斯克特在《企业文化和经营业绩》一书中提出了一种企业文化类型。他们发现,企业文化(包括内在的共享价值观及外显的行为规范)对长期经营绩效有巨大的正相关性,企业长期经营绩效的好坏与企业文化的强弱无关,而与企业文化是否适应外部环境变化有关。自然发展的企业文化容易导致不健康的文化,而提升绩效的文化需要管理层长期的努力。他们在综合前人的研究成果并结合大量实证研究的基础上,把企业文化分为以下三种:

(1) 强力型企业文化。具有强力型企业文化的公司常常将公司的一些主要价值观念通过规则或规范公之于众,敦促公司内的所有管理人员遵从这些规定;它可以在企业员工中营造出不同寻常的积极性;它提供了必要的企业组织机构和管理体制,从而避免了企业对那些常见的、窒息企业活力和改革思想的官僚的依赖。

(2) 策略合理型企业文化。它强调企业文化对企业环境的适应性;企业文化的适应性越强,企业经营业绩就越大,反之则越小;不同的行业,所需的企业文化适应感不同,其带来的经营业绩也不同。[②]

(3) 灵活适应性企业文化。他们认为:"只有那些能够使企业适应市场经营环境变化并在这一适应过程中领先于其他企业的企业文化,才会在较长时期与企业经营业绩相互

---

① 阿伦·肯尼迪,泰伦斯·迪尔. 企业文化[M]. 上海:上海三联书店,1989:32 - 34.
② 魏文斌. 现代西方管理学理论[M]. 上海:上海人民出版社,2004:258.

影响。"①这种企业文化特别注重适应企业环境,提倡变革。

2. 泰伦斯·迪尔和阿伦·肯尼迪的四分法

迪尔和肯尼迪将企业文化分为四种类型:即硬汉型文化、工作娱乐并重型文化、赌注型文化、按部就班型文化。

(1) 硬汉型文化。这是所有企业文化中最紧张的一种。它鼓励内部竞争和创新,鼓励冒险。并且企业内部竞争性较强、产品更新快,对于行动的正确与否反馈迅速。

(2) 工作娱乐并重型文化。这种文化把工作与娱乐并重,奉行"拼命地干、尽情地玩"的信念,鼓励职工完成风险较小的工作。竞争性不强、产品比较稳定是企业文化的特点。

(3) 赌注型文化。它具有在周密分析基础上孤注一掷的特点。这种企业文化适合风险较高、反馈慢的环境。其信念是注重未来、敢于冒险。

(4) 按部就班型文化。这种文化着眼于如何做,基本没有工作的反馈,职工难以衡量他们所做的工作。职工一般只追求技术上的完美、工作的有条不紊,极易产生官僚主义。

二、全面质量管理

20世纪50年代末,美国通用电气公司的费根堡姆(Armand V. Feigenbaum)和质量管理专家约瑟夫·朱兰(Joseph H. Juran)提出了"全面质量管理"(Total Quality Management,简称TQM)的概念,认为"全面质量管理是为了能够在最经济的水平上,并考虑到在充分满足客户要求的条件下进行生产和提供服务,把企业各部门在研制质量、维持质量和提高质量的活动中构成为一体的一种有效体系"。② 60年代初,美国一些企业根据行为管理科学的理论,在企业的质量管理中开展了依靠职工"自我控制"的"无缺陷运动"(Zero Defects),日本在工业企业中开展质量管理小组活动,使全面质量管理活动迅速发展起来。

全面质量管理注重顾客的需求和期望,强调参与团队工作,并力争形成一种文化,以促进所有的员工设法、持续改进组织所提供产品或服务的质量、工作过程和顾客反应时间等。全面质量管理包括了组织结构、技术、人员和变革推动者,它要求全部员工,无论高层管理者还是普通办公职员或一线工人,都要参与质量改进活动。全面质量管理的内涵主要包括以下几个方面③:

1. 高度关注顾客。这里的顾客不仅包括购买企业产品或服务的外部个人或机构,还包括企业内部相互提供服务的部门。

2. 坚持持续改进。TQM是一种永不满足的承诺。即使已经是"非常好"还不够,质量总还能改进。

3. 关注过程。商品和服务质量的不断改进要求关注工作过程。

4. 改进组织各项工作的质量。TQM采用广泛的质量定义,它不仅涉及最终产品的质量,而且涉及企业如何进行产品运输,如何对顾客抱怨做出迅速回应。

① 约翰·科特,詹姆斯·赫斯克特. 企业文化与经营业绩[M]. 北京:华夏出版社,1997:50.
② 费根堡姆. 全面质量管理[M]. 北京:机械工业出版社,1991:27.
③ 斯蒂芬·P·罗宾斯. 管理学(第7版)[M]. 北京:中国人民大学出版社,2004:45.

5. 精确测量。TQM 采用统计技术度量组织运营的每一个关键变量，并与标准或业界最佳基准进行比较。

6. 向雇员授权。TQM 吸收一线员工参与改进过程，团队作为授权的载体以及发现和解决问题的有效的组织形式被广泛采用。

全面质量管理要求在市场调研、产品的选型、研究试验、设计、原料采购、制造、检验、储运、销售、安装、使用和维修等各个环节中都把好质量关。其中，产品的设计过程是全面质量管理的起点，原料采购、生产、检验过程是实现产品质量的重要过程，而产品的质量最终是在市场销售、售后服务的过程中得到评判与认可。它要求用全面的方法管理全面的质量。全面的方法包括科学的管理方法、数理统计的方法、现代电子技术、通信技术等。全面的质量包括产品质量、工作质量、工程质量和服务质量。

三、学习型组织

1990 年，美国管理学者彼得·圣吉(Peter M. Senge)，出版了《第五项修炼—学习型组织的艺术与实务》。在书中，彼得·圣吉指出："未来真正出色的企业，将是能够设法使各阶层人员全心投入，并有能力不断学习的组织[①]。"所谓学习型组织，是这么一个组织："在其中，大家得以不断突破自己的能力上限，创造真心向往的结果，培养全新、前瞻而开阔的思考方式，全力实现共同的抱负，以及不断一起学习如何共同学习。"[②]因而，彼得·圣吉认为，在新的经济背景下，企业要增强整体能力，提高整体素质，才能持续发展，这就必须建立使各阶层人员全心投入并有能力不断学习的组织——学习型组织。

（一）学习型组织的组成部分

彼得·圣吉指出，在学习型组织里，有"五项修炼"正在逐渐汇聚起来，使学习型组织演变成一项创新，即自我超越、系统思考、改善心智模式、建立共同愿景和团队学习。

1. 自我超越

自我超越是"五项修炼"的基础。它要求组织中的每个人找出自己"愿景"和"现实"之间的差距，在发现差距后，能够自我超越的人不会降低理想来适应环境，而是不断提升自己，努力实现自己的愿望，全身心投入以突破极限。

2. 系统思考

系统思考是学习型组织的灵魂和"五项修炼"的核心。以系统思考为核心，其他四项修炼互相融合，成为浑然一体的修炼艺术和技能。系统思考将引领我们开辟一条新的思路，使我们从片面到整体，建立一个系统的思考模式。

3. 改善心智模式

心智模式影响着我们对世界的认识，以及行为的决策。人的心智模式往往是根深蒂固的，而改善心智模式就要对自己进行全面的剖析，克服原有习惯的障碍，改善并突破它，

① 彼得·圣吉.第五项修炼[M].上海：上海三联书店，1998：4.
② 彼得·圣吉.第五项修炼[M].上海：上海三联书店，1998：3.

形成一个全新的心智模式。

4. 建立共同愿景

共同愿景就是能鼓舞组织成员共同努力的愿景和远景，主要包括共同的目标、价值观和使命感。建立一个组织的共同愿景，能够为组织的学习提供焦点和方向，使组织更具凝聚力，帮助组织成员为了一个共同的未来目标而努力工作。

5. 团队学习

团队学习时发展组织成员相互配合、整体搭配并实现共同目标的能力的有效方法。团队学习主要包括两个方面：深度会谈和讨论。深度会谈可以帮助成员克服自我防卫的心理，放松心态，真正地一起思考。而讨论与之相反，要求针对问题提出不同的看法，两者相互补充。

"五项修炼"是企业学习知识的过程，但仅仅有这"五项修炼"是不够的，若想达到学习型组织的目标，还要注重"五项修炼"的相互搭配，来共同解决实际学习中遇到的各种问题。

（二）学习型组织的特征

学习型组织具有如下的几个特征[①]：

1. 组织成员拥有一个共同的愿景。组织的共同愿景，来源于员工个人的愿景而又高于个人的愿景，它是组织中所有员工共同愿望的景象，是他们的共同理想，它能使不同个性的人凝聚在一起，朝着组织共同的目标前进。

2. 组织由多个创造性个体组成。在学习型组织中，团体是最基本的学习单位，团体本身应理解为彼此需要他人配合的一群人，组织的所有目标都是直接或间接地通过团体的努力来达到的。

3. 善于不断学习。这是学习型组织的本质特征。所谓"善于不断学习"，主要有四方面含义：一强调"终身学习"；二强调"全员学习"；三强调"全过程学习"；四强调"团体学习"。学习型组织通过保持学习的能力，及时铲除发展道路上的障碍，不断突破组织成长的极限，从而保持持续发展的态势。

4. "地方为主"的扁平式结构。传统的企业组织通常是金字塔式的，学习型组织的组织结构则是扁平的，即从最上面的决策层到最下面的操作层，中间相隔层次极少，它尽最大可能将决策权向组织结构的下层移动，让最下层单位拥有充分的自决权，并对产生的结果负责，从而形成以"地方为主"的扁平化组织结构。

5. 自主管理。"自主管理"是使组织成员能边工作边学习并使两者紧密结合的方法。通过自主管理，可使组织成员自己发现工作中的问题，自己选择团队伙伴，自己决定目标，自己分析原因并制定对策，自己组织实施、反馈、总结。团队成员在"自主管理"的过程中，能形成共同愿景，互相学习共同进步，促进组织的不断成长。

6. 组织的边界将被重新界定。学习型组织的边界的界定，建立在组织要素与外部环境要素互动关系的基础上，超越了传统的根据职能或部门划分的"法定"边界。

7. 员工家庭与事业的平衡。学习型组织努力使员工丰富的家庭生活与充实的工作

---

① 郭咸纲. 西方管理思想史(第三版)[M]. 上海：经济管理出版社，2004：340.

生活相得益彰。学习型组织对员工承诺支持每位员工充分的自我发展，而员工也已承诺对组织的发展尽心尽力。这样，个人与组织的界限将变得模糊，工作与家庭之间的界限也将逐渐消失，冲突也必将大为减少，从而提高员工的家庭生活质量（满意的家庭关系、良好的子女教育和健全的天伦之乐）达到家庭与事业之间的平衡。

8. 领导者的新角色。在学习型组织中，领导者是设计师、仆人和教师。领导者的设计工作是一个对组织要素进行整合的过程，他不只是设计组织发展的基本理论；领导者的仆人角色表现在他对实现愿景的使命感，他自觉地接受愿景的召唤；领导者作为教师的重要任务是界定真实情况，协助人们对真实情况进行正确、深刻的把握，提高他们对组织系统的了解能力，促进每个人的学习。

四、企业再造理论

企业再造（Corporation Reengineering）又称业务流程再造（Business Process Reengineering），该理论的创始人是美国管理学者迈克尔·哈默（Michael Hammer）和詹姆斯·钱皮（James Champy）。

哈默和钱皮是这样定义企业再造理论的："根本重新思考，彻底翻新作业流程，以便在衡量绩效的重要指标上，如成本、质量、服务和速度等方面，取得戏剧性的改善。"[①]也就是说，要打破原有分工理论的束缚，从根本上重新思考企业已经形成的组织管理的一些基本信念，对企业进行脱胎换骨式的彻底变革，重新建立企业的业务流程，使企业在经营业绩上取得显著改进。企业再造过程中的思想坚持三个中心：

（一）以顾客为中心

传统的分工理论将完整的流程分解为若干任务，并把每个任务交给专门的人员去完成，造成的结果就是工作的重点往往落在任务上，以标准化的产品来满足顾客的需求，而忽视了日益个性化和多样化的顾客需求。因此，企业再造需要彻底摧毁传统的制造标准化产品的生产线，恢复流程的整个面貌，使每位负责流程的人员充分意识到，流程的出口就是向顾客提供高价值、多样化的产品。因而它强调以顾客的需求来决定公司业务的内容，通过企业再造来赋予企业生产和服务新的内涵。

（二）以员工为中心

企业再造将直接导致组织结构发生变化，扁平化成为替代传统的金字塔形结构的新模式，再造后的企业主要以流程小组为主，员工进行自我管理，小组中的成员必须是复合型人才，需要具备全面知识、综合观念和敬业精神。管理者把企业组织系统的上下级关系颠倒过来，把和顾客直接打交道的一线员工放在企业的主导地位上，而企业其他方面的人员转而为第一线员工服务。

---

① Michael Hammer & James Champy. Reengineering the Corporation：A Manifesto for Business Revolution [M]．Nicholas Brealey Publishing，1993，32.

（三）以效率和效益为中心

效率和效益是企业活力的最终体现，流程再造的成果最终要在效率和效益上体现出来。

五、知识管理

"知识管理"是网络新经济时代的新兴管理思潮与方法，它最早于1992年由美国麻省莱克星顿的恩维星（Entovation）国际咨询公司首次提出。所谓知识管理，一般定义为，通过知识共享，运用集体的智慧提高应变和创新能力，并为提高竞争力而对知识进行识别、获取和发挥其作用的组织运作过程。

（一）知识管理的内容

知识管理包含着内外部两个方面。从内部角度来看，企业内部蕴含了大量的知识，在知识经济条件下，这些知识可以转化成企业的资本。因此，充分发挥企业内部知识的作用是企业成功的关键因素。首先，企业内部应为员工创造一个利于员工之间相互交流知识经验的平台，并且为员工提供优良的学习环境，如图书馆、数据库等，使员工可以充分利用各种工具来积累知识。其次，由于企业内部知识管理是建立在保守企业秘密的前提下最大限度地实现知识共享，因此，在进行企业内部知识管理时，要尽量减少中间知识流通环节，避免信息流通不畅，实现企业内部知识的自由、直接交流。同时还要鼓励员工向企业内部知识库中补充知识和信息，激励员工学习和交流，以求共同进步。

从企业外部来看，企业有着比较发达的外部知识网络结构，如供应商网络、用户网络、专家网络以及合作网络等。这些网络都可以为企业所用，吸取大量的信息和知识，转化为企业的效益。企业在利用外部知识的同时，还要总结这些外部企业或合作伙伴的经验和教训，促进自身的健康成长。而且，企业要对外部环境的变化及时做出反应。企业对外部环境的反应速度会很大程度地决定其知识学习和管理的效率。因此，高效、快速的外部反应系统可以使企业加强与供应商、用户、专家、政府等方面的联系，最大限度地使其为企业所用。

（二）知识管理的步骤

进行知识管理可以遵循以下四个基本步骤：

1. 认识知识管理

认识企业管理是企业进行知识管理的第一步。企业首先要统一对知识管理的认知，理解知识管理对企业管理的意义，如对企业内的管理层进行知识管理培训，使其全面完整地认识知识管理。其次要评估企业的知识管理现状，分析企业目前在知识管理方面存在的主要问题，是否需要知识管理，并确定知识管理实施的正确方向。

2. 知识管理战略规划

在充分认知企业需求的基础上，对知识管理进行详细规划以确保知识管理的全面实施。这一步主要是通过对企业战略、业务流程以及企业内部工作岗位的分析来进行知识管理规划。在规划中，要将知识管理充分融入企业管理中，充分发挥知识管理的实施效果。

3. 全面推行知识管理

每个企业都有不同的业务体系，如生产、研发、销售等，各种不同的业务体系，其任务特征均不相同，因此完成任务所需要的知识也不尽相同。所以我们需要根据不同业务体系的任务特性和知识应用特点，拟定最合适、成本最低的知识管理方法。

在拟定出合适的知识管理规划的基础上，还要在企业内部全面推行知识管理，使知识的价值在交流和共享的过程中得到全面的体现，为企业创造更多的价值。

4. 建立知识档案，使其制度化

对于企业来说，这既是企业知识管理项目实施的结束，又是企业知识管理的一个新开端。新知识结构的形成，是众人努力的结果，因此避免因员工流动而造成的知识技术流失，企业要加强知识档案的管理并且使知识管理制度化。企业必须要重新定义战略，进行组织构架及业务流程的重组，准确评估知识管理在企业中实现的价值。

六、西方管理理论整合的特点

纵观现代西方管理理论的发展，尽管学派众多，理论纷杂，但基本上是按互相联系的两条路径演进的。一方面，关于组织理论的研究渐渐摆脱了原来的经济人组织建设，向社会人组织、学习型组织转变；在组织建设上更加关注企业的"软环境"。如学习型组织理论的核心——"五项修炼"，是从组织中的"人"出发，鼓励员工学习，重视团队中每个人的自身素质和能力的提高，重视团队凝聚力的培养并关注员工的家庭生活和谐，强调员工的自主管理，体现出了管理的人本主义精神。而企业文化理论更加体现了企业的"软环境"建设，它以价值体系为主要内容，注重管理的伦理道德、价值观和行为方式，通过建立企业文化，激发员工的事业心和责任感，激发积极性和创造性，形成组织的共同愿景、共同价值观、共同道德行为取向，产生共同语言和集体荣誉感。

另一方面，管理方式方法的研究从传统的科学管理方法渐渐地又发展出了全面质量管理、企业再造理论和知识管理方法等新理论。现代管理理论关于管理方式方法的研究更加重视了企业的"硬件"条件，如企业再造理论，它强调从硬、实两个方面构建企业管理新模式，其基本思想是对企业的业务流程做根本的重新思考和彻底的重新设计，以业务流程重组为重点，以求在质量、成本和业务处理周期等绩效指标上取得显著改善。全面质量管理不但从产品的设计、生产流程要求精确测量以保证质量，同时在服务以及员工的工作过程中也要求提高质量，整个全面质量管理的根本出发点就是顾客的需求和满意度。知识管理则是顺应了信息时代发展的新型管理模式，它从软硬两个方面对企业的管理模式进行了研究，从企业的"软环境"来看，它的核心是要求企业充分利用资源实现知识共享，从而提高企业的创新能力和竞争力；从"硬件"角度来看，它要求企业进行彻底的战略变革，打破原有的战略规划，建立一个新的知识体系。

第三节　东西方管理思想的融合

在当今的管理学丛林中,西方尤其是美国的学者和管理思想依然是主流。自泰罗开启科学管理以来,管理学的每一场革命几乎都是由西方人发起的。东西方的价值观与思维方式存在着极大的差异,西方管理理论应用到东方必然会发生"水土不服"。从 20 世纪末开始,东西方的管理学家都不约而同地把目光投向东方,试图从东方管理文化中汲取营养,求解管理学的发展之道。

一、西方管理危机

西方管理思想是与近代大工业生产及科学技术的发展紧密联系在一起的,经历了科学管理运动之后所产生的各种管理理论更是直接为现代市场经济服务的。因此西方管理思想比较重视和强调管理中的三个要素,即专业知识和技术、组织与推销能力以及较为功利性的企业目标,从而形成了它自身的优点:善于运用科学方法和技术手段,充分发挥竞争机制的作用,讲究管理活动的效率,注重管理创新,重视个人所具有的能力和专长,注重发挥法律和契约的作用等等。这些优点已被世人所公认和推崇,其历史作用更是不言而喻,但是它也有一定的缺陷。西方现代的企业管理体系充分发挥了人的工具理性,但是对人性全面价值需求和人性一般潜力较为忽视。因此,它过分重视理性的传统造成了忽视人的主观能动性的结果。另一方面是在对管理中的某一要素进行科学的逻辑分析总结出某一方面的规律后,却往往把这局部的规律当作管理活动的普遍法则,产生以偏概全、易走极端的弊病。在现代,西方管理日益趋向复杂化,客观上组织结构的复杂化、管理技术的复杂化造成了主观上片面追求管理的数学化、模型化、计算机化的倾向,人的心理情感因素完全被忽视了。西方管理理论的刚性的一面在越来越发挥作用的同时,它的弊端也愈益突出,它的负面影响越来越引起世人的重视。西方管理科学未能将管理哲学与管理科学及管理技术相互结合,缺乏一个对演化管理目标和方法的管理哲学向度的确切认知①。

以美国为代表的西方发达国家对管理科学和管理技术的研究已经达到了一个相当高的程度,涌现出了许多促进企业发展的管理理论和方法,并深刻地影响着经济和社会的发展。但从整体上看,西方管理仍然偏重于"术"的研究,缺乏从哲学角度对深化管理目标和方法的确切认知,以至于管理科学和管理理论越发达,越是蕴含着自身难以克服的危机。西方企业管理出现了四种管理危机,即兼并化危机、机械化危机、呆滞化危机、空心化危机。

1. 兼并化危机

从资本主义经济的发展来看,特别是从资本主义由原始资本积累到自由竞争阶段,再由自由竞争阶段进入垄断阶段来看,兼并与收购已成为一种正常的市场行为。美国著名经济学家、诺贝尔经济学奖获得者乔治·施蒂格勒曾经说过,"没有一个美国的大公司不是通过某种程度、某种方式的并购而成长起来的,几乎没有一家大公司是靠内部扩张成长

---

① 成中英. C 理论:中国管理哲学[M]. 北京:中国人民大学出版社,2006:122.

起来的"。从 19 世纪与 20 世纪的世纪之交开始,到目前为止,西方国家已经历了五次大的兼并浪潮。鉴于世界上的大公司面对信息革命的新形势和国际市场的新格局,必须进行大规模的功能互补型重组。因此,最近的第五次兼并浪潮呈现出企业规模大、产业特点强、科技含量高、兼并方式多的特征。而且这次兼并浪潮已不受国界的限制,全球性的跨国公司得到很大的发展。据联合国贸发会议《2000 年世界投资报告》统计,到 20 世纪末,全球跨国公司已达 63 459 家,其国外分支机构达 689 520 家。从更大范围上讲,跨国公司年生产总值已占世界生产总值的 25%,占工业国家总产值的 40%,并且控制着 60% 的世界贸易、80% 以上的对外直接投资、90% 以上的民用科技开发与转让,在国际贸易、金融、投资和生产领域中占有越来越强的垄断地位。但是,世界经济一体化趋势的加强,既包含着企业之间正常的市场竞争,同时也需要企业之间的和谐共存,以共同推进技术的进步和市场的拓展。从当今世界的企业竞争态势来看,企业之间的和谐共生似乎只是一种美好的愿望,发达国家的企业为了垄断市场和资源,凭借自身的强大实力,不顾公平竞争和平衡发展的原则,对实力弱小的企业进行恶性及强行兼并。近年来,敌意收购已成为企业兼并的重要形式,严重破坏了市场竞争秩序,致使不少企业生活在不安和恐惧之中,完全背离了儒家管理哲学所强调的"和为贵"管理原则。

2. 机械化危机

从管理学理论的发展轨迹来看,现代西方管理思想自产生以来,经过了三个阶段的演变:以物为中心的管理理论、以组织为中心的管理理论和以人为中心的管理理论。看起来越来越进化,其实更大程度上是工具性的进步! 正如英国管理学家哈梅尔所说,现代管理理论的发展无非是对两样东西的追求,即让管理更加科学,让管理更富人性色彩。但是众所周知,泰罗的科学管理思想中遗漏了最重要的因素,那就是:人! 尽管不少企业越来越强调要以人为本,实行人性化管理。但无论是管理的过程还是管理的结果都是管理越来越偏离人性化。环视当今西方世界的企业管理,一个非常突出的特征是管理过多地向追求物质财富的方向倾斜,物质激励事实上已成为最重要的激励手段,整个社会日益成为一种被物质财富主宰的世界。科学管理事实上带来的是人事和人力资源运用的机械化。真正把工作视为个人价值追求的尽管不在少数,但多数工作者实际上是把赚钱获利作为自己的首要目标。工作者为了谋生而工作,却不一定认同企业,由此造成工作者心理闭塞和不稳定性,极易造成人才的退化和流失。对整个社会来说,也容易造成社会公平这个天平的失衡,产生出一系列的社会危机。

3. 呆滞化危机

随着西方管理思想的不断演进,企业规模也越来越大,例如,沃尔玛、通用电气等少数巨型跨国公司的年营业额甚至超过了一些中等国家一年的国内生产总值。不少企业事业规模庞大,市场的地位已经确立,品牌得到承认,甚至不少企业已经在全球开展了事业。乍一看辉煌又稳定,但实际上很多企业已经开始显现"中年时期"的特有疾病,即"大企业病"。大企业病是由日本立石电机株式会社会长立石一真于 1981 年秋首次提出的。所谓大企业病是指企业发展到一定规模之后,在企业管理机制和管理职能诸方面,不知不觉地滋生阻滞企业继续发展的种种危机,使企业逐步走向倒退甚至衰败的一种慢性综合病症[1]。

---

[1] 李政,等. 大企业病[M]. 哈尔滨:黑龙江科学技术出版社,2002:10.

随着企业日趋成熟，其规模会不断扩大，会开始不断设置新的职能部门和新的业务岗位，最终造成臃肿的身躯，机构庞大，机体僵硬。同时本位主义滋生，纵向和横向的信息均不畅通，对外界信息反应迟钝，无法灵活应付社会环境的变化。另外，稳定安逸也容易致使管理层安于现状，墨守成规，创新精神和创新能力几近丧失；或者是盲目自大，或者是畏首畏尾，举步不前。

4. 空心化危机

现代西方管理在管理科学与管理技术层面上已经达到了非常高的水准，大量经验主义的管理理论和管理技术被广泛复制，管理似乎呈现出一片欣欣向荣的景象。但许多企业并没有承担起应有的社会责任，并没有成为促进经济和管理发展的骨干力量。造成了经济科技一方面高度发展，另一方面则有大量的科技成果被沉淀闲置浪费。上述危机和弊端的存在，原因固然很多，但与管理哲学的空心化也有非常重要的关系。我们不能否认现代西方管理在物质层面上的成功，但在人文精神层面上我们认为它是不成功或者说是不怎么成功的。知识和技术等工具性的因素只是管理成功和经济成长的必要条件，而非充分条件。专业知识和技术越发展，越需要强化管理哲学在管理中的指导作用，使企业的短期目标和长远目标、经济效益和社会责任等有机地统一起来，从而促进经济和社会的有序协调发展。

二、东方管理理论的发展

管理产生于共同劳动活动中，中国传统儒家、道家、佛家、兵家、法家、墨家的传统典籍中就蕴含着丰富的管理学思想。但是由于国力发展上的巨大差距，使得近代中国人盲目自卑，一直强调向西方学习，往往忽视对传统管理学思想的研习。事实上无数实际经验证实，许多在西方行之有效的管理制度或方法移植到中国后，往往效果不尽如人意。因此，自 20 世纪 70 年代末开始，不断有学者和实践界人士开始探讨建立符合中国国情，具有中国特色的管理理论或管理模式，其中比较著名的是由复旦大学东方管理研究中心苏东水教授提出的"东方管理学"理论和台湾交通大学曾仕强教授提出的"中国式管理"理论。

（一）苏东水的"东方管理学"理论

苏东水教授早在 20 世纪 70 年代中期就开始系统研究中国古代管理的相关著作，在汲取中国管理文化中道家、儒家、法家、兵家、墨家以及伊斯兰教和西方管理、华商管理的经验的基础上，形成了独具特色的理论体系，被称为"东方管理学"。从 20 世纪末开始，苏东水教授着手组织东方管理学派的学者开始编著"东方管理学派著系"。

苏东水教授提出概括东方管理文化本质特征的"以人为本、以德为先、人为为人"的"三为"原理，并形成治国、治生、治家、治身的"四治"体系，以人本论、人德论、人为论为核心，包括人道、人心、人缘、人谋、人才的"八行"管理的东方管理体系，提出东方管理学的管理目标是构建社会的和贵、和合、和谐[①]。

---

① 张铃枣. 管理学概论[M]. 厦门：厦门大学出版社，2006：66.

1."三为"

"以人为本、以德为先、人为为人"是东方管理理论的核心思想。"以人为本"强调人本管理,将人界定为是能充分发挥主观能动性的主体人。强调在管理实践中重视人的作用,认为人是管理活动的核心,各种生产要素组合中人力资源成为核心资源。在管理活动中要尊重并充分发挥人的主观能动性,尊重人的个性化发展,管理活动的目标要追求人的全面发展,不断满足、实现人的物质和精神需求。"以德为先"强调管理者要通过自己的道德修养的提高,使民众在其道德威望影响下自然地达到管理的良好状态,并且通过人的道德伦理调节人际关系。中国古代管理思想非常重视道德的作用,提出"修身、齐家、治国、平天下",将修身即道德的管理放到了优先位置。东方管理理论也非常重视道德管理作用,提倡培养积极正确的伦理道德观念,强调伦理道德在管理活动中的重要作用。相对于西方管理思想侧重纪律规则而言,东方管理理论更主张采用道德软约束的方式规范员工及管理者的行为,具体分为修己安人、诚信为本、义利合一。"人为为人"是东方管理学本质的核心命题。"人为"是人的行为、作为。中国哲学重视人的道德和行为的可塑性,为人的发展提供了广阔的可能性。所谓"人为"亦即"事在人为"的思想,是指纵使遇到重重困难,都不要放弃努力,应积极争取一切可能,发挥人的积极性。人为学强调重视人的行为规律的研究、人的欲望和人的需要的研究、奖励和奖惩的研究、关于人们的思想研究、关于群体行为和组织行为的思想的研究等等十个方面。"为人"是"人为"所要达到的目的,也是"人为"所考虑的角度、所瞄准的方向、所遵循的规矩。换言之,管理活动始终要兼顾管理对象,不能主观肆意妄为。"为人"具体包括两个层面,一是管理主体与管理客体相互协调,有互动作用。即管理者不能再以传统的"命令与服从"的关系来理解和处理与被管理者的关系,取而代之的应是以一种同舟共济的心态来看待二者之间的关系。二是管理主体的行为与活动是为管理客体服务的。因此,必须了解、关心、帮助被管理者。

2."四治"

"治国"、"治生"、"治家"、"治身"的四治体系是东方管理理论的一大创新,几乎概括了社会生活的各个领域。这一理论体系的提出源于对中国传统管理思想的提炼,符合中国儒家"修身、齐家、治国、平天下"的推演逻辑。所谓"治国"就是指国家管理。中华民族数千年来经历了无数次的改朝换代和多种外来文化的渗透,积累了丰富而深邃的治国理念,具体包括顺应自然界和人类社会的发展规律,按照活动本身应该遵循的基本原则和规律,以及按照人民大众的共同心理,顺势引导的"道法自然"的思想;主张"以善至者待之以礼,以不善至者待之以刑"的"礼法并举"的思想,以及要求国家统治者爱民、养民、富民的"以民为本"的思想。"治生"是经营家业、谋生计的意思。东方管理的治生论是以"德本财末"的道德观和"诚、信、义、仁"伦理思想为哲学核心,依循所发现的客观经济规律,以及所发展出来的预测、战略计划、市场营销、人事管理和质量管理等方面的方法和技巧。"治家"指的是家业管理。中国古代管理思想中,家庭内部的管理和秩序始终被人们所重视,认为家庭是最基本的社会细胞,既是社会的生产单位,又是社会的消费单位。因此,家庭管理的好坏直接关系到国家的统治秩序及社会的发展。家庭管理的主要内容是对家庭各成员之间关系的处理,包括亲子之间、夫妇之间的行为规范以及对家庭管理者强调以身作则。"治身"指的是自我管理。东方管理思想非常重视治身,强调人的自身修养和行为示范,以达到服务社会、服务于人的宗旨。治身是一个逐渐具备礼义之德的过程。总之,相对于西方管理思想探讨的内容较多集中在宏观经济或者微观企业的领域，中国文化传统在家国一体、天人合一的总体背景下，形成了关于国家治理、宏观经济、企业管理、家庭治理和个人修养一体化的综合式表达。

3."八行"

"八行"指的是人本行为、人德行为、人为行为、人道行为、人心行为、人缘行为、人谋行为和人才行为。"人本"也就是现代大力提倡的以人为本。一切社会建设必须考虑到将人作为出发点，作为目的，在任何时候都不能够作为他人的手段和工具。"人德"是指我们的工作要始终考虑人类社会的道德追求和道德评价，不能够仅仅考虑经济收益和物质结果。"人为"是指要意识到一切工作都来自于人的积极性和社会实践，事在人为。所以，管理必须始终考虑充分发掘和调动人的积极性、主动性和创造性。一切不利于人的积极性、主动性和创造性的管理模式、管理机制和体制都应该不断地被扬弃。"人道"强调的是在管理过程中必须"得道遵道"，管理者与被管理者之间要形成一种良性互动，管理者必须尊重个体的主观能动性，效法自然，实行无为而治，引导被管理者修身养性，进而赢取民心，化解矛盾。"人心"是指任何管理过程最终的实现必须通过心理认知环节，所以从事管理治理应该充分考虑人的心理需要和心理特征。"人缘"是指人的群体需要。东方管理学派基于对传统文化以及华商管理实践的考察，提出了东方五缘网络体系，即地缘、亲缘、文缘、商缘和神缘。"人谋"指的是要充分意识到谋略是管理的重要内容。管理是一种战略，是谋略、胆略的集中体现。东方管理学派在这一领域的最新研究成果是人为决策理论。人为决策谋略在企业管理中的各个层次都有运用，在公司层面有企业战略；在事业部层面，有产品战略；在职能部门层面，有企业发展战略、企业经营战略、企业能力资源战略、企业财务战略等等。"人才"是指在管理治理过程中，要特别重视对人才的发现、使用、储备、蓄养。人才是兴国之本，也是一个组织生存的保证。东方管理学在这一领域的最新研究成果是人为价值论。认为人之所以成为人才，是因为社会行为主体在正确的价值观的指导下的能动性的行为达到符合社会行为客体心理认知，并起到激发社会行为客体心理与行为的客观效果。

（二）曾仕强的"中国式管理"理论

台湾的曾仕强教授自 20 世纪 80 年代开始推广中国式管理。他认为中国管理哲学以儒家思想为主，融入一些道家和佛家的观念，融合中国数千年的文化与管理智慧，其核心就是"大学之道"。曾仕强以对儒家经典《大学》的现代诠释为基础，逐步构建起中国式管理的理论体系[①]。

所谓中国式管理实质是合理化管理，即以中国管理哲学妥善运用西方现代管理科学，充分考虑中国人的文化传统以及心理行为特点，达成更好的管理效果。中国式管理相对于西方式管理、日本式管理而言，具有三大特色，即"以人为主"、"因道结合"及"依理而变"。而这三大特色构成中国式管理的"三大主轴"。所谓"以人为主"是指中国人相信有人才有事，事在人为，所有的事都是人做出来的，唯有以人为主，才能把事办好。所谓"因

---

① 吴照云，等.管理学通论[M].北京:中国社会科学出版社,2007:73.

道结合"是指中国人向来认为"道不同,不相为谋",若非理念相同,很不容易做到以人为主而又能够密切配合,把工作做好,所以要力求因道结合,彼此志同道合,更能同心协力。所谓"依理而变"是指中国人主张凡事要依原则,同时又要保持相应的灵活性,因为原则是死的,人是活的,内外环境随时都在变化,因此,一切都要因人、因事、因时、因地而应答,以求合理,否则,就是"死脑筋"。

中国式管理的"三大主轴"归根结底都是以人为中心,以人为管理的主体,基于人的理念来组合,按照人能接受的道理来应变。所以,中国式管理更强调人性。这"三大主轴"的展开,就是中国管理哲学现代化运用的八个方面。

1. 管理的定义是"修己安人的历程"

修己是管理的起点,要管理他人,必先管好自己;如果组织成员都重视修己,管理的成效自然就会增强。修己的目的在于求安人,在于推己及人,管理者先求修己,感应被管理者也自动修己。双方面都修己,大家都以正当的行为来参与群体的活动,自然更加合理,也就提高了管理的效果。

2. 管理的最终目的在安人

管理的目的无非是为了个人、家庭、国家与世界的安宁。安人的目的在于"同心协力",把组织成员的力量聚集起来,产生"和"的品质,达到"万事成"的效果。安人的基础,在于人人自觉,各有其分,而且恪守其分。能安人的管理,才是真正的人性化管理。无论是制度化、合理化,还是人性化的管理,都要求处事行之有效,都必然要以安人为最终目的。

3. 管理的有效力量是感应

修己与安人之间有一种非常重要的力量,叫做感应。感应的力量看不见,但任何人都不能否认其存在。人同此心,心同此理,便是人与人之间互相感应的结果。管理者的珍惜与关怀,使得部属忠诚而肯干,部属忠诚而肯干,又使得上司更加珍惜与关怀,这就是良性的感应循环。组织成员彼此感应,才能真正心连心,成为一家人。

4. 管理的根本精神在中道

中道就是中庸之道,真正的含义是"合理"。中道管理,就是要避免"过"和"不及",无论人、事、地、物、时或其他,都要求其"适当"、"合宜",即恰到好处,力求管理得合理。一切评估的标准,都在"合理",管理的根本精神,在追求合理,也就是中道。

5. 管理的最佳原则是"情、理、法"

"情、理、法"是"仁、义、礼"的通俗化说法,在管理上的表现就是"人性化、合理化、制度化"。换言之,凡事要以情为先,先尊重对方,给足对方面子以促使其自动讲理。如果动之以情,对方却不知自动讲理,这时务必再次给他面子,无效时再晓之以理。万一对方蛮不讲理,才可翻脸无情,依法办理。

6. 管理的基本方法是"经权法"

"理有不可变的,亦有可变的,不可变的为'经',可变的为'权'"。"经权法"就是"常道与变通的法则"。遇到事情,先想:"不变好不好?"如果好,便不要变;如果不变不好,就要进一步设法变得比以前更好。也就是说,要站在不变的立场来变,做到权不越法、权不损人、权不多用,才能越变越通。

7. 管理应该发挥象棋的十二特色

中国式管理可以象棋为模式,包含天人合一、确立制度、公平竞争、组织嘉奖、各施所长、互依互赖、无为而治、民族自治、竭尽心力、贯彻始终、千变万化、和平融洽十二大特色,管理如能做到这十二点,必能从容中道,合乎人性。

8. 管理的最高境界是"无为而治"

无为绝对不是"一事不做",而是管理者"功成弗居"、"为而不有",凡事"不得已"而为之,"放手支持部属去做事",通过部属的有为,实现管理者的无为。因此,无为而治,其实就是"人力的自动化"管理,即通过管理者的"无为",让组织成员自动自发,尽量发挥潜能,人人自由自在,而又不至于无法无天,真正做到"从心所欲不逾矩",当然也就是管理的最高境界。

总而言之,曾仕强认为,中华文化的特质,其实就是一个"情"字,如何恰到好处地把握人之常"情",乃是管理成败的关键,也是管理者能否"活在众人心中"的必要条件。管理者不必怕情,不用矫情,不可滥情,更不能绝情,而应善于扩情,凡事"发乎情,止乎礼",一切以诚为本,必能实现组织和谐,这也就是人性化管理、合理化管理、中国式管理。

三、东西方管理思想的比较

管理实现的发展既是文化过程,又是文化的产物。不同的国家和地区,其管理思想、管理模式上存在差异是非常正常的。比较东西方管理思想,我们可以发现二者具有共性也存在互补性。

（一）东西方管理思想的共性

东方管理思想与西方管理思想之间存在着差异,但是作为维持人类社会组织得以高效运转的重要工具源泉,东方管理思想和西方管理思想之间还是存在着共性之处[①]。

1. 以人——行为主体为对象

无论是东方管理思想,还是西方管理思想,在讨论管理问题时,都将人放在首位。西方管理思想中是将单纯的被管理者个体放在第一位,通过对被管理者个体的尊重达到组织的不断创新和发展,所以个人英雄主义和个人奋斗精神更受推崇。更为常见的是通过实现个人的卓越达到组织的卓越,通过个人的理性实现组织的理性。然而在东方始终是将人本放在关怀的首位,管理思想中往往是将集体的重要性置于个体的重要性之上,所以个体处于集体的阴影下,个体的性格特征往往被集体的性格特征所掩盖。因此,个体往往缺乏创新和独立奋斗的精神。但是不管怎样,东西方管理思想都是以人,即活生生的行为主体作为目标对象。

2. 以组织的高效为追求目标

在西方管理思想中,无论是传统管理思想阶段,还是古典管理理论阶段以至现代管理理论阶段,都是为了不断提高管理效率,将追求社会组织的高效运转定为最高目标。而东

---

① 张铃枣. 管理学概论[M]. 厦门:厦门大学出版社,2006:81.

方管理思想的产生和提出也是为了提高组织效率，无论是儒家的"仁政"，还是道家的"无为而治"，到现代的东方管理学、中国式管理，其出发点都是为了不断提高组织效率，充分发挥集体的作用。

3. 提倡随机制宜

无论是东方管理思想，还是西方管理思想，都不是对所有人类社会组织管理普遍适用、包治百病的灵丹妙药。因为任何管理思想的产生都源于管理的实践活动，而管理理论的形成则是管理思想的系统化提炼，所以管理思想和管理模式都有一定的适用范围。在运用的过程中我们必须提倡根据具体的情况具体分析、应用，强调随机制宜，而不能完全照搬照用。

（二）东西方管理思想的互补性

随着全球经济一体化的加速，各种文化形态和管理模式之间的融合也在不断增强，特别是随着互联网技术的发展和普及，阻碍人类社会交往和融合的空间和时间因素正在逐渐趋于淡化，同时各个国家经济结构之间的差异也正在不断缩小，因此，各种不同的管理模式之间的优劣很快就能在实践中得到检验。东西方管理思想之间存在着互补性，东西方管理思想的融合将是管理思想领域发展的必然趋势[①]。

1. 科学管理和人本管理

西方管理思想一直非常注重科学管理，正是由于过分强调精确化和程序化，因而往往缺乏人文气息的关怀。而东方管理思想中的人文管理刚好可以弥补这一缺陷。同时，东方管理思想过于注重人治，往往柔性有余，而刚性不足。恰恰西方的科学管理可以弥补这一缺陷。所以，西方的科学管理与东方的人本管理正好可以互补。

2. 整体管理和系统论观点

在现代的西方管理思想中，出现了诸多整体管理理论，例如系统论、控制论、信息论和协同论等。但是在古希腊的思想源泉中，整体管理思想只是处于初步萌芽状态，并没有得到完善的发展，之后，西方的管理思想和管理实践注重的都是分解思维。但是在古老的中国，整体论和系统观念从一开始就得到充分的发展。因此，虽然西方管理思想的整体管理和东方管理思想中的系统论观点在方法论上存在相通之处，但是依然存在较大的互补性。

3. 目标管理和跨度思维

在现代西方的管理思想中，目标管理是一个已经被广为接受的重要的管理方法。这种方法是基于严格的逻辑推理的管理模式，必须按部就班、循序渐进地进行。当组织处于稳定的发展期时，这种管理模式的效果往往比较明显。但是东方的管理思想较擅长跨度思维，可以不用凭借严格的逻辑基础而直接深入到事物的内在矛盾中，从而抓住问题的主要矛盾进而解决问题。东方人的这种顿悟思维技巧，往往可以直接接触到事物的关键环节。因此，东西方在思维方式上也同样存在互补性。

4. 权变观点和辩证观点

现代西方管理思想中的权变理论包括权宜和应变两个方面。狭义而言，权变理论是指必须在既对人又对物的双重重视的过程中汇总组织管理的模式。广义而言，权变理论

---

① 张铃枣. 管理学概论[M]. 厦门：厦门大学出版社，2006：79.

是指以现实为中心选择不同的管理模式的管理。无论广义还是狭义,其核心都是以现实为中心,以目标多变性为特点,从而确定具体管理模式的管理思想。同样,东方管理思想中的辩证观点认为,任何事物都是不断发展变化着的,任何矛盾都是可以转化的。所以西方管理思想中的权变观点和东方管理思想中的辩证观点存在互补性。

5. 战略管理和韬略管理

在西方管理思想中,特别注重战略管理。其实战略管理是系统管理、目标管理和权变管理的综合。而东方管理思想中的韬略思想也在各个管理领域发挥过巨大的作用。例如《孙子兵法》中非常注重韬略思维在战争中的作用。刘备三顾茅庐时引出的《隆中对》更是韬略思想的典范之作。所以,西方管理思想中的战略管理和东方管理思想中的韬略管理也存在较强的互补性。

第四节   管理理论发展的启示和挑战

管理环境的发展和变化,特别是经济全球化和信息技术的突飞猛进,使得组织活动的国际化和跨文化步伐日益加速,组织管理的实践与理论面临着新的挑战。追溯管理理论的发展历程,我们可以得到很多有益的启示。面对现在,展望未来,管理理论还会不断演变和发展。

一、管理理论发展历程的启示

管理学的理论是以构成管理学的各种个人思想为基础的,纵观管理理论发展的整个历程,我们可以从中获得如下六点启示。

(一)理论来自实践

管理理论是指导管理人员从事各项管理活动的路标和蓝图,是由一系列管理思想或观点系统化构成的知识体系,是人们对管理过程中发生的各种关系的认识的总和。管理理论的发展与生产力的发展以及生产组织方式的变化紧密相连,时代的发展决定了管理理论的发展变化。所以,任何理论的建立、发展和应用都离不开实践经验的总结和提炼。事实上,关于企业或者组织是如何出现,又是如何发展壮大起来的等等问题可以通过多种理论进行解释。但是,我们需要注意的是,没有一种理论被认为是完美的,或者说是被永远接受的。每一种管理思想、管理理论的提出都以不同时代的实践需要为基础,因此,每种理论都有某种局限,管理理论仍处于一种发展进程之中。

(二)多学科的渗透

管理理论的发展状况表明,一方面,管理理论已渗透到社会各个领域,从而扩大了管理理论的应用范围。另一方面,管理理论也从各种学科的发展中汲取营养,丰富和扩展自己的理论体系。

（三）对一般原理的探索

管理理论的发展也显示出各个不同的管理学派对一般原理努力探索的热情。各个学派都试图从不同的视角入手，努力透过管理活动纷繁复杂的表象研究其本质，归纳管理的一般性原理。

（四）对随机制宜管理的认识

管理理论研究的任务并不是去规定什么是应当做的或什么是不应当做的。它的任务在于研究和探讨一些基本的关系、基本的方法、基本的概念。如何应用这些东西则要视情况而定。有效的管理总是一种随机制宜的或具体情况具体分析的管理。管理理论的发展历程也充分说明随机制宜管理的重要性。

（五）不成熟的发展中的学派

"管理理论丛林"的形成以及之后的迅速发展充分表明人们对管理理论研究兴趣的高涨，从而推动理论的前进。同时也说明了管理理论正处于不成熟的发展期，还在发展中。

（六）管理理论的综合归趋

管理理论丛林的枝蔓过于繁多，对一些基本问题的众说纷纭，也会给实际管理工作者带来无所适从的感觉，所以管理理论也存在着综合归趋的要求。而管理理论综合归趋的关键在于一些基本概念语义上的统一和一些基本理论观点上的互相借鉴。因此，管理学派综合归趋，一是有赖于各个学派能排除门户之见和专业上的"隔阂"，开展思想交流和相互了解；二则有赖于客观实践的发展对真理的证实。因为任何理论体系的确立，从根本上说并不在于是否已达到尽善尽美，而是在于是否具有客观性，能否接受实践的验证并获得人们的确认。

二、管理理论面对的挑战

管理理论的实用性和理论与实践的相关性，决定了管理理论的发展受管理者所面临的实践挑战所推动[1]。20 世纪 90 年代以来，特别进入 21 世纪，日益复杂多变的内外部环境和来自多方面的挑战，不断对组织的管理提出新问题、新要求。这些新问题和新要求必将推动管理理论和思想的不断变革和创新。

（一）技术创新和升级的挑战

技术进步是组织进化的根本动力，是指除了一般意义上的生产领域各生产要素质量

---

[1] Agarwal, R., Hoetker, G.. A Faustian Bargain? The Growth of Management and its Relationship with Related Disciplines [J]. Academy of Management Journal, 2007,50(6),1304 – 1322.

的提高及工艺流程、操作技巧等的改进外,还包括微观与宏观层面上的组织管理技术的改进与提高。技术进步主要从供给和需求两个方面影响组织的投入产出状况,以及生产要素的配置和转换效率。从供给方面看,技术进步对组织的影响具有直接性,主要是通过提高劳动者素质、改善生产的物质技术基础、扩大劳动对象范围、提高管理水平等途径来实现的;从需求方面看,技术进步对组织的影响,借助于需求的变动来实现,属于间接影响。在现实经济中,这两种影响经常交织在一起,共同影响组织进化。从深层次来看,技术进步促进组织发展的机理在于它将导致不同组织生产率上升率的差异。由于各个组织的技术经济特点不同,对新技术的创造、吸收和采用能力各不相同,因而造成各组织间效率和扩张速度的不同。一般来说,技术进步快的组织,生产率上升快,反之则慢。生产率上升快意味着投入减少、成本降低、收益增加的速度加快。这种有差异的生产率的存在,必将引起生产要素在各组织间的转移,从而促使组织不断进化。因此,可以说,技术进步对组织进化的影响主要表现在:技术进步导致生产率的提高、生产成本的降低,从而增加组织的供给能力;技术进步使得组织所生产产品升级换代,促使需求不断发生变化,推动组织寻求新的发展领域。因此,组织只有不断地进行技术开发、技术引进和技术创新,才能在市场竞争中保持强劲有力的态势,使组织永远立于不败之地。

在当今科学技术迅猛发展、市场竞争日益激烈的环境中,组织要实现长期生存和发展就必须不断地进行技术创新。无数组织的发展实践无不证明技术创新在企业中的重要性,技术创新往往是实现组织技术进步的根本出路,是组织获取竞争力的决定性因素,也是提高产品附加值和企业经济效益的根本途径。而技术的不断创新和升级对管理提出了一系列的挑战。比如,如何预测和把握技术的发展方向? 如何提高企业的技术创新能力? 如何防范创新风险? 等等。

特别值得一提的是,21世纪以来以移动互联、大数据、社交网络、物联网、云计算等为代表的新信息技术的应用,给每个人的行为方式和思想观念带来颠覆性的改变,重塑了企业等社会组织的商业模式、运营模式和管理模式。新的商业模式如特斯拉电动车、卖盒子的小米以及卖电视的乐视等不断涌现。各种组织都在被互联网和新的信息技术重新定义和改造:物理世界与虚拟网络融合导致一场新的管理革命;传统零售商正被电子商务颠覆;功能手机被智能手机淘汰;信息传播模式不再是一对多,而是多对多。

在新的信息技术的推动下,管理理论也要适应时代发展的要求,管理学研究未来至少要有四个方向。第一个是数据的整合。大数据的核心就是预测,而预测又为决策服务,因为决策不再凭经验和直觉,而是基于数据的分析和优化,数据决定成败。第二个是案例推理。找出事物演化的规律,美国为了提高突发事件的应急管理水平,收集了100个类似9·11的案例,用于应急事件的研究和预案准备。第三个是计算实验。社会计算把自然科学的研究方法"模拟仿真"引入到管理科学中来,进行社会的模拟仿真,提高分析能力和预报能力,减少决策失误。第四个是心理行为分析。淘宝和1号店等电子商务企业都有一个很庞大的信息处理队伍来对用户的行为进行研究[①]。

---

① 郭重庆. 大数据时代管理学研究的战略方向[J]. 经济与管理战略研究,2013(3):3-4.

（二）知识经济的挑战

经济合作和发展组织（OECD）1996 年发表的《以知识为基础的经济》报告中认为，越来越多的迹象表明，西方社会正在由工业化时代向知识经济时代迈进。知识经济是一个以知识为经济和社会发展的基础，以信息、网络技术为标志，以高新技术产业为支柱，以人的智慧、技能为动力，以知识管理为保证的新的经济发展阶段。知识经济对组织管理的最大影响在于经济环境、竞争焦点的变化与组织战略的相应调整。在经济环境方面：首先是基础变化，知识经济以不断创新的知识为基础，是典型的知识密集型经济形态；其次是主导型要素即人才的变化。知识经济中竞争的焦点在于谁能创造符合人们新的需求的事实标准，引领时代的潮流。在组织的投资战略上，重点转移到人才培训、激励创新方面，同时生产和分配要向知识产品及服务倾斜；在竞争战略上，要利用知识产权的武器；在成长战略上，由靠规模经济促进组织发展调整到大力依靠无形资产的创造和增值来实现组织的成长。

知识经济对组织管理的影响将促使组织直接面对许多值得深思的问题：知识经济时代竞争优势的游戏规则会有变化；新的竞争优势来源将会有所变迁；组织将以新的制度强化生产、分配与价值创造的效率；知识型组织的管理模式与工业型的组织有重大本质差异；知识的形态，不同形态的组织的交流、互动，创造新的价值的过程将会不同，等等。因此，现代组织须应对诸多因素对组织的宏观战略的影响，为解决新经济时代带给组织的各类问题，将不得不在战略制订与管理理念上进行根本性变革，而其最直接的体现就是知识管理体系在组织战略管理中的应用。如何正确、全面理解新经济时代下的组织资源，尤其是知识资源的价值，如何使组织传统的资源配置体系适应新时代的挑战，真正把握以知识为本、进而以人为本的知识管理体系的本质，如何在理念上和制度上真正将组织的以实物与资本为主导的资源配置体系适时转向以知识为主导的资源配置体系，已成为众多新旧组织不可逾越的课题。

对于组织而言，知识管理是一种全新的经营管理模式，其出发点是将知识视为组织最重要的战略资源，把最大限度地掌握和利用知识作为提高企业竞争力的关键。知识管理把存在于组织中的人力资源的不同方面和信息技术、市场分析乃至组织的经营战略等协调统一起来，共同为组织的发展服务，创造整体大于局部之和的效果。组织的知识管理体系的建立与否将在当今组织的战略制定中起举足轻重的作用。如今，世界上的著名公司都越来越重视无形资产而轻视有形资产，或者说越来越重视知识而轻视库存，中国越来越多的世界名牌生产厂即为例证。

（三）经济全球化的挑战

经济全球化是在技术革命的推动下，由跨国经营、国际贸易增长、国际资本迅速发展所形成的国际分工和全球范围内资源配置的世界经济发展总趋势。20 世纪 90 年代以来，世界经济一体化的趋势日益明显，全球范围内的市场竞争越来越激烈，资金、技术、人员在全球范围内更加自由、更加大规模地流动，全球范围内的产业结构调整一浪接一浪。它一方面实现了在全球范围内拓展市场、实现自由贸易、进行全球最优的资源配置，另一方面它也形成了对民族国家经济的冲击和压力。尽管各个国家对经济全球化持有不同的观点，但权衡利弊，融入经济全球化已经成为各个国家的理性抉择。经济全球化作为一种趋势，影响着世界经济的发展方向，也同样影响着各个国家经济发展的进程，各个国家的经济有可能在经济全球化的进程中获得更多的发展机遇，也可能被全球化的趋势压垮。这不仅取决于国家经济融入全球化的宏观战略，也取决于微观经济主体的国际竞争力。作为经济主体的组织，既是经济全球化的推动者，同时它自身也面临着全球范围的竞争压力，这些压力有来自市场方面的、技术方面的，还有来自不同文化方面的。因为企业在同行业的竞争中，到了一定程度，就不仅仅是技术的竞争，而是更重要的人才的竞争、文化的竞争。组织管理、组织人力资本和组织文化已经成为越来越重要的竞争力。

经济全球化为组织提供了全球范围的发展空间，使组织可以按照最优的资源配置条件将自身的结构进行分解，分布到世界各地，因为运输、通信和信息技术已经为跨国经营提供了快捷和低成本的服务，一些组织将自己的研发机构放在条件优越的发达国家，而将生产工厂放在另外一些国家和地区，一些产品的装配也是在各个地区的协同配合下完成的。跨国公司在不断兼并其他国家公司的过程中已经失去了自己的国籍，成为真正的国际集团，产品也难以确定真正的出产地，国际资本的流动已经远远超出了民族国家的范围，一个国家或一个地区的经济危机往往会波及全球经济，引起震荡。这使得组织在全球化市场的激烈竞争中，更加依赖自身的素质，这些素质除了包括技术因素以外，还应包括适应性的文化理念，以及组织整体的适应能力和整合能力。缺少这些素质，技术再强的组织也难以在全球市场竞争中获得成功，其业绩难以长期持续增长。随着经济全球化的发展促使管理者正视和回答如下问题，譬如面对全球产业结构调整，组织应建立什么样的组织业务结构？如何培育组织核心能力，提高组织在国际市场上的竞争力？如何重构组织结构，以提高对环境的适应能力和应变能力？如何管理全球性组织？等等。

经济全球化将市场经济的经济规则推向全球范围的同时，也将市场经济内在的劳资矛盾转移到世界各地[①]。20 世纪 90 年代开始，跨国公司及其供应商工厂存在的诸如低工资、延时工作、劳动强度大以及生产环境恶劣等问题，逐渐引起了人们的关注；与此同时，消费者由只关心产品质量转向关心环境、职业健康和劳动保障等多个方面。一些生产中存在的问题被相继披露，引起了整个社会的声讨。1991 年，美国大型牛仔裤品牌商 Levi Strauss 的海外工厂在监狱般的工作环境中使用年轻女工的事实被曝光，而成为舆论关注的"血汗工厂"的典型。为挽回其企业形象，该公司制定了世界上第一份企业生产守则。随后，在劳工组织、环保组织、人权组织以及其他非政府组织和消费者的压力下，一些大型的跨国公司也相继制定了自己的生产守则，这逐渐演变成一场"企业生产守则运动"，又称"企业行动规范运动"或"工厂守则运动"。随后一些跨国公司在其生产守则中还陆续添加了环境保护、慈善活动、反腐败和社区建设等内容。鉴于国际恐怖活动日趋猖獗，越来越多的跨国公司在其生产守则中增加了反恐条款。

需要指出的是，企业社会责任运动出现伊始，就引起了人们很多的质疑和争论，主要包括：①不考虑区域文化背景和经济水平差异而试图建立统一标准的做法存在很大的不

① 常凯. 经济全球化与企业社会责任运动[J]. 工会理论与实践，2003，17(4)：1-5.

合理性。②跨国公司一方面最大限度地压低价格,另一方面又要求供应商履行相应的社会责任,显然有失公平。③企业生产守则在具体的审核过程中,是否能保证严格执行也存在质疑。④企业社会责任运动究竟是改善劳工状况,还是发达国家以企业社会责任为借口实施贸易保护和非关税壁垒,这一点颇受发展中国家的质疑。

虽然企业社会责任运动受到质疑,但是企业社会责任越来越受到国际社会的关注。与此同时,如何提高企业社会责任报告的透明度和开放度? 如何将企业社会责任的标准、工具、方法和方式等逐步标准化? 企业社会责任实施过程中如何有效推进工人参与,使他们变被动为主动? 这些难题需要管理理论不断探索解决之道①。

案例

形象就是一切

你很可能有几本影集,里面贴满了照片。这些照片记录下难忘的历史的一刻,使你每看到它们就回想起过去。每张照片都是一个故事,它可能是关于你个人的,或是提交给你上司的报告的一部分。对于拥有 7 000 万张照片和大约 30 000 小时录像的格蒂音像公司(Getty Images)来说,它的一只脚坚实地踩在过去,另一只脚则稳稳地踏入未来。格蒂音像公司是一家设在西雅图市的专门储存照片的公司,公司的合伙创始人兼执行主席马克·格蒂通过全面引入基于网络的业务和文化,小心地将公司转变成一家电子企业,实现这种转变真不容易。

当你阅读书籍或杂志时,你有没有想过书中的那些照片和视觉形象是从哪里来的? 除非是专门拍摄的照片,它们很可能是来自照片储存企业,这是一些专业化的公司,它们从遍布全世界的职业摄影师手中购买照片,加以分类,然后卖给客户。它们的客户包括造型和设计专业人员、企业以及个人。在"旧"经济下,为了获得一张满意的照片,人们需要一页一页地翻阅印制精美的照片目录,通常要花费几天甚至几周的时间寻找。如果他们自己找不到,就不得不付费给形象公司的专门人员从成千上万的照片中为他们寻找。找到的照片除提交给委托方使用以外,还要经数字化处理,最终返还给照片储存公司保存。如果你要赶在项目最后截止期限之前找到需要的照片,对不起,那就要看你的运气了。马克·格蒂觉察到这是一个机会,利用互联网的巨大能力就能免除这种低效的、烦人的寻找过程。这种方式正在试图通过电子企业途径改变旧的营运方式并为企业创造稳定的利润。

顾客可以随时随地地访问格蒂音像公司的集成网站,采用关键词搜索,顾客就可以迅速收到一系列的相关图像。顾客可以根据免费的粗糙图像,判断一下其布局是否符合要求。购买最终图像的过程非常简单,只需输入信用卡号码就可以下载清晰的图像。但是,使整个操作过程如此简单却不是一件简单的事。

---

① 高峰.西方企业社会责任运动的兴起与发展[J].安徽农业大学学报(社会科学版),2009,18(5):1-4,81.

格蒂影像公司是由多个并购公司组成的共同体,并购的公司绝大多数是原来的竞争对手。公司最初是从两项大规模收购开始的,一家公司是设在伦敦的漂亮宝石影像公司,另一家是设在西雅图的照片光盘公司,这两家公司的差异已经大到了极限。漂亮宝石公司是一家传统的照片储存公司,以其精美绝伦的艺术质量闻名。照片光盘公司是一家刚刚成立的、分销光盘存储图像的先驱企业,其渠道是折扣商店和其他类型的零售商。最终,新老公司走到一起了。尽管两家公司的合并是困难的而且通常是不愉快的,但最终公司经理们认识到通过将两家公司的长处结合在一起,就能有机会创造新的、独特的和具有潜在价值的事业。由于新收购公司的不断加入推动了公司业务的增长,使得新业务的整合过程没有遇到太大的困难。

公司的创新之一是成立了创意银行委员会(Idea Bank Committee)。这是由 10 个人组成的小组,每月会面一次。他们的职责是评估来自公司 2 600 名雇员的创意,以决定这些创意是否可行以及如何实施可行的创意。小组没有正式的领导人,他们每月平均处理 40—80 个创意。有些创意是小型的,但也有一些创意对公司产生了巨大影响。此外,格蒂影像公司还设立了后台制作,那里技术人员两班作业,每 12 小时平均数字化扫描照片 750 张。这支技术团队的运作提高了基本照片的附加价值。例如,他们在照片上标记数字信息,从而顾客可以利用这些信息在自己的计算机上编辑照片以获得更准确的色彩。或者,技术团队可以通过改变背景的方式将某些特定的选择加到一些照片文件中去。

通过大量的培训、根本性的重组,以及在新技术上的大量投资,格蒂影像公司在视觉内容市场上确立了领导者和创新者的地位。当然,今天的成功并不能确保明天的成功,尤其在基于网络的经济中更是如此。马克和格蒂影像公司的其他管理者认识到他们必须始终聚焦在向顾客提供最完美的形象上。是的,对于公司来说,形象就是一切。[①]

本章小结

西方管理理论和东方管理文化是世界管理文化的两大主流。第二次世界大战以后,生产力和科学技术高速发展,推动了生产方式的变化。随着现代科学技术的发展,自然科学思想对管理学的不断渗透,并伴随着日益激烈的市场竞争环境,社会对企业管理提出了新的要求,许多学者和实际工作者在前人的理论与实践的基础上,结合自己的专业知识,去研究现代管理问题,出现了许多新的理论和学说,形成了众多学派。哈罗德·孔茨分别于 20 世纪 60 年代和 80 年代两度论述"管理理论丛林"问题。80 年代管理理论丛林的主要学派包括管理过程学派、人际关系学派、群体行为学派、经验主义学派、社会协作系统学派、社会技术系统学派、系统管理学派、决策理论学派、管理科学学派、权变理论学派和经理角色学派等 11 个。之后的二十多年里,西方管理理论又得到了极大的发展,呈现整合的态势,出现一些诸如企业文化、全面质量管理、企业再造、学习型组织知识管理等新的理

---

① 斯蒂芬·P·罗宾斯,玛丽·库尔特. 管理学(第七版)[M]. 北京:中国人民大学出版社,2004:51.

论观点。

追溯管理思想的发展历程,我们可以发现,西方管理思想长期占据主导地位,而东方管理在现代管理中则一直处于隐性的地位,但是在现代多变的环境中东方管理思想日益显示出巨大的潜力,自 20 世纪 70 年代末开始,不断有学者和实践界人士开始探讨建立符合中国国情,具有中国特色的管理理论或管理模式,其中比较著名的是由复旦大学东方管理研究中心苏东水教授提出的"东方管理学"理论和台湾交通大学曾仕强教授提出的"中国式管理"理论。另外,在当代管理理论的发展进程中出现了一个趋势,那就是东方管理思想和西方管理思想的有机融合。比较东、西方管理思想,我们可以发现东方管理思想与西方管理思想之间存在着差异,但是作为维持人类社会组织得以高效运转的重要工具源泉,东方管理思想和西方管理实现之间还是存在着共性之处,具体体现在以人——行为主体为对象、以组织的高效为追求目标、提倡随机制宜三个主要方面。同时,东、西方管理思想也体现出科学管理和人本管理、整体管理和系统论观点、目标管理和跨度思维、权变观点和辩证观点、战略管理和韬略管理等互补性。

随着新世纪幕布的开启,伴随着技术创新和升级、知识经济的到来以及经济全球化的加剧,当今的组织管理创新的紧迫程度正在不断提高,追溯管理理论的发展历程,积极思考,有助于我们更好地迎接面临的种种挑战。

思考题

1. "管理思想的发展是由时代和当时的条件决定的",您同意这种说法吗?
2. 您对管理理论丛林的发展有何理解与看法?
3. 您对当代西方管理理论的新发展如何理解?
4. 您如何看待东方管理思想与西方管理思想的融合?
5. 格蒂影像公司符合学习型组织的特征吗? 请说明您的理由。

第四章
管理的环境

　　为应对日益严峻的生态环境压力,中国政府实施了庞大的落后产能淘汰计划。2012年12月6日,中国工信部和财政部又联合下发通知,要求各地针对炼铁、焦炭、铅蓄电池等19个工业行业研究提出2013年淘汰落后产能目标计划。这19个行业包括:炼铁、炼钢、焦炭、铁合金、电石、电解铝、铜(含再生铜)冶炼、铅(含再生铅)冶炼、锌(含再生锌)冶炼、水泥(含熟料及磨机)、平板玻璃、造纸、酒精、味精、柠檬酸、制革、印染、化纤、铅蓄电池。通知还要求,各地报送目标要依据已经下发的行业准入条件、产业结构调整指导目录等因素确定。2014年6月14日,上海市经济信息化委发布国内首份《上海产业结构调整负面清单及能效指南(2014版)》和《上海工业及生产性服务业指导目标和布局指南(2014版)》,进一步明确了将上海提升产业能级和产业结构调整结合起来,新兴产业发展和产业布局优化结合起来的未来产业发展方向。"负面清单"由限制淘汰类目录、产品能耗限额、设备能效限定值构成,涉及化工、钢铁、有色、建材、机械等12个行业,386项限制类、淘汰类生产工艺、装备,汇总107项工业产品单耗限额制、569项重点用能设备能效限定值。该清单配套上海差别电价办法的实施,将进一步限制高能耗、高污染产业发展空间。例如,淘汰类的装置用电每千瓦时加价0.4元,限制类每千瓦时加价0.15元。淘汰类的行业严禁更新改造扩建,限制类的严格控制新项目建设,同类型技术不允许在上海落地等。预计这些措施将为上海带来200万吨标煤的能耗减量,为其他行业发展腾出空间。

　　上述事实显示,相关组织(企业及政府主管部门)明显面临着实实在在的节能减排压力。那么,这些压力将对这些组织的管理活动产生怎样显著而重要的影响?事实上,任何组织在特定时间都处于特定的环境之中。组织管理者在主导性地履行管理职能的过程中必须正确认知和适应外部环境不断变化的各种因素及其影响。管理的环境涉及宏观、中观、微观三个层次的很多方面,本章则着重分析伦理与社会环境、组织文化、技术与信息以及全球化四个方面。

第一节　伦理与社会环境

　　一个组织以各种方式同人和社会发生着各种联系,人类的管理活动不仅与技术相关,而且还与伦理、社会等其他各种要素相联。任何组织要持续生存和发展,不仅要具备具有竞争力的资源和能力,还需要适应伦理和社会环境,并恪守伦理和社会规范。

一、管理伦理化

　　伦理道德问题已经成为企业界和理论界备受关注的热点话题。伦理道德作为一种经营理念已开始大量进入更多组织管理者的思考和决策领域。对于管理人员尤其是各层面的高级管理人员来说,除了带领下属追求更高的经营效益之外,还有责任创造各种促进伦理道德制度化的组织环境,把伦理道德与日常的经营管理活动结合起来,促进管理伦理化。

（一）管理伦理化的概念与内容

寻求管理与伦理的有机统一从而追求管理伦理化已经成为现代管理发展的明显趋势。管理伦理化就是管理与伦理有机结合的产物，这既是社会发展和进步的内在要求，也是组织保证自身可持续竞争优势的必要措施。企业伦理道德涉及真实和公正的原则，往往表现在公平竞争、广告、公共关系、社会责任、消费者主权等方面。企业管理伦理化要求企业管理者在经营管理过程中，主动考虑社会公认的伦理道德规范，使其经营理念、管理制度、发展战略、职能权限设置等符合伦理道德要求，处理好企业与员工、股东、顾客、厂商、竞争者、政府、社会以及自然环境等利益相关者的关系，建立并维系合理、和谐的经济秩序。

对于企业而言，管理伦理化主要涉及三个方面：以人为本的人力资源伦理管理；以诚信为本的经营伦理管理；以可持续发展为本的生态伦理管理。

以人为本的人力资源伦理管理是提高组织知识生产力的重要条件，意味着人力资源管理要以人为出发点和中心，注重激发和调动人的主动性、积极性、创造性，实现人与企业共同发展，例如组织设计以人为中心、尊重和重视人的需要、以激励员工为主、注重培养开发员工潜能、促进员工身心和谐等。

以诚信为本的经营伦理管理核心仍然在于人，意味着企业管理者在经营过程中要恪守诚信善良理念，理解、关心、尊重和支持他人，从而取信于自己的员工、自己的顾客、自己的竞争对手以及其他外部利益相关群体以促进人际和谐、群己和谐，并获取持续的社会支持。

以可持续发展为本的生态伦理管理发端于企业活动与生态环境关系的恶化，反映了人与自然环境亲密无间、共存共荣、和谐发展的道德诉求。可持续发展强调既要满足当代人的需求，又不能损害子孙后代满足其需求的能力。企业的生态伦理管理主要涉及企业关心生态环境建设目标，并为此创建环境友好型技术、产品、业务流程及管理制度。

（二）管理伦理化的兴起

管理伦理化的兴起与来自政治、经济、社会、法律以及相关理论研究等多方面的推动与引导密切相关。

1. 经济丑闻曝光带来的压力

20世纪70—80年代以来，世界各国一系列经济丑闻不断发生和频频曝光。如美国洛克希德飞机公司为争夺日本市场的贿赂案，美国国际电话电报公司、海湾石油公司、埃克森公司、格鲁曼宇航公司、默克公司、葛兰素史克等在国外的贿赂事件，还有个人或者组织非法操纵市场和股票交易，企业随意处置有毒化学物质、严重污染环境、生产有毒或危险产品、无视工人和顾客生命安全等事件。这些曝光的丑闻直接导致企业伦理、公众信任和相关企业甚至整个行业的生存面临严峻的危机，迫使管理者们开始理智地思考棘手的伦理问题。

2. 社会压力的增强

现代组织承载着巨大的资源系统，提供着庞大的产品或服务，对社会具有非常重要的影响力，社会有理由要求这些组织承担起与其享受权利、社会影响力相称的责任和义务。

同时,现代信息社会具有发达的传播媒介,尤其是自媒体时代下的社交网络使得社会舆论的监督力量大为增强,组织管理行为几乎无处、无时、无刻不被社会公众所关注。人们对更高质量生活、工作环境及水平的重视要求相关组织切实履行起遵守更多社会公德规范的责任,否则,组织"失范"的管理行为将遭受人们铺天盖地的道德讨伐,甚至可能受到严厉的法律制裁。

3. 市场竞争的加剧

现代社会在市场经济的驱动下,对资源和人才的竞争日益激烈。现代社会对人才的争夺已成为竞争的关键主题,管理上要占据优势就必须首先拥有高素质的人才。而人是有利益需要的,这种利益需要除了经济方面的内涵,还具有社会伦理方面的内涵。因此,管理上必须以人为本,重视人的综合需要和利益,尊重、关心人及其利益相关者,创造人与自然、人与人利益协调、和谐相处的氛围。在人才市场上,求职者重视的除了工资待遇,还包括企业承担遵守伦理道德的情况。不少可能进入企业工作的学生还通过阅读该企业社会责任报告以决定是否加入。这些因素使得伦理成为管理追求的新境界。

4. 企业评价指标体系的完善

诸多企业评价体系仍然偏重财务指标,很少关注伦理状况等非财务指标。而在另外一些国家和地区,伦理管理却日益被纳入企业评价指标体系。那些负责任的投资者在制定投资决策时更多考虑到环境、社会及治理问题等非经济金融因素的长期影响而对投资对象进行筛选。例如,英国伦敦股票交易所早在 2001 年 7 月就宣布推出 8 种旨在提倡和促进"伦理投资"的伦理指数。伦理投资从是否违反环保、人权及自然等角度出发,只投资于被视为对社会负责任的公司,实际上为企业树立了伦理评估导向。

5. 企业社会责任认证的发展

企业社会责任认证体系的发展也推动了管理伦理化发展。美国 The Council on Economic Priorities(简称 CEP)早在 1997 年就开展了社会责任认证(审计)业务。CEP 建立了认证机构并任命了一个咨询委员会就职工的权利起草标准,形成 SA8000 及相关的认证过程。SA8000 以已建立的 ISO9000 质量控制标准为模型并基于一系列的国际人权标准,如《联合国国际人权宣言》和《联合国儿童权利公约》等而制定。认证标准包括 9 个领域:童工、强制劳工、健康和安全、结社自由、歧视、处罚措施、工作时间、报酬、管理。环球市场集团提出的 GMC("环球制造商"标志,Global Manufacturer Certificate)认证标准包括体现综合实力的 8 个基本方面:是否是真正制造商、生产优质产品的能力、工厂规模、专业外贸团队及经验、产品研发能力、社会环境责任、信誉/商誉及过往 OEM(即代工生产)/ODM(即原始设计商)经验等,能够反映专业买家的采购习惯以及作为筛选优质制造商的评估标准。

6. 相关立法的推动

伦理规范不再只是一种可供随意选择的自律工具,几乎成了一种必需,尤其是在跨国公司领域。纽约证券交易所(New York Stock Exchange)的上市规定就要求企业制定并公开展示商业行为和伦理规范。规范广泛涉及遵守法律、准确披露财务信息、利益冲突、行贿受贿、性骚扰等内容。相应地,伦理规范能够给企业提供法律保护。在美国,如果企业具有检测、防范不法行为的项目,一旦出现公司犯罪行为,联邦法院在判决时就可酌情减免刑罚。

7. 伦理理论研究与实践倡导的推动

合乎伦理的管理超越了法律的要求,能让组织取得卓越的成就。由此,在理论界和实践中人们纷纷采取各种措施把伦理和管理结合起来。理论方面,人们大力开展管理伦理的教学与研究,出版管理伦理著作、教材、案例选辑,创办管理伦理刊物;或者提升伦理在管理学中的地位,一些有影响的管理学家在他们流传甚广的管理学著作中设立"道德决策模型"、"管理人员道德准则"、"管理中的伦理问题"等内容。实践方面,许多管理者把伦理融合到管理实践之中,或者制定伦理守则,或者设置伦理机构、主管,或者开展伦理培训等等。这些都有力地推动了管理伦理化。

(三) 管理伦理化的基本途径

在相关政府、国际组织的引导以及相关立法的强制约束下,组织中伦理道德与日常管理的结合有多种途径,但是总体上可以从战略、企业价值观、管理决策、信息系统、管理审计以及鼓励性的保护机制等方面推进管理伦理化。

1. 实施伦理管理战略

根据组织实际情况,结合所处环境要求,制定伦理管理的中长期发展战略,确定伦理管理的阶段发展计划。R·爱德华·弗里德曼(R. Edward Friedman)和小丹尼尔·R·吉尔伯特(Young Daniel R. Gilbert)在谈到惠普、IBM、麦当劳等优秀企业的时候指出:"这些优秀企业的秘诀在于懂得人的价值观和伦理,懂得如何将它们融合到公司战略中。追求卓越实质上就是追求伦理。"[①]只有高层管理人员高度支持,伦理规范才会得到重视。为此,最紧迫的是组织高层(例如企业股东会、董事会或CEO)重视实施,在治理层面设置伦理官员(Ethical Officer)和伦理监督委员会(Ethical Oversight Committee,简称EOC),并安排专人和专职机构负责这一工作。这通常包括:创造一种支持伦理的管理环境;制定并实施伦理准则(Code of Ethics);规定伦理官员的任职资格;选择合适的伦理官员;明确伦理官员和伦理监督委员会的职责;对组织及其员工行为从伦理角度进行监督和控制。

2. 制定并实施伦理准则

伦理准则是制定组织处理各方面利益相关者(员工、供应商、债权人、社区)关系的行为准则,是企业实施伦理管理的行动指南。例如,美国企业的伦理准则中就员工关系和利益冲突方面做出如下规定:企业要求员工从企业最大利益出发而不是从个人私利出发进行决策,如果员工从与本企业交易的实体中获得财务利益与员工自身履行的职责发生冲突,员工及其任何直系亲属都不应接受;假如礼物可能使接受者处于一种对本企业形成负担的境地,本企业就不应该赠送礼物给竞争对手、供应商或客户及其直系亲属;员工不应使用或披露由担任本企业的职务所获知的非公开信息来为自己或其直系亲属谋取利益。

对于伦理准则的制定,不能照搬其他企业现成的准则,应根据企业的具体情况分析后制定,同时要持续改进伦理准则。

伦理原则的实施,首先,要挑选道德素质高的员工,通过教育培训让员工了解并理解伦理规范。其次,领导要在伦理方面领导员工,在言行方面是员工的表率,通过设定伦理

---

① 周三多,陈传明,鲁明泓. 管理学——原理与方法[M]. 上海:复旦大学出版社,2004:183.

工作目标并配套相应的奖惩制度影响员工的伦理行为。

3. 经营管理中的伦理决策

现实世界里，管理决策涉及大范围的多元化利益相关者，经营管理决策要综合判断法律、财务和伦理方面的要求而做出。伦理决策的要点不是简单化和公式化地阐释各种伦理问题和标准，而是提供一个框架使企业领导者或员工更加重视伦理，并能恰当运用伦理原则来解决相关的实际问题。

现实生活中常常存在着按不同伦理准则衡量都可能是对的很多事件，管理者要从这些众多事件中做出正确的选择往往很难。这种顾此失彼两难选择的困境，在伦理学选择上称为"脏手"问题。伦理决策过程中无法回避这种"脏手"问题，因此，管理包括战略决策的难点不在于根据同一种伦理准则做出"对与错"的简单选择，而是要善于用高超的艺术手段处理好"脏手"问题。

4. 建立伦理管理信息系统

现代伦理管理要充分运用信息和网络技术进行伦理管理，运用企业或员工主页、电子公告牌、E-mail、社交媒体等方式进行积极地管理，研究开发与伦理相关的管理软件，进行企业员工伦理的培训及相关伦理信息管理。在此基础上，建立"全面管理信息系统"或"伦理管理信息系统"，确定相关人员的职责、进入权限并留下操作记录以便于审核和评估。

同时，对绩效进行全面评价。在绩效评价过程中不仅要考察管理决策带来的经济效果，还要考察其决策产生的伦理后果，将伦理管理信息与报酬激励挂钩，明确激励对象、内容、手段、程度等，使活动行为与其后果直接联系，对合乎伦理的行为及时予以激励，以产生持续的激励效果，保证企业伦理观念的形成和共享，这样才能促使管理者坚持高的伦理标准。

5. 进行独立的审计

一般来讲，有不符合伦理原则行为的人被发现的可能性越大，其行为产生不符合伦理原则的可能性就越小。根据组织的伦理守则对决策和管理行为进行独立的审计可以大大增加发现不符合伦理原则行为的概率。这种审计既可以是例行的，也可以是随机的；既可以是内部独立审计，也可以是独立的社会审计。

社会审计，指具有执业资质的注册会计师等依法接受委托、独立执业、有偿为社会提供专业审计服务的活动。独立性、有偿性和服务对象的社会性是社会审计的基本特征。内部独立审计则指组织的审计委员会或者类似的组织审计部门接受委托运用相关审计方法，客观反映和监督本组织以及所属实体的财务收支状况以及与财务收支有关的社会经济活动，为提高组织效益、维护组织合法利益服务。

为确保审计的公正和客观，不管是内部审计还是社会审计，审计人员都要对组织最高决策部门负责，将审计的结果直接报告给最高决策部门。

6. 提供正式的保护机制

正式的保护机制目的在于使得面临伦理困境的员工能够按照伦理原则自主行事而不用担心受到打击、报复和惩罚。组织可以设立伦理顾问职位或者部门，由伦理顾问向那些处于伦理困境的员工提供必要的帮助。例如接受员工的倾听、帮助分析产生问题的原因、建议采取正确的对策等。

另外，组织还可以建立专门的机制或者渠道，使得员工可以放心地举报伦理问题或者告发践踏组织伦理守则的人员。

▋二、社会责任

在社会各种组织或者集团日益相互依存的情况下,关注社会责任问题也日益迫切。即使对于企业而言,其使命也不再是单纯的经济行为,企业也越来越频繁地参与各种社会活动以回应来自社会责任的压力。

(一)社会责任的概念与内容

社会责任是管理伦理化的重要内容之一。1953 年霍华德·R·鲍恩(Howard R. Bowen)《企业家的社会责任》一书的出版大大推动了关于社会责任的讨论[①]。该书的作者提出企业应该考虑其决策的社会涵义。尽管关于社会责任的定义还没有完全一致的看法,但是在"社会责任就是要认真考虑公司的行动措施对社会的影响"这一认识上各方观点已经基本统一。国际上普遍认同企业社会责任(Corporate Social Responsibility,简称CSR)。其理念是:企业在创造利润、对股东利益负责的同时,还要承担对员工、对社会和环境的社会责任,包括遵守商业道德、生产安全、职业健康、保护劳动者的合法权益、节约资源等。

世界银行把企业社会责任定义为:企业与关键利益相关者(Stakeholder)的关系,价值观,遵纪守法以及尊重人、社区和环境有关的政策和实践的集合。它是企业为改善利益相关者的生活质量而贡献于可持续发展的一种承诺[②]。

追求企业社会责任的公司,一般需要做到以下三点:

第一,公司认识到,其经营活动对其所处的社会环境将产生很大影响;而社会环境及其发展同样也会影响公司追求成功的能力;

第二,作为响应,公司积极管理其经营活动在经济、社会、环境等方面的影响,不仅使其为公司的业务运作和企业声誉带来好处,而且还使其造福于企业所在地区的社会团体;

第三,公司通过与其他群体和组织、地方团体、社会和政府部门进行密切合作,来实现这些利益。

(二)企业参与社会活动的利弊争论

对于企业是否应该参与社会活动的争论不断,赞成者和反对者各有理由。

1. 赞成方的理由

赞成企业参与社会活动的主要理由有[③]:

● 公众的需求发生变化,导致期望值的改变。既然企业经营得到社会的认可,那么

---

① 海因茨·韦里克,哈罗德·孔茨. 管理学——全球化视角(第十一版)[M]. 马春光,译. 北京:经济科学出版社,2007:33.

② http://vle. worldbank. org/moodle/course/category. php? id=7.

③ 海因茨·韦里克,哈罗德·孔茨. 管理学——全球化视角(第十一版)[M]. 马春光,译. 北京:经济科学出版社,2007:34.

它应该对社会的需求做出反应。

- 创造更为良好的社会环境对社会和企业双方有利。社会因为良好的邻里关系和就业机会而获益;企业则从一个良好的社区获益,因为社区既是企业劳动力的来源,又是享用其产品与服务的顾客来源。
- 企业参与社会活动抑制了政府法规和干预,其结果使得企业决策有更多的自主权和灵活性。
- 企业拥有大量的权力,本应承担相应的责任。
- 现代社会是一个相互依存的系统,企业内部活动对外部环境产生影响。
- 企业参与社会活动可能符合股东利益。
- 问题有可能转化为利润。那些被看作废品的东西可以变废为宝。
- 企业参与社会活动创造出一个好的公众形象,使其能吸引顾客、员工和投资者。
- 企业应该设法去解决其他机构无法解决的问题,毕竟企业是与创新思路一起成长起来的。
- 企业拥有各种资源,企业应该让其人员,尤其是有才干的经理人员和专家以及资金资源去解决一些社会问题。
- 通过企业的参与来防止社会问题的产生,这比有了问题再治理更好,对长期失业的人员进行帮助比对付社会骚乱更容易些。

2. 反对方的理由

反对企业参与社会活动的主要理由有[①]:

- 企业的首要任务是严格从事经济活动以实现利润最大化,企业社会化可能降低经济效益。
- 归根到底,企业会因为企业的社会性参与付出很高的代价。参与社会活动可能使得企业负担过量的成本,从而使得企业无法调配资源用于社会性活动。
- 企业参与社会活动可能导致国际收支平衡能力下降。按照推论,企业实施社会计划的费用会被加到产品价格中去,这样一来,在国际市场上从事销售的公司就会处于不利地位,而与它们竞争的其他国家的公司却不必承担这类社会成本。
- 企业拥有足够的权力,而额外的社会参与会进一步增强其权力与影响。
- 企业界人士缺乏处理社会问题的技能,他们所接受的培训和经验与经济密切相关,因此他们的技能不一定适应于处理社会问题。
- 目前缺乏企业对社会应负的相关责任的监督和规定,除非这些责任得到完善,否则,企业不应该参与社会活动。
- 缺乏对参与社会活动的全力支持,因而持有不同观点的团体之间会产生摩擦。

3. 企业承担社会责任的理由

显然,一家企业是否应该参与社会活动或者扩大参与社会活动,主要还取决于企业对参与社会活动的利弊的权衡。在整个社会对此期望日益强烈的情况下,越来越多的企业倾向于加强社会活动的参与。

---

① 海因茨·韦里克,哈罗德·孔茨. 管理学——全球化视角(第十一版)[M]. 马春光,译. 北京:经济科学出版社,2007:34.

归结起来,企业承担社会责任有四大理由[1]:道德义务、可持续发展、经营许可和企业声誉。道德义务强调企业有责任做一个良好的企业公民,并且"做正确的事情"。可持续发展强调企业对环境和社区负责,既满足当代人的需求,又不损害子孙后代满足其需求的能力。经营许可意味着每家企业在开展业务之前都必须得到政府、社区和其他许多利益相关者的明确同意或者默许。企业声誉意味着参与社会活动有助于改善企业形象、强化企业品牌、提高员工士气、集聚社会资源,甚至提高公司股价。

三、社会责任管理的基本模式

社会责任管理存在反应型(Reactive)和前瞻型(Proactive)两种基本模式。前瞻型社会责任管理比反应型社会责任管理具有更强的主动性、进取性和战略性特征。

(一)反应型社会责任管理

对于企业而言,反应型社会责任管理有两种基本形式[2]。

一是关心利益相关者所关注的社会问题的变化,做一个良好的企业公民。做一个良好的企业公民是企业社会责任中必不可少的内容,企业必须履行好这种责任。但是做最出色的企业公民远不止开几张支票以及发布年度社会责任报告那样简单。企业还需要制定明确的量化目标,采取实际的举措,并且不断跟踪行动结果。

二是减少企业经营活动已经产生或者可能会产生的负面影响。这对企业而言却是一个严峻的挑战。每个业务单元的整条价值链的各个环节都可能产生诸多社会影响,针对各种可能的社会和环境风险可以列出一长串清单。然而,企业更需要创造一个更加具有前瞻性和定制化的内部流程以应对这些问题。

(二)前瞻型社会责任管理

对于企业而言,前瞻型社会责任管理意味着企业不仅仅做一个良好的企业公民,也不仅仅关注减轻价值链活动所造成的不利的社会影响,而是要推出一系列能够同时产生显著而独特的社会效益和经济效益的重大举措[3]。

一方面,企业在产品生产和价值链运营中存在许多引领创新的机会,既可以为社会谋福利,又可以提高企业自身竞争力。例如,一些汽车公司遵循"科技、绿色、环保、低碳"的研发理念开发新能源汽车并促进其产业化发展,努力实现零污染与低噪音等节能环保目标。

另一方面,企业可以投资于竞争环境中某些能够促进企业竞争力提高的社会因素,发挥出企业与社会的共享价值,并且由此建立起企业与社会的共生关系:企业越成功,社区

---

[1] 迈克尔·波特,马克·克雷默. 战略与社会:竞争优势与企业社会责任的联系[J]. 商业评论(中文版),2007:47-48.

[2] 迈克尔·波特,马克·克雷默. 战略与社会:竞争优势与企业社会责任的联系[J]. 商业评论(中文版),2007:56-57.

[3] 迈克尔·波特,马克·克雷默. 战略与社会:竞争优势与企业社会责任的联系[J]. 商业评论(中文版),2007:58.

越繁荣;反之亦然。例如,一些零售商店为减少商店和办公室二氧化碳排放、支持农民进行小型可再生能源生产以及运营"生态商店"进行投资。

　　一般来讲,某些社会问题与企业的业务关系越是紧密,利用企业的资源和能力造福社会的机会就越大。

第二节　组织文化

　　组织有效性不仅受到伦理与社会环境因素的影响,还受组织文化这一无形的"软约束力"因素的影响。组织文化确保组织具有共同的理想、目标、追求和行为准则,增强组织的凝聚力和协同性,提高组织的核心竞争力;组织文化也直接或间接影响计划、组织、领导、控制等管理职能的实施。

一、组织文化的内涵

　　正确地界定和理解组织文化的概念、结构和功能是建设并发挥组织文化积极效应的重要前提。

(一)组织文化的概念

　　每个组织都有自己特定的环境条件和历史传统,从而也就逐渐沉淀形成自己独特的哲学信仰、意识形态、价值取向和行为方式,使得每个组织都具有自己特定的组织文化(符号系统)。

　　西方学者艾德佳·沙因(Edgar H. Schein)1984年定义"组织文化是特定组织在适当处理外部环境和内部整合过程中出现的种种问题时,所发明、发现或者发展起来的基本假说的规范。这些规范运行良好,相当有效,因此被用作教导新成员观察、思考和感受有关问题的正确方式"。[1]

　　组织文化实质上是特定社会政治、经济、文化背景条件下,一个组织在长期发展过程中所形成的并且被组织成员普遍认可和遵循的具有本组织特色的基本的、共同的行为方式、信仰和价值观。组织文化在相当长的时间内相当稳定,往往为组织确定了氛围基调和行为准则。透过一些组织的口号可以一定程度上看出该组织的文化。例如通用电气公司的口号是"进步是我们最重要的产品";杜邦公司"通过化学的方法为改善生活而生产更好的产品"。

(二)组织文化的结构

　　组织文化是一个内涵丰富的系统,包括许多相互联系、相互制约的基本要素。艾德

---

[1] Schein, E.. Coming to a new awareness of organizational culture [J]. Sloan Management Review, 1984, 25 (2):3 - 16.

佳·沙因认为文化由以下三个相互作用的层次组成①。物质层：可以观察到的组织结构和组织过程等；支持性价值观：包括战略、目标、质量意识、指导哲学等；基本的潜意识假定：潜意识的、默会性的信仰、知觉、思想、感觉等。

结合艾德佳·沙因的定义，从系统论原理来看，组织文化包括三个层次（如图4-1所示）：深层文化、中介文化和表层文化。各层次分别进一步表现为精神文化、制度文化和物质文化。其中，精神文化决定了制度文化和物质文化，包括组织目标、组织宗旨、组织精神、组织道德、价值标准和团体意识等因素；制度文化是精神文化与物质文化的中介，包括规章制度、组织机构、管理机制、管理水平、教育培训和娱乐活动等因素；物质文化和制度文化是精神文化的体现，包括工作场所、办公设备、建筑设计、造型布局、社区环境、生活环境等因素。

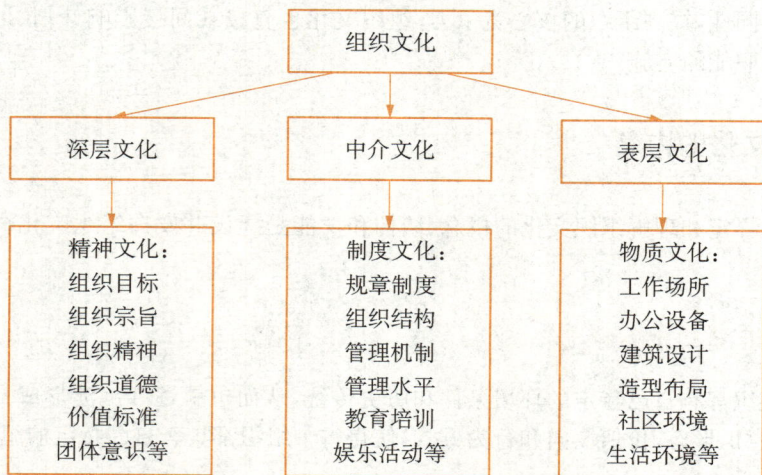

图4-1   组织文化系统

1. 精神文化

精神文化是指组织员工长期形成并共同接受的思想意识活动，包括组织目标、组织宗旨、组织精神、组织道德、价值标准、团体意识等。

精神文化是组织文化的源泉，在整个组织文化的框架中，它处于最深层次，是组织文化的核心和主体。

2. 制度文化

由管理方式、组织方式和行为方式组成的制度文化，包括规章制度、组织结构、管理机制、管理水平、教育培训、娱乐活动等。

制度文化是由深层文化向表层文化转化的中介层。

3. 物质文化

物质文化是凝聚着组织文化抽象内容的物质实体，包括工作场所、办公设备、建筑设计、造型布局、社区环境、生活环境等可以被人们直接看到、感受到的物化部分。

物质文化是组织文化中最直观、最表象的部分。

---

① Schein. E.. Organizational culture and leadership [M]. San Francisco：Jossey-Bass，1985.

（三）组织文化的基本要素

从最能体现组织文化特征的内涵角度来看，组织文化的基本要素包括：组织精神、组织价值观、组织道德、组织素养、组织形象等①。

1. 组织精神

组织精神是组织经过共同努力和长期培养所逐步形成的认识和看待事物的共同心理趋势、价值取向和主导意识。组织精神常与组织的价值观念紧密相联，是组织规范化和信念化了的意识的表现，反映了组织成员对本组织的地位、形象和风气的理解和认同，蕴含着他们对本组织未来发展所抱有的理想和希望，折射出一个组织的整体素质和精神风貌，也是组织赖以生存和发展的精神支柱，对组织的成败兴衰起决定作用。对于企业而言，组织精神是企业家精神和员工精神的融合体，是企业的创新精神、学习精神、拼搏精神、勤奋精神、服务精神、追求精神等精神的融合体。组织精神常以厂风、厂歌和口号等形式来激励和统一每个组织成员的意志。

2. 组织价值观

组织价值观，是组织在追求经营成功过程中组织决策者对企业性质、目标、经营方式的取向所推崇的、为员工所共同接受的基本信念和目标。组织价值观是支配员工精神的主要价值观。组织价值观是长期积淀的产物，而不是突然产生的。组织价值观是有意识培育的结果，而不是自发产生的。

组织价值观是组织文化的核心。菲利浦·塞尔日利克（Philip Selznick）说："一个组织的建立，是靠决策者对价值观念的执着，也就是决策者在决定企业的性质、特殊目标、经营方式和角色时所做的选择。通常这些价值观并没有形成文字，也可能不是有意形成的。不论如何，组织中的领导者，必须善于推动、保护这些价值，若是只注意守成，那是会失败的。总之，组织的生存，其实就是价值观的维系，以及大家对价值观的认同。"②

3. 组织道德

组织道德表现为组织道德伦理规范，是组织提出的要求组织成员遵守的行为准则，通过组织群体舆论和行为压力规范人们的行为。组织道德伦理规范既体现组织环境中社会文化中的一般性要求，也反映出本组织各项管理的特殊需要。以组织道德为内容和基础的员工伦理行为准则对传统的组织管理规章制度形成有力的补充、完善和发展，为组织价值观融入新的文化力量。

4. 组织素养

组织素养包括组织中各级员工的基本思想素养、科技和文化教育水平、工作能力、精力以及身体状况等。基本思想素养水平影响到组织精神、组织价值观、组织道德的基础。组织面临决策困境的情况下，基本思想素养水平较高的管理者更可能帮助组织做出更加准确的决策。

5. 组织形象

组织形象是社会公众和组织成员对组织、组织行为以及组织活动成果的总体评价，反

---

① 杨孝伟，赵应文. 管理学——原理、方法与案例［M］. 武汉：武汉大学出版社，2005：241－243.
② http://wiki.mbalib.com/wiki.

映了社会公众和组织成员对本组织的认同程度，体现在组织的知名度和声誉度上。

组织形象包括人员素质、组织风格、人文环境、发展战略、文化氛围、服务设施、工作场所、组织外貌等方面，其中对组织形象影响较大的因素有：产品（服务）形象、环境形象、成员形象、组织领导者形象、社会形象。

产品（服务）形象。对于企业而言，那些能够提供品质优良、造型美观的产品和优质服务的企业更容易赢得良好的社会形象。

环境形象。是组织的工作场所、办公环境、组织外貌和社区环境的形象，反映了整个组织的管理水平和精神风貌。

成员形象。指的是组织成员在职业道德、价值观念、文化修养、精神风貌、言谈举止、装束仪表、服务态度等方面的综合表现，是组织形象的人格化载体。

组织领导者形象。体现为组织领导人的领导管理、待人接物、决策规划、指导监督、人际交往以及言谈举止之中的文化素质、管理能力等。具有良好形象的组织领导者不仅能够通过无形的示范效应影响组织成员，而且能够帮助组织争取到更多来自社会的信赖和支持。

社会形象。指的是组织对公众负责和对社会贡献的表现。组织通过参与社会公益活动并且实事求是地加以宣传，有利于树立良好的社会形象，增强社会公众对组织的好感和认同。

二、组织文化的功能

组织文化作为一个相对独立的子系统，也具有以下几点相对独特的功能。

（一）导向功能

组织文化的导向功能体现在对组织整体和组织成员的价值取向及行为取向所起的引导作用，使之符合组织所确定的目标。

组织文化的导向功能具体表现在两个方面，一是规定或使员工认同组织的整体价值，引导企业整体的价值取向和行为；二是确立组织的既定目标，创建组织的行为规范，引导组织成员个体的思想行为。企业文化所建立起的自身系统的价值和规范标准引导员工的行为心理，使人们在潜移默化中接受共同的价值观念，自觉自愿地把企业目标作为自己追求的目标。

（二）凝聚功能

组织文化的凝聚功能在于它可以增强组织的凝聚力。这种凝聚力的产生来源于组织文化的同化、规范和融合作用。在充分尊重个人价值、承认个人利益、有利于发挥个人才干的基础上，组织文化通过培育组织成员的认同感和归属感，建立起组织成员与组织之间的相互依存关系，使得个人的行为、思想、感情、信念、习惯与整个组织有机统一起来，形成相对稳固的文化氛围，凝聚成一种无形的合力与整体倾向①，激发组织成员为组织的共同

---

① 周三多，陈传明，鲁明泓. 管理学——原理与方法（第四版）[M]. 上海：复旦大学出版社，2004：209.

目标而不懈努力。

（三）激励功能

组织文化的激励功能，就是组织文化通过满足员工的需要，引导员工产生强大的内在动力，起到激发、调动员工积极性的作用，使之为实现组织的目标而努力奋斗。组织文化作为一种以尊重个人思想、感情为基础的无形的非正式控制机制，使得组织目标自动转化为个体成员的自觉行动，促进个人目标和组织目标在更高层次上达成统一。

（四）约束功能

组织文化约束功能不仅表现在通过其物质层和制度层的各种物质形式和规章制度来约束员工的行为，更主要的是通过组织文化对员工的行为形成一种无形的群体压力。组织文化作为团体共同价值观，并不对组织成员具有明确规定的具体硬性要求，而是一种软性的理智约束，通过组织的共同价值不断地向个人价值观渗透和内化，使得组织自动生成一套自我调控机制，以软约束操纵组织的管理行为[1]。组织文化由于激发了成员的主动适应，比正式的硬性规定具有更持续更强的约束力。

（五）辐射功能

良好的组织文化不仅对内部成员产生影响，而且通过各种渠道向社会辐射和传播。一方面，可以树立组织在公众中的良好形象。另一方面，对于企业而言，一家企业可能在并购过程中整合转移和嫁接优秀企业的文化体系。再一方面，优秀的组织文化也可以在一定程度上推动社会文化的良性发展，起到以点带面的辐射作用。

三、组织文化的建设

组织文化是任何组织正常运转的真正原动力，创造并且管理组织文化往往是组织领导者真正重要的事情[2]。组织文化的建设涉及多方面的内容，而且是一个系统不断完善的过程。

（一）组织文化建设及其基本内容

组织文化建设，作为组织的"软管理"，指的是组织的领导者主动运用科学管理方法与手段，提倡和发展组织中的优良传统和优秀精神，摒弃和消除组织中的不良观念、习惯和风气，引导组织文化的精华正常运行并且取得与时俱进的发展。

组织文化建设的基本内容包括精神文化、制度文化和物质文化三个方面（如表 4-1 所示）。

---

[1] 杨孝伟,赵应文.管理学——原理、方法与案例[M].武汉:武汉大学出版社,2005:246.
[2] 朱国云.沙因对组织文化的研究[J].江海学刊,1997(2):50.

表 4 - 1   组织文化建设的基本内容

基本内容	建设的内容说明
精神文化建设	(1) 共同价值观 (2) 组织精神 (3) 职业道德 (4) 经营哲学 (5) 经营理念 (6) 管理理念
制度文化建设	(1) 产权制度以及法人治理结构 (2) 组织领导体制 (3) 组织结构与体系 (4) 组织规章制度
物质文化建设	(1) 办公与学习工作环境 (2) 生产设备与设施、交通工具 (3) 技术、产品和服务及其形象 (4) 人员行为准则及队伍形象 (5) 企业广告 (6) 组织的整体形象

(二) 建设步骤

不管是自主进行,还是借助外部的咨询力量,建设组织文化一般都要经历一个从调研、提炼、贯彻到更新的过程。

1. 准备与调研

了解组织成员各自的信念、行为方式和素质,分析组织目前潜在的信念和本组织文化建设的现状,掌握组织发展过程、经营思想、领导决策、规章制度,调研行业发展趋势,结合组织发展战略和实际情况,初步确定组织文化建设的目标。

2. 提炼定格组织文化的核心内容

组织价值观和组织精神是组织文化的核心内容。首先,应结合本组织自身的性质、规模、技术特点、人员构成等因素确立价值观体系,组织价值观要正确、明确、科学,具有鲜明特点。其次,良好的价值观应从组织整体利益的角度来考虑问题,更好地融合全体成员的行为。第三,一个组织的价值观应该凝聚全体成员的理想和信念,体现组织的宗旨、发展战略和发展方向,成为鼓励成员努力工作的精神力量。第四,组织价值观中应包含强烈的社会责任感,使社会公众对企业产生良好的印象。

需要注意的是,提炼过程中要坚持群众路线,充分发挥群众的参与热情和创造精神。既要从组织文化历史和成员期待的组织文化中提炼出正面的文化内容,又要从组织现状和成员不满中诊断出负面的因素找出差距和不足,提出改进类、勉励类的文化内容。最后结合组织文化建设的目标,归纳组织文化的体系内容。

3. 建设组织文化表层

主要指组织文化的物质层和制度层的建设。组织文化的表层建设主要是从企业的硬件设施和环境因素入手,包括制定相应的规章制度、行为准则,设计公司旗帜、徽章、歌曲,建造一定的硬件设施等,为组织文化精神层的建设提供物质上的保证。

4. 贯彻和渗透核心价值观

在组织内部开展深入细致的工作和广泛的宣传,做到全员了解和掌握本组织文化建设的具体内容和执行要求,进一步修订完善组织规章制度,使之真正体现组织价值观和经营理念。

深入细致的工作意味着用组织核心价值观指导组织机制和制度的建设,是组织文化由精神向行为、物质转化的过程。在组织文化建设中,人力资源开发与管理举足轻重。人力资源开发与管理要根据组织自身的文化特质、核心价值观,运用招聘、培训、绩效与激励、沟通等具体的管理策略体现出组织文化的本质和特点,将组织文化灌输到成员的头脑中、体现在成员的行动中。

可通过多种形式实现广泛宣传。第一,设置公共区域宣传并要求成员必须经常去该区了解组织文化和规章制度。第二,共同参与沟通和传播大会。第三,用标语在恰当位置宣传,让组织文化深入组织的每个角落。第四,树立榜样人物。第五,领导率先垂范。

5. 总结与不断更新

任何一种组织文化都只是特定历史条件下的产物。在组织内外部环境发生改变的情况下,应该根据组织所处的阶段、组织文化现状、组织成员素质的不同,不失时机地调整、更新、丰富和发展组织文化的内容和形式,以便组织文化与时俱进达到更高的层次,从而更能有效地指导组织最新形势下的管理和发展。

第三节　技术与信息

技术的进步促进了管理的现代化。在当今日益复杂和动荡的环境中,传统的管理手段已经难以满足有效协调资源以维持、巩固和增强组织活力的需要。另外,管理过程中的决策以及计划、组织、领导和控制等管理职能都需要一定数量和质量的管理信息作为依据和前提,所以基于信息技术获取、处理、维持和分配的信息管理已成为一项基础性的管理工作。

一、技术环境与管理技术

快速发展和进步的技术环境为各个组织利用和变革管理技术提供了前所未有的机遇。

(一)技术环境

技术环境已经经历过闪电般的发展进程。半导体技术日新月异,计算机拥有者人数与日俱增,移动电话人群快速膨胀,互联网站数量飞速增长,网民人数不断增加,网站(尤其是社交网站)能够提供的信息也出现爆炸性增长①,这种数据"大爆炸"时代的到来已开启了信息技术新时代——大数据时代,信息成为最重要的资产,信息的产生、使用和整合成为最重要的生产活动。另外,精确控制有机体的生物技术迅猛发展促进了农业、制药业和工业领域的革新;纳米技术的突破使得纳米机械将拥有更新整个物理领域的强大能力;卫星通信技术使得人们在世界各个角落都能方便地接收和发送声音、数据和图像;自动翻译式电话机技术促进不同母语人群之间的高效沟通;人工智能和内嵌式学习技术的应用促进了智能机械具有类似于人类的思考能力;超级计算技术的发明和应用为人类提供了前所未有的模拟能力;计算机辅助设计和计算机辅助制造技术使得柔性化生产更加可能;电子商务的蓬勃发展不断刷新商务世界的格局和版图;被誉为"21世纪制造业革命宠儿"的3D打印技术屡现奇观;移动互联网时代下4G通信技术应用方兴未艾、5G通信技术已经加紧开发;第三次工业革命也正在酝酿,等等。不仅如此,源于市场需求、竞争压力和各国政府的诱导,即使是其中的最尖端的技术也会在全球范围内快速扩散,从而产生更加广泛而持久的影响。

如果说这些一般性的技术及其变革只对人类的管理产生重要而间接的影响,那么那些更加专门的技术及其变革则会产生更加重要而直接的影响。例如商业模式方面,电子商务技术的发展不仅改变了顾客的消费模式,而且改变了厂商的生产、经营与营销方式,尤其是为"一对一式的营销"提供了前所未有的便利。

生产方式方面。日本丰田汽车公司首创的准时生产(Just-in-Time,简称JIT)是一种为适应市场需求多样化发展趋势而创造出来的有效组织多品种、小批量混合生产的高质量、低成本、富有弹性的生产方式,曾被公认为当今全球最理想、最有前途的生产系统。

随后,美国在全面研究日本准时生产制度全球应用的基础上于1990年总结性地提出精益生产方式(Lean Production,简称LP),该模式力求精益求精、不断改进完善,消除一切形式的浪费,实现零缺陷和零库存。同准时生产制度相比,该模式的应用领域超出了生产领域,在市场预测、产品开发、生产制造管理、零部件供应管理、产品销售等领域也有广泛的应用。

再后,美国借助信息技术的发展,在日本准时生产制度和精益生产方式的基础上提出的面向21世纪的敏捷制造(Agile Manufacturing,简称AM)新型生产方式,该方式将先进的柔性生产技术、动态的组织机构和高素质人员集成为一个协调的相互关联的系统,用全新的产品设计和产品生产方式高度灵敏、有效地回应市场需求的快速变化。该模式要求以最快的速度将企业内部优势和外部不同公司的优势集合在一起满足市场和用户的需求,要求采用模块化的制造技术、实行数字化并行工程的产品研发、精确高效实时流畅的信息系统,还要求促进持续学习和成员综合素质的提高,充分重视并且发挥成员的主动性

---

① 按照中国下一代互联网专家委员会主任委员、中国工程院院士、中国通信学会副理事长邬贺铨的说法,互联网流量方面,1998年人均流量是1 M/月,2000年人均流量10 M/月,2003年人均100 M/月,2008年人均流量是1 G/月,2014年人均流量将是10 G/月。粗略估计,如今一天产生的数据方面,Twitter约为2亿条(7 TB),Facebook约为2.5亿张照片(10 TB),YouTube约为7万小时视频,美国家安全局电话监控约为30 TB。全世界IP流达到1 EB(1 EB=1 024 PB)。所需要的时间方面,2001年全球网民下载的流量合起来才1 EB,2004年一个月就到这个数字,2007年一周就到这个数,2013年一天就到这个量。在首席营销官的眼中,数据爆炸和社交媒体成为最大的两个挑战。

和创造性，促进内外部信息流通。

随着移动互联网技术的普遍应用以及 3D 打印技术应用的日益成熟，遵循"加式"制造（而非传统的"减式"制造）原理的社会制造将更加广泛。在社会制造的环境中，消费者与企业将随时随地共同参与到生产流程之中，社会需求与社会生产能力将实现实时有效地结合，"想法到产品（Mind to Product）"的跨越将更加高效。

除此之外，技术进步还在其他方面对管理产生直接的影响。例如，人力资源管理方面，企业利用先进的技术进行管理沟通、生产并在全球范围内输送产品与服务，效率显著，但是诸多中层管理人员的工作性质甚至其安全保障性则面临严峻的挑战。

（二）管理技术

毫无疑问，变革中的各种技术必然以各种各样的方式对人类的管理活动和方式产生重要的影响。随着管理环境日趋复杂和动荡，组织管理者必须对已经发展起来并且被管理实践证明行之有效的各种技术加以重视并且善加利用，才能提高管理的有效性。

管理技术是组织的各层次管理者为提升管理有效性而运用的各种技术方法。这些管理技术方法包括信息技术、决策技术、计划技术、组织技术、控制技术等。其中 20 世纪 40—50 年代爆发的信息技术革命，不同于以往的"蒸汽技术革命"和"电力技术革命"，进一步把人类从繁杂的脑力劳动中解放出来，极大地扩张了人类脑力生产力，信息技术也成为对人类影响最为深远的基础性技术。

管理技术的实质是把技术融进管理之中，利用技术辅助管理。管理技术的应用体现在两个方面。一是根据不同的管理问题选用不同的管理技术，二是在了解各种技术方法适用范围的前提下尽可能将所掌握技术用到实处，充分发挥技术的积极作用。这方面尤其引人关注的是，基于大数据的业务分析（Business Analysis，简称 BA）和智能洞察（Intelligent Insight，简称 II）对于人类社会的智能化、高效化发展及其竞争力的增强也展现出日益广泛而重要的潜力。根据 IBM2013 年发布的调研白皮书《分析：大数据在现实世界中的应用》来看，近 63％的受访者表示信息（包括大数据）和分析的使用为其组织创造了竞争优势（包括提高客户忠诚度、提升服务质量、挖掘新商机、增加收入，以及优化资源配置、减少浪费、提升运营效率、降低运营成本）。具体来看，各类组织目前开展的大部分"大数据"项目都旨在以客户为中心，并改善客户体验，49％的受访者将贴近客户视为实践"大数据"的首要任务。除此之外，大数据实践还用于实现其他职能性目标：18％的受访者把优化运营列为首要目标，15％的受访者将其应用于风险和财务管理，14％的受访者将其用于实现新业务模式，4％的受访者将其用于实现员工协作。

（三）信息技术与管理

备受关注的信息技术的发展及其应用对于现代管理中的计划、组织、领导和控制等职能具有特殊而重要的意义。例如，不断强化的计算机功能及其网络化带来大量可资利用并且可以随时提取的信息，使得管理者在战略计划过程中可以快速开发并且评估可供选择的方案。同时信息量太大导致的信息超载却又产生了新的烦恼。在组织方面，信息技术的发展促进了生产、服务日益普遍的外包化发展，日益优越的数据库共享条件促使传统的纵向组织结构日益扁平化。在人力资源管理方面,信息技术背景下对知识工人需求的大幅度增加,不仅增强了员工在组织内部升迁的流动性,而且加大了员工在组织之间的横向流动性。信息技术也促进了人力资源活动的外包化发展,信息技术的迅速变化还要求组织不断培训员工,而且需要对知识工人采用创造性的考评和补偿措施。在领导方面,信息技术的发展使得权力关系结构更加有利于知识工人和消费者,电子邮件、企业内外部网络、无线通信等电子通信技术促进了团队的发展,对知识工人需要提供更多认可、参与和自我实现的机会。在控制方面,企业能够瞬间查出偏离标准的行为从而能够更加及时地采取相应的纠正措施。衡量生产效率变得更加廉价,有利于鼓励组织提高生产率。

二、信息与管理信息系统

对于企业而言,有用的管理信息以及不断完善的信息管理技术和手段是研发产品、技术、工艺和材料并创造与维持竞争优势的后盾。

(一)信息与管理信息

信息与管理信息是管理者不断做出和调整决策的重要依据。

在管理学科中,信息是加工处理数据之后得到的结果。信息和数据是两个相互联系但是又存在明显差别的概念。数据是记录客观事物的性质、形态和数量特征的诸如文字、数字、图形等抽象符号。信息是由数据经过加工处理、反映客观事物发展规律并且为管理提供依据的数据。信息生成的过程如下(如图 4-2 所示)。

图 4-2 数据转化为信息的一般过程

管理信息则是反映管理活动特征及其发展变化情况的信息。按照信息的来源分,管理信息可以分为组织内部信息与组织外部信息。按照用途与作用分,可以分为决策信息、指挥与控制信息、作业信息。按照信息的载体或形态分,可以分为多种形式的信息,如知识、消息;原理、规范、流动信息;数据、描述与评价;声音信息、书面信息、电子信息。

(二)管理信息系统

管理信息系统是进行信息管理的集成化工具,其本身也具有很强的系统性和独特的功能。

1. 信息系统

信息系统为管理者提供了一种在组织内收集、处理、维持和分配信息的系统方法。信息系统古已有之,不过基于计算机技术和系统的发展与应用为组织及其管理者提供了收集、加工和管理信息的更多机会。

一般的信息系统包括输入、处理、输出、反馈和控制在内的五个基本要素。其中输入提供符合组织管理者需求的原始数据，输入的信息来源包括来自系统本身的内源信息以及来自系统之外但是密切相关的外源信息。处理是将原始数据加工或者转换为有意义和有用信息的过程，涉及完成从信息源到信息使用者这一信息接收转换任务的相关硬件和软件；输出的信息是对内外部相关管理者有意义和有用的信息；反馈是管理者对输出的结果不太满意或者希望得到更好结果的情况下对输入的信息进行调整；控制是对输入、处理、输出和反馈进行监视并且确保正常运行的过程，常常涉及对信息系统的设计、运行和维护等工作。而对于基于计算机技术的信息系统，除了以上五个要素之外，还包括硬件、软件和数据库三个要素。硬件是信息系统的有形部分，软件是控制硬件运行的各种程序，数据库是组织保存下来的各种数据和信息。

2. 管理信息系统

管理信息系统（Management Information System，简称 MIS）是一个由人、计算机及其他外围设备等组成的能进行信息的收集、传递、存贮、加工、维护和使用的系统。根据采用的技术设备，管理信息系统已经经历过一个手工操作的 MIS，到机械操作的 MIS，再到计算机操作的 MIS 的过程。一个计算机操作的管理信息系统一般可分解为三个层次：

（1）基础层——基本数据处理系统

基本数据处理系统（Basic Data Processing System）主要包括电子数据处理系统（Electronic Data Processing Systems，简称 EDPS）以及相应的数据库。

电子数据处理系统部分主要按照一定的时间和方式完成数据的收集、输入，数据库的管理、查询、基本运算、日常报表的输出等功能。

数据库部分主要完成数据文件的存贮、组织、备份等功能，数据库是管理信息系统的核心部分。

（2）中间层——信息分析系统

信息分析系统（Information Analysis Systems，简称 IAS）主要在 EDPS 基础之上，利用基础层的数据控制和分析组织过去、现在和将来管理工作的情况，例如运用各种管理模型、定量化分析手段、程序化方法、运筹学方法等分析组织的生产经营情况。

（3）决策层——决策支持系统

决策支持系统（Decision Supporting System，简称 DSS）具有战略性意义，利用各种决策模型及时检索、汇报和协助组织的领导者进行预测和决策。这些决策模型以解决结构化的管理决策问题为主，其决策结果要为高层管理者提供一个最佳的决策方案。

3. 现代管理信息系统的功能及其子系统

现代管理信息系统的主要任务是最大限度地利用现代计算机及网络通信技术加强企业的信息管理，通过调查了解组织拥有的人力、物力、财力、设备、技术等资源，建立正确的数据，加工处理并编制成各种信息资料及时提供给相关管理人员，以便他们进行正确的决策，提高组织的管理水平和效益。具体来看，包括信息收集、信息分析和处理、信息传输、信息储存、信息使用五个方面的功能。

根据管理功能的不同，一个组织的管理信息系统可以划分为以下几个纵向的子系统：

（1）库存管理子系统，功能包括对库存的控制、库存台账的管理、订货计划的制定和仓库自身管理等。

（2）生产管理子系统，功能包括物料需求计划的制定、生产计划的安排、生产调度和日常生产数据的管理分析等。

（3）人事管理子系统，功能包括人员的档案管理、人员考勤情况管理、人员各种保险基金的管理和人员培训计划的制定等。

（4）财务管理子系统，功能包括财务账目管理、生产经营成本管理、财务状况分析和财务计划的制定等。

（5）销售管理子系统，功能包括销售计划的制定、销售状况分析、顾客信息的管理和销售合同的管理等。

（6）决策支持子系统，功能包括企业经营战略的制定、企业资源的分配等。

管理信息系统功能子系统的划分因企业的生产经营特点的不同而存在差异，上面的六个功能子系统一般企业都有，而且上面的每一个子系统都可以进行更细层次的划分。

三、管理信息系统的开发

管理信息系统的开发方法多种多样，但是较为流行的 MIS 开发方法主要是结构化生命周期开发方法。其基本思想是：用系统的思想和系统工程的方法，按用户至上的原则，结构化、模块化地自上而下对生命周期进行分析与设计。结构化生命周期开发过程分为五个依次连接的阶段[①]：

（一）系统规划阶段

主要任务是明确系统开发的请求，并进行初步的调查，通过可行性研究确定下一阶段的实施方案。系统规划的主要方法包括：战略目标集转化法（Strategy Set Transformation，简称 SST）、关键成功因素法（Critical Success Factors，简称 CSF）和企业系统规划法（Business System Planning，简称 BSP）[②]。

战略目标集转化法提供一种建立起企业信息战略规划与组织战略相关联的方法，将组织战略转化为信息系统战略，它首先识别组织的战略集合，然后转化为信息系统战略，包括信息系统的目标、约束和设计原则等，最后提交整个信息系统的结构。

关键成功因素法是通过与高级管理者的交流，了解企业的发展战略及其相关的企业问题，识别企业的关键成功因素，根据这些关键成功因素来决定信息资源分配的优先级别，并帮助企业利用信息技术发掘新的机遇。优点在于：能直观地引导高级管理者综观整个企业与信息技术之间的关系；不足在于：在进行较低一层次的信息需求分析时，效率不是很高。

企业系统规划法是一种对企业信息系统进行规划和设计的结构化方法，由 IBM 于 20 世纪 70 年代提出。这里所说的"企业"也可以是非营利的单位或部门。基本思想是：信息支持企业运行，通过自上而下地识别系统目标、企业过程和数据，然后对数据进行分析，自

---

① http://www.chinaitbank.com/service/itoutsourcing.html.

② http://chenb.blog.ccidnet.com/blog-htm-itemid-230641-type-blog-do-showone-uid-43121.html.

下而上地设计管理信息系统。该管理信息系统支持企业目标的实现,表达所有管理层次的要求,向企业提供一致性信息,对组织机构的变动具有适应性。优点在于:利用它能保证管理信息系统独立于企业的组织机构,也就是能够使信息系统具有对环境变更的适应性。

(二)系统分析阶段

主要任务是对组织结构与功能进行分析,理清企业业务流程和数据流程的处理,并且将企业业务流程与数据流程抽象化,通过对功能数据的分析,提出新系统的逻辑方案。

(三)系统设计阶段

主要任务是确定系统的总体设计方案,划分子系统功能,确定共享数据的组织,然后进行详细设计,如处理模块的设计、数据库系统的设计、输入输出界面的设计和编码的设计等。该阶段的成果为下一阶段的实施提供了编程指导书。

(四)系统实施阶段

主要任务是讨论确定设计方案,对系统模块进行调试,进行系统运行所需数据的准备,对相关人员进行培训等。

(五)系统运行阶段

主要任务是进行系统的日常运行管理,评价系统的运行效率,对运行费用和效果进行监理审计,如出现问题则对系统进行修改、调整。

这五个阶段共同构成了系统开发的生命周期。结构化生命周期开发方法严格区分了开发阶段,非常重视文档工作,对于开发过程中出现的问题可以予以及时纠正,避免出现混乱状态。但是,该方法难免出现开发周期过长、系统预算超支的情况,而且在开发过程中用户需求一旦发生变化,系统将很难做出有效的调整。

四、管理信息系统的经济效益评价

管理信息系统的效益评价分为直接经济效益评价和间接经济效益评价[1]。

(一)直接经济效益评价

直接经济效益评价指企业运行管理信息系统之后,将使用计算机管理所节约的开支与企业在 MIS 实施过程中一次性投资(包括软件、硬件投资)的折旧和运行费用相比较的结果。

---

[1] http://www.chinaitbank.com/service/itoutsourcing.html.

(二)间接经济效益评价

间接经济效益评价指企业在运行管理信息系统之后,在提高管理效率、集中管理数据以及在建立网络系统之后数据共享和数据传递的及时性、准确性方面提高企业竞争力而带来的效益的评价。

第四节　全球化环境

快速的技术变革与应用以及不断深入的国际经济自由化进程(主要体现在市场开放以及贸易投资的便利化)使得任何一个组织直接或者间接地受到全球化环境因素的影响。管理者需要全方位评估全球化带来的机会和挑战,从全球视角考虑管理问题,把握全球竞争的优势来源和潜在的风险与障碍。

一、全球化与经济全球化

20 世纪 80 年代以来,全球化(Globalization)是世界范围内日益凸现的新现象,20 世纪 90 年代初,全球化问题开始引起西方学术界的重视[①]。全球化作为当今时代的基本特征,没有高度统一的定义,却具有非常丰富的内涵。总的来看,全球化是一个以经济全球化为核心,包含各国各民族各地区在政治、文化、科技、军事、安全、意识形态、生活方式、价值观念等多层次、多领域的相互联系、影响、制约的多元概念。

作为全球化的核心的经济全球化(Globalization of Economy)最早由特·莱维(T. Levit)于 1985 年提出,是当代世界经济的重要特征之一,也是世界经济发展的重要趋势。

"经济全球化"至今也没有一个公认的定义。国际货币基金组织(IMF)在 1997 年 5 月发表的一份报告中指出,经济全球化是指跨国商品与服务贸易及资本流动规模和形式的增加,以及技术的广泛迅速传播使世界各国经济的相互依赖性增强。经济合作与发展组织(OECD)认为,"经济全球化可以被看作一种过程,在这个过程中,经济、市场、技术与通信形式都越来越具有全球特征,民族性和地方性在减少"[②]。

概括而言,经济全球化是指以市场经济为基础,以先进科技和生产力为手段,以发达国家为主导,以最大利润和经济效益为目标,通过分工、贸易、投资、跨国公司和要素流动等,实现各国市场分工与协作、相互融合的过程。

由此可见,经济全球化有三个方面的重要内涵:一是世界各国经济联系的加强和相互依赖程度日益提高,经济要素在全球范围的流动运行变得非常方便快捷,形成经济要素在

---

① 据加利福尼亚大学国际政治研究所 1991 年公布的资料,1990 年在主要经济杂志上总计有 670 篇文章在标题中使用了"全球的"或"全球化"的词句。与此相比,在整个 80 年代研究全球化的文章总计不过 50 篇。
② http://baike.baidu.com/.

世界市场上运行的信息和交换网络;二是各国国内经济规则不断趋于一致,世界上绝大多数的经济体被纳入一个统一的市场体系和规制体系中;三是国际经济协调机制强化,即各种多边或区域组织对世界经济的协调和约束作用越来越强。

二、经济全球化的机遇与挑战

经济全球化对于每个国家来说既是机遇,也是挑战。

经济全球化,有利于各国在全球范围内合理使用资源和生产要素,有利于资本、科技和产品全球性扩张和流动,推动全球生产力大发展,加速世界经济增长,同时也为少数发展中国家追赶发达国家提供难得的机遇。具体来看,经济全球化具有以下两个方面的重要机遇。

其一,资源配置方面。全球市场的形成为各国及其地区与组织提供了更加广阔的发展空间,它们可以突破特定国家或者地区的市场规模和资源禀赋的限制在全球化的舞台上选择布局,更加充分地挖掘全球规模经济效应和地区比较优势。

其二,资源整合方面。技术进步和自由化进程促成了研发、生产、营销、信息、资金等全球网络的形成和壮大,全球网络有利于各国及其地区与组织在全球市场的空间里快捷、方便地调配和流动经济要素,从而最大程度地实现资源的优化配置。这种经济要素的"最优"配置,既可以体现在要素的筹供与运用上,也可以体现在产品的生产、交换布局上。企业参与全球市场竞争将在节约成本、提高质量、增强顾客偏好以及提高竞争力等方面获益匪浅[1]。

不过,经济全球化在促进全球经济发展的同时,也加剧了国际竞争,增强了国际风险,并对国家主权和发展中国家的民族工业造成了严重冲击,而经济实力薄弱和科学技术比较落后的发展中国家所面临的风险、挑战尤其严峻,部分发展中国家很可能越来越被"边缘化",甚至成为发达国家和跨国公司的"新技术殖民地"。

全球化的挑战则主要体现在以下两个方面。

其一,危机的积累。要素大规模跨国流动的过程实际上也是各种危机不断积累的过程。而特定国家或者地区贸易条件突然或严重恶化、经济环境恶化、资本流动失常、汇率及价格剧烈波动等因素则可能诱发各种危机。例如,作为全球经济增长引擎的主要国家经济增长率大幅度降低、贸易政策突然收紧,就会造成全球市场需求紧缩,从而对与之有关的国家的经济增长产生巨大的冲击。又如,大规模的资本流进可能导致特定国家资本市场的泡沫经济,而大规模的资本流出(特别是由投机引起的)则可能导致特定国家的资本市场崩溃,二者都会恶化整个经济环境。

其二,危机的传递。日益紧密的全球网络也为危机的传递和扩散提供了良好的渠道。全球化情况下各种冲击波动引发的恐慌、危机会以很快的速度、极大的规模向外传递扩散,许多国家和地区都可能被席卷而入,相关的组织也易受冲击。1997 年起始于泰国的金融危机就迅速传递和扩散到东南亚、东北亚,以及拉美和俄罗斯,形成了波及全球的金融大动荡。2008 年下半年起源于美国的次贷危机也迅速传递到欧洲、日本等金融市场,

---

① 乔治·S·伊普(George S. Yip). 全球战略(第 2 版)[M]. 程卫平,译. 北京:中国人民大学出版社,2005:79.

引起全球金融市场震动以及全球经济的长期低迷。

三、全球竞争的障碍

参与全球竞争才能更加深入和广泛地把握经济全球化的机遇。在开发这些机遇背后竞争优势的过程中却存在各种各样的经济障碍和制度障碍。

(一) 经济障碍

运输和储存成本、协调成本、本地化压力等构成对企业参与全球竞争的经济性障碍。

1. 运输和储存成本

过于高昂的运输和储存成本会大大抵消集中生产、全球营销的经济效应。在一些特定的产业,例如牛奶、预制水泥产品、危险性化工产品和化肥等,看起来设立大于单一国家性市场需求规模的工厂可能更有效地降低全球成本,但是高昂的运输成本却使得工厂分散布局、营销分散进行更为合理。

2. 协调成本

企业全球扩张可能带来很高的协调成本。企业参与全球竞争,不仅意味着相应组织部门数量和层次的增加,而且也意味着地理范围的扩大,这些地区内在技术标准、语言、文化、经营习惯等方面仍然存在一些不容忽视的国别差异。通信技术的进步和经济自由化的强化并不能根本性降低协调这些分散各地的部门及其活动的成本。

3. 本地化压力

全球竞争过程中面临的本地化压力主要体现在差异性的本地需求、特殊的营销环境。

差异性的本地需求主要表现在以下几个方面。其一,不同国家差异性的市场需求阻碍全球性竞争。文化、经济发展状况、收入水平、气候等方面的差异导致国家性市场需要在成本、质量、性能等方面作出侧重性的取舍。其二,当地市场对密集的本地销售支持、快速反应的服务以及快速周转的需要使得全球性企业可能落后于当地企业的表现,从而妨碍企业的全球化竞争。其三,流行周期短、技术变革快从而要求频繁设计产品和工艺以适应当地市场的情况下,交货时间的敏感性很强,也会阻碍全球性竞争。

显然,本地需求过于强烈的差异性最终可能导致世界性需求的缺乏,世界性需求的缺乏妨碍了通过全球性竞争实现全球规模经济或进行成本学习的做法。当然如果只需要对差异性需求进行成本并不太高的调整,企业仍然可以在更大程度上获取全球竞争的优势。

特殊的营销环境增加了企业回应当地特殊性的压力,这会增加企业参与全球市场竞争的成本。特殊的营销环境主要体现在以下几个方面。其一,当地分销渠道的抵制。在每一个国家市场上建立自己的分销渠道不仅耗时,而且代价高昂。但是在客户数量众多而各自购买量不大的情况下,企业往往不得不求助于当地已经存在的独立分销商,而除非做出重大妥协,当地分销渠道很少有动力用外国企业的产品来代替本国产品。其二,对本地销售力量的要求。在产品需要生产商的本地直接销售力量的情况下,全球竞争者则面临潜在的规模经济障碍。其三,本地特殊的销售任务。国家之间在分销渠道的性质、营销媒介和取得用户的低成本手段等方面的巨大差异将大大限制企业在每一个当地市场利用他国市场上积累的营销知识的可能。

（二）制度障碍

阻碍全球竞争的制度性障碍主要体现在各种传统的以及新兴的贸易与投资保护主义。

1. 传统的政府障碍

阻碍全球竞争的传统的政府障碍多种多样，主要表现在：

- 关税和其他税费，在限制实现产量经济效应上与运输成本有相同的效果；
- 配额；
- 政府或准政府实体（如电话公司、国防承包商）向本地企业的优先购买；
- 政府坚持研究开发本土化或要求产品部件生产本土化；
- 使当地企业受益的税收优惠待遇、劳工政策或其他经营法律法规；
- 本国政府颁布的不利于该国企业从事全球经营的生产和反贿赂法、税法以及其他政策。

政府障碍往往同当地政府最为关注的某些目标密切相关，这些目标包括促进就业、促进地区发展、保护本地战略性资源、国防安全和保护文化特色。但是绝大多数政府障碍以保护本地企业或本地就业为借口，帮助本地企业或者要求外国企业实现国产化，大大限制了全球竞争的规模经济效应。

2. 新兴的贸易与投资保护主义

二战以来，各国关于贸易和投资自由化（尤其是关税和配额壁垒的减少）的多轮谈判及相关制度安排促进了世界贸易额和贸易量的快速增长。但是另一方面，非关税壁垒为主要形式的新兴的贸易与投资保护主义（尤其是在经济低迷时期）也日趋严重。恐怖袭击频繁发生以及"禽流感"、"口蹄疫"疫情事件等安全因素更是增加了国际贸易和投资的成本，各国推出的各种政治色彩浓厚的技术性、环境性和社会性贸易投资保护主义措施也使得国际贸易投资环境更加复杂多变。例如，美国采取钢铁保障措施，提高农产品补贴；欧盟、日本针锋相对予以还击，再加上关于转基因食品的限制，使得贸易摩擦和冲突趋于激烈。在经济全球化、科技日新月异、国际竞争日趋激烈的形势下，以技术法规、技术标准和合格评定程序为主要内容的技术性贸易壁垒（Technical Barriers to Trade，简称 TBT）已经成为世界各国调整贸易利益的重要手段。新一轮国际贸易投资体制格局的重构也明显体现出这种趋势。例如，作为"跨太平洋伙伴关系协定"（Trans-Pacific Partnership，简称 TPP）的起源，新加坡、新西兰、文莱和智利等 4 国签署的"跨太平洋战略经济伙伴关系"（Trans-Pacific Strategic Economic Partnership）在谈判初期就宣称将达成一个全面的、高水平的面向 21 世纪的自由贸易协定，该协定包含环境保护、透明度、劳工权益和保护、发展、知识产权等条款的诸多高标准。美国 2009 年宣布加入 TPP 谈判后，主张不仅要推动其他谈判方接受金融服务、电子商务、投资、环境、劳工等条款，还纳入国有企业（SOE）、规制一致性（Regulatory Coherence）、中小企业等横向议题。美国贸易谈判代表芭芭拉·威瑟就宣称，美国的目的是达成一套适用于所有亚太国家的规则，任何要加入的国家必须遵守此规则。

这些非关税壁垒对于保障人类健康和安全、维护国家基本安全、保护生态环境、调控经济贸易利益确实具有重要的意义,但是诸多国家对这些壁垒的滥用则会增加贸易成本、限制进口和引发更多的贸易争端。主要源于国别差异性的经济社会发展和科技水平,各国形态各异的非关税壁垒措施将对有关国家和地区之间的国际贸易和投资产生实质性的限制作用。

案例

西藏奇正藏药股份有限公司:可持续利用藏药材①

公司背景

西藏奇正藏药股份有限公司是一家发端于中国西部的民营企业,专注于民族医药、健康产业。自创建伊始,奇正藏药就高度认同光彩事业"义利兼顾"精神,在带动民族地区经济发展的同时,公司也获得长足进步。2009年8月,奇正藏药成功登陆国内A股市场。2013年,公司实现营业总收入9.69亿元,利润总额2.58亿元,在西藏地区纳税首次突破2亿元,公司有员工1 400多人,分布于北京、西藏、甘肃以及全国各地。

问题

青藏高原是我国生物多样性种类最丰富的地区之一,产自当地的种类丰富的藏药材千百年来发挥着保障当地人民健康的作用。但与此同时,青藏高原也是我国生态系统较为脆弱的地区之一,高寒,缺氧,环境承载量有限,生态系统遭到破坏后很难恢复。在此背景下,藏药材产业的发展若不考虑资源的可持续性,就会出现部分药用资源逐年短缺的状况,加之无序地盲目过度采挖,以及旅游贸易的片面宣传,使一些名贵药材资源如红景天、雪莲等面临资源危机,在400种常用藏药材中,确有资源保证的不及30%,濒危藏药材达25%左右,藏药产业可持续发展面临着严峻的挑战。对以"千年藏药的现代传承者"为理念的奇正藏药来说,如何在保护生态环境以及生物多样性的前提下,运用现代科技手段可持续地开发利用藏药材资源,成为了一项长期的挑战。

解决方案

近20年的发展中,奇正藏药积极运用现代科技手段提升现代藏药对资源的利用率,从源头进行藏药材资源的野生抚育和人工驯化,大量开展藏药材正本清源工作,实现资源与产业的平衡发展。

1. 注重资源调研,实施源头战略

藏药材资源有其特殊的地理环境特性、气候环境特性及人文环境特性,对藏药材资源进行资源调查,将有助于掌握藏药资源的家底,并为藏药资源开发、保护计划的

① 资料来源:http://www.csr.gov.cn/article/bp/ep/201407/20140700673425.shtml,中瑞企业社会责任合作网站。

制定及系统规划提供了依据。由此,奇正藏药将资源调研工作作为资源保护与开发的先决条件,主要针对三类藏药材进行资源调研:一类是公司产品主要使用的原料藏药材;二是针对具有开发前景的藏药材;三是针对濒危植物资源。

此外,针对藏药基源不清、药源分布复杂等现实问题,奇正藏药近年还对藏药材基源、资源进行了大量研究工作。依据藏药典籍记载、权威藏医药专家经验、区域用药特点、国家药品标准、资源调研结果、植化分析等多种手段进行正本清源工作,完善相关标准。此外,奇正藏药在进行新药开发和二次开发时,优选处方、合理开发,从源头上进行合理的资源利用。

2. 加强种植技术研究和基地建设,保障资源可持续生长

人工种植基地建设。奇正藏药建设的人工种植基地主要包括两类:一是以保护、开发研究为基础的基地建设。如濒危植物大花黄牡丹、藏麻黄等。二是提供企业所需原料为目的的规模化种植基地建设。

野生抚育基地建设。基于生长环境特殊、人工种植难度较大的品种,奇正藏药着力进行野生抚育。目前,公司在西藏贡德林草原已建立了 10 万亩奇正藏药独一味药材野生抚育研究基地,主要针对高原寒带藏药材保护及藏药材独一味半人工抚育研究。

保护基地建设。奇正藏药选择物种丰富、易于遭到破坏的区域建立保护区并进行合理开发。于 1997 年在西藏米林县南伊沟建设了第一个药材保护基地,规模 3 000 亩。此后又在米瑞乡建设了 90 亩的有机藏药材保护基地。

标本库、种质资源库的建设。奇正藏药建立了藏药材标本室,标本量近千份。建立种质资源库,加强濒危物种的研究与保护,以降低物种灭绝的风险。

3. 不断创新工艺,提高药材利用效率

奇正藏药促进生产工艺的不断优化,使得药材粉碎后的利用率达到 99%,在行业内达到先进水平,有效减少了资源不必要的浪费。尽量选择用藏药材的茎、花、果入药,从而保留原生药材的地下根系;尽量选取用量小、使用简便的处方;根据药效指导工艺,在尊重临床用药便利性和疗效的情况下,尽量选取药材利用率高的工艺。

成效

奇正藏药从研究、识别藏药材生长环境、习性出发,实现对藏药资源的科学利用,并且开展抚育和驯化,最大限度地保护了该地区的自然环境和生物多样性。截至 2013 年,奇正藏药对公司主要使用的几十种药材资源情况完成了调查工作,并制定了资源利用计划。成功种植了独一味、藏丹参、波棱瓜、藏菖蒲、藏麻黄等近 30 个藏药品种,起草完成了相应的种植技术规范,为发动当地农牧民进行藏药材种植,为藏药行业规模化、规范化发展、有效保护自然资源、缓解生态环境恶化趋势奠定了技术基础。

奇正藏药因在推动民族药材产业发展、以长效机制反哺藏区方面的实践探索,入选"2013 全球契约中国最佳实践案例"。奇正藏药的药材基地被评为全国科普教育基地。2013 年,公司实现销售收入 9.69 亿元,其中核心药品业务收入 7 亿元,核心业务持续增长;核心产品消痛贴膏销售收入增长 1.05 亿;公司实现营业利润 2.20

亿元,净利润 2.11 亿元。

展望

奇正藏药将藏药材资源的保护和可持续利用作为企业长期发展的重要根基,将继续加大在藏药材资源研究、科学利用、保护及种植等方面的投入,寻求藏区生态环境的可持续发展之路。

本章小结

对于企业而言,管理伦理化要求企业管理者在经营管理过程中,主动考虑社会公认的伦理道德规范,使其经营管理活动符合伦理道德要求,处理好企业与诸多利益相关者的关系。加强伦理管理有以下几个基本途径:实施伦理管理战略、制定并实施伦理准则、经营管理中的伦理决策、建立伦理管理信息系统、进行独立的审计、提供正式的保护机制。

对于企业而言,社会责任是企业与关键利益相关者的关系、价值观、遵纪守法以及尊重人、社区和环境有关的政策和实践的集合。对于企业参与社会活动的利弊存在广泛的争论,但是越来越多的企业倾向于加强社会活动的参与。社会责任管理存在反应型、前瞻型两种基本模式。

组织文化实质上是一定的社会政治、经济、文化背景条件下,一个组织在长期发展过程中所形成的并且被组织成员普遍认可和遵循的具有本组织特色的共同行为方式、信仰和价值观。组织文化包括精神文化、制度文化和物质文化三重内涵。基本要素包括:组织精神、组织价值观、组织道德、组织素养、组织形象等。具有导向、凝聚、激励、约束和辐射五大功能。

管理技术是组织的各层次管理者为提升管理有效性而运用的信息技术、决策技术、计划技术、组织技术、控制技术等方法。管理信息是反映管理活动特征及其发展变化情况的信息。管理信息系统是一个由人、计算机及其他外围设备等组成的能进行信息的收集、传递、存贮、加工、维护和使用的系统。

全球化是 20 世纪 80 年代以来在世界范围内日益凸显的新现象,是当今时代的基本特征。全球化是一个以经济全球化为核心,包含各国各民族各地区在政治、文化、科技等多层次、多领域的相互联系、影响、制约的多元概念。经济全球化是指以市场经济为基础,以先进科技和生产力为手段,以发达国家为主导,以最大利润和经济效益为目标,通过分工、贸易、投资、跨国公司和要素流动等,实现各国市场分工与协作、相互融合的过程。

全球化带来了重大的机遇,但是也面临诸多的挑战。参与全球竞争的企业面临各种各样的经济障碍和制度障碍。经济障碍主要表现在运输和储存成本、协调成本、本地化压力等方面。制度障碍主要包括传统的政府障碍以及新兴的贸易与投资保护主义。

思考题

1. 试述管理伦理化的概念以及加强伦理管理的基本途径。
2. 简述组织文化的内涵和功能。

3. 分析管理信息系统的结构化生命周期开发过程。

4. 简析经济全球化的机遇与挑战以及参与全球竞争的面临的主要障碍。

5. 联系本章案例资料，谈谈西藏奇正藏药股份有限公司可持续利用藏药材的动因、举措及成效。

第五章
决策和计划

美国克莱斯勒汽车公司以生产优质的大型汽车而享有盛名。1973 年至 1974 年世界性石油危机之后，美国的另外两家大型汽车公司——通用汽车公司和福特汽车公司立即改变政策，重新设计小型省油汽车，以适应未来事态的发展。而克莱斯勒汽车公司在生产方向上仍犹豫不决，继续生产耗油量大的大型汽车。当 1978 年石油危机再次冲击世界时，这个公司生产的大型汽车瞬时销售量大降，存货堆积如山，每天损失达 200 万美元，在 1979 年的前 9 个月中，共亏损达到 7 亿美元之多，企业面临倒闭的危险。该公司的董事长见势不妙，当即辞职。董事会立即聘请前福特汽车公司总经理李·亚科卡主持企业工作。亚科卡在极端困难的情况下，果断采取向政府申请贷款、解雇数万名工人和设计适销对路的新型汽车等重大决策，经过五年奋战，终于使克莱斯勒公司起死回生。

第一节　决策及其过程

计划是管理的首要职能，这是经典的管理学的提法，对此理论界没有争议，但是对于"决策和管理的关系"，"决策和计划的关系"，理论界认识并不一致，不过本书不纠缠于这一问题，而是着力于以下观点，计划是管理的职能，这一计划是"广义的计划"，包括决策和计划两个过程，后一计划是"狭义的计划"，决策是根据外部环境，分析自身长短，对未来做出判断的过程，而这一过程的结果就是形成计划，但同时在计划实施的过程中又离不开具体的决策，决策计划是一个交织的过程，是一个问题的两个方面。这样，决策是管理的一个组成部分，决策和计划是计划职能的组成部分，决策的结果形成计划，计划是决策的逻辑延续，计划的实施又离不开决策。

一、决策及其特点

决策是指组织或个人为实现某种目标而对未来一定时期内有关活动的方向、内容及形式的选择或调整的过程。决策概念有以下要素构成：

（1）决策主体：即决策者，可以是组织，也可以是组织中的个人；（2）决策目标：即要解决的问题，可以是活动的选择，也可以是这种活动的调整；（3）决策对象：即选择调整的对象，包括方向、内容和方式等；（4）决策时限：即面向未来，可为未来较长时期，也可为某较短时段。

（一）决策类型

根据参照物的不同，决策可以划分为各种不同的类型。

1. 从决策主体来看，可以将决策分为组织决策和个人决策。组织决策是组织整体或组织的某个部分对未来一段时期的活动所做的选择和调整。个人决策是指个人在参与组织活动中的各种决策。组织需要解决的每一个问题都是有意识提出并解决的，并表现为一个完整的程序。我们的讨论主要限于组织决策。

2. 从决策目标来看，即决策需要解决的问题来看，可以将组织决策分成初始决策和追踪决策。初始决策是组织对从事某种活动或从事该活动的方案所作的初次选择；追踪决策是在初始决策的基础上对组织活动方向、内容和方式的重新调整。与初始决策相比，追踪决策有以下特征。(1)回溯分析：对初始决策的形成机制与环境再分析，并有针对性调整；(2)非零起点：已不处于初始状态，受到某种程度的影响，其影响表现在内部和外部两方面。(3)双重优化：第一重优化是要优于初始决策，这也是最低要求；第二重优化是要在各种改造方案中，选择最优或最满意的，这也是根本目标。

3. 从决策调整的对象和涉及的时限来看，组织决策可以分成战略决策和战术决策。战略决策和战术决策的区别在于：(1)从调整对象上看：战略决策调整组织的活动方向和内容，解决"干什么"的问题，是根本性决策；战术决策调整在既定方向和内容下的活动方式，解决"如何干"的问题，是执行性决策；(2)从涉及的时间范围来看：战略决策面对未来较长一段时期内的活动，而战术决策则是具体部门在未来较短时期内的行动方案。战略决策是战术决策的依据，战术决策是在其指导下制定的，是战略决策的落实。(3)从作用和影响上来看：战略决策的实施效果影响组织的效益与发展，战术决策的实施效果则主要影响组织的效率与生存。

(二) 决策特点

现代决策中，由于决策系统的规模空前扩大，决策活动频率明显加快，决策活动所包含的信息量迅速增加，决策事件的复杂程度不断提高，决策主体的构成也在变化，这些具体变化差异概括如表5-1。因此，与传统决策的目标性、可行性、选择性这些特点相比，现代决策还出现了一些新的特点。

表5-1   现代决策与传统决策比较

特性	传统决策	现代决策
决策者	主要是个人经验和智慧	运用现代决策科学知识的技术知识分子
决策技术	不成体系，隐含性的	明确的、成体系的技术
决策程序	不明显，隐含性的	明确的逻辑程序
决策事件	较为简单，复杂决策较少	复杂决策居多
决策频率	节奏慢，频率低	频率快
决策信息量	信息量小，可以从容决策，依靠个人决策	信息量大，依靠群体决策

1. 决策的群体性

群体是指彼此之间有共同目标或需求的联合体。群体介于组织和个体之间，是组织的基本工作单元。群体行为的基本规律表现为：

(1)群体规范：指群体成员们建立起来的行为标准。企业中如：员工手册；各部门各岗位操作规程和质量标准；企业管理制度、干部评核和任免制度、奖惩制度、培训制度、质量管理制度、成本管理制度、利益分配制度。(2)群体压力：指群体规范对成员具有的无形的约束力，合适的压力产生最大的绩效。(3)群体凝聚力：指群体对成员的吸引力以及成员之间的吸引力。(4)群体士气：指群体的工作精神。

所以群体决策中要注意：(1)有效性，即迅速地作出决策；(2)开放性，即不受个人特定的偏见支配；(3)合理性，即采用合理的程序，作出合理的选择。

2. 决策的满意性

即决策选择方案的原则是满意原则，而非最优原则。为什么说决策方案的原则选择只能是满意原则而不是最优原则？因为最优决策的要求条件是：(1)了解全部信息；(2)了解辨识，并制定毫无疏漏的方案；(3)能准确计算未来的行动结果。而这些条件难以具备，其原因是：(1)广义上说，信息太多，不可能收集所有信息；(2)对于有限的信息，决策者利用能力也是有限的；(3)目前预测与未来状况肯定有差别。所以难以作出最优选择，只能是满意选择。

3. 决策的过程性

即组织决策不是一项决策，而是一系列决策的综合，这一系列决策本身就是过程。决策的过程性可以从两个方面去考察：首先，只有这一系列的具体决策已经确定，相互协调，并与组织目标相一致时，才能认为组织的决策已经形成；其次，这一系列决策中的每一项决策，其本身就是一个包含了许多工作、由众多人员参与的过程，从决策目标的确定，到决策方案的拟订、评价和选择，再到决策方案执行结果的评价，这些诸多步骤才构成了一项完整的决策，这是一个"全过程"的概念。

4. 决策的协调性

协调是指在群体的社会生活中采取与其他成员同样的行为方式。作为成员一般有以下做法：自我批评、批评群体、探讨使不一致认识变为一致的根据、认为个人差异理所当然、脱离群体，保持独立、认为并不存在真正的分歧。作为领导者一般要求：应鼓励成员提出自己的评价；领导者及主要成员在讨论的最初不应表态；请其他群体研究同样的问题，并利用其成果；聘请外部专家对群众意见发表看法；鼓励每个成员对别人的方案挑毛病，也鼓励有意站在竞争者立场上考虑问题；扩大参加讨论的人数；取得某种意见后，在时间允许的情况下应继续观察和评论。

5. 决策的智能化和操作化

电子计算机不仅能快速运算、精确记忆、存贮巨量信息，而且能够下棋、画画、作曲，帮助人们管理工厂、电站、银行……被誉为电脑。科学家把这些具有人脑功能的电脑称为人工智能。

人工智能是通过模拟人脑功能而发展起来的。我们知道，人脑是在长期实践活动中形成的高度组织起来的中枢神经系统，具有 1 000 亿个神经单元的复杂神经网络。要复制和模拟人脑原型结构难度极大，而且人脑的智能不可能被简单地完全模仿。

系统科学研究表明：系统模拟可以分为两类，一类是结构模拟，另一类是功能模拟。人工智能就属于人脑的功能模拟。它不是简单地去复制人脑的结构，而是在分析人脑思维过程的特点、规律的基础上进行系统模拟。如科学家发现人脑神经系统的最基本的活动特征，是在外界刺激下总是呈现两种状态——兴奋或抑制。因此，人们通过开关电路的接通和断开两种状态对它进行模拟。

人工智能是系统功能模拟的结果。虽然目前电脑模拟人脑智能的水平并不高，但是它向人们展示了系统模拟的广泛应用前景。

决策科学借助于新技术的开发和应用，正在发展成为一门智能科学，它把系统科学操作化，做为决策者的智力工具。目前主要有电子数据处理（EDP）、管理信息系统（MIS）和决策支持系统（DSS），其中 EDP 是基础。MIS 集中运用于结构性任务和日常决策中，如使用程序和使用决策规则，强调数据储存，主管人员通常间接使用数据，依靠电子计算机专家，而管理 MIS 的主管不完全懂决策性质。DSS 集中运用于半结构任务中，需要管理者的判断，强调数据使用，主管人员了解决策环境，依靠主管人员的判断，直接使用数据。DSS 与前者相比，智能化程度明显提高。

二、决策过程

决策是针对某个问题作出决定，以解决实际问题。要保证决定的正确和有效，就需要有科学的决策程序和决策方法。就好像要到达一个地方，必须选择正确的路线和合适的交通工具一样。这里我们先说一个小故事：张老师是校运动队教练，专门训练短跑运动员。为了提高运动员短跑成绩，他首先让运动员进行多次比赛，录下每个运动员比赛情景，经过反复细致的分析，他发现影响运动员成绩的原因是多种多样的，有的是起跑过迟，有的是途中跑的姿势不正确，有的是步幅太大，各运动员都有很大潜力。于是给他们分别定出更高的目标和理想状态（如提高起跑反应能力、正确的途中跑姿势和合适的步幅等），初步采取许多不同的方法反复训练每一个运动员。经过一定时间试验，根据试验结果定出一套最佳方案，进行下一步的训练试验，不断总结，最后确定了每个运动员的训练方案，作为长期训练的依据。

上述故事中，从张教练发现运动员存在的问题，确定要达到的更好成绩和理想状态，到初步采用各种方法训练每一个运动员，经过结果比较确定最佳方案，然后进行下一步试验，不断加以总结完善，再在较长时期内普遍使用。这一系列过程实际上就是一个标准化的决策程序。概括地讲，决策程序有八个步骤：发现问题——确定目标——确定评价标准——拟定方案——分析评估——方案选优——再次试行——普遍实施（如图 5-1 所示）。

（一）发现问题

决策制定过程始于一个实际存在的问题，或更具体地说，存在着现实与期望状态之间的差异。决策者必须知道哪里需要行动，识别问题就是对事物进行分析，找到问题所在。要对问题的界定、问题的表现、问题的性质、问题的原因有所了解。只有确切地找出问题及问题产生的原因，才能确定决策目标。因此，决策者在决策之前必须根据调查研究，提出需要解决的问题，没有需要解决的问题，也就不需要进行决策了。

（二）确定目标

合理的目标是科学决策的前提，对决策的成败关系极大，决策目标的形成、目标的大小与决策者对目标的认识都会影响决策的顺利进行。明确目标是一切决策的起点，没有目标的决策是盲目的决策，对诸多的决策问题进行分析、研究、归纳，发现它们共同的实

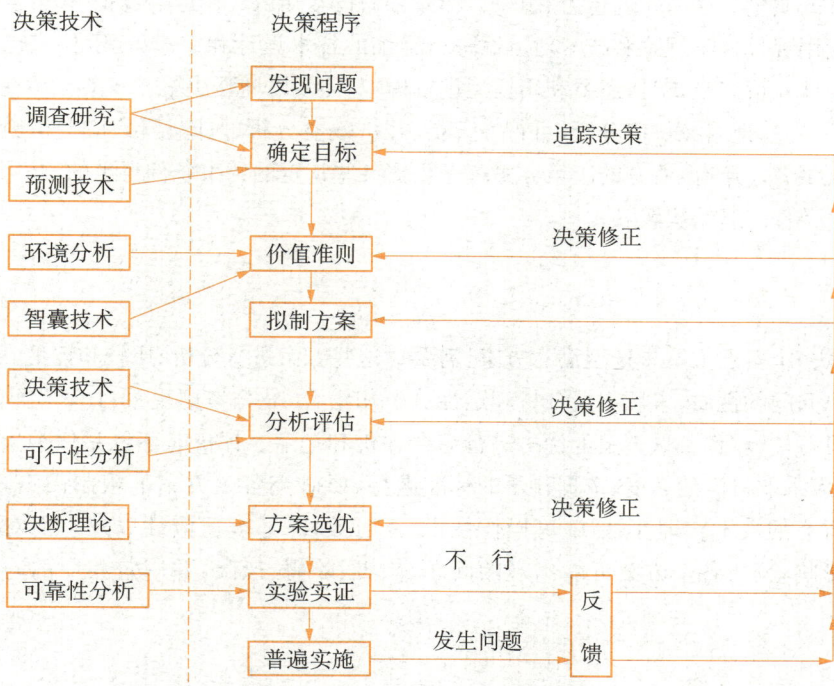

图 5-1　决策过程图

质,就构成了决策目标。所以,决策目标是决策问题的本质的概括和抽象。明确目标应进行以下工作:

1. 提出目标。目标应当具备可以计量、可以规定其期限、可以确定其责任者三个特征。

2. 明确多元目标之间的相互关系,明确主要目标与非主要目标的关系。

3. 建立目标:权衡目标执行的有利结果和不利结果,制定一个界限。

目标的确定要注意如下问题:第一,要力求准确;第二,要力求具体,尽可能量化;第三,要切合实际,防止目标偏高或偏低;第四,如果是多目标,则应有主次之分。

(三)确定评价标准

评价标准是评价活动方案的核心部分,是人们价值认识的反映,它表明人们重视什么、忽视什么,具有引导被评价者向何处努力的作用。确定可对活动效果进行评价的标准,评价标准就令人满意,包括符合总目标、可行性等内容。这些标准往往反映了决策者的想法,是与决策相关的,因为组织所要达到结果的数量和质量都会对行动路线的选择和方案的抉择起着最终的指导作用。

(四)拟定方案

即初步设想解决问题的多种方案,包括设计方案的目的、设计方案的技术、设计方案的可行性。此步骤就是要求决策制定者列出能成功解决问题的多个备选方案,它直接决定了决策的质量。这需要创造力、想象力和完善的技术知识。在这一过程中,方案提供人员还要应用现代科学理论和技术对方案进行详细的技术设计和定量论证,拟定出各种条件下的最佳对策。必要时,还要利用模型进行模拟实验,以增强决策方案的科学性。在决策方案中,还应把附有价值分析、可行性分析、经济效益分析、风险评价、应变措施等资料提供给决策者。还有,所有的决策方案都是根据某些特定的约束条件得出的,必须连同相应的约束条件一起给决策者。

(五)分析评估

要从多个备选方案中选定满意方案,需要对这些方案进行分析、比较和评估。即根据所要解决问题的性质,采用定量分析和定性分析相结合,充分考虑决策目标、组织资源和方案的可行性,对各备选方案的优劣进行综合评价和排序。评价时不能只凭个人的主观好恶,而应采取科学的态度、依据科学的标准进行,要研究各个方案的限制因素,综合评价各个方案的技术合理性、措施可操作性、经济时效性、环境适应性以及它们对社会和生态的影响,分析各个方案可能出现的问题、困难、障碍、风险,并制定相应的防范应变措施。

(六)方案选优

根据分析评估结果,选出最好的方案,在选择的时候,可能是选其一,可能合为一,也可能是另行设计。选择中要统筹兼顾;要注意反对意见;要有决策的魄力,需及时决断。这是决策过程中最为关键的一步。为此,管理者起码要具备评价每种方案的价值或相对优、劣势的能力。在评价过程中,要使用预定的决策标准以及每个标准的相对重要性,对每种方案的预期成本、收益、不确定性和风险进行综合评判,最后对各种方案进行排序。

应注意如下问题:(1)在实际决策中,由于受主客观条件的限制,很难找到最优的方案,一般来说,只要找到决策者认为满意的方案就行了。(2)选定方案不是简单地挑选一个而将其他方案抛弃,由于每一个方案都可能有其优点,所以最后选定方案时可以一种方案为基础,吸收其他方案的优点综合而成,这其实是在原有方案上的再创造。(3)综合考虑各种指标,处理好各种指标之间的关系。

(七)再次试行

对初步选定方案在局部范围试行,总结成功的经验,同时也找出不足的地方并加以完善。

(八)普遍实施

通过以上的过程形成一个成熟的方案,将成熟的方案推广运用,普遍施行。决策方案的实施是决策过程中非常重要的一步。如果没有将决策方案付诸实施,决策就失去意义;如果不能得到有效的执行,再好的方案也无法达到预期的目标。具体实施时要:制订具体的相应措施,保证方案的正确实施;确保与方案有关的各种指令能被所有相关人员充分接受和彻底了解；应用目标管理方法把决策目标层层分解，落实到每一个执行单位和个人；建立重要的工作报告制度，以便及时了解方案进展情况，及时进行调整。

三、决策的影响因素

一个有效的决策是由很多因素所决定的，这些因素主要有环境因素、组织自身因素、决策问题的性质、决策主体因素等。

（一）环境因素

环境对组织决策的影响是双重的。首先，环境的特点影响着组织的活动选择；其次，对环境的习惯反应模式影响着组织的活动选择。环境影响一般要考虑：

1. 环境的稳定性。如果环境稳定，决策重复，由中低层管理者进行决策；如果变化剧烈，由高层做出决策。

2. 市场结构。如属于垄断型市场，则以生产为导向；如属于竞争型市场，则要以市场为导向。

3. 买卖双方在市场中的地位。如属于卖方市场，则主动决策；如属于买方市场，则要适应市场需求。

（二）组织自身因素

组织自身因素主要包括组织文化、信息化程度、以往的决策等等。

1. 组织文化

从决策方面来说，组织文化会对决策的制定和执行都产生重大影响：组织文化制约着包括决策制定者在内的所有组织成员的思想和行为；在决策层次上，组织文化通过影响人们态度的改变而对决策起影响和限制作用。

保守型组织文化的决策者倾向于维持现状，不轻易容忍失败，维持现状的方案被保留，进一步强化文化的保守性。进取型组织文化的决策者欢迎变化，勇于创新，宽容对待失败，有时进行决策的目的就是创造变化。

2. 组织的信息化程度

高质量的信息与先进的决策手段便于决策者快速做出较高质量的决策。

3. 过去决策

过去的决策对目前决策的制约程度，主要受它们与现任决策者的关系的影响。

（三）决策问题的性质

决策问题的紧迫性或重要程度对决策也有影响。

1. 问题的紧迫性

美国学者威廉·金和大卫·克里兰把决策划分为时间敏感型和知识敏感型[1]，时间

---

[1] 周三多,陈传明,鲁明泓.管理学——原理与方法(第四版)[M].上海:复旦大学出版社,2003:252.

敏感型是指那些必须迅速而尽量准确做出的决策,这类决策在战争中经常出现;知识敏感型决策的效果,重视决策质量。

2. 问题的重要性

问题越重要,越能得到高层的重视,得到更多力量的支持;问题越重要,越需要群体决策;问题越重要,决策越慎重。

(四)决策主体的因素

决策者对风险的态度、决策能力以及其价值观也对决策的有效性产生影响。

1. 决策者对待风险的态度

组织及其决策对待风险的不同态度会影响对决策方案的选择。任何决策都带有一定程度的风险性。愿意承担风险的决策者,通常会未雨绸缪,在被迫对环境作出反应以前就采取进攻性的行动,并会经常进行新的探索;不愿意承担风险的决策者,通常只会对环境做出被动的反应,事后应变,他们对变革、变动表现得谨小慎微。

2. 决策者能力

识别问题的能力越强,越有可能提出切中要害的决策;获得信息的能力越强,越有可能提高决策的质量与速度;沟通能力越强,提出的方案越容易通过;组织能力越强,方案越容易实施,取得预期效果。

3. 决策者价值观

对客观事物的描述属于决策中的事实成分;对所描述的事物所作的价值判断属于决策中的价值成分;个人价值观通过影响决策中的价值成分来影响决策。

第二节　决策理论与方法

第二次世界大战后,世界各国经济都有了较大的发展,迫切需要管理学理论有新的发展,以解决管理实践中提出的新问题。许多管理学者(包括社会学家、数学家、人类学家、计量学家等)都从各自不同的角度发表自己对管理学的见解。其中西蒙(H. A. Simon)为代表的决策学派应运而生。

一、决策理论

决策理论的发展经过两个阶段,一是古典决策理论阶段,另一个是行为决策理论阶段。古典决策理论是指 20 世纪 50 年代前的决策理论,这一理论基于"经济人"假设,假设决策者是完全理性的,能够充分了解和利用有关信息。该理论认为,应该从经济的角度来看待决策问题,即决策的目的在于组织获得最大的经济利益。理论的主要内容包括:决策者必须完全掌握有关决策环境的信息情报;决策者要充分了解有关备选方案的情况;决策者应建立一个合理的层级结构,以确保命令的有效执行;决策的目的在于使本组织获得最大的经济效益。

行为决策理论始于 20 世纪 50 年代,该理论认为:理性的、经济的标准都无法确切地说明管理的决策过程,进而提出"有限理性标准"和"满意度"原则。理论的主要内容有:人的理性介于完全理性和非理性之间;识别和发现问题受知觉偏差影响,直觉分析多于逻辑分析;受到资源的限制,决策选择的理性是相对的;对待风险的态度高于经济利益的考虑;只求满意结果,不愿费力寻求最佳方案。决策过程是个渐进的过程,不应该大起大落,否则会危及社会稳定,给组织带来组织结构、心理倾向和习惯等方面的震荡和资金困难,也使决策者不能了解和思考全部方案并弄清每种方案的结果。

行为决策理论阶段中,决策理论学派是最具有代表性的。该学派是从社会系统学派中发展出来的,是以统计学和行为科学作为基础的,作为管理学科的一个重要学派,决策理论学派着眼于合理的决策,即研究如何从各种可能的抉择方案中选择一种"令人满意"的行动方案。该学派吸收了系统理论、行为科学、运筹学和计算机科学等学科的研究成果,在 70 年代形成了一个独立的管理学派。决策学派的主要代表人物是美国学者赫伯特·A·西蒙和詹姆士·马奇。决策理论学派的理论基础是经济理论,特别是消费者抉择理论,即在一定的"合理性"前提下,通过对各种行为的比较和选择,使总效用或边际效用达到最大。

(一)决策理论学派的主要观点

决策理论学派很重视对决策者本身的行为和品质的研究。西蒙和马奇在《组织》一书中,将"决策人"作为一种独立的管理模式,即认为组织成员都是为实现一定目的而合理地选择手段的决策者。

1. 管理就是决策。组织是由决策者个人所组成的系统。西蒙指出组织中经理人员的重要职能就是作决策。决策的制定包括四个主要阶段:①找出制定决策的根据,即收集情报;②找到可能的行动方案;③在诸行动方案中进行抉择,即根据当时的情况和对未来发展的预测,从各个备择方案中选定一个方案;④对已选择的方案及其实施进行评价。决策过程中的最后一步,对于保证所选定方案的可行性和顺利实施而言,又是关键的一步。经过综合概括,发现在这四个阶段中,公司经理及其职员们用很大部分工作时间来调查经济、技术、政治和社会形势,来判别需要采取新行动的新情况。

2. 决策分为程序化决策和非程序化决策。所谓程序化决策,就是那些带有常规性、反复性的例行决策,可以制定出一套例行程序来处理的决策。比如,为普通顾客的订货单标价,办公用品的订购,有病职工的工资安排等等。所谓非程序化决策,则是指对那些过去尚未发生过,或其确切的性质和结构尚捉摸不定或很复杂,或其作用十分重要而需要用现裁现做的方式加以处理的决策。比如,新产品的研制与发展决策。但是这两类决策很难绝对分清楚,它们之间没有明显的分界线,只是像光谱一样的连续统一体。

(二)决策理论学派的特点

以西蒙为代表的决策理论学派的理论与传统的决策理论及其他学派相比,有以下基本特征:

1. 决策是管理的中心,决策贯穿管理的全过程。西蒙认为,任何作业开始之前都要先做决策,制定计划就是决策,组织、领导和控制也都离不开决策。

2. 在决策准则上,用满意性准则代替最优化准则。西蒙认为,完全的合理性是难以做到的,管理中不可能按照最优化准则来进行决策。首先,由于未来含有很多的不确定性,信息不完全,人们不可能对未来无所不知;其次,人们不可能拟定出全部方案,这既不现实,有时也是不必要的;第三,即使用了最先进的计算机分析手段,也不可能使各种可能结果形成一个完全而一贯的优先顺序。

3. 强调集体决策与组织对决策的影响。西蒙指出,经理的职责不仅包括本人制定决策,也包括负责使他所领导的组织或组织的某个部门能有效地制定决策。他所负责的大量决策制定活动并非仅是他个人的活动,同时也是他下属人员的活动。

4. 发展人工智能,逐步实现决策自动化。西蒙在他所著的《管理决策新科学》一书中,用了大量篇幅来总结计算机在企业管理中的应用,特别是计算机在高层管理及组织结构中的应用。

西蒙等人认为,一个企业组织机构的建立及企业的分权与集权不能脱离决策过程而孤立地存在,必须要与决策过程有机地联系起来。西蒙等人非常强调信息联系在决策中的作用。他们把信息联系定为"决策前提赖以从一个组织成员传递给另一个成员的任何过程"。西蒙认为,今天关键性的任务不是去产生、储存或分配信息,而是对信息进行过滤,加工处理成各个有效的组成部分。今天的稀有资源已不是信息,而是处理信息的能力。

决策理论学派的研究领域并不像其名称所表明的那样狭窄,其视野已扩展到大大超出评价抉择方案的过程。

决策理论学派所倡导的现代决策技术,随着计算机技术的迅猛发展而得到了广泛的应用。尤其在进行结构化决策时所运用的计算机技术已经在企业中得到了令人满意的结果,例如 AOS(自动办公系统),KWS(知识管理系统)等等。对于半结构化的决策系统,例如 MIS(管理信息系统),DSS(决策支持系统),也取得了实质性的进展。但是对于非结构化决策还处于摸索阶段。这些决策技术在企业中的应用,不仅提高了企业的结构化决策的效率和质量,同时也提高了企业进行大量信息收集、分析、处理的能力,使企业在信息的海洋中找到了与外界有效连接的结点。

决策理论学派的决策理论在企业中的另一个重要应用就是为管理者的决策提供了一个衡量标准:满意准则。过去的管理者经常为衡量决策好坏的标准而感到困惑。那么,究竟什么样的决策是一个好决策呢? 决策理论学派提供的答案——满意的决策——为管理者制定决策提供了一个现实的依据。这在管理实践中具有非常重要的指导意义,使管理者不必也不应该再为寻找最优决策而浪费宝贵的时间和精力。

另外,决策理论学派偏重的群体决策也为企业全员管理、目标管理奠定了基础。

以西蒙为代表的决策理论的核心是用决策统带管理,且决策贯穿于管理的始终;决策时以满意的标准替代最优标准。虽然对于决策统带管理尚有诸多的理论分歧,甚至认为其学派的内容不确定,但是对于满意标准,理论界和实业界均达成了共识,这也是西蒙获得诺贝尔经济学奖的一个重要的思想基础。实践上,满意标准说之容易,做之难,这也是我国很多企业家(或管理者)落入"管理怪圈"的症结所在。

（三）决策的合理性限制

决策从理论上来讲，应该有一个合理性的要求，即决策对设定目标的实施方案的选择必须合理。按照合理性的概念，决策者必须具备完全的理性，要满足三个条件：一是在决策之前必须寻找备选方案；二是考察每一个方案所导致的复杂后果；三是具备一套价值体系，作为全部备选行为中选定其一的选择标准。也就是说，合理的决策，事先要了解所有可行的方案及其实施后果，并具备一套客观的、能为组织成员接受的评价标准。这样才能对备择方案进行客观公正的评价。

但是在实际工作中，由于人的知识有限、预见能力有限、设计能力有限，这一合理性是很难实现的。因此决策者应该学会运用决策权力下放和组织民主决策两个方法。所谓决策权力下放，就是把决策交给与决策需要解决的问题直接相关的人去制定；所谓组织民主决策，就是用群体的智慧来弥补个人的理性不足，包括组织专家参与和组织个人参与。

二、决策的方法

决策的方法包括"软"方法与"硬"方法，所谓决策"软"方法，也就是定性决策方法，是指在决策过程中充分发挥专家集体的智慧、能力和经验，在系统调查研究分析的基础上，根据掌握的情况与资料，进行决策的方法，定性决策方法有头脑风暴法、名义小组技术、专家咨询法等。所谓决策"硬"方法是指运用数学模型及计算机手段，在对决策问题进行定量化分析基础上进行决策的方法，也称定量决策方法。

（一）定性决策方法

侧重于确定决策的方向，也被称为决策软技术，能够充分发挥人们的潜在能力和创造力。

1. 头脑风暴法

这是一种产生新思想、拟定备选方案的方法。其做法是把相关专家或人员集中在一起，由主持人阐明问题，所有人围绕问题自由发言，畅所欲言，寻求多种决策思路。使用原则有：（1）各自发表自己的意见，对别人的建议不作评论；（2）建议不必深思熟虑，越多越好；（3）鼓励独立思考、奇思妙想；（4）发言者可以在别人的想法的基础上进行补充和改进，从而形成新的设想和方案。

主持人在此过程中主要做好两件事情：一是不断地对发言者给予表扬和鼓励，从而激励他们说出更多更好的想法；二是要负责记录所有方案，最好能写在黑板上，让所有人都能看见。

2. 名义小组技术

名义小组技术是指在决策过程中对小组成员的讨论或人际沟通加以限制，但小组成员是独立思考的。像召开传统会议一样，小组成员都出席会议，但小组成员首先进行个体决策。具体使用方式是管理者先选择一些对要解决的问题有研究或者有经验的人作为小组成员，并向他们提供与决策问题相关的信息。小组成员各自先不通气，请他们独立思考,要求每个人尽可能把自己的备选方案和意见写下来。然后再按次序让他们一个接一个地陈述自己的方案和意见。在此基础上,由小组成员对提出的全部备选方案进行投票,根据投票结果,赞成人数最多的备选方案即为所要的方案,当然,管理者最后仍有权决定是接受还是拒绝这一方案。

在集体决策中,如对问题的性质不完全了解且意见分歧严重,则可采用名义小组技术。在这种方法下,小组成员互不通气,也不在一起讨论、协商,小组只是名义上的。这种名义上的小组可以有效地激发个人的创造力和想象力。

3. 德尔菲(Delphi)技术

德尔菲法是美国兰德公司提出的被用来听取有关专家对某一问题意见的方法,也叫专家咨询法。专家既可以是来自第一线的管理人员,也可以是高层经理;既可以来自组织内部,也可以来自组织外部。德尔菲法是就某一问题或事项运用函询的方法,征求专家的意见,目前已经成为一种非常普及的对方案进行评估和选择的方法。其基本过程如下:(1)邀请一群专家,以某一问题为主,请他们就将来可能发生的重大结果提出自己的看法或意见,分别用不记名的方式进行预测。(2)由调查人员整理上述专家意见。(3)将整理的结果反馈给各位专家,再次征求他们的意见,如此重复几次。用逐次逼近法来集中对问题的解决方法和取得一致的意见,然后利用这些预测结果来进行决策。

德尔菲法的最大优点是能充分发挥专家的作用,而且由于匿名性和回避性,避免了从众行为。这种方法的缺点是比较费时间,对时间敏感性决策不合适,另外要邀请到合适的专家也不容易。

4. 四象限法

四象限法(又称波士顿咨询集团法、产品系列结构管理法等)是由美国大型商业咨询公司—波士顿咨询集团(Boston Consulting Group)首创并推广的一种有效的经营活动方向分析方法。该方法的主要工具是由相对于最大竞争者的市场份额和市场年增长率两个坐标组成四个方格的矩阵,每个方格代表不同类型的业务领域,如图5-2所示。

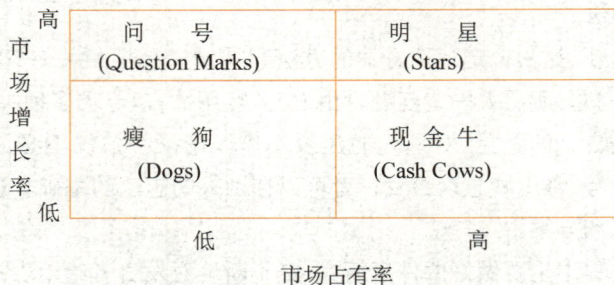

	低　　　　　　　　　　高
高 市场增长率 低	问　号 (Question Marks) ｜ 明　星 (Stars)
	瘦　狗 (Dogs) ｜ 现　金　牛 (Cash Cows)

市场占有率

图5-2　波士顿矩阵图

(1)问号领域,位于高的市场增长率和低的市场份额,说明公司力图进入一个已有领先者占据的高速增长的市场,这一领域需要大量的资金来开发,以提高它们的市场占有率,成为公司的"明星",但该领域有较大的风险性,需要慎重选择。在这一组合中,组织可运用增加营销投资或收购竞争企业的战略,提高市场占有率,使产品向"明星"方向发展。

(2)明星领域,这一领域的市场份额和市场增长率都很高,具有一定的竞争优势,但维持竞争力需要很多投入,组织需要运用投资、改进产品、提高生产效率等战略,维持组织的高市场占有率。而当市场增长率减慢以后,它就会转变为现金牛,源源不断地为组织创造财富。

（3）现金牛领域,这一领域处于低的市场增长率和高的市场份额区域,是低市场成长率与高市场占有率的组合,组织能生产低成本的产品,因此具有很强的竞争地位。公司从这里获得利润来支持明星类、问题类领域及新项目的研究与开发。决策应集中在维持市场的优势地位,延缓进入成熟期的时间。

（4）瘦狗领域,这是处于低市场增长率和低市场份额区域的业务领域。在竞争中处于劣势,没有太大的发展前途,公司需要考虑其生存的必要性,适当地收缩或淘汰。

（二）定量决策方法

选择活动方案时常用到不同的评价方法,下面主要分析确定型决策、风险型决策和不确定型决策的评价方法。

1. 确定型决策方法——盈亏平衡分析法

确定型决策问题,即只存在一种确定的自然状态,决策者可依科学的方法作出决策。确定型决策的方法有以下几类:(1)线性规划、库存论、排队论、网络技术等数学模型法。(2)微分极值法。(3)盈亏平衡分析法。这里主要介绍盈亏平衡分析法。

盈亏平衡分析法也叫量本利分析法,是在生产总成本划分为固定成本和可变成本的基础上,分析产量、成本、利润三者关系的计量方法。盈亏分析的关键是找出盈亏平衡点。在竞争的市场上,产品的价格不能由一个企业来决定,企业只能根据市场价格来销售产品,由此产生一个问题,即当企业产量很低时,该企业单位产品的成本就很高,因为单位产品分担的固定成本高,过高的单位产品成本就可能高于市场售价,从而使企业亏损;只有当产量达到一定的水平,才能收支平衡;超过这个水平,企业才能盈利。这个产量水平就是盈亏平衡点的产量。量本利之间的关系用平面坐标图表示出来,就是盈亏平衡分析图,如图5-3所示。

$$销售利润 = 销售收入 - 总成本 - 税金$$
$$销售收入 = 销售量 \times 产品单价$$

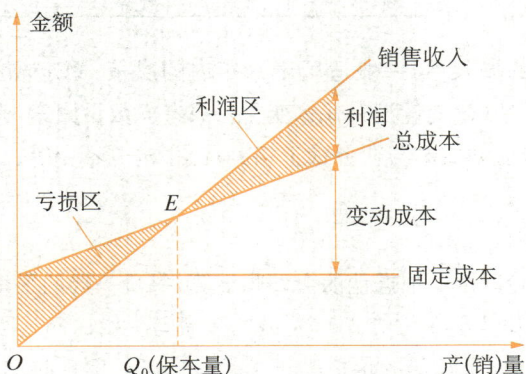

图5-3　盈亏平衡分析图

$$总成本 = 固定成本 + 变动成本$$
$$税金 = 销售收入 \times 税率$$

在图5-3中,销售收入线与总成本线相交于 E 点,此时两者相等,处于不亏不盈状态,故 E 点称为盈亏平衡点。E 点对应的产量 Q_0 为保本产量,即产量小于 Q_0 就会亏损,产量大于 Q_0 才能盈利。盈亏平衡点 Q_0 的计算公式为:

$$Q_0 = \frac{固定成本}{单价(1-i) - 单位变动成本}$$

式中,i 为税率。

若要达到预期利润,其产量 Q 可用下式计算:

$$Q = \frac{固定成本 + 目标利润}{单价(1-i) - 单位变动成本}$$

按照这一方法,可对企业生产经营状况作出这样一些分析:企业产量必须达到多少才不至于亏损;要达到一定的利润目标,必须生产和销售多少产品或取得多少销售收入;企业产品价格能否下降等等。

利用量本利分析原理,还可对企业经营安全状况进行分析。若现有产量为 Q,则:

$$安全边际 = Q - Q_0$$

它标志着从现有产量到盈亏平衡点有多大的距离,这个距离说明现有产量降低多少才会使企业发生亏损。距离越大,企业就越安全。可用经营安全率来表示企业经营的安全程度。

$$经营安全率 = \frac{Q - Q_0}{Q} \times 100\%$$

经营安全状况的判断标准如表5-2所示。

表5-2 经营安全状况的判断标准

经营安全率%	>30	25~30	15~25	10~15	<10
安全状况	安全	较安全	不太好	要警惕	危险

此方法也有一定的局限性:一般适用于一年内的决策;固定成本在决策期内保持不变;适用于经济稳定时期(存货量没有什么变化);只考虑数量因素,未考虑质量因素;营业收入与销售量正相关;变动成本与业务量正相关;销售构成不变等。

【案例应用】

他该不该降价关门?

小刘经营一家保龄球馆。根据他的会计师计算,每玩一局的平均总成本(包括房屋租金、设备折旧、所耗电力以及支付给工作人员的工资等)为10元。如果每局的价格高于10元,经营当然有利。如果每局的价格等于10元,也可以实现收支相抵。但午夜时只有将价格降至7元才有人来玩,而高于7元则无人玩。

[问题讨论]

小刘是应该把价格降为 7 元继续营业呢，还是不降价关门呢？

2. 风险型决策方法——决策树法

风险型决策也称随机决策，在这类决策中，自然状态不止一种，决策者不能知道哪种自然状态会发生，但能知道有多少种自然状态以及每种自然状态发生的概率。如果决策问题涉及的条件中有些是随机因素，它们虽然不是确定型的，但可以知道它们的概率分布，这类决策被称为风险型决策。

处理这一类决策常用的方法是决策树法。决策树法是用树状图表示由一系列决策环节构成的决策过程，决策树的要素有决策结点、状态结点、方案枝和概率枝。决策树法的优点是在进行多层次问题决策时直观且不易出错。决策树法包括如下步骤：(1)画决策树；(2)预计可能事件的发生概率；(3)计算期望值。在决策树中，如图 5-4 所示，方框称为决策节点，表示做出决策。由决策点引出的直线称为方案枝，每一枝条代表一个方案，并与状态节点连接。状态节点以圆圈表示，它表示选择某一方案后可能出现的情况及其后果。由状态节点引出的直线称为概率枝，每一枝条代表一种自然状态，要在概率枝上简要地说明自然状态的内容和其出现的概率。概率枝的右端写上该方案在该自然状态下的损益值。

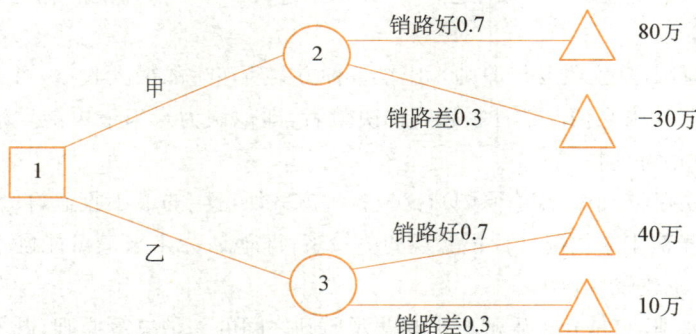

图 5-4　决策树图

例题：某企业准备生产某产品，预计该产品销售有两种可能，销路好概率为 0.7，销路差为 0.3。可以采用两个方案：一个是新建一条流水线，需投资 220 万元，另一个是对原来设备进行技术改造，需投资 80 万元。两个方案的使用期限均为 10 年。损益资料如表 5-3 所示。请作出决策。

表 5-3　两个方案损益资料表　　　　　　单位：万元

方　案	投资	每年增加收益		使用期
		销路好(0.7)	销路差(0.3)	
甲：新建流水线	220	80	-30	10 年
乙：技术改造	80	40	10	10 年

解：(1)绘制决策树

(2)计算期望值

结点 2 的期望值为：$EV_2 = (80 \times 0.7 + (-30) \times 0.3) \times 10 - 220 = 250$(万元)

结点 3 的期望值为:$EV_3 = (40 \times 0.7 + 10 \times 0.3) \times 10 - 80 = 230$(万元)

(3)对方案进行比较和选择

比较期望值大小:因为 $EV_2 > EV_3$,所以甲方案为优。

其实在实际决策中,还有很多因素要考虑,例如:

① 相对收益率大小,即收益大小与投资相比较,计算相对收益率,甲为:$(80 \times 0.7 + (-30) \times 0.3)/220 = 21\%$;乙为:$(4 \times 0.7 + 10 \times 0.3)/(80 + 20) = 31\%$(其中 20 万元为原设备转让价值),故乙方案优。

② 对方案进行风险分析,乙方案基本没有风险,甲方案需要承担 0.3 概率的每年亏损 30 万元的风险,故选择乙方案。

③ 结合企业的经济实力选择方案。经济实力强则选择甲方案,弱则选择乙方案。

所以考虑不同的因素,决策选择的结果就可能不同。

3. 不确定型决策方法——四原则

所谓不确定型决策是指已知方案各自然状态发生时的效价,但无法确定各自然状态可能发生的概率,因此无法利用期望值法进行计算和决策,需要根据决策者的主观意志去判断。在不确定型决策中,决策者可能不知道有多少种自然状态,即便知道,也不能知道每种自然状态发生的概率。只能根据一些原则来进行决策。常用的不确定型决策方法有以下四个原则:

(1)乐观原则(最大收益值原则),比较各种方案所产生的最大收益,再选取其中最大的一个。适用于对未来情况估计很乐观的决策者,即他认为未来最可能发生的情况是效价最大的情况(最好的情况)。

(2)悲观原则(最小收益值原则),比较各种方案所产生的最小收益,再选取其中最大的一个。适用于对未来情况估计很悲观的决策者,即他认为未来最可能发生的情况是效价最小的情况(最差的情况)。

(3)折中原则,它是介于乐观原则和悲观原则之间的一种决策原则,既不像乐观原则那样在所有的方案中选择效益最大的方案,也不像悲观原则那样,从每一方案的最坏处着眼进行决策,而是在极端乐观和极端悲观之间,通过乐观系数确定一个适当的值作为决策依据。

(4)最小最大后悔值原则。后悔值是指当某种自然状态出现时,决策者由于从若干方案中选优时没有采取能获得最大收益的方案,而采取了其他方案,以致在收益上产生的某种损失。最小最大后悔值作决策的步骤:首先找出各方案的最大后悔值,然后选择最大后悔值中最小的方案为选择方案。

例题:表 5-4 是各种方案在不同情况下取得收益的情况:

表 5-4　各方案在不同情况下的收益　　单位:万元

损益值	甲	乙	丙
好	600	800	400
一般	400	300	200
差	-200	-400	-80

（1）根据乐观原则，找出最好状态下的最大收益值 800 万元，所以选择乙方案。

（2）根据悲观原则，找出最差状态下的最大收益值 -80 万元，所以选择丙方案。

（3）根据折中原则，找出一般状态下的最大收益值 400 万元，所以选择甲方案。

（4）根据最小最大后悔值原则，首先要计算出每一个状态的后悔值，如表 5-5 所示，并比较每一个方案的最大后悔值，找出最小后悔值的方案，即甲方案。

表 5-5　各方案在不同情况下的后悔值　　　　单位：万元

后悔值	甲	乙	丙
好	200	0	400
一般	0	100	200
差	120	320	0
最大值	200	320	400

第三节　计划制定与实施

为了把决策付诸实施，预先进行的行动安排就是计划，它包括对事项的叙述、目标和指标的排列、所采取手段的选择以及进度的规定。计划是企业管理的首要职能，是企业实施其他管理职能的基础。所以计划是企业全盘工作的蓝图，是企业开展生产经营活动的依据，是企业员工的行动纲领。

一、计划的任务和内容

计划是一项基本的管理活动，可以通俗扼要地将计划工作的任务和内容概括为六个方面，即：做什么（What to do it）？ 为什么做（Why to do it）？ 何时做（When to do it）？ 何地做（Where to do it）？ 谁去做（Who to do it）？ 和怎么做（How to do it）？ 简称为"5W1H"。这六个方面的具体含义如下：

"做什么"：要明确计划工作的具体任务和要求，明确每一个时期的新任务和工作重点。例如，企业生产计划的任务主要是确定生产哪些产品、生产多少，合理安排产品投入和产出的数量和进度，在保证按期、按质和量完成订货合同的前提下，使得生产能力得到尽可能充分的利用。

"为什么做"：要明确计划工作的宗旨、目标和战略，并论证可行性。实践表明，计划工作人员对组织和企业的宗旨、目标和战略了解得越清楚、认识得越深刻，就越有助于他们在计划工作中发挥主动性和创造性。正如常所说的"要我做"和"我要做"的结果是大不一样的，其道理就在于此。

"何时做"：规定计划中各项工作的开始和完成的进度，以便进行有方法的控制和对能力及资源进行平衡。

"何地做":规定计划的实施地点或场所,了解计划实施的环境条件限制,以便合理安排计划实施的空间组织和布局。

"谁去做":计划不仅要明确规定目标、任务、地点和进度,还应规定由哪个主管部门负责。例如,开发一种新产品,要经过产品设计、样机试制、小批试制和正式投产几个阶段。在计划中要明确规定每个阶段由哪个部门负主要责任,哪些部门协助,各阶段交接时,由哪些部门的哪些人员参加鉴定和审核等。

"怎么做":制定实现计划的措施,以及相应的政策和规则,对资源实行合理分配和集中使用,对人力、生产能力进行平衡,对各种派生计划进行综合平衡等。

实际上,一个完整的计划还应包括控制标准和考核指标的制定,也就是告诉实施计划的部门或人员,做成什么样或达到什么标准才算是完成了计划。

二、计划的类型

按照不同的分类方法,计划可以分成不同的类型:

(一)按照计划期限分类

按计划的期限或时间,可以将计划分为短期计划和长期计划,以及介于长短期计划之间的中期计划。显而易见,短期计划包括的计划期限较短。只是没有一个明确的分界线能告诉我们,超过多少时间的计划是长期计划,或者少于多少时间的计划是短期计划。我们只能从短期计划与长期计划的相互关系中区分二者。或者说,计划期的长短是一个相对的概念。长期计划也称战略计划,通常指5年以上的组织发展方向和方针,各个部门应达到的目标和要求,或组织长期发展的蓝图。短期计划是规定最近时段中,组织各个部门应从事的活动。

大量统计研究表明,长期计划越来越受到企业的重视,那些制定长期计划的公司,其成绩普遍胜过没有长期计划或只有一些非正式长期计划的公司。"人无远虑,必有近忧",一个企业如果在新产品开发、技术开发、人才开发方面没有长期规划,迟早会陷入困境。一个国家如果在科学技术进步、教育和能源交通等基础设施方面没有一个长期规划,其经济发展是不可能保持持久高速的。

计划的期限不仅可以作为计划分类的依据,而且可以作为评价计划工作难易程度的标志。因为长期计划持续的时间长,在几乎是实施过程中不确定的因素比较多,因此,相对于短期计划来说,实施长期计划的难度就比较高。

(二)按照业务职能分类

计划还可以按职能进行分类。这里的"职能"是指企业的职能,而不是管理的职能。例如可以按职能将某个企业的经营计划分为销售计划、生产计划、供应计划、新产品开发计划、财务计划、人事计划、后勤保障计划等。这些职能计划通常就是企业相应的职能部门编制和执行的计划。按职能分类的计划体系,一般是与组织中按职能划分的管理部门的组织结构相适应的。

在一种职能计划中,通常包含着宗旨、目标、战略、政策、规则、程序规划、预算这些计划形式中的一种或多种。例如,企业的年度新产品研制计划中,一般要有对计划所依据的企业宗旨、战略和基本政策的说明,年度发展目标的确定,研制项目的技术经济指标和进度的规划,项目预算资金的分配,负责实施项目的部门和负责人的指定,以及考核规则和奖励政策的规划等内容。

将计划按职能进行分类,有助于人们更加精确地确定主要作业领域之间相互依赖和相互影响的关系,有助于估计某个职能计划执行过程可能出现的变化,以及对全部计划的影响,并有助于将有限的资源更合理地在各职能部门之间进行分配。

三、计划的编制程序

计划编制的程序依次包括以下内容:估量机会;确定目标;确定计划工作的前提条件;拟订可供选择的方案;评价各种备选方案;选择方案;拟订派生计划;编制预算(如图 5-5 所示)。

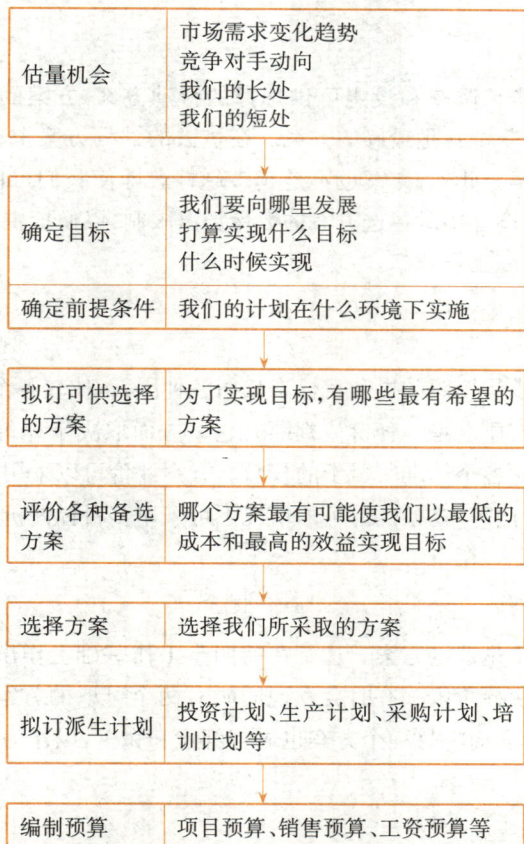

估量机会	市场需求变化趋势 竞争对手动向 我们的长处 我们的短处
确定目标	我们要向哪里发展 打算实现什么目标 什么时候实现
确定前提条件	我们的计划在什么环境下实施
拟订可供选择的方案	为了实现目标,有哪些最有希望的方案
评价各种备选方案	哪个方案最有可能使我们以最低的成本和最高的效益实现目标
选择方案	选择我们所采取的方案
拟订派生计划	投资计划、生产计划、采购计划、培训计划等
编制预算	项目预算、销售预算、工资预算等

图 5-5　计划编制程序图

（一）估量机会

对机会的估量,要在实际的计划工作开始之前就着手进行,它虽然不是计划的一个组成部分,但却是计划工作的一个真正起点。其内容包括:对未来可能出现的变化和预示的机会进行初步分析,形成判断;根据自己的长处和短处搞清自己所处的地位;了解自己利用机会的能力;列举主要的不确定因素,分析其发生的可能性和影响程度。

(二)确定目标

计划工作的第一步,是在估量机会的基础上,为组织及其所属单位确定计划工作的目标,说明制定战略、政策、规则、程序、规划和预算的任务,指出工作的重点。

(三)确定前提条件

计划工作的第二步是确定一些关键性计划的前提条件,并使设计人员对此取得共识,所谓计划工作的前提条件就是计划工作的假设条件,换言之,即计划实施时的预期环境。负责计划工作的人员要对计划前提进行认真的研究和思考,并使计划过程建立在这些前提的基础之上。

(四)拟订可供选择的方案

计划工作的第三步是调查和设想可供选择的行动方案,方案的设计需要有创造性。通常,最显眼的方案不一定就是最好的方案。在过去的计划方案上稍加修改或略加推演也不会得到最好的方案。此外,方案也不是越多越好。即使我们可以采用数学方法和借助电子计算机的手段,还是要对备选方案的数量加以限制,以便把主要精力集中在少数最有希望的方案上,以提高工作效率。

(五)评价各种备选方案

计划工作的第四步是按照前提和目标来权衡各种因素,比较各个方案的利弊,对各个方案进行评价。评价实质上是一种价值判断。它一方面取决于评价者所采用的标准;另一方面取决于评价者对各个标准所赋予的权数。方案评价可以采用运筹学中较为成熟的矩阵评价法、层次分析法等,在条件许可的情况下可采用多目标评价方法。

(六)选择方案

计划工作的第五步是选定方案。这是在前四步工作基础上作出的关键一步,也是决策的实质性阶段——抉择阶段。有时会发现同时有两个可取的方案。在这种情况下,必须确定先采取哪个方案,而将另一个方案也进行细化和完善,以作为后备方案。

(七)拟订派生计划

派生计划就是总计划下的分计划,是总计划的进一步展开和落实。总计划要靠派生计划来保证,派生计划是总计划的基础。派生计划是根据需要制定的,有些简单的活动计划就不一定有派生计划。

（八）编制预算

即把计划转变成预算，使计划数字化。预算就是测算出各项行动计划所需要的资源数量，包括人力、物力、财力等，并确定这些资源何时需要。由于企业从事的是经济活动，其计划一般都要具体落实到预算，数字化的计划更具科学性、可测性、可控性。

第四节　计划的执行与调整

把战略性计划转变成战术性计划，需要在时间和空间两个维度上展开，具体规定组织各个部门在未来较短时期内应该从事的活动，从事该活动应该达到的要求。而实现这种转变行之有效的方法主要有目标管理、滚动计划和网络计划技术。

一、目标管理

目标管理是美国管理学家彼得·德鲁克（Peter F. Drucker，1909—2005）于 1954 年提出来的。它的基本思想是：企业确定并提出一定时期内生产经营的总目标，企业各部门和全体职工围绕这个总目标确定各自的分目标，通过激励和评价等措施，促使各个分目标按预期的要求实现，从而保证总目标得以实现。目标管理建立在具有明确目的的基础上，以目标为导向，以目标完成情况为管理依据，促使人们主动地工作。目标管理既是一种管理方法和技术，又是一种管理思想。

（一）目标管理的概念和特点

目标管理（Management by Objectives，简称 MBO）是指由下级与上司共同决定具体的绩效目标，并且定期检查完成目标进展情况的一种管理方式。目标管理在 20 世纪 50 年代中期出现于美国，是以泰罗的科学管理和行为科学理论（特别是其中的参与管理）为基础形成的一套管理制度。凭借这种制度，可以使组织的成员亲自参加工作目标的制定，实现"自我控制"，并努力完成工作目标。由于有明确的目标作为考核标准，对组织成员工作成果的评价和奖励就能更客观、更合理，因而可以大大激励员工为完成组织目标而努力。这种管理制度在美国应用非常广泛，而且特别适用于对主管人员的管理，所以被称为"管理中的管理"。

1954 年，德鲁克在《管理的实践》一书中，首先提出了"目标管理和自我控制"的主张。之后，他又在此基础上发展了这一主张，他认为，企业的目的和任务，必须化为目标，企业的各级主管必须通过这些目标对下级进行领导，以此来达到企业的总目标。如果一个范围没有特定的目标，则这个范围必定被忽视；如果没有方向一致的分目标来指导各级主管人员的工作，则企业规模越大、人员越多时，发生冲突和浪费的可能性就越大。德鲁克的主张在企业界和管理学界产生了极大的影响，对形成和推广目标管理起到了巨大的推动作用。

目标管理要求通过授权,充分发挥人的主观能动性,达到自我控制、自我管理的目的。目标管理的特点主要是:

1. 注重战略目标,强调整体效应。企业在某一时期都有其特定的战略目标,以这个战略目标为核心,形成企业工作的总目标。围绕这个总目标,通过目标的制定、实施、评价等工作,将企业的全部生产经营活动组织起来,通过具体目标的逐级实现来达到总体目标,保证战略目标实现。

2. 重视人的管理,强调"自我控制"。大力倡导目标管理的德鲁克认为,员工是愿意负责的,是愿意在工作中发挥自己的聪明才智和创造性的;如果我们控制的对象是一个社会组织中的"人",则我们应"控制"的必须是行为的动机,而不应当是行为本身,也就是说必须以对动机的控制达到对行为的控制。目标管理的主旨在于,用"自我控制的管理"代替"压制性的管理",它使管理人员能够控制他们自己的成绩。这种自我控制可以成为更强烈的动力,推动他们尽自己最大的力量把工作做好,而不仅仅是"过得去"就行了。

3. 强化目标体系,促使下放权力。目标管理通过目标体系组织生产经营活动,企业内每个部门及每个人的工作都与相关的目标对应,开展工作的依据是相关的目标,达到了目标才算完成任务。这样,用工作目标指导个人行动,由被动管理转向主动管理。推行目标管理有助于促使权力下放,有助于在保持有效控制的前提下,把局面搞得更有生气。

4. 注重成果第一,绩效决定利益。采用传统的管理方法,评价组织成员的表现,往往容易根据印象、本人的思想和对某些问题的态度等定性因素来评价。实行目标管理后,由于有了一套完善的目标考核体系,从而能够按实际贡献大小如实地评价一个人。目标管理的出发点和归属都要落实到目标成果上,目标成果既标志着完成工作任务的情况,又反映了工作绩效。将成果评价与职工利益相联系,有奖有罚,从而调动人的积极性,增强组织的凝聚力。

(二)目标管理的步骤

由于各个组织活动的性质不同,目标管理的步骤可以不完全一样,但一般来说,可以分为以下三步。

1. 制定目标。目标的制定就是建立一个以企业总体目标为核心的目标体系结构,如图5-6所示。基本做法是"自上而下层层展开,自下而上层层保证"。首先由最高管理层确定企业的总目标,自上而下地把企业总目标层层展开,最后落实到每个员工,形成一个完整的目标连锁体系。另一方面,目标体系制定过程还反映了实现目标的途径,即由基层开始,通过自下而上层层保证逐步实现。企业目标的制定过程如图5-7所示。

2. 组织实施。目标的实施是目标控制的关键。目标既定,主管人员就应放手把权力交给下级成员,而自己去抓重点的综合性管理。完成目标主要靠执行者的自我控制。如果在明确了目标之后,作为上级主管人员还像从前那样事必躬亲,便违背了目标管理的主旨,不能获得目标管理的效果。当然,这并不是说,上级在确定目标后就可以撒手不管了。上级的管理应主要表现在指导、协助、提出问题、提供情报以及创造良好的工作环境方面。

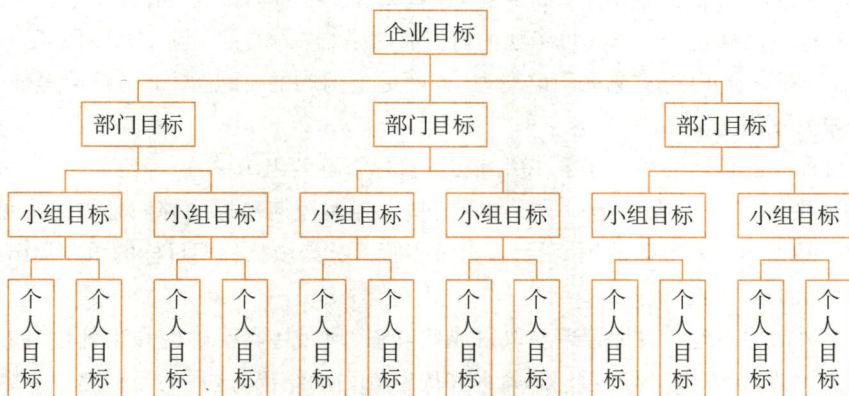

图5-6　目标体系结构示意图

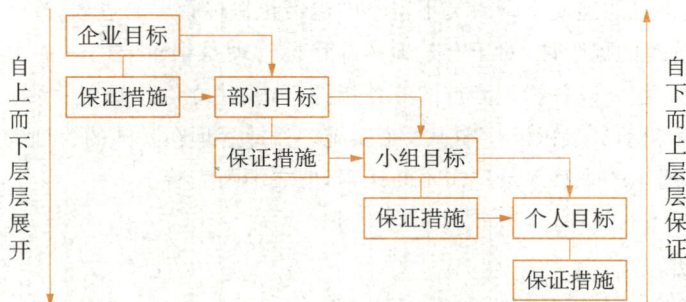

图5-7　企业目标的制定过程

特别是遇到下级无法处理而需要上级帮助的问题时,上级要给予积极支持,精心指导,及时解决。

3. 检查和评价。对各级目标的完成情况,要事先规定出期限,定期进行检查,检查的方法可灵活地采用自检、互检和责成专门的部门进行检查。检查的依据就是事先确定的目标。对于最终结果,应当根据目标进行评价。目标评价要考虑三个主要因素:目标的达到程度,目标的复杂困难程度,实施过程中的主观努力程度。对这三个因素采用评比和打分的办法逐项评价,然后进行评价,根据评价结果进行奖罚。经过评价,使得目标管理进入下一轮循环过程。

(三)目标管理的局限性

尽管目标管理方法有很多优点,但它也有一些缺点。这些缺点有的是因为方法本身而造成的,有的则是在运用中引起的。

1. 对目标管理认识不够。目标管理看起来简单,但要把它有效地付诸实施,则尚需各级主管人员对它有详尽的了解和认识。这就需要对目标管理的整个体系做耐心的解释工作,说明目标管理是什么,它怎样发挥作用,为什么要这样做,它在评价管理工作成效时起些什么作用,参与目标管理的人能得到什么好处等。目标管理和其他各种计划工作一样,如果那些拟订目标的各级主管人员不了解计划工作的前提条件与企业的基本战略和政策,那么他们就无法制订出正确的目标,也就无法发挥目标管理的作用。

2. 目标难以确定。一方面可考核的目标有时是难以确定的,另一方面使同一级主管人员的目标都具有正常的"紧张"和"费力"程度更是困难的,而这两个问题恰是使目标管理取得成效的关键。

3. 目标一般是短期的。几乎在所有实行目标管理的组织中,所确定的目标一般都是短期的,很少超过一年,常常是一季度或更短些。强调短期目标的弊病是显而易见的,因此,为防止短期目标所导致的短期行为,上级主管人员必须从长期目标的角度提出总目标和制定目标的指导方针。

4. 不灵活的危险。目标管理要取得成效,就必须保持其明确性和正确性,如果目标经常改变,就难以说明它是经过深思熟虑和周密计划的结果,这样的目标是没有意义的。但是,计划是面向未来的,而未来存在许多不确定因素,这又使得必须根据已经变化了的计划工作前提对目标进行修正。然而修订一个目标体系与制定一个目标体系所花费的精力相差无几,结果可能迫使主管人员不得不中途停止目标管理的过程。

了解目标管理的局限性,对于有效地实施目标管理是很重要的。企业在运用目标管理时,一般要通过建立以总经理为首的业务指挥系统;建立健全的经济责任制;建立检查考核制度和全面调动员工积极性等手段来实施。目标管理在我国的管理发展中还是一种新的趋势,各类组织的主管人员还需不断探索,使之不断完善。

二、滚动计划

滚动计划是一种动态编制计划的方法。静态的计划方法往往是把一项计划全部执行完成之后再重新编制下一时期的计划,而滚动计划法则是根据一定时期计划的执行情况,考虑企业内外环境条件的变化,适时调整计划,并相应地将计划期顺延一个时期,把近期计划和长期计划结合起来的一种编制计划的方法。滚动计划法,既可用于编制长期计划,也可用于编制年度、季度生产计划和月度生产作业计划。不同计划的滚动期不一样,一般长期计划按年滚动;年度计划按季滚动;月度计划按旬滚动等等。

(一)滚动计划的特点

采用滚动计划法,可以根据环境条件变化和实际完成情况,定期地对计划进行修订,使组织始终有一个较为切合实际的长期计划作指导,并使长期计划能够始终与短期计划紧密地衔接在一起。滚动计划的特点是:

1. 较好发挥市场调节作用。它较好地解决了计划的相对稳定性和实际情况的多变性这一矛盾,使计划更好地发挥其指导生产实际的作用。

2. 执行计划的同时进行下一期的预测,有更强预见性。把计划期内各阶段以及下一个时期的预先安排有机地衔接起来,而且定期调整补充,从而从方法上解决了各阶段计划的衔接和符合实际的问题。

3. 计划具有连续性。本期计划既是上期计划的延续,又是下期计划的基础。采用滚动计划法,使企业的生产活动能够灵活地适应市场需求,把供产销密切结合起来,从而有利于实现企业预期的目标。

（二）滚动计划编制方法

　　由于长期计划的计划期较长,很难准确地预测到各种影响因素的变化,因而很难确保长期计划的成功实施。而采用滚动计划方法,就可以根据环境条件变化和实际完成情况,定期地对计划进行修订,使组织始终有一个较为切合实际的长期计划作指导,并使长期计划能够始终与短期计划紧密地衔接在一起。滚动计划法要求在计划编制过程中采取近细远粗的办法,近期计划订得较细、较具体,远期计划订得较粗、较概略。在一个计划期结束时,根据上期计划执行的结果,对原计划进行必要的调整,并将计划期按顺序向前推进一期。

　　具体方法是在已编制出的计划的基础上,每经过一段固定的时期(例如一年或一个季度,这段固定的时期被称为滚动期)便根据变化了的环境条件和计划的实际执行情况,从确保实现计划目标的目的出发对原计划进行调整。每次调整时,保持原计划期限不变,而将计划期顺序向前推进一个滚动期。图5-8是一个滚动计划编制过程的示意图。其计划期为5年,滚动期为1年。企业在2013年底制定了2014—2018年的五年计划,2014年实施后根据实施结果,在2014年底再制定2015—2019年的五年计划,把计划往前滚动一年。可见,滚动式计划法能够根据变化了的组织环境及时调整和修正组织计划,体现了计划的动态适应性。

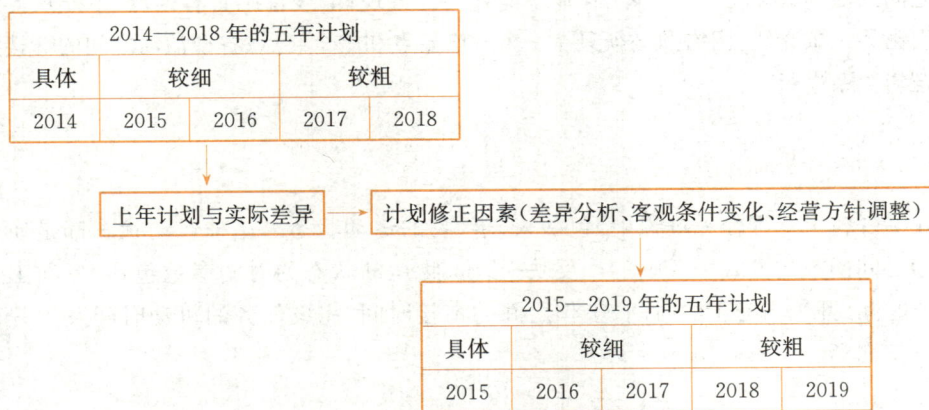

2014—2018 年的五年计划				
具体	较细		较粗	
2014	2015	2016	2017	2018

上年计划与实际差异　→　计划修正因素(差异分析、客观条件变化、经营方针调整)

2015—2019 年的五年计划				
具体	较细		较粗	
2015	2016	2017	2018	2019

图 5-8　滚动计划法示意图

　　需要指出的是,滚动间隔期的选择,要适应企业的具体情况,如果滚动间隔期偏短,则计划调整较频繁,好处是有利于计划符合实际,缺点是降低了计划的严肃性。一般情况是,生产比较稳定的大量大批生产企业宜采用较长的滚动间隔期,生产不太稳定的单件小批生产企业则可考虑采用较短的间隔期。

▌三、网络计划技术

　　网络计划技术是以工序所需时间为时间因素,用描述工序之间相互联系的网络和网络时间的计算，反映整个工程或任务的全貌，并在规定条件下，全面筹划、统一安排，来寻求达到目标的最优方案的计划技术。通过网络图的绘制、计算、分析来确定和实施计划的一种科学计划方法。其核心是找到关键路线，基本思想是向关键路线要时间，向非关键路线要资源；其方法是在完成计划的多条路线中找出花工时最多的一条，作为关键路线，并在此路线上寻找方法缩短此路线的时间，使其能按时或提前完成计划。

（一）网络图

网络图，是指网络计划技术的图解模型，反映整个工程任务的分解和合成。分解，是指对工程任务的划分；合成，是指解决各项工作的协作与配合。分解和合成是解决各项工作之间，存在逻辑关系的有机组成。绘制网络图是网络计划技术的基础工作。网络图由工序（作业、活动）、事项（事件、结点）和路线组成。如图 5-9 所示。

1. 工序（作业、活动）：指一项有具体内容的，需要人力、物力、财力，占用一定空间和时间才能完成的活动过程。

2. 事项（事件、结点）：工程（计划）的始点、终点（完成点）。

3. 路线：从网络图始点开始，顺着箭头方向前进，连续不断地到达终点的一条通道称为网络图的一条路线。各条路线所需的周期为对应的作业时间之和。

网络图的绘制有以下原则：网络图是有方向的，不允许出现回路；直接连接两个相邻结点之间的活动只能有一个；一个作业不能在两处出现；箭线首尾必有结点，不能从箭线中间引出另一条箭线；网络图必须只有一个网络始点和一个终点；各项活动之间的衔接必须按逻辑关系进行。

（二）时间参数

在实现整个工程任务过程中，包括人、事、物的运动状态。这种运动状态都是通过转化为时间函数的方式来反映的。反映人、事、物运动状态的时间参数包括：各项工作的作业时间、开工与完工的时间、工作之间的衔接时间、完成任务的机动时间及工程范围和总工期等。

（三）关键路线

通过计算网络图中的时间参数，求出工程工期并找出关键路线。关键路线和关键工序是指网络图中所需工时最长的路线。在关键路线上的作业称为关键作业，这些作业完成的快慢直接影响着整个计划的工期。在计划执行过程中关键作业是管理的重点，在时间和费用方面则要严格控制。

（四）网络优化

网络优化，是指根据关键路线法，利用时差不断改善网络计划的初始方案，在满足一定的约束条件下，寻求管理目标达到最优化的计划方案。网络优化是网络计划技术的主要内容之一,也是较之其他计划方法优越的主要方面。

网络计划技术的特点是:直观性强,可形象反映工程全貌;主次、缓急清楚,便于抓住主要矛盾;可利用非关键路线上的工作潜力,加速关键作业进程,因而可缩短工期,降低工程成本;可估计各项作业所需时间和资源;便于修改;可运用电子计算机运算和画图,缩短计划编制时间。

例题:一道工程有 11 道工序,它们的名称和工时(天)如下:A(4)、B(3)、C(2)、D(6)、E(5)、F(5)、G(5)、H(3)、I(5)、J(9)、K(6)。它们之间的先后顺序是:A 完工后,B、C、G 可以同时开工;B 完工后,E、D 可以同时开工;C、D 完工后,H 可以开工;G、H 完工后,F、J 可以同时开工;E、F 完工后,I 可以开工;I、J 完工后,K 可以开工。根据以上工序编制网络图,并且找出关键线路。

解:(1) 绘制网络图

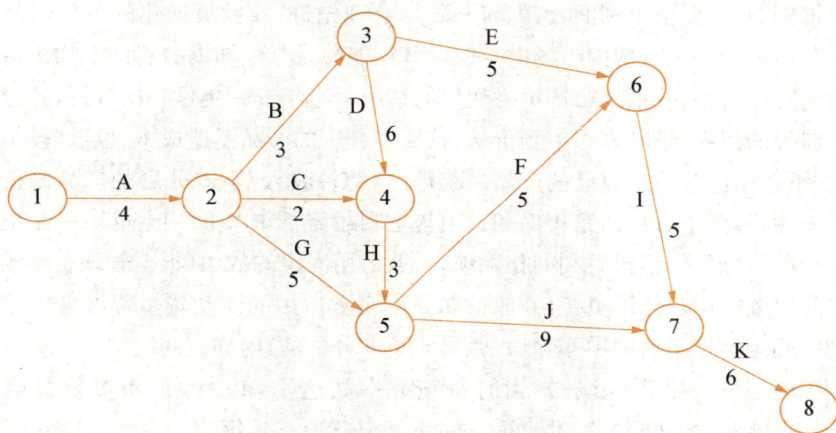

图 5-9 网络图

(2) 找出线路并计算长度

(3) 确定关键路线

关键线路是线路③,时间为 32 天。

案例

邯郸钢铁公司的成本目标管理①

钢铁行业是多流程、大批量生产的行业,由于生产过程的高度计划性决定了必须对生产流程各个工艺环节实行高度集中的管理模式。为了严格成本管理,一般依据流程将整个生产线划分为不同的作业单元,在各个作业单元之间采用某些锁定转移价格的办法。而邯钢在成本管理方面率先引入市场竞争手段,依据市场竞争力为导向分解内部转移成本,再以此为控制指标,落实到人和设备上,将指标责任与奖罚挂钩,强制实现成本目标,达到系统综合最优。

"倒"出来的利润

对邯钢而言,要挤出利润,首先需要确定合理先进、效益最佳化的单位产品目标成本。公司根据一定时期内市场上生铁、钢坯、能源及其他辅助材料的平均价格编制企业内部转移价格,并根据市场价格变化的情况每半年或一年作一次修订,各分厂根据原材料等的消耗量和"模拟市场价格"核算本分厂的产品制造成本,也以"模拟市场价格"向下道工序"出售"自己的产品。获得的"销售收入"与本分厂的产品制造成本之间的差额,就是本分厂的销售毛利。销售毛利还需要作以下两项扣除:一是把公司管理费分配给分厂作销售毛利的扣除项,一般采用固定的数额(根据管理费年预算确定);二是财务费用由分厂负担,一般根据分厂实际占用的流动资金额参考国家同期同类利率确定。作了这两项扣除后,就形成了本分厂的"内部利润"。

如三轧钢分厂生产的线材,当时每吨成本高达 1 649 元,而市场价只能卖到 1 600 元,每吨亏损 49 元。经过测算,这 49 元全部让三轧钢分厂一个生产单元消化根本做不到。如果从原料采购到炼钢、轧钢开坯和成材,各道工序的经济指标都优化达到历史最好水平——比如邯钢三轧钢厂发现,为使产品的包装质量符合公司要求,修卷减去的线材头尾一个月上百吨,由此造成的损失超过 6 万元,为了降低成本对卷线机进行了技术改造,在充分保证包装质量的前提下,轧钢用量降低了 40%,吨材成本下降 8 元。其他流程环节也纷纷采取不同手段降低成本,开坯的二轧钢厂挖潜降低 5 元/吨坯,生产钢锭的二炼钢厂挖潜降低 24.12 元/吨钢,原料外购生铁每吨由 780 元降到 750 元以下——这样环环相扣[8+5+24.12+(780—750)>49]就可扭亏为盈。

当时,总厂分别对各生产单元下达了目标成本,其中对三轧钢分厂下达了吨材 1 329 元的不赔钱成本指标。面对这一似乎高不可攀的指标,分厂领导班子对这个指标既感到有压力,但又提不出完不成的理由。因为这既是从市场"倒推"出来的,又是由自己的历史水平和比照先进水平测算出来的,再下调就意味着邯钢都要出现亏损时,压力就变成了动力。面对新的成本目标,只能扎实工作,努力实现。

---

① 摘自 http://www.em-cn.com/Article/200704/160643_2.html.

三轧钢分厂组成专门班子,也将工段进行层层分解,根据总厂下达的新成本"倒推"的办法,测算出各项费用在吨钢成本中的最高限额。比如各种原燃料消耗,各项费用指标等,大到 840 多元(时价)1 吨的铁水,小到仅 0.03 元的印刷费、邮寄费,横向分解落实到科室,纵向分解落实到式段、班组和个人,层层签订承包协议,并与奖惩挂钩,使责、权、利相统一,使每个单位、每个职工的工作都与市场挂起钩来,经受市场的考验,使全厂形成纵横交错的目标成本管理体系。

为促使模拟市场核算这一机制的高效运转,当然需要严格的奖惩机制保驾护航。在考核方法上,公司通常给分厂下达一组目标成本和目标利润。分厂制造成本低于目标成本,即形成成本降低额或称贷差,作为计奖或不"否决"奖金的依据,反之则"否决"奖金。实际内部利润大于目标利润的差额,通常也被当作计奖的依据。在现实中,有的公司以考核成本降低额为主,有的以考核内部利润为主。由于成本降低本身就是增加内部利润的因素,有的公司为了避免重复计奖,就将成本降低额从内部利润增加额中扣除,作为增加内部利润的计奖基数。在保证基本收入前提下,加大奖金在整个收入中的比例,奖金约占工资的 40%～50%;设立模拟市场核算效益奖,按年度成本降低总额的 5%～10% 和超创目标利润的 3%～5% 提取,仅 1994 年效益奖就发放了 3 800 万元。结果,三轧钢分厂拼搏一年,不仅圆满实现了目标,而且扭亏为盈,当年为总厂创利润 82.67 万元。

协同的正向循环

这种用以市价为基础的内部成本倒推分解法,把产品成本、质量、资金占用、品种结构等因素纳入完整的考核体系之中,给了成本中心更大的责任和压力,使分厂在有限的决策权之下,有了除降低成本以外的增利手段。可以使分厂了解假如自己是一个独立企业时的盈亏水平,增强"亏损"或微利单位的危机感和紧迫感,则公司推进降低成本目标时遇到的阻力变小;由于实行优质优价的定价原则,可鼓励分厂提高产品质量以增加"销售收入",也使他们有了寻求质量与成本最佳结合点的权利;利息作为内部利润的扣除项,有利于量化资金占用水平,鼓励分厂压缩资金占用;通过对不同品种的合理定价,可鼓励分厂结合市场需求调整产品结构。采用项目成本倒推分解这种方法,从根本上改变了各个流程成本控制与总成本控制之间的关系,使个人将自己的工作与对总成本控制的贡献直观相关联,个人的晋升与发展也与这些贡献相关联,从而形成了良性循环。

邯钢推行的项目成本分解制,使它能够在 1993 年以来国内钢材价格每年降低的情况下保持利润基本不减,1994—1996 年实现利润在行业中连续三年排列第三名,1997—1999 年上升为第二名。1999 年邯钢的钢产量只占全国钢产量的 2.43%,而实现的利润却占全行业利润总额的 13.67%。冶金行业通过推广邯钢经验,也促使钢材成本大幅度降低,1997 年以来全行业成本降低基本与钢材降价保持同步,1999年成本降低还超过了钢材降价的幅度,不仅使全行业经济效益呈现恢复性提高,而且为国民经济提供了廉价的钢材,缩小了与国际钢价的价格差,增强了中国钢铁工业的国际竞争力。

事实上，不只在钢铁行业，其他有色金属业、机械行业、化学工业、制糖业、造纸业等都具有邯钢这种大批量多流程生产的特点，由于邯钢成功地实施"模拟市场核算、倒推单元成本、实行成本否决、全员成本管理"这一全新的企业经营机制，因此在全国掀起了一轮学邯钢的浪潮。

本章小结

本章介绍的是管理的计划职能，计划是管理的首要职能，计划职能包括决策和计划两个过程，决策是前提，决策是根据外部环境，分析自身长短，对未来做出判断的过程，而这一过程的结果就是形成计划，是决策的逻辑延续，但同时在计划实施的过程中又离不开具体的决策，决策计划是一个交织的过程，是一个问题的两个方面。

决策是指组织或个人为实现某种目标而对未来一定时期内有关活动的方向、内容及形式的选择或调整的过程。从决策主体来看，可以将决策分为组织决策和个人决策；从决策目标来看，可以将组织决策分成初始决策和追踪决策；从决策调整的对象和涉及的时限来看，组织决策可以分成战略决策和战术决策。决策具有群体性、满意性、过程性、协调性和智能化的特点。决策程序是一个发现问题、确定目标、确定评价标准、拟定方案、分析评估、方案选优、再次试行和普遍实施的过程。决策受到环境、组织自身、决策问题性质和决策主体等因素影响。

决策理论的发展经过两个阶段，一是古典决策理论阶段，另一个是行为决策理论阶段，古典决策理论是指20世纪50年代前的决策理论，这一理论是基于"经济人"假设，假设决策者是完全理性的，能够充分了解和利用有关信息。行为决策理论始于20世纪50年代，理论认为：理性的、经济的标准都无法确切地说明管理的决策过程，进而提出"有限理性标准"和"满意度"原则。行为决策理论阶段中，决策理论学派是最具代表性的，该学派是从社会系统学派中发展出来的，是以统计学和行为科学作为基础的，作为管理学科的一个重要学派，决策理论学派着眼于合理的决策，即研究如何从各种可能的选择方案中选择一种"令人满意"的行动方案。

决策的方法包括定性决策方法和定量决策方法。常用的定性决策方法有头脑风暴法、名义小组技术、专家咨询法等。常用的定量决策方法主要针对确定型决策、风险型决策和不确定型决策进行。

计划是一项基本的管理活动，为了把决策付诸实施，预先进行的行动安排就是计划，它包括对事项的叙述、目标和指标的排列、所采取手段的选择以及进度的规定。按照不同的分类方法，计划可以分成不同的类型。计划的程序依次包括：估量机会；确定目标；确定计划工作的前提条件；拟订可供选择的方案；评各种备选方案；选择方案；拟订派生计划；编制预算。把战略性计划转变成战术性计划最行之有效的方法有目标管理、滚动计划和网络计划技术。

思考题

1. 简述决策的概念、类型和决策过程,说明影响组织决策的因素有哪些。
2. 计划编制包括哪几个阶段的工作?
3. 计算以下各题:
    (1) 某企业生产甲产品,单位产品价格 9 000 元,固定成本总额 300 万元,单位产品变动成本 4 000 元。要求:
        ① 计算甲产品盈亏平衡点的产量。
        ② 当产量为 1 000 台时,企业经营安全状况如何?
    (2) 某企业生产一种产品,市场预测结果表明有三种可能:销路好,销路一般,销路差。备选方案有三个:一是扩建,二是技术改造,三是维持现状。各方案在不同状态下的损益值如下表。

方案	收益值(万元)		
	销路好	销路一般	销路差
A:扩建	200	90	−70
B:技术改造	150	80	−50
C:维持现状	90	40	−20

    ① 试用乐观原则、悲观原则、折中原则、最小最大后悔值原则进行决策。
    ② 若知销路好的概率是 0.5,销路一般的 0.3,销路差的为 0.2,试用期望值法、决策树法决策。
4. 根据相关管理理论,分析下例中黑熊比赛失败的原因,应该如何改进?

两熊赛蜜

　　黑熊和棕熊喜欢吃蜂蜜,都以养蜂为生。它们各有一个蜂箱,养着同样多的蜜蜂。有一天,它们决定比赛看谁的蜜蜂产的蜜多。

　　黑熊想,蜜的产量取决于蜜蜂每天对花的“访问量”。于是它买来了一套昂贵的测量蜜蜂对花访问量的绩效管理系统。在它看来,蜜蜂对花的“访问量”就是它的工作量。每过完一个季度,黑熊就公布每只蜜蜂的工作量;同时还设立各种奖项,奖励访问量最高的蜜蜂。但它从不告诉蜜蜂们比赛的事。

　　棕熊和黑熊想的不一样,它认为蜜蜂能产多少蜜,关键在于它们每天采回多少花粉,花粉越多,酿的蜂蜜也越多。于是它就直接告诉众蜜蜂:它是在和黑熊比赛看谁产的蜜多。它也花了一些钱买了一套绩效管理系统,测量蜜蜂每天采回花粉的数量和整个蜂箱每天酿出的蜂蜜的数量,并把测量结果张榜公布。它也设立了一套奖励制度,重奖当月采花粉最多的蜜蜂;如果当月产量超过上月,那么所有蜜蜂都会受到不同程度的奖励。

　　一年过去了,两只熊查看比赛结果,黑熊的蜂蜜不及棕熊的一半。

5. 在本章《邯郸钢铁公司的成本目标管理》案例中,邯钢的成本管理过程体现了什么思想和原则?有哪些做法值得相关企业学习?

第六章
组　　织

IDEO 是全球顶尖的设计咨询公司,以产品发展及创新见长。1991 年由斯坦福大学的毕业生创立,从只有二十名设计师的小公司,一路成长到拥有三百多名员工的超人气企业。在 IDEO 公司,经常会出现这样的情况:在芝加哥的一个为期两周的项目中,工业设计师来自旧金山,机械工程师来自伦敦,技术商业开发人士由慕尼黑派出。该项目完成后,可能又会有成员随即飞往波士顿执行下一个项目。IDEO 公司总部位于美国硅谷的帕洛阿图(Palo Alto),但是设计师们从来不静态地在某地办公,也不固定地属于某一个团队,而是以项目为单位,动态地出现在各个团队之中。在全球的 7 个办事处"全球制造"每天都在上演。公司的总经理汤姆·凯利(Tom Kelley)将其称为"大规模公司,小规模运作"①。

一家公司,不管其成员来自哪个民族或国家,也不管它是否在当地或者全球开展业务,关键就是能否像 IDEO 公司那样将来自不同民族和国家的成员,将全球的业务有机地组织起来。组织是管理的基本职能之一,如何形成一种有序的但又是极其机动的、富有生命力的、能适应环境的有效团队模式,这对管理是一个严峻的挑战。

第一节　组织结构的基本要素

组织是人们为了达到一定的目标而有意识形成的一种团体,组织工作的职能就是要建设明确的分工协作体系,设计合理的组织结构,将组织有限的资源(尤其是人力资源)进行有效的安排和调配,从而顺利地实现组织的既定目标。从这个意义上说,组织结构(Organization Structure)反映的是组织中"一种正式的工作关系,这种关系界定了不同职位和部门的工作任务以及它们之间的协调关系"。② 所以,组织的结构就决定了组织中的人是如何运用组织拥有的资源来实现组织目标的。

组织设计(Organization Design)是建立组织结构的过程,是组织职能发挥作用的基础。由于每一个组织的目标、所拥有的资源以及所处的环境不同,其组织结构也会呈现出不同的特征。但是,作为规范的组织结构,其所涉及的基本要素都是相似的。

一、部门分工

部门分工的理论基础源于亚当·斯密的"劳动分工"理论。"劳动分工"可以大大提高劳动效率。对一个组织来说,目标的实现过程体现为一系列具体任务的完成,为了使这些越来越多、越来越复杂的工作完成得更加有效率,就非常有必要对整个组织的工作任务进行细致地分析,加以识别和分类,并把不同的工作分派给组织内不同的"工作单元"加以执行,这就是"部门分工"(Departmentalization),或称为"部门化"。部门分工带给组织的最大益处是由于员工只需掌握少数的专业技能,甚至单一的技能即可提高工作效率,降低培训成本和减少工作转换时间,同时也促进了适用于劳动分工的专门工具或设备的发明。

---

① 施智梁. IDEO:大规模公司小规模运作[J]. 商学院. 2007(3).
② 唐·黑尔里格尔,等. 管理学——能力培养方向(第九版)[M]. 北京:中信出版社,2005:300.

然而,过度的部门分工也容易使员工产生厌倦单调工作的消极情绪,从而影响工作质量。尽管如此,部门分工仍然是组织职能的自然起点,是组织结构的基本要素之一。

部门分工可以有多种方法,主要的部门化类型有:

(一)职能部门化(Functional Departmentalization)

职能部门化是最常见的一种部门化方式,这种方法是将组织内性质相同或相似的活动安排在同一个部门,由该部门承担相应的工作职责,通过执行相应的工作职能为组织目标服务。比如,在制造业企业中可以根据主要的职能活动设置生产部门、营销部门、财务部门和人事部门等。一般来说,职能部门化适合于所有类型的组织,但是根据组织的性质以及活动目标的不同,部门化的功能会有很大的不同。例如,大学一般划分为教务部门、科研部门、学生部门、人事部门、后勤部门等,医院通常划分为门诊部、住院部、护理部、研究部等。职能部门化是一种相对比较简单的结构,适用于产品比较单一、市场集中于一个地区的组织。

按照职能划分部门的主要优点是:

(1)可以合理地反映组织的各个职能,有利于发挥专业化分工的好处,便于部门内的沟通和协作,提高工作效率。

(2)有利于部门内员工共享培训、经验和资源,减少管理费用。

(3)部门管理人员只需熟悉本部门的业务技能,可以降低管理难度。

(4)各职能部门的活动都是整个组织活动不可缺少的一部分,职能部门化有利于维护高层管理者的权威。

职能部门化也有一定的局限性,主要体现在:

(1)随着组织规模的不断增大,职能分工过多容易造成组织官僚主义严重,决策迟缓。

(2)各部门容易形成本位主义,只关注本部门的利益,部门之间的沟通不足,协调困难,影响组织整体目标的实现。

(3)当组织的环境发生变化时,职能部门化的适应能力较差。

(4)不利于培养综合性管理人才。

(二)产品部门化(Product Departmentalization)

随着组织的不断成长和业务内容的不断增加,往往在管理中会带来职能结构不能解决的问题,这时需要采取分部结构来提高管理效率。产品部门化是分部结构的一种,就是按照组织所提供的产品或服务的不同类别来划分不同的部门,每个部门对本部门的产品拥有设计、生产和销售等充分的自主权。当然,在每一个产品部门内部,依然要依靠诸如生产、销售、财务等最基本的职能单元。在大型组织中,产品部门化往往演变成"战略业务单元"或"事业部"。

产品部门化的优点主要是:

(1)按照产品或服务进行部门划分,有利于提高决策速度,便于同类产品业务活动的协调。

(2)有利于产品部门专注于单一的产品领域,促进专门技术、专门知识和专门设备的提高和改进。

（3）产品部门化可以使得部门管理人员关注该类产品的市场需求，能较快地适应环境的变化。

（4）各产品部门责任明确，便于评价其管理绩效。

（5）有利于高级管理人员的培养。

产品部门化的缺陷是：

（1）各部门只关心自己的产品，而忽视整体目标。

（2）由于每一个产品部门内都要聘用自己的职能专家，造成管理成本上升。

（3）有可能导致各部门之间对资源的争夺。

（三）区域部门化（Geographic Departmentalization）

区域部门化是根据组织活动所在的国内地区或国际区域划分部门的方法，每一个特定区域的业务活动和职责均由一个部门全权负责。很多组织随着自身的成长，往往伴随着业务在地域上的扩展，这种扩展可以跨越国界。组织活动在地理上的分散给组织的管理带来一定的困难，尤其是对当地市场环境的把握程度成为影响决策有效性的主要因素，只有将决策权下放到各个区域，才能提高业务活动的有效性。

区域部门化的优点表现在：

（1）高层管理者将权力下放，便于内部的协调，也有利于组织与当地利益相关者更好地沟通。

（2）各区域的管理者可以更好地了解当地市场信息，对本区域的环境变化反应速度更快。

（3）有利于培养高级管理人员，而高层管理者可以将精力更多地放在组织的总体战略发展上。

区域部门化的缺点是：

（1）每一个区域部门都有完整的职能设置，资源效率不高，管理成本上升。

（2）区域管理者只关注本区域工作目标，而忽视组织整体目标。

（3）权力下放过多不利于高层管理者的协调和控制。

（四）客户部门化（Customer Departmentalization）

客户部门化是指根据客户群体的不同类型进行部门划分。随着消费者对产品和服务需求的不断提高，组织对消费者的重视程度也与日俱增，客户部门化也成为越来越普遍的一种部门化方法。客户部门化的优势体现在：

（1）鼓励组织以顾客为中心，有利于提高服务质量。

（2）可以体现出产品的差异化，有助于顾客选择合适的产品或服务。

客户部门化的局限性也比较明显：

（1）不同的客户部门之间不易协调。

（2）想要清晰地划分客户群也存在一定的困难。

实践中还有其他一些部门化的方法，如以工作程序为依据的流程部门化、以工作时间为依据的时间部门化等。一个组织采取何种方式划分部门主要是由组织的活动特点决定的,而且不同的部门化方式可能在组织的不同层次上都有体现,部门的称呼也会多种多样。

二、管理幅度和管理层次

部门化使得组织的任务得到了分工,实现了专业化和标准化,但也产生了每一个任务之间是什么关系,这些任务与组织的整体目标之间是什么关系,谁来指导工作,工作向谁负责等问题,这就需要一个统一的协调机制来完成。因此,组织结构中的另一个要素是明确管理幅度和管理层次。

(一) 管理幅度(Span of Control)

管理幅度是指一名管理人员能直接而有效地指挥下级人员的人数。由于受到管理者的知识、经验和精力等方面的限制,每一个管理者所直接领导的人数应该有所限制,否则会影响管理效率。法国早期管理学家格兰丘纳斯(V. A. Graicunas)认为,管理者与下属之间可能存在着复杂的人际关系,当管理幅度以几何级数增加时,管理者与下属之间的潜在人际关系也以几何级数增加。他把这些人际关系分为三种类型:(1)直接关系:即上级直接和下级发生的一对一关系;(2)交叉关系:即下级人员彼此的关系;(3)组合关系:即上级与下级人员的各种可能组合的关系。为此,格兰丘纳斯提出了一个公式来计算一定的管理幅度下可能存在的各种人际关系的总数。该公式为:

$$C = n(2^{n-1} + n - 1)$$

式中 n 为管理幅度,C 为可能存在的人际关系总数。

根据以上的公式,可以得到一个关系表(见表 6 - 1)。

表 6 - 1　管理幅度和可能存在的人际关系总数

n	1	2	3	4	5	6	7	8	9	10	⋯
C	1	6	18	44	100	222	490	1 080	2 376	5 210	⋯

由此可见,当管理幅度增加时,组织内部的关系将会变得非常复杂。那么一个管理者究竟领导几名下属最具有效率,这个问题并没有唯一的答案,而是受到一系列因素(见表 6 - 2)的影响,也就是说在一定的情境下会有相应的合理的管理幅度。

表 6 - 2　决定有效管理幅度的因素[①]

窄幅度	宽幅度
1. 工作复杂,标准化程度低	1. 工作简单,标准化程度高
2. 上下级之间沟通效果差	2. 上下级之间可以进行有效沟通
3. 计划、目标不明确	3. 计划、目标明确
4. 很少或没有培训	4. 下属充分培训

---

① 周健临. 管理学教程[M]. 上海:上海财经大学出版社,2001:181.

续　表

窄幅度	宽幅度
5. 内外部环境急剧变化	5. 内外部环境稳定
6. 下属人员分散各处	6. 下属人员工作地集中
7. 管理人员能力差	7. 管理人员能力强
8. 不善于授权	8. 善于授权

（二）管理层次

管理层次是明确组织内部工作报告关系的另一个方面,指的是组织内部纵向指挥系统的等级数。由于受到最高管理者的时间、精力、知识和经验等限制,必须要把一部分管理工作委托给其他人,受托人可以将其中的部分工作再委托给另一些人来完成,一直到受托人能直接安排和协调组织成员的具体业务活动,这样在组织内部就形成了最高管理者、中层管理者、基层管理者和一线作业人员的纵向等级关系。每一位上级指挥和监督多位或至少一位下属,每一位下属都必须明确地向一位并且只能向一位上级报告,这就是组织的"指挥链"(Chain of Command)。

当组织的规模一定时,管理幅度与管理层次之间成反比例关系,缩小管理幅度就意味着要增加管理层次,而扩大管理幅度就必须减少管理层次。

（三）高耸型结构与扁平型结构

当组织规模已定而采取不同的管理幅度时,组织结构将呈现出不同的形态特征。

1. 高耸型结构

高耸型结构是指组织的管理幅度较窄而管理层次较多的结构,日常运营管理高度专业化、规章制度正规化,任务按照职能部门分类,权力相对集中,管理幅度窄、管理层次多。高耸型结构的优点在于:

（1）纵向等级关系非常明确,有利于维护领导权威,有利于统一指挥。

（2）结构严谨,职责分明,有利于上级对下级的监督和控制。

高耸型结构也会给组织的管理工作带来问题:

（1）管理层次多,管理人员多,造成管理费用增加。

（2）管理层次多使得组织内的信息传递速度缓慢而且容易失真。

（3）各层次之间以及各部门之间协调困难,容易互相推诿责任。

（4）过多的上下级关系容易造成决策迟缓,对环境的适应能力较差。

由此可见,当组织的规模不断增大时,如果只是相应地增加管理层次并不一定能够满足管理上的需要,相反可能会使组织越来越缺乏适应性和灵活性。所以近年来,结构的扁平化为众多组织所推崇。

2. 扁平型结构

扁平型结构是指管理幅度宽、管理层次少的组织结构,显现出"扁而平"的特征。与高耸型结构相比较,扁平结构具有以下优点:

（1）管理层次少，管理人员减少，可以节省管理费用。

（2）有利于上下级沟通，组织内信息传递快，信息失真的可能性较小。

（3）随着管理幅度的增大，上级对下级的指导和监督减少，有利于锻炼下属的工作能力。

扁平结构的不足之处主要有：

（1）由于管理幅度较大，每一个主管人员的工作负担较大，不能对下属进行充分的指导和监督。

（2）扁平结构虽有助于培养下属人员的独创性，但是一旦下属缺乏自律、过于独断时，就有失控的可能。

（3）对每一位主管人员而言，由于信息来源较多，如果对信息出现误读和误判，就会出现决策失误。

不论是高耸型结构还是扁平型结构，并没有绝对的优劣之分，它们有各自的长处和短处。在组织设计时应因地制宜地采取最合适的结构类型，最有效的就是最合适的。

三、职权的配置

组织内部权力的安排直接影响到各级管理者在执行任务时调配各类资源的能力，也就是决策权在组织内的分布。

（一）职权和权力

组织中的职权（Authority）指的是处于某一个职位上的人所拥有的发布命令并要求下属执行命令的一种权力。职权与职务相关，因此是组织所赋予的法定权力，无论是谁居于某个职位，都拥有固有的职权，而不会因人而异。

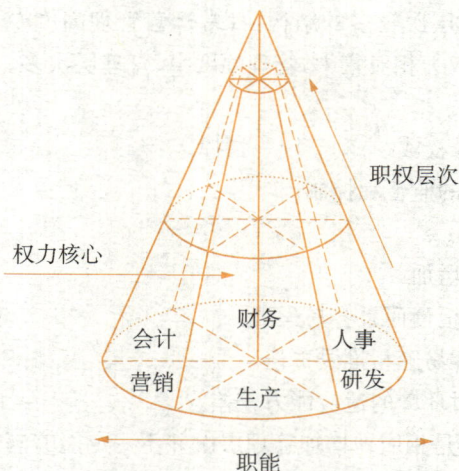

图6-1　职权与权力的比较

职权和权力（Power）这两个概念容易混淆。"权力"的含义要比"职权"更加宽泛，它指的是"一个人影响决策的能力"[1]。这种影响力的来源或基础包括：①合法权力，即上面所说的"职权"，由管理者的职位决定的影响力；②强制权力，是一种依赖于"惧怕"的力量。在组织中管理者通常可以使用强制权力达到一定的目标，如可以采用降职或解雇等手段迫使下属按照一定的要求去工作；③奖赏权力，管理者可以利用奖赏手段对下属施加影响；④专家权力，即个人由于具有某种专长或特殊的技能而产生的影响力；⑤感召权力，即一个人因为具有为他人所倾慕和认同的特质而产生的影响力。职权与权力之间的比较如图6-1所

---

[1] 斯蒂芬·P·罗宾斯.管理学(第四版)[M].黄卫伟,等,译.北京:中国人民大学出版社,1997:233.

示。图中圆锥体的中轴线表示权力核心,纵坐标表示职位的层次,越向顶端职位层次越高,职权就越大,也越靠近权力核心。圆锥体的横截面表示同一层次中不同职能的职权范围。这个圆锥体显示了一个人可以通过职位的提拔而接近权力核心,也可以通过向权力核心水平靠近而获得权力。

与职权对等的是职责(Responsibility)。一个人在行使他的职权时应该承担起相应的职责,就是要对行为的结果负起责任,这样可以有效地防止滥用权力而不负责的局面出现。

(二)集权和分权

集权与分权涉及组织内部的职权如何进行分配的问题。

集权是指组织内的决策权力集中在较高层次的管理部门,分权则是将决策权分散在较低的管理层。实际上,集权和分权只是相对而言的,并非绝对。即使在一个高度集权的组织中,也不可能由一个管理者做出所有的决策,因此,用"集权化"(Centralization)或"分权化"(Decentralization)也许更能反映出组织权力分布的倾向性。

集权化的好处主要在于可以加强统一指挥,使政策和行动保持一致,同时也便于上级的控制。但是,过于集权也会产生不少弊端:①不利于调动下属的工作积极性和创造性,容易使下属把服从命令作为工作的唯一目标;②当组织规模较大时,最高管理层不太容易及时地掌握信息,从而降低决策的质量;③可能会助长组织中的官僚作风,削弱组织对环境变化的适应能力。

分权化有助于克服过度集权带来的弊端,它的好处在于:①有利于决策的合理性,因为下属对工作情况更了解,不必事事都要向上级请示;②有助于激发下属的工作热情,培养他们的工作能力;③高层管理者可以从大量的常规性工作中解放出来,将精力放在组织的战略性发展上。

一个组织在权力分配上是采取集权化方式还是分权化方式主要受到以下几个因素的影响:

(1)决策的成本。决策的结果对组织的影响程度越大,高层管理者做出最后决策的可能性越大。

(2)政策的统一性。如果管理者比较看重政策的一致性,则倾向于集权化;如果管理者希望下级部门能自主灵活地完成任务,就会把决策权更多地下放给他们。

(3)人员的能力。如果有充足的能力强、素质高的低层管理者,就可以考虑分权;反之,则考虑集权。

(4)控制的可能性。分权并不意味着失去控制。如果高层管理者有足够的把握能对下属的工作和绩效进行有效地控制,则会实施分权。反之,如果控制机制不完善,有失控的潜在风险,则不宜分权。

(5)组织的规模。当组织规模越来越大,管理层次的增加会使得上下级的沟通和各部门的协调变得更加困难,分权则会消除这种负面影响,减少决策失误。

(6)环境。组织的外部环境越复杂,不确定性越大,组织越倾向于分权,以提高组织的应变能力。

（7）职能领域。集权还是分权也与职能领域有关,如生产、销售等常常涉及非常具体的问题,有基层决策会更合理,而人事、财务、采购等往往是由高层决策的。

此外,高层管理者的个性以及管理哲学的差异对组织的分权也会有影响。比较专制和特别在意自己权威的人往往会采取集权式管理;反之,则倾向于分权式管理。

（三）授权（Delegation）

授权是管理者将一部分职权委任给下级的过程。授权之所以有存在的必要性,主要是因为管理者有很多工作需要去做,但是并不是样样都擅长,精力和时间也是有限的。所以,可以将一部分工作交给下属去做。授权与分权是有区别的。分权与集权是从整个组织来看决策权是分散在基层还是集中在高层,是总体的权力分布状况;而授权更为具体,是每一个层次的管理者都应该掌握的一种管理艺术。

授权的过程可以分解为三个步骤:

（1）分配职责。上级给下级分派任务,如要求下级准备一份工作报告。

（2）授予职权。上级授予下级相应的权力,使之可以运用原本不具备的权力来完成分派的任务。

（3）明确责任。下级承诺要运用被授予的权力完成分派的任务,并向上级汇报任务执行的情况和结果。

通过授权,一方面可以减轻上级的负担,另一方面也有利于培养下属,同时授权也有助于建立上下级之间基于信任和尊敬的人际关系。但是在实践中,授权往往会带来一些问题,如管理者没有很好地明确职权和责任,导致授权不当影响工作;管理者过分担心下属是否能好好地完成工作,甚至又会害怕下属工作太出色而威胁到自己;下属在接受授权时也会因为种种原因而顾虑重重。因此,授权的有效性对工作的顺利进行有很大的影响。管理者在授权时应注意以下几点:

（1）授权要明确。管理者必须向下属明确所拥有职权、所承担的责任和所要完成的任务和目标。模糊的授权只会让下属无所适从,影响工作效率。

（2）授权要适度。过少的授权不利于调动下属的积极性,管理者自己也仍陷于繁多的工作之中。而过多的授权又容易失去控制。适度的授权就在于能让下属在授权范围内充分发挥聪明才智去完成任务。

（3）人员要合适。任务是要人来完成的,授权也必须要落实到具体的人。如果人员的素质不能胜任则授权的有效性会大打折扣,甚至会给工作带来严重的后果。

（4）沟通要及时。授权不等于放任不管,上级仍需对下级进行适当的监督和指导,只有上下级保持不断地沟通,才有助于及时发现问题,及时交换意见,保证任务的顺利完成。

总之,授权是每一位管理者都要练就的本领,是管理者走向成熟和成功的重要一环,敢于授权并善于授权正是管理艺术的重要表现。

（四）直线职权和参谋职权

在指挥链上的各层人员被称为直线人员,他们之间的关系是直线关系。直线管理人员所拥有的指挥和控制直属下级的权力称为"直线职权"（Line Authority）。当组织规模不断扩大并趋于复杂之后,需要一定数量的专家来为直线管理者提供更为专业的咨询、建议和服务,这些专业化的人员称为参谋人员。参谋人员所拥有的为直线人员提供研究、建议、支持、协助的权力称为了"参谋职权"(Staff Authority)。在某些问题上,如绩效评估、资金运用,作为参谋的人事部门和财务部门甚至被赋予高于直线部门的决策权。

直线人员和参谋人员之间往往存在一些矛盾。直线人员有丰富的实践经验,而参谋人员拥有系统的知识,如果双方在经验和知识上差别很大就会产生冲突。而参谋职权的存在使得组织内部的职权关系更加复杂。

本章论及的组织结构是由正式的职权关系和工作关系决定的结构,称为正式结构(Formal Structure),组织正式结构的背后中还存在着一种非正式结构(Informal Structure),通常又被称作非正式组织或"影子组织"。非正式组织的成员往往是因为某些共同的爱好如健身、下棋等或者相同的生活经历结成不同"圈子","圈子"内的成员主要以情感因素为纽带,而不管他们的正式职位和关系如何。这些非正式组织可以加强组织成员之间的交流,满足了组织成员在正式组织中无法获得的一些需要。管理者应该正视非正式结构的存在,利用好非正式结构增进交流和增强信任的积极面来促进正式结构的顺利运行。

第二节　组织结构类型及其演化

管理者可以通过选择恰当的任务关系和工作关系建立起特定的组织结构,这就是组织设计。从严格的意义上讲,并不存在唯一正确的组织设计,只有最合适的组织设计。每一种组织结构形式都是在特定的情境下适用于特定的任务目标。只要有助于组织更加有效地实施战略与规划,有助于更加有效地实现目标,就是合适的、正确的。

一、影响组织设计的因素

影响组织设计的因素有很多,主要有环境、技术、组织战略、组织生命周期等。

(一)环境

在第四章,我们已经指出一个组织面临的环境包含众多因素,既有一般环境因素,又有任务环境因素。环境对管理的影响是显而易见的。环境因素的复杂性程度越高,组织需要面对的问题越多,组织需要设置的部门和职位可能就越多,组织结构也就趋于复杂。比如,近几年来,因为种种原因高校大学生的压力越来越大,关注大学生心理状况成为高校管理中非常重要的工作,高校普遍设立了大学生心理咨询中心,满足大学生的心理健康教育和指导的需要。环境因素的稳定性在更大程度上影响组织设计。环境变化得越快,组织在运行过程中面临的不确定性越大,这时组织需要更加快速地沟通和决策,灵活的组织结构、分散的决策权就会显示出优越性。相反,当外部环境比较稳定时,管理者更需要一个权责关系明确、等级体系严密、有大量规则和标准程序的正式结构。

（二）技术

组织的设计、生产、销售等活动都需要运用具体的知识、方法、工具、机器设备等条件才能完成,这些构成了组织的技术。技术是组织将投入转化为产出的根本手段,技术类型和技术水平不仅影响组织活动的效果和效率,而且会影响组织设计。

琼·伍德沃德(Joan Woodward)最早关注技术对组织结构的影响。她通过对南英格兰地区的100家工业企业的研究,发现了技术类型与组织设计之间的关系。她将技术分为三种基本的类型:①单件或小批量技术。根据客户的要求定制,或者只生产小批量的产品。这种单件的生产或小批量生产需要员工对每一种情况做出反应,灵活的组织结构更加适应。②大批量或大规模生产技术。依靠机器、装配线大批生产标准化产品。对于这种重复性、程序性的工作,管理者需要的是绝对的控制权,规范的官僚组织结构最适用。③连续生产技术。产品由自动化机器按照既定程序生产出来,而且整个过程通常由中央监控室进行控制。这种技术在炼油、化工、发电等企业普遍得到应用。在连续生产技术中,监控非常重要,一旦出现突发情况,员工必须要迅速地做出反应,否则可能产生严重的后果,这种技术类型下组织结构要能满足灵活反应的要求。

查尔斯·佩罗(Charles Perrow)从知识技术而非生产技术对技术进行分类。他从两个变量对技术进行考察,一是任务的可变性,即成员在工作中遇到的例外情况的数目。如果例外情况少,工作就是高度常规化的;如果工作具有很大变化时,就会存在很多例外情况。二是问题的可分析性,就是对解决问题的探索过程的一种评价。有些问题是确定的,人们可以通过逻辑推理找到解决问题的方法。而有些问题是不确定的,只能凭经验、直觉或猜测去尝试解决。佩罗根据这两个变量建立了一个2×2矩阵(如图6-2所示)。四个象限代表了四种技术类型,其中常规技术(象限Ⅰ)只有少数例外,问题易于分析;工程技术(象限Ⅱ)有大量例外情况,但是可以进行理性的、系统的分析。手艺技术(象限Ⅲ)用来处理相对复杂但是只有少量例外的问题,非常规技术(象限Ⅳ)则是处理有很多例外同时又难以分析的问题。根据技术的四种分类,佩罗认为,对于可以进行系统分析的问题,适合用象限Ⅰ和象限Ⅱ的技术,而只能凭经验、直觉或猜测去处理的问题适合用象限Ⅲ和象限Ⅳ的技术。如果经常出现熟悉的问题,则象限Ⅰ和象限Ⅲ的技术是合适的,如果经常出现新的、不熟悉的问题,则象限Ⅱ和象限Ⅳ的技术最合适。技术与结构之间的关系是,越是常规技术,组织结构越正规化、集权化;反之,越是非常规技术,组织结构越需要灵活性。介于常规技术和非常规技术之间的工程技术,由于问题可以进行系统分析,就需要分散决策权并保持组织的灵活性,手艺技术是以丰富的知识和经验来解决问题的,组织必须以分权化来适应。总而言之,越是常规技术,机械式结构越适合;越是非常规技术,有机式结构越适合。

任务可变性

问题可分析性	少量例外	很多例外
确定的	常规技术 (象限Ⅰ)	工程技术 (象限Ⅱ)
不确定的	手艺技术 (象限Ⅲ)	非常规技术 (象限Ⅳ)

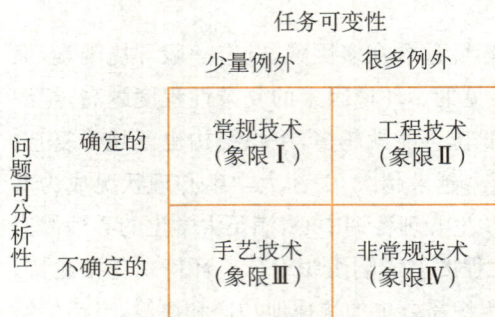

图6-2　佩罗的技术分类

服务性组织在经济活动中地位日益突出，技术因素对服务性组织的设计同样也有影响。服务产品的特殊性在于它是无形的，不能储存，提供服务的过程也是顾客消费和享受的过程。对于能够提供标准化服务的组织，也就是运用常规性服务技术就可以满足顾客需要的组织，如快餐店、书店、银行等，往往是比较机械的组织设计，决策权大多集中于高层。而对于服务无法标准化，需要服务提供者与顾客之间进行较多的互动才能解决问题的组织，则要设计更加灵活的结构，以满足服务过程弹性化和决策制定分散化的要求。如律师事务所、广告公司、医疗机构、房地产中介机构等。

信息技术的广泛使用对组织结构也有影响。采用信息技术可以改变组织内部的工作报告关系，促进结构向扁平化发展。信息技术也能帮助管理者获得更多内部和外部的信息，促进交流，可以使集权和分权相结合，更灵活地应对变化的环境。网络组织、虚拟组织就是信息技术带来的结构创新。

（三）组织战略

战略是组织为实现总体目标而采取的一系列方针、政策、活动的集合体，组织结构的设计要适应组织战略的需要。战略类型的不同，组织的工作重点就不同，部门和职务就要做相应的调整。比如，当一个企业实施多元化战略时，管理者就必须考虑在组织内设立不同的业务单位，各个业务单位拥有更加自主的决策权。而实行单一产品战略时，业务活动对各个职能部门依赖性强，那么可以采取传统的职能部门化形式。当一个企业实施成本领先战略时，则需要一种稳定的、高效的、有严格控制的组织结构。但是，差异化战略需要企业能迅速地满足市场需要，研发、营销、生产等各部门需要更多的沟通和协作，采取规范化程度低、分权化的弹性结构设计会更加适宜。此外，组织的跨国经营战略也对组织设计提出了新的要求。

（四）组织规模

组织规模往往随着组织的成长而增大，一方面表现为组织成员数量的增加，另一方面组织活动的内容也会趋于复杂，活动的范围也会越来越大，组织结构必然要随之调整。大规模的组织由于活动的复杂性，往往有更加细致的专业化分工，有更多的规章制度、工作程序等来对人员和部门进行有效的控制，而越来越多的部门需要更多的分权，因此，高度的规范化结构更加适合大型组织的运行。小规模的组织人员少，专业化分工程度低，组织结构更倾向于灵活的、松散的、低规范化的形式。

（五）组织生命周期

一般来说，组织都要经历生命周期的四个阶段。在诞生期，组织人员少，结构不正规，最高管理者掌握决策权；在成长期，组织发展较快，业务活动增多，人员数目增加，此时，部门分工开始出现，需设置必要的管理岗位，决策权大部分仍集中在最高管理者手中，组织结构开始趋向正规。在组织的成熟期，内部分工明确，专业人员和行政人员激增，分权化明显，有大量的规则、制度等对员工进行指导，组织结构规范化程度更高。在第四个阶段，即衰退期，由于组织规模庞大，垂直权力系统过于强大，组织灵活性降低。为使组织继续保持活力,此时应该对组织结构做出相应的变革。

二、组织结构的基本类型

组织结构可以分成直线型、直线职能型、分部型、矩阵型等几种基本的类型。

(一)直线型结构

直线型结构是最简单的一种组织结构形式,因此又称为简单结构(Simple Structure)。组织中不设专门的职能部门,只有直线关系,且层次少。决策权集中在高层管理者手中,而基层管理者主要是执行者。这种结构权责分明,沟通方便,便于统一指挥,同时运行成本较低,对环境反应快速,适合于规模较小、生产和管理比较简单的组织。但是,一旦组织规模增大,这种简单结构就显示出明显的缺陷,主要在于高层管理者虽然大权在握,但面对头绪繁多的管理工作,在没有"帮手"时难免会出现决策失误;中层之间缺乏横向沟通,不利于工作的协调。

(二)直线职能型结构

直线职能型结构(Functional Structure),又称 U 形结构(Unitary Structure),是以职能部门化和等级链为基础进行设计的。这种结构在实践中得到了广泛的运用,无论是企业、机关还是学校或医院都比较适合。直线职能型结构最突出的优势在于能够充分利用各个职能部门的专业化技能来辅助高层管理者的工作,提高工作的效率;同时,直线系统的权威仍然存在,确保统一指挥、统一命令,决策是集权化的。尽管该结构应用广泛,但是也明显地带有职能部门化的不足。如各职能部门缺乏横向联系,沟通和合作困难;集权化倾向明显,下级缺乏自主权;关注部门目标,忽视整体目标;应对环境变化的能力较小,缺乏灵活性。直线职能型结构如图 6-3 所示。

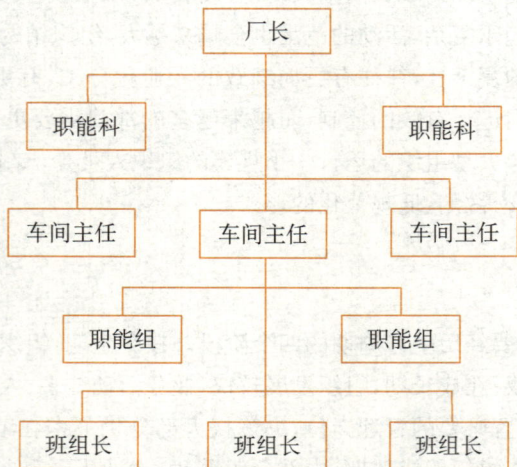

图 6-3　直线职能型结构

（三）分部型结构

分部型结构（Divisional Structure）又称为事业部结构或 M 形结构（Multidivisional）。这种结构是在组织成长过程中，为适应产品的多样化发展，或者经营活动区域的扩大化，或者客户差异性的要求建立一系列的业务单元，从而形成分部型结构。最常见的有产品型的分部型结构、区域型的分部结构和顾客型的分部结构，如图 6-4 所示。分部型结构的好处在于将复杂的大组织划分为组织内部更小的单位，这样更容易管理，从而让大组织获得小组织的敏捷性，避免传统大型组织中所存在的官僚主义的负面作用；分部型结构具有一定程度上的分权，主要决策可以由分部的主管做出，对环境、市场、技术的反应更快；有利于高级管理人员的培养；分部型结构也可以使总部将精力集中在战略的研究和部署上。分部型结构也有缺点，首先，每一个分部实际上都是一个较为完整的"小组织"，职能部门重复设置，导致组织总成本上升。其次，各分部往往过于强调自身的需要，甚至有可能产生内部竞争。

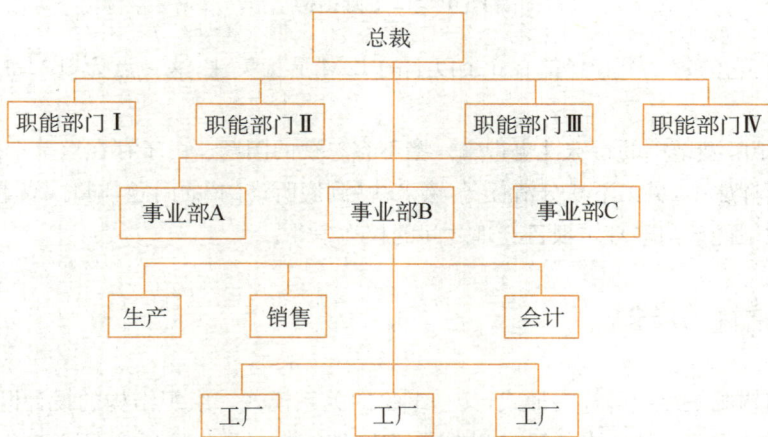

图 6-4　分部型结构

（四）矩阵型结构

矩阵型结构（Matrix Structure）是以职能部门化和产品部门化为基础，以纵向和横向的双重指挥链来组织人力和资源的结构。该结构中，员工属于两个部门，一是属于某个职能部门，拥有自己的专业化技能，二是根据具体任务或项目的需要，被组合到某个项目团队中，员工同时受到职能部门经理的领导和项目经理的领导，如图 6-5 所示。而且，被指派到项目团队中的职能部门员工可以随着任务进度而更换。矩阵型结构是一种弹性结构，特别适合于需要对环境变化做出迅速反应的组织。矩阵型结构的优势非常明显。一是可以最大化地利用组织的人力资源；二是注重各职能部门间的合作并具有很高的灵活性，能随时应对市场需求的变化。著名的 IBM 公司曾经是全球金字塔型组织的代表，臃肿官僚的结构带来的却是对客户需求的一无所知，没有服务品质，决策流程长且慢，越来越多的客户舍弃了它。1993 年后，IBM 引进矩阵型结构后，最为直接的效果就是大大削减了人力成本。同时矩阵型结构的突出特点是关注客户，结构中每一个节点都是一个客

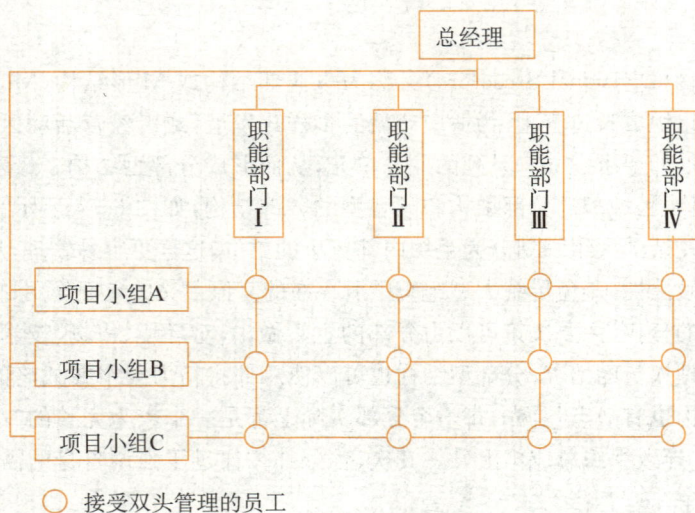

图 6-5   矩阵结构

户群的集合,它的每一个客户都有 3 个以上的 IBM 员工关注,这一点为 IBM 带来的是决定性的利益。

当然,矩阵型结构的特殊性也带来一些不容忽视的问题。由于存在双重指挥系统,违背了统一指挥原则,员工不易分清任务,会产生"到底听谁的"的问题,同时,双重指挥系统也可能导致职能部门经理与项目经理之间的权力争斗。

三、组织结构的演化

组织结构既是组织的存在形式,又是组织的关系模式。组织结构的设计既要为满足组织目标的实现而保持一定的稳定和效率,又要能够应对变化的环境而保持相对的弹性,才能保证组织的长久发展。根据这样的要求,组织可以分为机械式组织和有机式组织两大类型。这两种组织取长补短、不断融合,总的趋势是机械式的组织结构越来越多地向有机式结构演化。

(一)机械式组织与有机式组织

机械式组织(Mechanistic Organization),也称为官僚行政组织,是传统组织设计理论的产物。这种组织按照专业化、部门化来分解任务,并依赖标准化的规章制度进行控制;组织内部遵守统一指挥的原则,确定严格的科层制度,形成等级链的垂直权力系统,而且管理幅度越小,管理层次越多,就高耸型组织形态。这种组织强调的是高度的正规化和集权化,保证组织像一台复杂的机器一样高效率地运转。这种结构适合于在相对稳定的环境中运行的组织。直线职能型结构、分部型结构都是典型的机械式组织。

有机式组织(Organic Organization),又称为适应性组织,能根据需要及时调整结构,是一种松散的、灵活的组织形式,具有低复杂性、低正规化和分权化的特征,有机式组织中没有高度标准化的工作程序和规章制度,员工具有专业化的知识,具有解决问题的能力;

有机式组织倾向于分权化,员工可以针对出现的问题做出必要的决策;有机式组织重视人的创造性。直线型结构、矩阵型结构就属于有机式结构。机械式组织和有机式组织的比较如表6-3。

表6-3　机械式组织和有机式组织的比较

机械式组织	有机式组织
□严格层级关系	□合作(纵向的和横向的)
□固定的职责	□不断调整的职责
□高度的正规化	□低度的正规化
□正式的沟通渠道	□非正式的沟通渠道
□集权的决策	□分权的决策

资料来源:斯蒂芬·P·罗宾斯.管理学(第四版)[M].黄卫伟,等,译.北京:中国人民大学出版社,1997:242.

(二)组织结构演化的方向

从传统的机械式组织向有机式组织发展是组织不断适应环境变化和组织发展特点进行自我调整的过程,是处在变革中的演化过程,是不断出现新形式的过程。总的来看,组织的演化方向主要有三个方面。

1.扁平化

科学技术的突飞猛进,信息社会的到来,知识的爆炸式增长,使得组织原有的生存环境发生了根本性的改变,传统高耸型、机械式组织因层级数量多、高度集权、决策迟缓而无法满足组织有效运作的需要。组织的可持续发展要求组织弱化或取消中间的管理层次,压缩职能机构,使组织结构趋于扁平化。组织向扁平化方向发展依赖于信息技术和知识管理,通过精简管理层次,去除组织中不增加价值的层级、合理使用参谋或者以信息技术来取代中层等方法实现从高耸型组织结构向扁平化组织结构的转变。

2.柔性化

柔性化是指组织结构能够针对不同的环境变化和市场需求做出恰当的、柔性的调整。柔性调整主要表现在:①强调以任务或项目为导向对组织资源进行有效配置。②强调横向间的沟通和协作,重视专家的意见,增加敏捷性。③强调参与和分权的决策,个人和小组的职责和自我监督得到发展。柔性化是在保持组织稳定的基础上增加敏捷性和灵活性。

3.网络化

日益强大的全球化趋势使组织展开了更为激烈的竞争,如何更加有效地进行资源配置,如何跟上新技术、新需求的步伐,如何增加组织的核心竞争力等给组织结构带来了新的挑战,组织结构的网络化就是重要的创新方向。组织充分利用信息技术,与组织外部重要的"关系人",如供应商、承包商、分销商等建立以战略联盟和商业合同为基础的关系网络,组织既保持了自己最具优势的核心专长,又充分利用了外部市场资源,从而具有灵活、快速、经济的优势。

（三）有机式组织结构的新发展

随着环境的变化，越来越多的组织采用了或者部分采用了网络结构、团队结构、虚拟结构等组织形式。

1. 网络结构

网络结构(Network Structure)是组织结构网络化的产物，指组织的核心通过与外部组织建立合作关系或以业务外包的形式来执行相关职能的结构。这种结构在许多大型复杂的企业组织中得以运用，这些大型企业与供应商、生产商和分销商建立起网络结构，并使用现代信息技术来维护这种网络关系。一些大型的跨国公司，通过网络结构建立和管理自己的全球价值链，提高产品的竞争力，如著名的耐克公司就是实践网络结构的典范。耐克公司总部位于美国俄勒冈州，最大的职能部门是设计部门。每当设计出一种新的产品，就会把样本及详细的资料传输到位于东南亚的供应商和制造商那里。当供应商将运动鞋的不同部件生产出来后，再运送到中国或越南等地的制造商那里进行最终的组合，最后，成品鞋由制造地输送到世界各地的经销商手中。网络结构不仅具有可以快速响应市场需求的好处，而且也有资源共享、能获得显著低成本优势的好处。

网络结构同样也适用于小型组织。小组织的资金、技术、规模无法与大组织相比，但是小组织结构简单，组织灵活，容易形成自己的优势。这些小组织可以"结网"，优势互补、分工协作，共同实现特定的目标。

网络组织是具有很大灵活性的组织结构，比较适合于服装、玩具、出版等企业，因为只有灵活才能满足紧跟时尚的要求。网络结构也适合于需要低廉劳动力的制造业企业。图6-6是一个以外包为主的网络结构。

图6-6　网络结构

网络结构潜在的危险在于管理者需要对复杂的网络关系进行协调，而实际的控制很难进行，如果某个承包商无法履行合同，则影响整个系统。随着信息技术的发展，网络结构的数量和运用范围正在不断扩大。

2. 团队结构

团队结构(Team Structure)是将各职能部门的人员长期性地分派到一个跨职能团队以便完成某项任务的结构(如图6-7所示)。这种结构与矩阵结构的区别在于它废除了矩阵结构里的双头管理和双重报告关系，几乎没有等级关系，团队成员只需向团队管理者报告，而各职能部门管理者只有为团队成员提供咨询和帮助。团队成员在完成一项任务之后可以根据项目的需要和个人的能力转入另一个团队。

团队结构有利于打破部门间的界限，原本狭隘的部门目标转化为共同的组织目标。

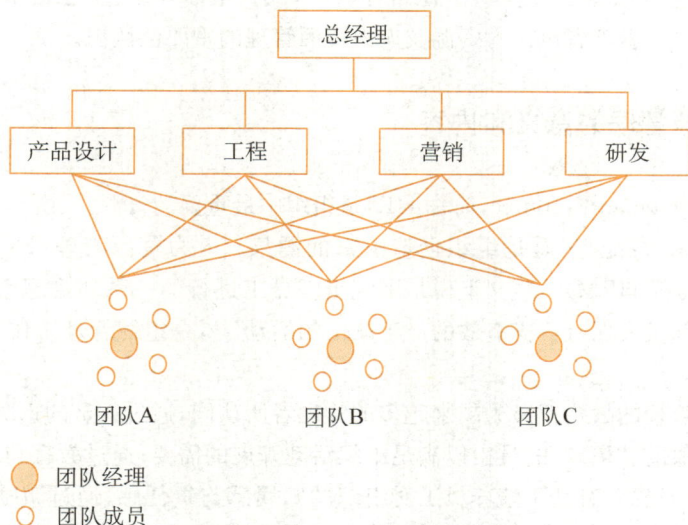

图 6-7　团队结构

团队结构促进成员间的横向联系,使团队关注知识共享,致力于解决问题,提高绩效。

虽然团队结构也存在着时间管理问题、人际关系问题,但是,这种结构依然被越来越多的组织作为组织架构的重要部分,理由就是它更加扁平化,更具灵活性,更加适应多变的组织环境。

3. 虚拟结构

虚拟结构(Virtual Structure)是充分利用先进的信息技术为手段,对团队结构和网络结构进行综合的产物。虚拟组织是由在地理上分布的企业、机构和个人所组成的一种基于共同目标的协作形式。构成虚拟组织的成员在法律上独立,以他们各自的核心竞争力参与横向和纵向的协作。随着任务目标的完成或中断,整个虚拟组织的结构也处于不断的动态调整中。在虚拟结构中,高效可靠的信息技术将组织内部的员工、团队、部门和组织外部的协作伙伴"临时性"地链接在一起。在组织内部,成员自愿组合在一起,运用各自的技能完成任务。成员经过授权来完成任务,成员之间没有传统的界限和等级。在组织外部,根据组织的需要,相关的联盟伙伴或承包商也会"进入"或"离开"某个具体行动,而且这些联盟伙伴也是根据不同的需要而不断调整的。

虚拟结构高度依赖于信息技术和信息系统,除了常用的电子邮件、传真、电话,还有更加复杂的技术成为虚拟组织运行的支撑,如跨组织信息系统、电子商务、外联网、内联网和群件等。

第三节　组织中的人力资源管理

组织结构的建立给组织的运行构建了一个基本的框架,而组织的工作最终需要落实到人,只有人与岗位的有效结合才能让组织像一台机器一样运转起来。著名管理学家彼

得·德鲁克说过"人力资源是所有资源中最有生产力、最多才多艺、也最丰富的资源",①
这代表了绝大多数管理者对人力资源及人力资源管理的重要性认识。

一、人力资源管理的意义和内容

人力资源(Human Resource,简称 HR)是组织中最重要的资源,人所具备的为组织所
需要的各种知识、技能、素质是组织创造财富的源泉。人力资源管理(Human Resource
Management,简称 HRM)从广义上说是围绕组织员工进行的一系列管理活动,具体地说
是"组织吸引、开发和保持一支有效的员工队伍的活动"②,是组织管理工作中非常重要的
活动。

人力资源管理的战略意义为越来越多的管理者所认同,通过人员的选聘,组织可以获
得能够创造价值的、"稀有"的员工以满足组织活动开展的需要;通过教育和培训有助于员
工技术和技能的提高,有助于培养员工对组织的归属感与责任感;通过激励与开发,可以
让员工的职业发展与组织发展结合起来,使员工保持持续的积极性和创造性。在一个高
度竞争的社会里,组织成员所拥有的知识、能力乃至思想等可以在不断的学习、更新、积累
和实践中变得越来越有价值,越来越不易被竞争对手所了解和模仿,最终成为组织竞争优
势的来源。因此,如果组织能够建立一整套的人力资源管理机制或方法,使员工的结构、
技术、素质、价值观等高度整合在组织的持续发展中,那么这套机制或方法本身也就成为
组织的战略工具。有效的人力资源管理不仅可以为组织获得竞争优势,赢得良好的经济
效益,而且也可以带来一定的社会收益。因此,无论是大组织还是小组织,人力资源管理
对组织发展都具有战略意义。

人力资源管理活动的内容主要包括:

(1) 人力资源规划;

(2) 人员招聘;

(3) 培训与发展;

(4) 绩效评估;

(5) 职业发展。

二、人力资源的配置

组织结构设计完成以后,人力资源的合理配置就成为让组织正常运转起来的"牛鼻
子"。人力资源配置是一个复杂的过程,主要包括规划、招聘、选拔等环节。

(一)人力资源规划

人力资源配置工作的首要步骤是制定人力资源规划(Human Resource Planning)。
人力资源规划就是根据组织的总体目标,对人力资源的需求和获取进行分析和预测,并制

---

① 彼得·德鲁克.管理的实践[M].北京:机械工业出版社,2006:218.
② 里奇·格里芬.管理学(第 8 版)[M].北京:中国市场出版社,2006:296.

定相应的计划保证组织对人员数量上、素质上和时间上的要求。人力资源规划包括以下几个工作过程。

1. 人力资源预测

人力资源预测是管理者预测组织未来对人员和职务的需求。预测的依据主要是组织的战略计划,因为战略计划确定了将来一定时期内组织的发展方向和发展目标,这些目标都可以转化为具体的人力资源目标,如人员的数量、人员的质量、人员的结构等。如组织实施扩张型战略,就意味着需要增加新岗位和新员工;如果实施收缩型战略,就有可能裁减人员。在进行具体的预测时,需要参考其他信息,如特定岗位上的标准工作量、正常情况下的员工流动率、业务发展的预测资料等等。

2. 人力资源储备分析

人力资源储备分析是对组织现有人力资源状况的分析,通常可以用人力资源调查的方式进行。现在很多组织都建立了人力资源信息系统,对每一个员工的教育程度、培训经历、从业时间、专业和特长、当前的工作、绩效评价等都有动态记录,这些基本信息是人力资源储备分析的重要依据。

3. 对比预测和储备

根据人力资源的需求和组织内部人力资源储备的对比情况,管理者可以制定相应的计划来应对人员的短缺或过剩。如果储备不能满足需求,必须要从组织外部招聘新的员工,就需要参照劳动力市场的状况,制定招聘计划。如果内部可以解决缺口,就需要对培训等做出计划安排。

(二)人员招聘和选拔

招聘是组织吸引合适的人才申请加入组织填补空缺的过程,是组织获得人力资源的基本途径。招聘的前提是人力资源规划。

1. 招聘

人员的对象可以来自于组织内部,也可以来自于组织外部。

内部招聘是将内部员工作为空缺岗位的候选者。内部招聘是关注员工成长的重要途径,更多地表现为内部人员的晋升制度。内部招聘的好处是非常明显的。首先,内部招聘鼓舞了员工的士气和期望,可以激励员工努力进取,减少了优秀员工的流失。其次,内部员工对组织目标、组织文化比较认同,对工作程序、人际关系比较熟悉,在新岗位上容易开展工作。第三,组织对内部提拔的人员各方面比较了解,可靠性高。但是,招聘内部人员也会带来一些负面的影响,比如,会引起内部人员的过度竞争,产生内耗;没能得到职位的人容易出现不满情绪,影响正常工作;新上任者可能受到排挤;容易导致"近亲繁殖",使组织的工作缺乏新思想、新方法等。此外,内部招聘也可能会引发"波纹效应",即一个员工的岗位变动会引起其他岗位的一连串变动,因为总要有人来接替他的工作。当内部招聘的数量越大,这种效应越强。

外部招聘是吸引组织外部人员申请空缺的工作岗位。外部招聘可以克服内部招聘的某些缺陷。首先,外部招聘可以给组织带来"新鲜空气",有利于工作的创新。其次,可以避免内部竞争所造成的紧张的人际关系。外部招聘最突出的优点是可以为组织提供更多的人选,有更多的机会搜寻到优秀的人才。外部招聘的缺点在于容易打击内部人员的积极性;新进人员对工作程序和工作环境都需要适应一段时间;组织对求职者不易有全面真实的了解;招聘活动的费用较高等。

　　针对不同的招聘对象,可以采取不同的招聘方法。内部招聘可以采用工作公告法,将招聘信息发布在内部媒体上,吸引对岗位感兴趣的内部员工应聘。现在很多组织都利用内部网络发布信息。内部招聘也可以用推荐的方法确定人选,也可以由管理者通过员工档案来选择符合要求的人员。外部招聘的方法更为广泛,可以在报纸、杂志、互联网发布招聘广告,可以直接到大学开招聘会,可以通过专业协会、就业机构或猎头公司等牵线搭桥,也可以参加大型的人才交易会,甚至可以通过员工进行推荐。各种方法涉及的费用、时间不同,管理者应该根据招聘岗位的性质、数量以及供给状况来选择最有效的方法。当组织在个别特别关键的职位(如重要部门的高管、技术专家等)上出现空缺时,有时会采取"挖人战术",主动出击,将正在其他组织中任职的短缺人才吸引到本组织中。

　　2. 选拔

　　通过招聘,组织可以获得一定数量的岗位申请者,接下来的工作就是从中挑选合适的员工。选拔的手段包括填写职位申请表、测试、面谈、履历调查等。

　　填写职位申请表为组织提供了最基本的选拔信息,组织可以了解申请人的教育背景、工作经验、任务成果、专长等,这些信息给组织提供了一个初选的基础。值得注意的是,出于想增加获得工作的可能性,总有一些应聘者会提供虚假信息,填写"注水简历",招聘组织者应该采取一定的措施加以防范。

　　测试也是常用的选拔手段。笔试是通过书面的方式对应聘者的认知能力和人格特征进行评价以筛选申请者,找出最能胜任的人。工作样本测试是要求申请者完成某个职务中一项或多项任务,让申请者在设计操作中展示自己的能力。如果是选拔经理人员可以用测评中心法。由直线管理人员、心理学家等组成观察小组(测评中心),设计若干个管理中可能出现的问题,让应聘者参加 2~3 天的测试练习,根据表现对他们的能力进行评估,挑选出最理想的管理人员。

　　面谈是由与应聘者面对面交流的方式,通过面谈,组织可以了解应聘者更加详细的个人信息、思维能力、求职动机、人际技巧等,也可以让求职者进一步了解组织。面谈给双方提供了一个双向沟通的机会,也是常用的选拔方法,常常是在填写申请表或笔试之后采用。

　　履历调查就是核实应聘者的申请材料,看应聘者的学历、工作经验以及其他信息是不是真实的。履历调查可以从另一侧面反映出应聘者的诚信度和道德品质。

三、培训与发展

　　培训是人力资本投资的基本形式之一,有计划地对员工进行培训是人力资源管理的重要工作内容。培训可以帮助员工做好当前的工作,提高工作效率;培训可以使员工树立与组织一致的价值观,培育良好的职业道德;培训可以更新知识,激发潜能,提高员工适应未来工作的能力,为其提供发展的机会。现在有很多企业在"以人为本"管理思想的指导下,将员工培训作为一种制度,使培训成为企业的责任,而接受有益和有效的培训是员工的义务。

　　培训和发展的方法很多，可以根据员工的具体情况和培训目的进行安排。

　　1. 定向教育。定向教育的目的是让新员工熟悉工作岗位、工作环境、组织概况以及组织的政策、规定、福利等，可以帮助新员工尽快向内部人转换。

　　2. 技能培训。员工的技能包括技术技能、人际关系技能和解决问题的技能。为了提高员工完成工作的能力，可以采用预备实习、岗位轮换等方法。在科技日新月异的今天，新技术培训可以帮助员工尽快跟上新变化。人际关系技能和解决问题技能的培训可以通过一些活动或培训课程安排，使员工的沟通能力、逻辑推理能力、判断能力得到改善和提高。

　　3. 管理人员的培训。对管理人员或可能提拔的管理人员可以通过在职培训进行培养。如通过岗位轮换使受训的管理人员了解组织的不同职能，加强对不同工作间依赖关系的认识；设立"助理"职位可以让受训人员与有经验的管理者一起工作，得到指导和培养；当组织中某些职位的正式主管人员因休假、生病或较长时期出差不在岗时，或某个职位空缺时，设立代理职务也是一种方法。通过临时性的晋升，不仅能培养管理人员，而且可以减少由于主管缺位给组织造成的不便。此外，管理人员的培养还可以通过参加组织内、外部的会议项目或者高校的各类管理课程学习来进行。前者可以接触到各类专家的看法，后者可以系统地学习管理理论知识以及新的发展，还可以相互交流管理经验。

　　4. 跨文化培训。随着全球化趋势的增强，组织面临的一个非常现实的问题是派遣员工到其他国家工作，对员工进行语言方面的训练、派驻国文化风俗的教育，熟悉当地法律等都有助于其更好地在当地开展工作。

四、绩效评估

　　绩效评估是组织对员工工作绩效进行的正式评估。通过绩效评估组织可以了解到员工是否能有效地完成工作，可以发现在选拔和培训中可能存在的一些问题和不足。绩效评估也能够给员工提供反馈，使之了解组织对他们工作行为、工作方式和工作结果的评价，帮助他们提高个人绩效和规划未来的职业发展。绩效评估是组织进行人事决策的重要依据，也是组织制定公平合理的激励制度的基础。

　　绩效评估是人力资源管理的经常性工作，应该采取正式的方法进行。在管理实践中常用的绩效评估方法有以下几种：

　　1. 书面描述法。这种方法是由评定人对被考评人的工作行为、工作结果、工作建议或者其他需要评价的内容进行书面描述，是最简单和常用的方法。但是这种写评语的方法有时可能显得含糊，影响评估的质量，这既与考评人的书面表达能力有关，也与考评人的主观看法有关。

　　2. 关键绩效指标法。关键绩效指标法是以企业年度目标为依据，通过对员工工作绩效特征的分析，据此确定反映企业、部门和员工个人一定期限内综合业绩的关键性量化指标，并以此为基础进行绩效考核。

　　3. 平衡记分卡。平衡记分卡从企业的财务、顾客、内部业务过程、学习和成长四个角度进行评价，并根据战略的要求给予各指标不同的权重，实现对企业的综合测评，从而使得管理者能整体把握和控制企业，最终实现企业的战略目标。

4. 排序法。排序法可以是在员工之间进行直接比较，然后从好到坏进行排名，也可以按照不同的分组对员工进行排序。这种评价方法有可能因为员工工作性质的不同而难以比较，而且只能提供一个总体评价，此外不能给员工提供有价值的具体反馈。很多组织采取的"末位淘汰制"，有很大的激励作用，但是不一定十分科学和公平，因而也引起争议。

5. 行为锚定等级评分法。这是一种复杂但是有用的评价方法，它综合了关键事件法和评分表法的主要因素。该方法首先找出某项职务重要的绩效因素，然后为每一个绩效因素确定一系列能反映绩效水平的具体行为，据此对被考评者进行评分。

6. 目标管理法。目标管理不仅是计划管理的一种手段，而且也是绩效评估的一种方法。目标管理是通过将组织的整体目标逐级分解直至个人目标，最后根据被考核人完成工作目标的情况来进行考核的一种绩效考核方式。在开始工作之前，考核人和被考核人应该对需要完成的工作内容、时间期限、考核的标准达成一致。在时间期限结束时，考核人根据被考核人的工作状况及原先制定的考核标准来进行考核。

不论采取何种方法，在绩效评估的最后都将评估结果反馈给员工，通常是由上级对下级进行面谈。这种沟通可以让员工对自己的工作现状，包括好的方面和不足的地方都有全面的认识，有助于把握今后工作努力方向，上级也可以利用这种沟通为员工提出建议并鼓舞士气。总之，具有建设性的反馈过程是有效的绩效考评制度的重要一环。

第四节　组织变革

当今的管理实践活动之所以充满挑战性是因为组织的环境充满变数，如果一个组织一直在一种相对稳定的环境中成长，那么管理工作要相对容易得多。组织作为一个有机体，其生存和发展对于环境有很强的依赖性，一旦环境出现变化，组织就要做出反应，就要进行调整，这种调整累积到一定程度，组织变革就不可避免。

一、组织变革的必要性和目标

组织变革（Organizational Change）是指组织为了更好地适应环境而对现有的组织状态进行改变的过程。近一个世纪以来，整个世界发生了巨大的变化，尤其是进入20世纪80年代之后，信息技术的迅猛发展极大地改变了工业社会的整个环境，原先传统的科层制组织结构日益暴露出各种弊端。如传统的组织将活动划分为各个部门，分工过细；完全依靠"指挥链"行事，官僚主义严重，决策迟缓；难以做到真正以顾客为中心等等。面对日益复杂的外部环境，传统的组织如果不进行必要的变革就难以应对激烈的竞争，而且有可能导致组织走向衰败。因此，变革已经成为管理者日常工作中不可分割的一部分。

组织变革的类型基本上有两种：

1. 反应式变革（Reactive Change）。当组织内外部环境发生改变时，组织被迫做出回应而进行的改变即为反应式变革。这种变革具有被动性，而且往往是一次性反应，但是

"欲速则不达",有可能因为实施比较仓促或改革过于剧烈而出错,甚至失败。有时,反应式的变革也可以是渐进式的,比如,当一个组织并不需要通过重大的战略调整或重新定位就可以适应环境变化时,则不必大动干戈。

2. 预期式变革(Anticipatory Change)。预期式变革也可以认为是一种规划的变革,是管理者预计到未来即将发生的环境变化而主动进行的变革。这种变革是主动的、有计划的。因为预期式的变革是往往是渐进的,管理者可以根据实施的情况加以调整和完善。

组织变革可能涉及组织中的方方面面,如部门划分、工作流程、组织设计以及人员、设备等等,变革已然成为大多数管理者认可的一种管理常态,变革的目标与整个组织的目标是紧密联系的,应努力做到实现以下目标:

1. 提高组织对环境的适应性。这是组织变革要达到的最基本目标。通过组织变革可以改造组织结构和流程,可以完善组织的运行机制,可以提高组织机能,从而可以提高组织适应环境的能力,使组织在竞争中占有一定的主动性。

2. 提高组织的工作绩效。组织是一个系统,组织中的任何变革都可能产生超出实际变革范围的影响,通过变革,组织的结构、技术、认知、行为等都会得到更新和完善,从而提高整个组织的管理效率,促进组织不断地发展壮大。这是组织变革的最终目标。

3. 承担更多的社会责任。利益相关者是组织生存和发展的土壤,而各个利益相关者都有自己的利益诉求,组织通过变革可以与利益相关者建立和谐的关系,树立良好的社会形象,使组织的使命与人类社会的文明发展相适应。因此,承担更多的社会责任是组织变革的最高目标。

二、组织变革的动力与阻力

组织变革往往是其推动力量和阻碍力量博弈的结果。变革是一种常态,僵化很可能没有出路,因此管理的基本任务就是要克服各种障碍,有序地推动组织的变革。

(一)变革的动力

变革的动力来自于组织外部和内部。

1. 外部环境的变化。组织外部环境的变化包括组织一般环境的变化和任务环境的变化,这些环境变化给组织带来的可能是挑战,也可能是机遇,组织只有做出相应的改变才能"适者生存"。

一般环境中的国内宏观经济和国际经济形势的变化、技术科学的进步、产业政策的调整、新的法律法规的颁布、价值观的改变等等,会从各个方面影响到组织的运行。相对于一般环境,组织任务环境的变化对组织变革的推动力更大、更直接。比如,供应商的价格变化会影响组织的经营;竞争对手的降价会影响组织的定价;顾客需求变化要求组织适时地开发新产品⋯⋯

2. 内部条件的变化。组织内部条件的变化包括组织规模的扩大和业务活动的增加;组织目标的修正或重新选择;管理技术条件的改变;管理人员的管理素质发生变化;组织内部运行机制的优化;组织成员对工作的期望与个人价值观的改变等,这些条件的变化意味着组织必须要重新配置资源才能适应变化,这就必然要进行组织变革。

值得注意的是当这些外部因素或内部因素成为组织变革的力量时,还需要注入变革的催化剂才能使变革真正得以实施,这个催化剂就是变革推动者,即来自于组织内部的管理者,或者是来自于组织外部的管理者。作为变革推动者的管理者必须具有丰富的管理经验和高超的管理技能,才有可能把变革推向成功。

(二)变革的阻力

组织变革是对原有组织状态的改变,势必触及组织中的人,要让组织中的一部分人放弃原有的观念和行为方式并不是一件简单的事情,因此变革也会遇到各方面的阻力。这些阻力主要来自以下几个方面:

1. 来自个人或小群体的抗拒。当人们在一个组织中存在一段时间后,对组织中的人际关系和工作方式会形成某种定势,当这种定势要被打破时,人们会有失落感,未来的不确定性会给其带来很强的不安定感。因此,对待变革组织成员往往比较矛盾,一方面想通过变革使组织发展得更好,另一方面又可能因为有一些风险、一些代价而畏惧变革,自觉或不自觉地抗拒变革。如果变革涉及组织中的小群体或非正式组织,这些小群体也可能因为不想打破原有的人际关系,或者是小群体的领导人物与变革推动者之间有恩怨或有利益冲突等而抵制变革。

2. 来自组织中既得利益者的反对。组织从本质上而言,是一个利益共同体①。一个组织得以持续运转有一个重要的原因就是各方面利益分配比较适当,成员在组织中也满足了自身的利益,如职位、权力、收入、友谊、福利等,尤其是收入,对成员的影响最为直接。但是,组织变革势必会涉及各种关系和地位的调整,已有的利益有可能得不到保障。因此,组织成员对组织现有体制投入越多,他们抗拒变革的力量就越大。

3. 来自组织文化的阻力。组织的发展历史越长,组织文化的影响力越大。当变革目标与组织文化、员工价值观有冲突时,就会引起大多数组织成员的反对。

此外,当有人觉得组织变革不符合组织目标和最佳利益时,也会反对变革。比如当员工认为改变作业程序会导致产品质量无法保证,并因此而失去顾客时,就会极力反对该程序的改变。

(三)排除变革阻力的方法

组织变革或多或少地存在阻力是一种正常的现象,作为变革推动者应该正视这些阻力的存在,积极地采取一些方法去克服这种阻力。

1. 参与。让有关的组织成员参与到变革的讨论和计划实施中来,可以让他们更好地理解变革的目标,有机会诉说自己的担心,了解别人的看法,也有机会发表自己的建议。当人们对变革的参与程度增加时,他们的主动性和责任感也会随之增强,从而逐渐消除心理上的抵制。亲身参与是最有效的克服抗拒的方法。

---

① 邢以群,等.组织结构设计——规范分工协作体它所系[M].北京:机械工业出版社,2007:14.

2. 沟通。如果变革阻力的产生是因为组织成员不能分享关于变革的真实信息或只是得到失真的信息，那么成员就会产生担忧和恐惧而抵制变革。只有建立公开、畅通的沟通渠道，让成员了解变革的实际情况，并听取他们的意见，才能消除成员的误解和反对并建立彼此信任的关系，这将有助于转变成员的态度，支持变革。

3. 教育。对组织成员进行培训教育，让成员能够及时地接受新知识、新技术、新观点和新方法，了解组织环境的变化，这种方法可以在一定程度上增进成员对组织变革的理性认识，增强对组织变革的心理承受能力，从而减小变革的阻力。

4. 人事调整。组织中总有一些保守者谨小慎微而不愿变革，也有一些利益既得者患得患失反对变革。为了组织的长远发展，有时就必须要大刀阔斧地进行变革，人事调整就是最迫不得已但又是最有保障的策略。把具有远大目光和创新精神的人员安排到对变革有重要影响的领导岗位上，将会大大推进变革的进行。

三、组织变革的方式

尽管每一个组织在进行变革时所采取的方式不尽相同，但是总的来说，组织变革的方式可以归纳为以下几种：

（一）技术导向的方法

技术导向的方法（Technology-Based Method）就是着眼于组织的技术因素，如生产线、生产方式、ERP、工序等进行变革。1908年，亨利·福特所展示的流水线技术成为工业化社会中技术变革的经典代表；安装ERP系统是现在很多企业进行物料管理、制定计划、订单管理和财务报告等同步化管理的技术方法。当今信息技术在企业组织的广泛使用更是改变了组织与供应商、分销商、顾客之间的联系方法和沟通速度，推动新的经营方式的出现。

（二）组织重组的方法

组织重组的方法（Organization Redesign Method）强调的是组织结构的变革，包括部门的整合、工作流程的改变、权力关系的重新分配、职位设计的变化、协作机制的调整以及人力资源管理系统的变革等。比如，当一个企业组织的整个业务部门或分支机构被合并或裁减掉时，权力、责任和控制权将随之发生剧烈的改变；当组织对工作流程进行再造时，带来的是部门协调的加强、工作效率的提高。

（三）任务导向的方法

任务导向的方法（Task-Based Method）是通过改变成员的工作任务和工作目标进行组织变革的方法。任务内容单一的工作简单化容易造成成员对工作的厌倦感，而工作扩大化和工作丰富化是进行任务组合的两种方法。工作扩大化可以通过增加某项分工中的任务数量来减少人员对工作的厌倦感和疲劳感，提高工作效率。工作丰富化是通过扩大工作职责，增加任务的挑战性来激发成员的工作热情，加强成员的满足感和归属感，提高工作能力，并促进组织成员之间的相互沟通。不同的工作设计理念往往要求有相应的组织结构,如强调工作扩大化和工作丰富化的管理者会努力创造一个弹性化的组织结构,而把工作简单化的管理者则可能创造一个更为规范的组织结构。

(四)人员导向的方法

人员导向的方法(People-Oriented Method)关注组织成员能力、态度、行为、素质、期望、价值观等方面的改变。组织变革的目的是组织发展,人是组织变革中最重要的因素,人的变革将引起组织的技术、组织的设计或者组织的任务等发生相应的变化,从而推动组织发展。

四、组织变革的过程

库尔特·卢因提出了三阶段变革过程模型。他认为,成功的组织变革应当遵循三个步骤:解冻——改变——再冻结,即解冻现在状态,改变到期望达到的新状态,再冻结新状态并保持下去。

改变组织现状需要克服个体阻力和群体阻力,这个过程会以三种形式发生:一是驱动力量,不断推动组织变革的产生和发展,这种力量不断增加;二是遏制力量,阻碍组织现状的改变,这种力量不断减小;三是结合两种力量的方式。

一旦进行组织变革,新的状态只有在重新冻结之后才能保持较长时间。再冻结的目标就是通过平衡驱动力量和变革力量来稳定变革成果。如果缺乏对变革成果的再冻结,变革的成果就会很快消失。

(一)第一阶段:解冻(Unfreezing)——创造变革的动力

在实施组织变革之前,必须清醒地认识到变革的必要性,并决心对旧的事物或状况进行改变。只有组织与那些不再发挥作用并要设法打破的结构和管理行为分开,才有可能接受新的变化和新的未来。

(1)应该明确提出对目前的行为或状况的否定,或者在一段时间内不再强化或肯定;

(2)通过对现状的否定建立激发变革的迫切感;

(3)通过减少变革的障碍,或通过减少对失败的恐惧感来降低个人和组织对未来的不确定性。

(二)第二阶段:变革(Changing)——实施变革,形成新的态度和行为

组织创造并拥有一种未来愿景,并综合考虑达成这一目标所需要的步骤。

实施变革需要得到组织成员对未来发展方向的认同,将整个组织团结在一个凝聚人心的愿景之下。这个愿景通过对组织使命、价值观和战略目标的表达,能够清晰地描绘出组织未来的轮廓。通过对未来愿景的构画,组织成员得以对现状进行反思,并采取变革的行动。

(1)对新角色的认同。在变革过程中,个体应积极学习新的观点,或确立一种新的态度,使之与变化了的角色相适应。

(2)迎接变革。从客观实际出发,对多种信息加以选择,并在复杂的环境中筛选出有

关自己特殊问题的信息,对于不适应变革的主动加以改变。

(三)第三阶段:再冻结(Refreezing)——稳定变革

当变革的成果初步显现时,必须加以"重新冻结"或固化。再冻结即把组织稳定在一个新的均衡状态之中,目的是保证新的工作方式不会轻易改变,这是对支撑这一变革的新行为的强化。

(1)让成员有机会来检验新的态度和行为是否符合自己的具体情况。成员一开始对新角色的认同可能很小,需要固化变革,以鼓励其保持持久。

(2)检验组织成员是否接受和肯定变革的成果。群体成员彼此强化新的态度和行为,个人的新态度和新行为可以保持得更加持久。

案例

"美的"组织结构变革

创业于 1968 年的美的集团,是一家以家电业为主,涉足房产、物流等领域的大型综合性现代化企业集团,旗下拥有四家上市公司、四大产业集团。1980 年,美的正式进入家电业。目前,美的集团员工 20 万人,旗下拥有美的、小天鹅、威灵、华凌等十余个品牌,在国内外建有十几个生产基地。美的在快速发展过程中由于发展战略管理的变化曾分三个阶段调整了其组织设计。

第一阶段,美的集团初创时期,产品种类较单一,采用直线职能型组织架构,业务发展无需更加细分的其他组织结构。该架构满足当时的生产需求,对一定时期内对美的的发展带来一定的推力。改革开放初期,市场竞争并不激烈,企业处于高速发展状态,原有的组织结构有一定的适用性。

第二阶段,1997 年美的规模迅速扩张,走多元化扩张之路,美的发展到空调、风扇、电饭煲在内的五大类 1 000 多种产品。美的开始了全面的组织改革,建立了事业部制组织结构。变革前,这些产品仍然由总部统一销售、统一生产。由于各个产品的特点很不一样,而销售人员同时在区域中负责多项产品,总部各职能部门也是同时对应各个产品,这样在工作上容易造成专业性不够、工作重点不明确、产销脱节等问题。后来通过设计事业部制的组织结构,各个事业部拥有自己的产品和独立的市场,对销售、研发、生产以及行政、人事等管理负有统一领导的职能,拥有很大的经营自主权,实行独立经营、独立核算。事业部制的建立使美的集团总部从日常琐事管理中脱身,将主要精力集中在总体战略管理决策上、控制规模额度和投资额度、各事业部核心管理层任免的人事权以及市场的统一协调工作。

第三阶段,2001 年以后,随着竞争的加剧,美的集团开始进军不相关产业,进行了组织结构的深化改造。美的发起了全面推进事业部制公司化及事业部管理下的二级子公司运作模式,美的组织结构进入了一个新的发展阶段。

美的集团组织结构调整的脚步与其发展的脚步相适应。从小型加工作坊到独立生产单一产品,再到多种类产品生产的发展,其后向多元化转变,最终走向跨领域跨行业发展。美的集团自身的发展要求其本身制定出有利于自身发展的组织结构和管理模式。

本章小结

组织是两个以上的人为了一个共同的目标而构成的具有正式关系的群体,组织结构正是这种正式关系的反映。组织结构的要素包括部门分工、管理幅度和管理层次、职权的配置。部门分工是形成组织结构的基础,部门化的主要类型有职能部门化、产品部门化、区域部门化、顾客部门化等。管理幅度和管理层次反映了组织内部的工作报告关系,是组织的协调机制。当组织的规模一定时,管理幅度与管理层次之间成反比例关系,管理幅度扩大则管理层次减少,反之,管理幅度缩小则必须增加管理层次。职权的配置是组织内部决策权的分布状况,若决策权力集中在较高层次的管理部门,称为集权;若决策权分散在较低的管理层次,称为分权。

组织设计是建立组织结构的工作,受到环境、技术、战略、组织规模和组织生命周期等因素的影响。因此,每一种组织结构形式都是在特定的情境下适用于特定的任务目标。组织结构的基本类型包括直线型结构、直线职能型结构、分部型结构和矩阵型结构。随着组织环境、技术的变化,组织结构正在向扁平化、柔性化、网络化方向演变,出现了网络结构、团队结构和虚拟结构等新型组织结构。

组织的任务最终由组织成员完成,人力资源管理是组织职能的重要内容,具有重要的战略意义。人力资源管理的主要工作是:在人力资源规划的基础上通过招聘和选拔为组织配备人员;通过培训和发展提高员工的职业技能、职业道德,激发潜能;通过绩效评估帮助员工提高个人绩效和规划未来的职业发展,使之成为激励制度的基础。

组织变革是组织面对管理挑战的适应性反应。组织变革的动力来自于两方面,一是外部环境的变化,如一般环境因素和任务环境因素的改变;二是内部条件的变化,如组织规模、组织目标、业务活动、成员期望值等等的改变。同时,变革也遇到较大的阻力,个人、小团体、既得利益者、组织文化等都有可能成为变革的阻力。变革推动者必须采取一定的措施来克服有关阻力。组织变革的方式可以采取技术导向的方法、组织重组的方法、任务导向的方法和人员导向的方法。

思考题

1. 组织结构的基本要素有哪些?
2. 如何理解职权和权力的区别?
3. 如何理解各种类型组织结构的优势和不足?组织结构有什么新的发展?
4. 组织内应该如何合理配置人力资源?
5. 分析推动美的集团组织变革的主要动力是什么。结合本章案例,试列举几个我国企业组织变革的案例并谈谈你的看法。

第七章
激励、领导与沟通

IBM 公司创始人,被誉为"企业管理天才"的沃特森,曾做过推销员,他清楚地知道,企业的出路在于市场,而要在市场取胜,则必须依靠能熟悉市场、驾驭市场的人。为了稳定人心,他大胆采取了终身雇用制,使员工有明显优于其他大公司的工资收入,还经常为员工提供丰厚的福利服务。为了保护员工的工作热情,他广开言路,倾听各种意见和主张。他鼓励员工们在工作中不怕失误和风险,为了公司敢于去承担似乎不可能完成的任务,敢去干一般人似乎无法办到的事。美国《幸福》杂志这样描写沃特森:"他的一半时间花在旅行上,一天工作 16 小时,几乎每晚都在这个或那个雇员俱乐部中出席各种集会和庆祝仪式。……他同员工们谈得津津有味,但不是作为一个心怀叵测的上司,而是作为一个相识已久的挚友。"在沃特森去世之后担任过董事长的约翰·奥培尔说:"公司是人办的,公司成功的秘诀是人,幸运的是 IBM 拥有一批努力工作,又能在工作中相互支持的人。"他也常引用沃特森的话:"你可以接收我的工厂,烧掉我的厂房,然而只要留下这些人,我就可以重新建起 IBM。"[①]

IBM 的成功经验给我们以启示:作为一个组织的管理者,确实需要为一个组织制定战略计划、确立战略目标,并根据实现计划目标的需要去构建合理的组织结构和组织体制。但组织的运行最终体现为人的活动,组织的目标最终是要靠人去实现的,人是组织最宝贵的资源。要确保组织结构能有效地运行、组织目标得以实现,组织的管理者就必须对在组织中实施计划和实现目标的人们予以激励,充分调动他们的工作积极性,并通过有效的影响和沟通,使他们始终将注意力集中在组织的目标上。

第一节　激励与绩效

组织是人的集合体,一般来说,组织成员对组织的目标应是明确的,而且组织结构对每个人在组织中所处的位置及每个人应当完成的工作职责都有明确的规定。但这并不能保证每个人都能主动地将自己的决策与组织的目标保持一致,都能为实现组织的目标尽自己最大的努力。因此,必须要有一种机制引导人们站在组织的立场上来进行决策,把个人决策当作组织决策,并为实现组织的目标付出自己的努力。

人作为一种经营资源,与其他的经营资源有着根本的不同。其他资源的性能基本上是固定的,如机械设备的功能总是既定的,资金在一定时期内的购买力也是相对稳定的。但人力资源却不一样,具有相似能力并基本上在同一环境下工作的人,对组织的贡献可能会有很大差异,即使是同一个人也会因其主观积极性的不同,工作业绩会有很大不同。人具有不可估量的潜在能力,这是人力资源的特殊性。作为组织的管理,就必须设法给人们以激励,充分调动人们的主观积极性,挖掘人们的这种潜力,从而提高组织活动的效率。著名管理学者巴纳德指出:"组织的一个本质要素就是团队中的个人具有将个人的努力贡献给一个合作的团队的意愿。不恰当的激励意味着淡化或改变组织的目标。因而,在所有类型的组织中,为成员提供恰当的激励成为压倒一切的任务,而我们所看到的管理工作

---

① 李航.有效的管理者——以人为本[M].北京:中国对外经济贸易出版社,1998:27.

的失效往往就出现在这一点上。"①

一、激励理论

什么是激励？对于激励一词有各种各样的理解。从其词义来看，就是激发鼓励的意思。激励本来是心理学的概念，它是表示某种动机所产生的原因。而在管理学中激励概念则被赋予了新的含义，即激励是指一种精神力量，它起激发和强化人们动机的作用。当人们受到激励以后，便会更加积极努力地去从事某种行为，实现某种目标。自从行为科学形成以后，管理学利用心理学和社会学方面的研究成果，在探讨如何激发人们动机、调动人们工作积极性方面作了大量的研究工作，产生了许多关于激励的理论。

根据研究侧重点的不同，这些理论大致可以分为两类，一类侧重于从激励过程的起点，即从人的需要出发，研究是什么因素引起、维持并且指引某种行为去实现目标的问题，被称为需要型激励理论或内容型激励理论。这种理论基本上都认为，人的动机是由需要引起的，了解人的需要特别是优势需要是激励的出发点。另一类理论是在需要型激励理论的基础上发展起来的，侧重研究从人的动机产生到行为反应这一过程中有哪些因素会对人的动机与行为发生作用，从动态分析的角度来研究激励问题，被称为过程型激励理论。需要型激励代表性理论主要有马斯洛的需要层次论、赫茨伯格的双因素理论和麦克莱兰的成就激励理论等，过程型激励代表性理论主要有期望理论、公平理论、强化理论以及在上述理论基础上形成的波特—劳勒激励模式等。在本书第二章，我们已经讨论过马斯洛的需要层次论和赫茨伯格的双因素理论，以下我们将继续讨论其他的需求激励与过程激励理论。

（一）成就激励理论

成就激励理论也称成就需要理论，是美国哈佛大学心理学家大卫·麦克莱兰(David Mclelland)于 20 世纪 50 年代提出来的。

麦克莱兰认为，人除了生理需要外，还有权力的需要、归属的需要和成就的需要等社会性需要。权力需要即影响和控制别人的一种欲望；归属需要又称友谊需要，是指人们寻求他人的接纳和友谊的欲望。成就需要是根据适当的标准追求卓越成就、争取事业成功的一种内驱力，即一种求得成功的强烈愿望。

虽然一般人都有上述这些需要，但不同的人对这三类需要的强度是不同的，因而表现出的行为特征也不一样。权力需要较强烈的人对发挥自己的影响力和对别人的控制特别重视，希望取得领导职位，敢于发表意见，喜欢教训别人；归属需要较强的人往往非常重视他人对自己的评价，注意与别人的关系，能与他人和谐相处，并乐意关心帮助别人；具有高成就需要的人则往往表现出以下两个鲜明的特点：第一，有很强的事业心，喜爱工作，有忘我工作精神，从工作中获得的乐趣和鼓励超过了对物质奖励的追求；第二，具有明确的行动目标，愿意接受挑战，不断为自己设置一些有一定难度的目标，愿意为完成任务承担个

---

① 让-雅克·拉丰，大卫·马赫蒂摩. 激励理论——委托—代理模型[M]. 陈志俊，李艳，单萍萍，译. 北京：中国人民大学出版社，2002：4.

人责任,喜欢别人对自己的工作情况作出准确而迅速的反馈。

对于一个组织来说,具有高度成就需要的人越多则更有助于组织目标的实现,组织效率就越高。因此,组织中的激励就是激发人们的成就需要。对此,有观点认为,人具有怎样的需要是由一个人的性格、气质等因素决定的,而性格、气质等因素与从小接受的教育、环境因素有关,一个成人进入组织以后是很难改变的。麦克莱兰则认为有些人之所以缺乏成就需要,绝大多数原因是由于缺乏自信,对自己能否取得成功感到失望,因此,通过教育和培训,逐步改变人们对自己的评价,增强人们的自信,可以强化人们的成就需要。管理者如果注意教育和强化人的成就需要,一个组织就可以兴旺发达。

麦克莱兰认为通过四种方式的训练可以培训和强化人的成就需要。

1. 树立榜样。以成功人士作楷模,有意识地宣传成功者的形象,会刺激和强化人的成功欲望;

2. 成就反馈。即有意识地安排一些成就反馈,让培训对象自己设定一个切实可行的目标,一段时期以后对取得的成绩给予肯定,并给予一定的奖励,可以提高人的自信心。

3. 改变自我观感。即让人们对自己有正确认识,既不要自卑也不要过高评价自己,为自己确立合适的目标,干自己适合的事情就比较容易取得成功。过于自卑,就不敢承担责任;过高评价自己,干自己不适合的事情往往失败,而多次的失败就会导致自卑。

4. 培养集体精神。如果能得到他人的帮助,人们就能够实现一些原本不能实现的目标,因此在一个集体主义精神较强的群体里,人们的自信心可以增强。

（二）双因素理论

心理学家弗雷德里克·赫茨伯格提出了双因素理论(Two-Factor Theory),也被称为"激励——保健"理论。赫茨伯格进行了一项关于"人们对工作中满意因素和不满意因素"的研究,并根据被访者的回答对这些因素列表分类。

研究发现,人们对工作持有特别好感和特别厌恶时,对工作满意度的回应存在巨大差异。如图 7-1 所示,当员工对工作持有好感时,其往往将工作满意归因于"成就感"、"认可"、"责任"等内因;当员工厌恶工作时,对工作的不满往往归因于"管理水平"、"工作环境"、"薪酬"等外因。

赫茨伯格认为,这些数据说明了满意的对立面并非传统意义上的不满,即"满意"的对立面是"没有满意",而"不满意"的对立面是"没有不满意"。造成工作满意的因素与造成工作不满意的因素是完全不同的,仅仅去掉带来工作不满意的因素并不能给员工带来满意。赫茨伯格将上司的管理能力、薪酬、工作环境、公司政策、人际关系、工作安全感等归类为"保健因素"(Hygiene Factors),当保健因素适宜时,人们不会产生对工作的不满意,但并非一定满意。如果需要增加员工的满意感,需要激发其工作热情,那些直接与工作本身相关或者能够带来直接成果的因素被称为"激励因素",包括晋升机会、成长机会、责任、认可和成就等能够让员工从内心深处感到有价值的因素。

当然,对于双因素理论也有很多反对的观点:

(1)赫茨伯格的研究受到研究方法的局限。人们往往将好的结果归因于自身原因,而将不好的结果归结为外部原因。

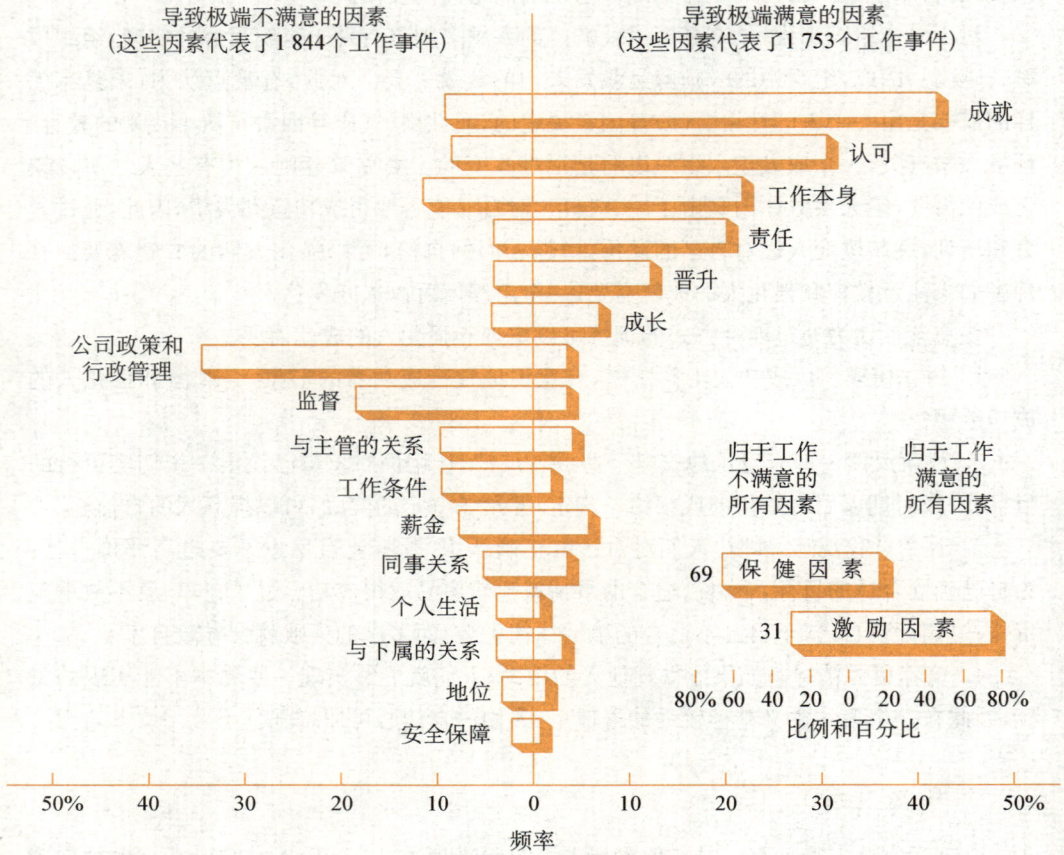

图 7-1 满意者与不满意者的对比

资料来源："Comparison of Satisfiers and Dissatisfiers"，Frederick Herzberg，2003.

（2）研究设计存在局限。赫茨伯格并未对满意度进行整体测量。员工可能会对工作的一部分内容不满意，但会认为工作整体还是比较满意的。

（三）期望理论

期望理论是美国心理学家弗洛姆（Victor Vroom）于 1964 年在《工作与激励》一书中提出来的。该理论认为，只有当人们认为实现预定目标的可能性很大，并且实现这种目标又具有很重要的价值时，该目标对人们的激励程度才会最大。也就是说决定激励程度的因素有两个，即期望值与效价。激励的程度是由期望值与效价的积所决定的。该理论可简单地用下列公式表示：

$$M = E \cdot V$$

M：表示激励程度，反映一个人工作积极性的高低和持久程度，它决定了人们在工作中会做出多大的努力。

E：表示期望值，是指人们对某一目标实现的概率的主观评价，即主观估计达到目标的可能性大小。

V：表示效价，也叫目标价值，是指人们对某一目标重要性程度的主观评价，即人们在主观上认为实现目标后获得的奖酬的价值大小。

由上述公式可知，只有在期望值高、效价也高的情况下，才会对被激励对象产生最大的激励力量。两项中有一项很低时，该目标对被激励对象的激励作用就小；如果其中有一项为负数时，激励作用则为负数。

（四）公平理论

公平理论也称平衡理论或社会比较理论，是美国心理学家亚当斯（J. Stacey Adams）于 20 世纪 60 年代提出来的，该理论侧重研究工资报酬分配的合理性、公平性对人们工作积极性的影响。

公平理论认为，人们的工作动机不仅受其所得的绝对报酬的影响，而且更受到相对报酬的影响，所谓相对报酬是指人们会将其付出与收入的比例进行横向与纵向的比较。横向的比较是指把自己所得的报酬以及自己付出的劳动，与他人所得的报酬及他人付出的劳动进行社会比较；纵向比较是将自己现在付出的劳动以及由此所得的报酬（报酬付出比）与过去付出的劳动及由此所得的报酬进行比较。如果比较的结果是相等的，就会认为是公平的，就会成为激励力量。

该理论可简单地用下列公式表示：

$$\frac{OA}{IA} = \frac{OB}{IB}$$

在进行横向比较时，式中：A 代表比较的主体；B 代表与 A 有某种关系并与其相比较的客体；O 代表对从事某项工作所获报酬的感觉，或称"所得"、"产出"，如工资、奖金，对工作业绩的认可、提升等；I 代表对从事该项工作所付出劳动的感觉，或称"付出"、"投入"，包括年龄、性别、所受教育与训练、经验、技能、资历、职务、社会地位、对组织的忠诚及努力程度等。在进行纵向比较时，A 代表现在的时点；B 代表具有可比性的过去的某一时点；O 代表对从事某项工作所获报酬的感觉，或称"所得"、"产出"；I 代表对为从事该项工作所付出劳动的感觉，或称"付出"、"投入"。如果比较的结果觉得相等，人们就会认为是公平的，工作的积极性和努力程度就可能会保持；而如果比较的结果觉得不相等，就会感到不公平，而"不公平"感会使人产生一种不安的心理紧张，于是就会出现尽快消除这种紧张状态的内驱力，工作的积极性和努力程度就会下降。

公平理论在管理实践中具有重要的现实意义，人们进行横向或纵向的比较也是普遍存在的现象。各级管理者应尽力做到公正地对待每个成员，破除平均主义，建立合理的绩效考评体系以及奖酬分配制度，努力推行民主管理制度，创造公正民主的组织气氛，最大限度地避免和纠正不公平的做法。但"公平感"毕竟是人们的一种主观感受，与人们的价值观和思想方法有非常密切的关系。在一个提倡奉献或自我价值实现的组织文化中，人们会更多地追求对组织的贡献或自我价值的实现，而不会斤斤计较某些利益的得失。因此管理者要善于培育一种良好的组织文化和组织氛围，在努力实现公平的同时抓好思想教育工作，引导人们进行全面、客观的比较。

（五）强化理论

强化理论又称为行为修正理论，由美国心理学家斯金纳(B. F. Skinner)首次提出。该理论认为个体的行为过程是一个学习过程，在循环学习的过程中，过去的行为结果将会影响未来的行为。当行为结果有利时，未来这种行为会重复出现；当行为结果不利时，个体就可能会在未来改变自己的行为以避免这种不利结果的再次出现。例如人们之所以遵守规则，是因为根据在家庭、学校或社会生活中学到的知识，不遵守规则会招致惩罚；再如人们在工作中会尽力完成组织交给的任务，因为他们知道完成任务可能会得到奖励。换言之，人的行为往往会受到外部因素的控制，控制人的行为的因素就是强化物。因此管理者可以利用强化物来修正人们的行为。

修正人们行为的强化物可以分为三种：

1. 正强化。即对那些有助于实现组织目标的行为给予有利的刺激(如奖励)，以使这些行为得到进一步的加强。

2. 负强化。即对那些不利于实现组织目标的行为给予不利的刺激(如惩罚)，以使这些行为逐渐削弱直至消失。

3. 自然消退。即通过不提供人们所期望的结果来削弱某种行为。例如人们认为可能得到肯定或积极评价而表现出的行为长期得不到肯定或积极评价，人们就会认为这种行为没有价值而放弃这种行为。

在管理实践中，管理者通过建立合理的绩效评价体系并将评价结果与奖惩挂钩，并努力做到有赏有罚、赏罚分明，就能有助于组织目标的实现。同时，强化也是培育组织文化、确立某种价值观的有效手段。

（六）波特—劳勒激励模式

波特—劳勒模式是美国心理学家波特(Lyman Porter)和劳勒(Edward Lawler)在期望理论基础上引申出来的一个更为完善的激励模式，并把它用于对管理人员的管理行为的研究。如图 7-2 所示：

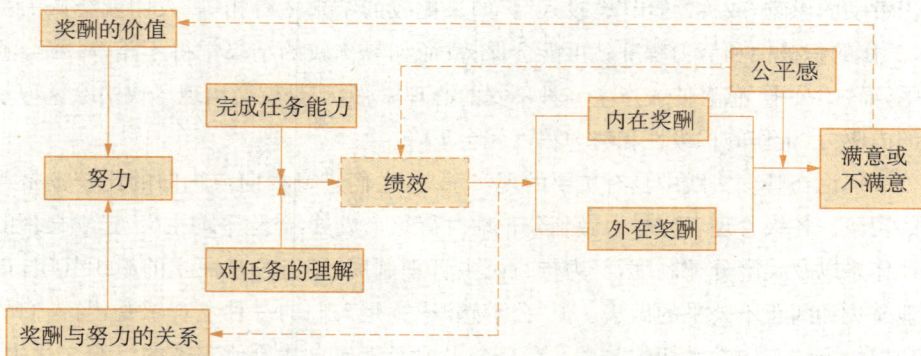

图 7-2　波特—劳勒激励模式

奖酬的价值：与弗洛姆期望理论中的效价相似，是指人们对付出一定努力、取得一定绩效后所获内在奖酬及外在奖酬满意程度的评价。

感觉到的努力与奖酬的关系：与弗洛姆期望理论中的期望值相似，是指人们对付出一定努力取得一定绩效及奖酬可能性大小的主观评价。

努力：是指一个人为完成某项任务或取得某种绩效所花费精力和体力的多少。

完成任务能力：是指个人完成任务的技能、技巧等的水平。

对任务的理解：是指人们对将要完成的任务或目标是否能全面正确地认识。

绩效：即工作成果。

奖酬：就是希望获得的奖赏或报酬。奖酬可分为外在性奖酬与内在性奖酬。外在性奖酬是组织给予的，如工作条件、工资、地位、额外福利等，内在性奖酬则是个人的心理感受，包括成就感、自我欣赏等。外在性奖酬和内在性奖酬都是人们希望得到的报酬。

感觉到的公平奖酬：人们对付出一定努力、取得一定绩效后所获奖酬是否公平的主观感受。

满意或不满意：是一种个人的内心状态，即人们对付出一定努力、取得一定绩效后所获奖酬的满足感大小。

从这个图示中，可以归纳出波特—劳勒模式的几个基本观点：

第一，人们是否努力以及努力的程度不仅取决于报酬的价值，而且还受到个人所感受到的努力与获得报酬可能性关系的影响，也就是因循了弗洛姆期望理论的观点；

第二，个人工作绩效的大小不仅取决于其努力的程度，同时在很大程度上还要受到其个人的工作能力（知识和技能）以及他对所从事工作的理解能力的影响。如一个缺乏工作技能或领悟能力的员工尽管他付出了很大的努力，但并不一定能取得较好的业绩。因此组织在激发鼓励员工努力工作的同时，通过教育培训提高员工的业务水平，使员工能取得较好的业绩从而能够获得较多的奖酬也是一种激励。

第三，强调重视结果，即个人应得报酬应当以实际绩效为标准，而不是根据个人努力程度，这样可以剔除主观评价因素，更有利于促进人们提高业务水平，提高绩效。

第四，因循了亚当斯公平理论的观点，强调了公平感对个人满足程度的影响，认为人们对所获报酬是否满意不仅取决于其在取得一定绩效后所获得奖酬的绝对量，还受到其对该奖酬公平性认识的影响。如果他觉得所获报酬是公平的，满足程度就大；反之，则满足程度就小。

第五，因循了强化理论的观点，认为个人的满足程度将会影响其完成下一轮任务的努力过程。如果感受到的满足程度较大的话，就能起到正强化的作用，在以后的工作中就愿意付出较大的努力；反之，则会起到负强化的作用，今后遇到同样工作时就不愿再努力。

波特—劳勒的激励模式是对激励系统较全面的描述。从这个模式中可以看到，其中包含了期望理论、公平理论、强化理论以及各种需要理论的一些基本观点，是上述各种理论的相互补充、融会贯通。从而也说明了激励本身是一个非常复杂的系统，片面地强调某一方面的做法是不恰当的，难以收到好的激励效果。

二、激励系统及其对组织的影响

所谓激励系统可以有广义的理解和狭义的理解，广义的激励系统是指由组织中的各种激励因素相互作用形成的一个体系,狭义的激励系统通常是指一个组织的绩效考评指标体系以及与此相关联的奖惩体系。一个组织内部存在着诸多的激励因素,有物质性的、评价性的、人际关系性的、理念性的、自我价值实现等等,而狭义激励系统中的激励措施主要是以物质性激励和评价性激励为中心的,即根据人们的绩效给予相应的物质奖励或奖赏。但这并不意味着其他的激励因素不重要,只是与其他激励因素相比较,物质性激励和评价性激励更容易数量化、制度化,容易有一个相对客观的判断标准;而其他的激励因素则往往要通过其他一些管理过程,如组织结构的设计、控制过程、人员的配置过程或领导者的领导过程等来发挥作用,难以数量化和明确化。在组织管理的整个过程中都能体现激励效果,管理者只有综合运用组织中的一切激励因素,最大限度地调动组织成员的工作积极性,才能有效地实现组织的目标。本节所说的激励系统主要是指狭义的激励系统。

激励系统设计对组织的影响主要是通过对个人行为以及行为背后的决策起作用而影响组织绩效的。激励系统的不同设计,会对人们的行为以及决策产生不同的影响。一般来说,这种影响主要表现在以下几个方面:

第一,对个人决策的影响。

绩效考评的指标体系在组织中起着指挥棒的作用,考核的指标往往是人们关注的重点,引导着人们的决策。例如,在企业对员工的绩效考评中如果只注重产量指标而没有考虑消耗指标的话,人们就会较多考虑如何提高产量,而不注意设备的维护和材料的节约;在学校对教师的考评中,如果只注重科研成果的考评而忽视教学工作量和教学质量考评的话,人们就会将更多的时间和精力放在科研方面而轻视教学。再如,如果考评指标体系只注重行为结果而不注重行为过程的话,就可能会使人们的行为变得保守,宁愿循规蹈矩按现成的经验来工作,而不愿大胆创新,因为创新总是伴随着风险,其结果是不确定的。

第二,对组织成员的竞争意识或协作意识的影响。

绩效考评指标体系的考评对象不同,对组织成员的竞争意识或协作意识会产生很大的影响。如果一个组织的绩效考评指标体系和奖惩体系是以部门或群体作为考评对象及奖惩对象的话,将会有利于增强部门或群体成员的协作意识,但人们相互之间的竞争意识可能会相对淡薄,不利于提高个人的工作积极性;而如果是考评到个人,奖酬与个人的工作绩效直接挂钩的话,人们的竞争意识可能会更强,因为个人的努力和绩效直接决定了奖酬的多少,但群体协作意识可能会受到影响。因此,考评指标体系的设计必须要根据具体情况,权衡两者的关系,作出正确的选择。

第三,对人们学习活动的影响。

组织成员在个人层次上有两项基本的活动,即行为和学习。学习首先是一种个人活动,但这种个人活动对于组织来说却非常重要,因为学习不仅可以提高个人的工作效率,而且如果个人把自己的学习成果与其他成员分享,将自己的知识、经验传授给其他成员,这种个人的学习就上升为组织的学习,决定了组织未来的效率和协作水平。而个人愿意花多大的努力去学习,以及在多大程度上愿意将自己的学习成果与他人共享却与激励系统的设计有关。行为科学认为,个人的学习热情以及在多大程度上愿意将自己的学习成果与他人共享,取决于这一行为能给其本人带来多少奖酬。如果绩效考评指标体系在考评绩效的同时还考评人们的学习努力程度以及与他人共享的程度,并给予相应奖酬的话,将有利于提高人们的学习积极性,反之亦反。例如某个人努力钻研发明了某项新技术或新工艺,大大提高了工作效率。这一学习成果所产生的利益在他个人与组织之间如何分配会给他今后的学习产生很大的影响。如果这一学习成果所带来的利益全部归组织所有,个人得不到任何回报的话(回报不一定是经济利益,也可以是荣誉等其他形式的奖酬),这将会产生负强化效果,今后他不会再努力开发新技术,或者不愿意将自己的学习成果提供给组织。

第四,对组织内信息交流的影响。

在一个急剧变化的环境中,及时的信息收集和传递对于一个组织具有重要意义。在组织中最先获得信息的往往是在第一线工作的人员,例如消费者需求变化的信息往往是市场营销人员首先获知,但该信息对于市场销售人员来说并没有太大的意义,只有及时传递给产品开发部门或生产部门,开发部门或生产部门及时根据消费者需求的变化调整产品的开发或生产,该信息才具有价值。因此信息的传递和交流对于组织来说具有非常重要的意义。而人们是否积极地获取信息以及将获得的信息在组织内进行交流,则与激励系统设计有很密切的关系,如果将信息的收集和交流列入绩效考评指标体系,对于积极收集信息并及时进行信息传递的个人和部门给予相应奖励的话,就能够促进组织内部的信息交流。

三、激励系统设计需注意的问题

根据上述对激励系统设计对组织影响的分析,有效的激励系统或绩效考评指标体系及奖惩体系的设计必须处理好以下问题。

(一)绩效考评的准确性

按照亚当斯的公平理论,只有当人们觉得所获奖酬是公平的时候,奖酬才能对人们起激励作用;著名管理学者巴纳德也指出,只有当诱因与贡献相平衡时,人们才会满意,才会继续为组织贡献,组织才得以生存。而绩效考评的准确性是确保奖酬分配公平性的前提,但这也是最为困难的问题。如果把绩效理解为是个人对组织所作贡献的话,绩效考评也就是衡量个人对组织所作贡献的大小。在贡献大小的衡量上要注意处理好以下三个关系。

1. 流量贡献与存量贡献

所谓流量即资源流量,是指一个组织在一定时期内所取得的绩效,如企业的产量、销售总额、利润总额等;所谓存量即资源存量,是指一个组织的资源积累总量,既包括有形资产也包括无形资产。流量贡献是指个人对组织资源流量积累所作的贡献,也就是个人在该时期内所取得的工作成果或绩效,如产量、销售额等;存量贡献是指个人对组织各种资源存量积累所作的贡献,主要指对技术积累、企业信誉、企业形象等存量资源的形成所作的贡献。在管理实践中,流量贡献往往因为其具有直接性、直观性、易量化等显性特征而受到重视,而存量贡献中的无形价值部分则往往由于其具有间接性、不易观察、难以度量等隐性特征而被忽视。例如,在一些企业对员工的绩效考评中,往往是采用一些对企业利润创造有直接贡献的流量指标,如销售人员的销售额、生产工人的产量、部门的利润额等,而人们对维护组织内部的协调、融洽人际关系、良好的组织文化的培育、组织凝聚力的提高等所作的贡献往往会因为其难以度量而被忽视,这就很难保证绩效考评的准确性。

2. 短期贡献与长期贡献

即使在对流量贡献的考评上,也有一个考评时间的长短问题。考评的时间长度不一样,考评结果的公平性也不一样。如果考评的时间长度较短的话,虽然奖酬与贡献的对应关系看上去似乎比较明确,而且起到的激励作用也比较明显,然而从个人对组织所作贡献的总量来看则往往有失公平。通常企业总是以年度为单位来考评一个员工为企业创造价值的多少并据此决定奖酬的数量,如果仅从某一个考评年度看,一些年老体弱的老员工对企业的贡献可能确实不如身强力壮的年轻人,但其为企业服务的期限远远长于年轻人,其在长期为企业服务过程中积累起来的贡献总量可能远远大于年轻人,因此要准确反映个人对组织的贡献必须将短期考评与长期考评相结合。日本企业实行的年功序列制度则是较多地考虑了员工的长期贡献。

3. 对组织绩效的贡献与对组织协作的贡献

在对流量贡献的考评上,除了要考评对组织绩效的贡献外,还应当考评对组织协作的贡献。组织是一个协作的社会系统,组织的本质就在于协作,组织效率的高低与组织内部能否有效协作密切相关。在管理实践中,在以个人或部门作为考评对象时,个人或部门对组织绩效的贡献往往受到较多关注,而个人或部门对组织协作所作的贡献很难分解或很难用数量指标来反映,因而人们对组织协作所作的贡献往往容易被忽视。如担任部门工会工作的某个员工,为排解部门内部的各种纠纷、帮助他人排忧解难做了大量工作,使该部门成员的凝聚力增强,团队效率提高,但他个人业绩却可能因此受到影响;再如某个部门可能因从大局出发援助了其他部门,而该部门的业绩则可能会因此受到影响。应该说该员工或该部门对于促进组织内部的协作作出了贡献,但这种贡献却很难用量化的指标加以衡量,因而也常常被忽视。

因此,在设计组织的绩效考评指标体系时,不应简单地用某一个或某几个指标进行考评,而应充分考虑上述各种因素,使决定奖酬基础的考评标准多样化,以确保能全面准确地衡量人们对组织所作出的贡献,以确保奖酬分配的公平性,让人们更多地感受到奖酬分配的公平感。

(二)奖酬分配的经济性

在一个组织中能够用于分配的奖酬(激励资源)总是有限的。尤其是在一个企业中,作为一个营利性的经济组织,不可能把创造出来的所有附加价值都作为奖酬来用于分配。即使是像名誉、地位等评价性的激励手段也具有排他性,也是有限的。如一种荣誉,给了某个人的话,其他人就不能获得,某人得了第一的话,就不会有第二个第一。在一个组织内,地位、名誉设置过多过滥的话,就会失去激励作用。因此,激励系统的设计就必须考虑如何经济地使用各种激励手段,提高激励的经济性。

提高激励手段经济性最根本的一点就是提高激励手段的有效性,即以较少的奖酬支出获得较大的激励效果。因此,在设计奖惩系统时,要注意以下一些问题。

1. 不过分依赖物质性激励手段

从个人方面来看，按照马斯洛的"需要层次论"，物质性激励主要是满足人们的生理需要和安全需要，这种较低层次的需要在一定程度上得到满足以后，它们所能起的激励作用是有限的。按照赫茨伯格的"双因素理论"，物质性激励是属于保健因素，如果得不到满足，会引起人们的不满，但无论怎样提高，人们永远不会满足，起不到更大的激励作用；按照亚当斯的"公平理论"，人们工作的努力程度，不仅取决于他所获奖酬的绝对值，而且更受到相对报酬的影响，当他感觉奖酬分配不公平的话，即使再多的物质奖励也不会有太大的激励效果。而对于一个组织来说，能够提供的物质性激励资源总是有限的，过分依赖物质性激励，对组织来说是不经济的。

2. 灵活运用各种激励手段

同样的激励手段对于不同的对象所起到的效果是不一样的，例如物质性的激励手段对于低收入员工来说可能会有较好的激励效果，但对于一些高收入者，或文化层次较高的知识性员工来说，其效果可能很有限。因为物质性奖酬主要满足人们的较低层次需要，对于这些需要已基本得到满足的高收入者来说，他们追求的是更高层次的需要。再如，目前很多企业对营销人员实行的业绩提成制度，在外部环境较为稳定、业绩好坏主要取决于个人努力的情况下，这种制度确实是调动个人劳动积极性的有效手段；但如果外部环境不确定性较大，这种制度实际上是将风险转嫁给了营销人员，因此其效果就很有限。因此，需要根据不同的情况采用不同的激励手段。而且，在很多情况下，单一使用某种激励手段与多种激励手段的组合运用其效果会有很大差别。例如，对于取得重大成果的科研人员虽然也需要给予物质奖励，但单纯的物质激励手段能起到的激励效果很有限，如果在给予物质激励的同时辅以其他形式的激励，如授予某种荣誉或安排更富有挑战性的工作，使他们能体验到自我实现的成就感，其激励效果就可能更好。因此，组织的激励系统就必须根据具体情况，根据不同的对象，灵活地、综合性地应用各种激励手段。

3. 激励对象的分散性

所谓激励对象的分散就是防止将所有的奖酬集中使用在特定的少数人身上。在一个组织中，从个人对组织的贡献来说确实会有很大差距，但组织的本质在于协作，如果组织结构设计合理的话，组织中的每个成员都是不可或缺的，组织目标的实现最终要依靠全体成员的协作和努力。因此，激励系统的设计就要注意能够让大多数人分享激励资源。当然，在激励对象分散的同时也要防止"大锅饭"和平均主义，那样反而使奖酬失去激励作用或降低激励效果。因此，必须注意提高奖酬分配的透明度和公平性。

奖酬分配的分散性也就是要求处理竞争与协作的关系。过分强调奖酬分配"拉开差距"，强调对做出重大贡献的员工要给予"重奖"固然有助于提高组织成员的竞争意识，增强组织的活力，但同时也可能对组织内部的协调、学习成果的共享、信息的交流等产生负面效应。相反，奖酬分配分散虽然可能有助于调和组织成员之间的关系，有助于组织内部的协作，但人们的竞争意识变得淡薄。这种看似"二律背反"的难题，在激励系统设计时必须认真处理好。

4. 激励手段的非相似性

所谓激励手段的非相似性就是根据各人对组织贡献性质的不同给予不同形式的奖酬，在形式上避免类同，某些人在物质性奖励方面可以较多一些，另一些人则可以给予较多的名誉、权力等。一方面根据各人对组织贡献的性质分配奖酬比较容易维持奖酬分配的公正性;另一方面,由于奖酬的形式不一样,相互之间难以进行比较,可以避免相互攀比。这就要求组织必须准备多样化的激励手段,根据不同的对象施以不同的激励。如日本企业长期实行"年功序列"工资制度,主要根据为企业服务年限的长短来确定工资水平,但并没有因此导致平均主义,抑制年轻员工的工作积极性,就是因为实际操作中,企业奉行"按工龄分配地位与工资,按能力分配权限与自由"的原则,根据老员工与年轻员工对组织贡献性质的不同给予不同的满足。因此虽然论资排辈,但并不影响年轻人的努力和成长,这也是激励手段非相似性的一种方法。

5. 积极帮助未受益者

激励对象无论怎么分散,在一个组织内总有一部人得不到或较少得到奖酬,甚至受到处罚的,他们可能因此变得消沉,甚至产生逆反心理,成为组织内部的消极因素。因此,组织激励系统设计不仅要考虑如何奖励先进,同时也要考虑如何防止"失败者"产生消极因素,要采取相应措施,做好这部分未能从组织激励系统中获益的人的工作。如做好思想工作、帮助分析失败原因、提供培训机会、安排合适的工作等,鞭策、激励他们变消极因素为积极因素。

第二节   领导与影响过程

有没有一个好的领导或领导班子,往往关系到一个组织的生死存亡,特别是在企业组织中,一个软弱的领导会断送一家企业,而一个能人或一个坚强的领导班子却能救活一家企业,现实中不乏这样的例子。对于一家企业来说,好的领导人是最基本而又是最难得的资源。大多数企业都经常面临不断寻找强有力的领导人的问题。因而就产生了什么样的领导人才是好的领导人,怎样的领导方式才是有效的领导方式的问题。对于这个问题,自古以来,哲学、政治、历史、经济学等各个领域都进行了研究,许多哲学家、历史伟人、成功的管理者或用自己的行为佐证或留下不少警世之著,告诉人们一个好的领导人应该做什么,应该怎样做。但是系统地从理论上对领导过程进行研究还是现代管理学和组织行为学诞生以后的事。

对于领导活动可以从不同的角度来进行研究,有的侧重于对领导者个人素质的研究,即研究一个成功的领导者,应当具有怎样的素质和能力,甚至应当具有怎样的性格、气质等。有的侧重于对领导行为的研究,即一个成功的领导者,其领导行为和领导方法上有些什么特征和规律性的东西。

本节着重分析三个方面的问题:一,领导本质;二,领导者的素质和能力;三,领导行为。

一、领导的本质及其影响力

领导的本质与其影响力有关,这种影响力不仅仅来自于职权的威慑力,而且来自于其他许多方面。

（一）领导的本质

关于领导的本质，有各种各样的解释。如有人认为领导是解决问题的初始行为，强调问题的解决开始于领导，因此领导者的能力和领导方法就决定了问题能否得到很好的解决；也有人认为，领导是对制定和完成组织目标的各种活动施加影响的过程；还有人认为领导是一个动态的过程，该领导是领导者个人、被领导者及某种特定的环境的函数。

$$领导 = F(领导者，被领导者，环境)$$

在这些定义中，人们比较倾向于"影响说"，即所谓领导活动，就是领导者为实现群体目标对群体活动施加影响的过程，领导者就是施加影响的主体。在两个以上的人构成的群体中，群体成员之间必然会产生相互作用，每个成员都会对其他成员的行为产生影响。但在相互作用过程中个人对他人的影响力是不一样的，有些人的影响力较大，其他人愿意服从、愿意追随他，这个人就是这个群体的实际领导者。例如在一些科研团队中，一些德高望重的学术权威尽管没有任何行政职务，但在科研过程中他们往往有比较大的发言权、决定权，实质性地发挥着领导的作用，而人们也愿意听从或采纳他的意见。由此可见，所谓领导的本质，第一，领导是两个以上的人构成的群体内部的一种人际关系，是一种影响施加者和影响接受者的关系，领导者就是有较强的影响力并能对他人的行为产生影响的人。换言之，领导必须有被领导者或他人的追随和服从。第二，所谓领导行为就是对群体活动施加影响的活动。领导者以自己的行为，或者以自己的思想、观点影响着他人。第三，领导施加影响的目的是促使群体目标的实现。

（二）领导者与管理者

现实中人们往往把组织的管理者称之为"领导"，作为管理者，组织结构赋予他们一定的职权，他们可以利用职权让人们不得不服从，从这个意义上他们有较强的影响力，可以被称之为领导。但他们未必就一定是好的领导者，他们的影响力并不是来自他们自身，而是职务和职权，是职务和职权的影响力。而另一些人，他们虽然不是管理者，不担任任何管理职务，但他们在群体中有很高的威望，人们愿意服从并追随他们，按照上述关于领导的定义，他们是真正的领导者。可见，管理者跟领导者既有联系又有区别。

1. 管理者是组织任命的，而领导者可以是任命的，也可能是自发形成的。换言之，领导者既可以是管理者，也可能不是管理者。

2. 管理者可以通过行使职权来影响他人，而不担任管理职务的领导者主要是利用自身的影响力影响他人。

3. 管理者施加影响的目的主要是促使组织目标的实现，而不担任管理职务的领导者施加影响力的目的未必是组织目标。

4. 管理者除了要有较强的影响力外还需懂得管理技巧，而领导者则未必具备管理能力。例如某个学术领域的学术权威，尽管在这个领域里具有很高的学术威望，但未必就一定是个好的管理者。但作为一个好的管理者，要能够有效地实现组织的目标就必须是一个好的领导者。

(三)领导者影响力的源泉

管理学研究领导重点是研究管理者怎样才能具有较强影响力,成为一个好的领导者。因此有必要研究管理者影响力的来源。有研究认为,管理者的影响力主要来自五个方面。

1. 合法权,即组织结构的等级体系赋予各级管理者的合法权力。根据组织结构中关于权限关系的规定,每个管理者都有在某一特定范围内的决策权,从而相应地也就有了在此范围内对他人行为的指挥权,当然他能在这一范围内对他人的行为有较大的影响力。

2. 授奖权,即管理者根据组织的有关规定奖赏下级的权力。由于人们都希望自己能得到奖赏,而且认为奖酬的决定权在管理者,服从管理者的指挥,遵从管理者的意图有利于获得奖酬,管理者可以利用人们希望获得奖酬的愿望影响他人的行为。

3. 强制权,即管理者根据组织的有关规定处罚下级的权力。由于人们都不希望受到处罚,而且认为如果不服从管理者的指挥就可能会受到处罚或其产生他自己不希望得到的结果,因此管理者可以利用人们普遍具有的对处罚的畏惧影响他人的行为。

4. 品质的影响力,即管理者的源于个人特征(如品质、能力、个性等)的人格魅力而产生的影响力。如管理者具有的优秀品质、道德修养、思想水平、领导作风等得到下级的高度认可,拥有很高的威望,人们愿意服从、追随他,因而能对下级产生较大的影响。但对于什么是优秀品质或良好道德修养等的认识因人们的价值观而异,因此源于个人品质的影响力是建立在管理者和下级的价值判断一致基础上的。

5. 专长的影响力,即管理者具有强于常人的专门知识或专门技能而产生的影响力。管理者的专长得到下级的尊重和佩服,因而管理者能对下级产生较大的影响力。这种专长必须能以某种形式表现出来,被人们所感受到,而且确实让人们觉得值得佩服。如科研部门的管理者能够比其他研究人员有更多的重大科研成果,企业基层管理者的业务能力明显地强于普通员工,他们在业务上就能够有较大的发言权。但是源于专长的影响力通常影响范围一般较狭窄,通常人们只有在自己熟悉的专业领域里才较多地受他人的影响。如一位经济学领域内的学术权威对于化学领域里的人来说未必有很强的影响力。

在上述影响力的五个因素中,前三种影响力(法定权、授奖权、强制权)是通过正式的组织渠道发挥作用的,准确地说是组织结构中的职务和职权的影响力,跟特定的管理者个人无关,影响力的大小取决于职务的高低、职权的大小,不是管理者个人所能控制的,而且管理者一旦离开了这个岗位、失去职权,这种影响力就会消失;而后两种影响力(品质的影响力、专长的影响力)则主要来自领导者个人,影响力的大小与职务和职权无关,是管理者自身努力的结果,而且即使离开了管理岗位影响力仍然存在。因此,管理者要想提高自己的影响力,最好是提高后两种影响力。

二、领导的影响过程

如前所述,在职务职权既定的情况下,管理者影响力的大小主要取决于管理者个人因素。对领导过程的研究,重点就应放在品质的影响力和专长的影响力等方面。随着对领导过程研究的深入,人们认识到领导的有效性主要受到三方面因素的影响,即领导者的个人特质、领导者的领导行为以及领导者领导行为与领导环境的适应度。

(一)领导特质理论

领导者的个人特征是影响力的重要来源,那么具备怎样的特质才能有较强的影响力?或者说一个优秀的领导者通常都具备哪些特征?早期的许多研究者将研究的重点放在了对领导者特质的研究上,也被称为领导特质理论。

研究者们对许多成功的优秀管理者进行了考察,试图通过对他们个人品质特征的研究,能够从中抽象出一些优秀领导者所具有的共同的、规律性的东西,从而帮助人们寻找优秀的领导者,或者能预测领导者未来的成功或失败。他们从成功的领导者身上鉴别出了一百种以上的品质特征,用大量的事实证明一个效率高的领导者在兴趣、能力、个性、品质等个人特征方面都不同于效率低的管理者。他们有的把这些特征概括为 6 大方面,有的概括为 20 种能力,还有的概括为 10 大条件等等。尽管这些素质或条件未必每个领导者都具备,但可以在大多数成功的领导者身上发现它们的存在。归纳他们的研究发现,一个成功的领导者通常具备以下一些个人特征。

1. 个人品质方面

(1)较高的智力。所谓较高的智力是相对而言,相对于被领导者而言,一般来说,领导者的智力、分析问题、处理问题的能力比被领导者更高一些;

(2)处世成熟、视野开阔。成功的领导者在情绪上相对较成熟和稳定,知识结构广博、兴趣爱好广泛。成熟稳定的情绪有助于领导者冷静客观地发现问题、分析问题,广博的知识和广泛的兴趣能使管理者有更开阔的视野和更全面的思维。有些知识或兴趣爱好,似乎与领导工作并无直接联系,但却有助于提高领导效果。对于一位精通历史或哲学的企业家来说,那些历史知识或哲学思想会潜移默化地影响他的决策,而且可能因此而深受他的下级钦佩。

(3)有不同于常人的内在激励机制。优秀的领导者主要不是依赖外在的激励,而更多的是自身内在的激励,即依赖于对既定目标的坚定,追求成功的欲望和自我价值的实现。一般他们都有非常明确的目标,对目标的执着形成了他们工作的动力。

(4)善于关心他人。成功的领导者能够清楚地认识到,作为群体活动,要实现群体目标就必须借助于他人的力量,就必须要有协作,因此他们能够尊重他人,关心他人,即使对下级也能很谦虚,平等待人,能在任何处境下和别人一起进行富有成效的合作。

2. 领导技巧

领导技巧包括三类:

(1)技术技能,即完成具体的业务工作所需要的能力,包括工作方法、工作程序和技术能力等。在三类技巧中,技术技巧最具体,它是完成任务最基本的条件。

(2)待人技巧,指的是待人接物,处理人际关系方面的技巧。比如善于给人以激励、排解纠纷、培育协作精神等。

(3)思维技巧,即科学的思维方法,包括较强的归纳和演绎能力,透过现象抓住问题本质的概念化能力。

　　作为领导者来说，都必须具备上述三方面的技巧，但对于不同层次的领导者来说，这三类技巧的重要性是不一样的。其中待人技巧，无论对于哪个层次的领导者来说，都非常重要。一个领导者如果不能巧妙地处理好人际关系，就很难得到他人的尊重。对于基层领导者来说，技术技能就显得更为重要。因为基层领导者处在业务活动第一线，如果在日常业务活动中，没有比下级更强的技术技能的话，就很难使下级信服。随着在组织中的地位上升，领导者将面临更多更复杂的问题，他们的决策也变得更为复杂、更加重要、更具有风险性，特别是组织的高层管理人员，他们的决策可能会关系到组织的生死存亡，因此，越是高层的领导者，对思维技巧的要求越高，而对技术技能的要求逐步下降，主要不是靠自己的技术技能，而更多地是需要发挥下级的技术技能。

（二）领导行为

　　领导者具备了应有的素质并不能保证取得较好的领导效果。良好的个人素质和能力可以为他们从事领导工作提供较好的基础，也正因为如此，人们在选拔管理人员时总是要对被选拔对象进行全面深入的考察，以期待他们取得好的领导效果，但领导效果的好坏最终还是取决于领导者施加影响的过程，即他们的领导行为、领导方法和领导艺术。因此，对领导的研究也从对领导者个人特征的研究转移到对领导行为的研究。很多学者通过对众多管理者领导行为的长期跟踪观察，总结出了各种领导行为模式，他们的理论被称之为领导行为理论。

1. 三种领导方式模型

　　以勒温为代表的心理学家很早就对领导方法进行过研究。他们认为，根据领导者对下级控制方法的不同，领导方法可以区分为专制型、民主型和放任型三类。专制型领导以考虑工作为重，不注意人际关系，喜欢运用合法的、强制的影响力来管理他们的下级；民主型领导重视人际关系，注重群体的力量，在工作过程中给予下级充分的自由，主要通过良好的人际关系来保证任务的完成；放任型领导则将权力下放给组织中的每个成员，一切由下级独立判断、个人决策。这三种领导方式中，究竟哪种方式更有效？勒温通过实验证明，专制型领导虽然能够完成任务，完成的工作量最大，但人们对工作表示出明显的不满；民主型群体中，工作质量最好，而且人们的心情也最好；而在放任型的领导下，工作的质和量都是最差的，实际上就是没有领导。所以，他们认为民主型领导是一种有效的领导方法，而放任型领导方法的效果最差。

2. 领导行为连续统一体理论

　　这一理论主要是对各种领导行为特征的描述，由美国学者坦南鲍姆（Tannenbaum）和施米特（Schmidt）于1958年提出，1973年经过修改后再次发表。在本书第二章，我们已经介绍过坦南鲍姆和施米特的观点，他们认为如果把领导者的领导行为分为两个极端，一端是极端重视工作的专制的领导方法，这类领导者习惯于运用组织赋予的职权来影响下级的行为；另一端是高度重视民主、重视人际关系的领导方法，他们注重利用良好的人际关系来保证群体目标的实现，对下级较关心，使群体内经常保持愉快的气氛。而实际的领导行为则更多地是处于这两者之间的，是由无数种领导行为构成的一个连续统一体。如图

7-3 所示：

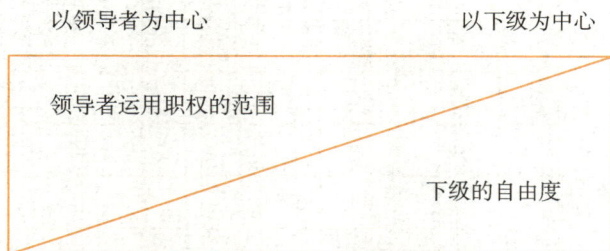

图7-3　领导行为连续统一体模型

他们根据领导者的决策特征将领导行为划分为七种类型：

第一，领导者专断地做出决定并宣布决定，不给下级参与决策的机会，下级只有服从命令的义务。

第二，领导者"推销"决策。领导者做出决定并竭力向下级阐明决定的正确性，说服下级接受他的决策。

第三，领导者提出观点、征求意见后决策。即在就某个问题决策之前，先把自己的意图和想法告诉给他的下级，和下级深入地探讨问题的意义和影响，让下级更明确领导人的意图和想法，领导人则在听取意见的基础上进行决策，由下级执行。

第四，领导者提出决策方案并进行修改。领导者先就某个问题提出一个初步方案，在征求相关人员的意见后再由领导者对方案进行修改，下级可以对决策有较大的影响。

第五，领导人提出问题征求建议后再作决策。虽然决策者仍是领导者，但下级有建议权，可以在领导提出问题后提出各种解决问题的方案，领导者也可以从下级提出的方案中选择满意方案，这样可以充分利用下级的知识和经验。

第六，领导人提出问题、规定界限，让群体决策。领导者只是提出问题及决策界限，决策权在下级而不是领导者，但必须是在领导者规定的范围内。

第七，领导人允许下级在规定的范围内行使职权。下级在一定范围内拥有极大的自由，即使领导人参与决策过程也只以一个普通成员的身份出现，并执行群体做出的决定。

坦南鲍姆和施米特认为，在上面七种方式中，孰优孰劣，没有绝对的标准，成功的领导者不一定是专制型的，也不一定是民主型的，领导者在某些情况下或某些方面可能是专制的，而在另一种情况下或另一些方面则是民主的。

3. 管理方格图理论

在第二章，我们曾经简述过美国心理学家布莱克（Robert Black）和穆顿（Jane Moudon）提出的管理方格图理论，这个理论建立在美国俄亥俄州立大学提出的"四分图"理论的基础上。布莱克和穆顿将领导行为的特征归结为两个方面："对人的关心度"和"对生产的关心度"，并将关心度各划分为9个等级，形成81个方格（如图7-4所示），图中每个方格代表了一种领导方式，纵轴上的数值越大表示越重视人的关系，横轴上的数值越大表示越重视生产。

布莱克和穆顿从上面81种管理方式中选取了五种典型的领导方法：

（1）1.1　贫乏型管理。领导者希望以最小的努力来完成组织的目标，对员工和生产

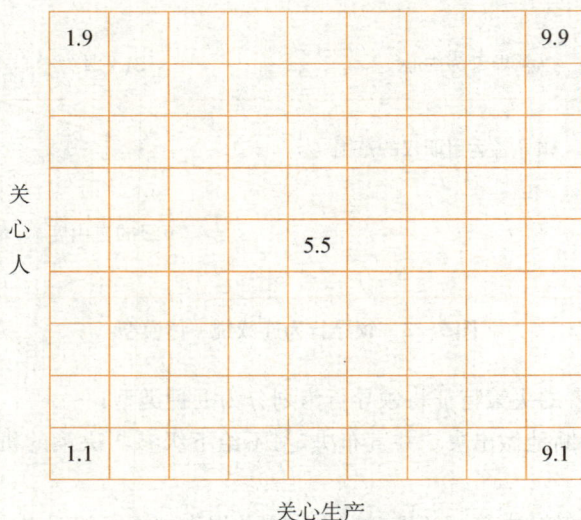

图 7-4 管理方格图

均不关心,只维持自己的职务所必须的最低限度的工作,这是一种不称职的领导。

(2) 1.9 俱乐部型的管理。领导者只注重搞好人际关系,对下级极为关心,试图创造一种愉快的组织气氛和轻松的工作环境来促使组织目标的实现,是一种轻松的领导方式。

(3) 9.1 专制管理。领导者对工作任务极为关心,但很少关心下级的需求,强调控制,注重运用明确的规章制度、程序、规则来保证组织目标的实现,是一种较为专制的领导。

(4) 9.9 团队型领导。领导者既重视工作,又重视关心人,努力协调好两方面的关系,既注重运用规章制度进行管理,又重视沟通与激励,调动人的积极性,是一种理想的领导方式。

(5) 5.5 中庸型管理。领导者对工作和对人都给予适度的关心,保持完成任务和满足人们需求之间的平衡,既保持较好的人际关系,也能有正常的工作效率,都过得去但都不突出。这是一种不求进取的领导方式。

这五种典型的领导方式中,哪种领导方式最有效? 布莱克和穆顿组织了多次研讨会,大多数参加者认为9.9型是最好的。布莱克和穆顿还指出,哪种领导方式最有效不是一成不变的,要看实际工作。

管理方格图理论能够使领导者较为明确地认识自己的领导风格和特征,找到改进领导效果的努力方向,也可以用来有效地培训未来的领导者。

(三) 领导权变理论

领导行为理论在通过大量观察和长期跟踪的基础上,重视对领导方法的分类以及对各类领导方法特征的分析,试图为人们提供一种可供借鉴的最有效的领导方式。但进一步的研究发现,相似的领导方法在不同的组织中或不同的条件下其效果可能有很大的差异,被大多数人认为是最有效的民主领导方法在很多情况下却未必有效,可见,并不存在一种"普遍适用"的领导方式,领导工作强烈地受到领导者所处环境的影响,所谓有效的领导方法只在特定环境下才是有效的。因此,对领导的研究也进一步将领导行为与领导环境结合起来研究,试图说明领导行为只有在特定条件下才是有效的。这一理论被称之为"领导权变理论",并形成了各种领导权变模型,其中最为著名的是费德勒(Fred Fielder)的领导权变模型。

美国伊利诺伊大学的心理学家费德勒和他的同事们经过十五年的调查研究,提出了"有效领导的权变模型",通常也称为"费德勒模型"。费德勒权变模型的基本观点就是认为各种领导方式都可能是有效的,关键就在于是否与领导环境相适应。而所谓环境,在他的这个模型里具体指的是以下三个方面的因素:

1. 群体气氛。主要是指上下级关系,即领导者对自己被群体所接受程度的感觉。如果领导者觉得自己能够被大家所接受的话,领导环境就比较好,反之则差。

2. 任务结构。是指任务的确定程度和下级分工负责的明确程度。任务越确定、分工越明确、越是能用量化指标进行考评,说明任务是有结构的,意味着领导环境越好。反之则越差。例如,管理一条分工明确的生产流水线就要比管理一个社会科学研究团体要容易得多。

3. 领导者职权。是指领导者的职务所拥有的权力,即法定奖赏权和惩罚权的大小。领导者拥有的奖赏权和惩罚权越大,领导环境越好,反之则差。

费德勒把领导者分为两种基本类型:工作任务型和人际关系型。判断一个领导者是属于工作任务型还是人际关系型,主要根据是LPC表。这是他设计的一张问卷,这张问卷的主要内容是询问领导者对工作中与自己最不合作的同事的评价。如果这位领导者对于他认为最不合作的同事使用的大多是较敌意的语言,则可判定他为工作任务型的,或称为低LPC型的;如果这位领导者即使对他认为最不合作的共事者也能较宽容,多用一些善意的语言来评价的话,则说明该领导人是属于人际关系型的,对群体中的人际关系较为重视,他的目标是处理好人际关系,希望在一种良好的群体气氛中工作,称为高LPC型的领导方式。

工作任务型的领导者和人际关系型的领导者在他们的领导行为上表现出不同的特点。低LPC型的领导者采取的是工作任务型的领导方式,把完成任务放在首位,当环境较好,完成任务没有问题时,他也能与他的下级很友好地和睦相处;但如果环境较差,完成任务受到威胁时,他们首先强调的是保证任务的完成,因为他们认为完成任务比人与人之间的良好关系更为重要;而高LPC型的领导者则多采取人际关系型的领导方式。因为建立良好的人际关系是他们的一个重要目标,因此即使对工作中最不合作的共事者也能用较宽容的态度来对待,希望在良好的群体气氛中工作,如果领导环境较差,他将首先把人际关系放在首位,首先考虑的是如何搞好与下级的关系。

费德勒认为这两种领导方式都可能是有效的,关键在于它们的适用环境。在某些情况下,工作任务型的领导方法是有效的,而在另一些情况下,人际关系型的领导方式则是有效的。那么,究竟在怎样的情况下,任务工作型的领导方式是有效的? 而又在什么样的情况下,人际关系型的领导方式才是有效的呢? 费德勒对1 200个团体进行了抽样调查,得出了以下结论。

从图7-5中可以看出,在模型中的中线以上,高LPC型的领导方式比低LPC型的领

序号	1	2	3	4	5	6	7	8
以人为主 高 LPC 低 以工作为主								
群体气氛	好	好	好	好	差	差	差	差
任务结构	明确	明确	不明确	不明确	明确	明确	不明确	不明确
职位权力	强	弱	强	弱	强	弱	强	弱
有效的 领导方式	工作任务型			人际关系型				工作任务型

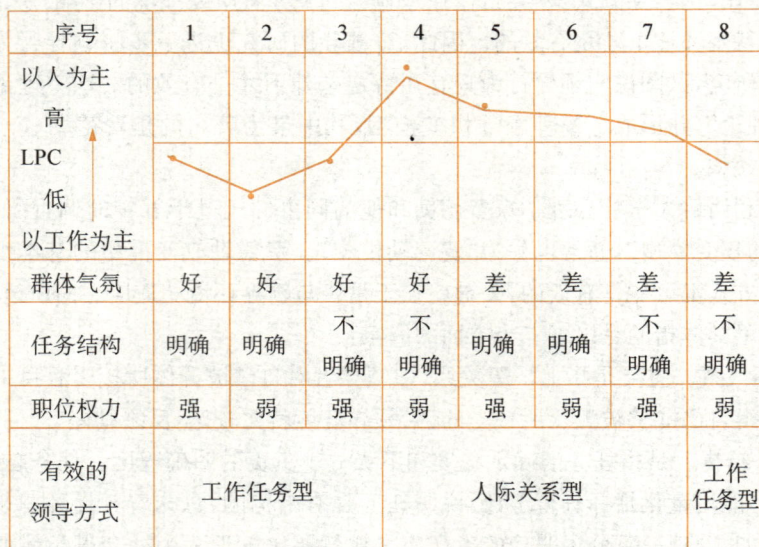

图 7-5　领导权变模型

导方式更为有效,即领导效果较好;而在中线以下,则表示低 LPC 型的领导方式比高 LPC 型的领导方式干得更好。

尽管费德勒领导权变模型是通过对当时美国企业管理者的考察得出的结论,无论是社会文化背景还是时代都有很大的不同,但至少可以给我们这么一个启示,即无论是人际关系型的领导和工作任务型的领导,都只能在特定的环境中才能取得较好的工作成果,不存在普遍有效的领导方式。在某种情况下获得较好领导效果的领导方法在另一种情况下未必能取得较好领导效果;相反,某种情况下干的不太理想的领导者在另一种环境下也可能获得较好的领导效果。因此,领导者要想获得较好的领导效果,就必须根据不同的环境采取相应的领导方法。

第三节　人际关系与沟通

组织是由两个以上的人构成的群体,组织的本质在于协作,而要有效地开展协作就必须要有沟通。因而,在组织中人与人之间的沟通以及在沟通中的冲突就是不可避免的现象。有效的沟通有助于组织内协作和组织目标的实现,管理者必须具有较强的沟通和应对冲突的能力,有效的沟通技巧是成功的管理者必备的条件之一。

一、沟通与沟通过程

沟通是指意思的传递和理解。沟通首先是信息的传递,如果没有信息需要传达,也就无所谓沟通的存在。但沟通不是单向的,沟通包含意义的理解。如果传递的信息不被理解就不能称之为沟通。有效的沟通，是指发送者的意思完全被其目标接收者所了解。值得注意的是，有效的沟通只代表信息的接收者准确了解了信息发送者传递的信息，但了解与同意是两回事，有效的沟通代表了解，并不必然代表同意。

沟通过程由七个要素组成：信息源、信息、编码、通道、解码、接收者以及反馈。

信息源：即信息的发送者，可以是单一的个人，也可以是一个组织。当组织作为发送者时，组织则必须有"代言人"，这个代言人可以是公司的高层主管、发言人或是代表性人物。

信息：即欲传递的意思，亦即沟通的内容。

编码：编码是指发送者将所要传达的意思转变为接收者可以理解的一种信息沟通形式，通常可以是语言、文字、符号或动作等。

通道：通道是指信息传递的媒介。如对话、电话、会议及电话会议、演讲、备忘录、传统信件、传真、员工通信、公司出版物、录音带和录像带、电子邮件等，通常由发送者选择。

解码：也称译码，是指将经由通道传达而来的编码予以翻译理解的过程。

接收者：接收者则是沟通时接收信息的目标对象。例如，营销沟通的主要对象就是目标顾客。

反馈：反馈就是将信息送回给发送者，以供其检视所送出的信息是否被正确地理解。

沟通过程起始于发送者想传达某些信息给接收者。发送者将想传达的信息以一种接收者可以理解的方式，在加以编码后，经由一定的通道传达给接收者，接收者收到后则将信息解码成他所能理解的意思，再回馈给发送者。

不可忽视的是，在整个沟通过程中，存在着干扰沟通效果的各种不同噪声。所谓噪声，就是指对信息的传送、接收或反馈造成干扰的因素。在整个沟通过程中都存在着产生噪声的可能性。

在信息的发送阶段，发送者把头脑中的想法进行编码而生成信息，被编码的信息的质量要受到发送者的技能、态度、知识，以及社会文化传统的影响。如在用文字进行沟通时的写作技巧、用语言沟通时的语言表达能力、对将传递信息重要性的认识、发送者自身的知识水平以及价值观等都会影响到信息发送的准确性。

在信息的传递阶段，信息传递通道的选择也会受到噪声的影响。不论采用哪种形式都存在失真的可能性。如在一个多层级的组织中，无论是自上而下还是自下而上的传递，由于在信息层层传递的过程中人们都加进了自己的理解从而有可能使信息扭曲；或者信息传递通道选择的不合理导致接收者的错误理解。例如通过让别人转述的方式邀请某位朋友出席重要的宴会可能会使朋友怀疑邀请的诚意。

在信息接收阶段，与发送者一样，接收者同样受到自身的技能、态度、知识和社会文化系统的影响，在对接收的信息进行解码时出现偏差导致信息的失真。如接收者的阅读能力可能对发送者的意思产生误解，因为对发送者的偏见可能会错误地理解信息，再如由于文化背景的差异，人们常会按照自己的习惯思维去理解收到的信息等。

信息的反馈阶段与信息的发送阶段同样也存在着产生噪声的可能性。

因此，有效沟通的一个前提就是确保信息的真实，尽可能减少噪声的影响，避免出现对信息的曲解。

■ 二、沟通的类型

在组织中充满着各种各样的沟通,按照不同的标准可以对沟通进行不同的分类。通常可以按照沟通通道的不同以及沟通参与者的不同进行分类。

(一) 按沟通通道分类

根据沟通时选择的通道不同,沟通可以分为语言沟通、非语言沟通和电子沟通。

1. 语言沟通

语言沟通即通过语言文字来进行的沟通。语言沟通又进一步可以分为口头沟通和书面文字沟通。

(1) 口头沟通

即通过口头语言来进行的沟通,也是最常用的一种语言沟通方式,如面对面的谈话、演讲、电话等。口头沟通的优点是传递迅速,因而与书面文字形式相比较,可以在同样的时间内传递更多的信息,并且可以及时得到反馈,进行双向的交流。但口头沟通也存在一些缺陷,如当信息经过多人口头传达时信息被扭曲的可能性较大,当信息传达到终点时可能已经与原意大相径庭;口头沟通虽然反馈及时,但也正因为如此往往无法经过深思熟虑后再反馈;而且如果没有记录的话,口头沟通容易引起事后争议。

(2) 书面文字沟通

书面文字沟通是以文字的方式来进行沟通,如便条、备忘录、信件、电子邮件、公司刊物、公告栏或是其他书面文字或符号等,都是书面文字沟通的具体形式。相对于口头沟通,书面文字沟通具有可长期保存、可事后验证等优点,而且正因为如此,人们采用书面沟通方式时往往会更加深思熟虑,表达更加严谨、准确。一些较为复杂且又较为重要的事项人们往往采取书面文字的方式,如劳动合同、项目合同等。书面文字沟通的缺点在于比较费时,相对于口头沟通。在相同的时间内所能传达的信息少,而且信息的反馈也不如口头沟通及时。

2. 非语言沟通

非语言沟通就是不经由言语表达的沟通。很多极有意义的沟通是既非口头形式也非书面形式进行的。如演讲人在演讲中发表某种观点后下面突然很多人开始交头接耳,无需言语说明,人们已经告诉他,他的这个观点是有争议的;教师在上课时,学生们开始收拾书本和笔记时,他们传达了一个非常明确的信息:该下课了。这些都是非言语形式的沟通。非言语沟通中最为人熟知的就是形体语言和语调。

形体语言指传达意思的手势、表情和其他身体动作。人们的各种表情或姿势能够传达人们希望表达的感情或对某一信息的反应。如下级对主管人员的某项安排做出的不屑一顾的眼神就明显地表示了他对这项安排的不满。正视的眼睛和闪烁的眼神往往透露出不同的信息,挥舞的手势则能强化言语的效果。

语调是人们在进行口头沟通时的声调。通过声调的变化可以传递不同的信息,同一个词不同的声调可以表达完全不同的含义。如口语中人们常用的"是吗"一词,通过音调的变化既可以表示确认,也可以表示怀疑。

非语言沟通可以单独存在,也可以伴随口头沟通的方式出现,可以说任何口头沟通都包含有非语言信息,因此,非言语形式有可能会对有效沟通产生不利影响。

此外,诸如沟通者与被沟通对象的身体距离、沟通者的穿着打扮、信息发送的场合的不同都传递了不同的信息。可见,沟通的形式是多样的,若要真正了解沟通的内容,不应只注意到表面的语言沟通,还应注意到非语言沟通。

3. 电子沟通

随着信息技术的发展,作为一种沟通通道,电子媒体发挥着越来越重要的作用。除了早期的电报、电话等公共通信系统外,电子媒体还包括电视、电脑、传真机及其他用来传达信息的电子设备。其中,成长最快的也许是手机、电子邮件与网络,可以说是对沟通造成了革命性的改变,为有效沟通提供了更为便利的工具。

(二)按沟通参与者分类

按照沟通参与者的不同,沟通可以分为人际沟通和组织沟通,人际沟通是指两人或更多人之间的一种直接沟通,组织沟通则指发生在组织内外的沟通。组织沟通最终是由人进行的,也是人与人之间的沟通,从这个意义上来说,发生在组织内外的人与人之间的组织沟通既是一种人际沟通,也是一种组织沟通。上面分析的沟通过程就是人际沟通,因此,这里重点分析组织沟通。组织沟通有两种类型,一种是组织的正式沟通,另一种是组织的非正式沟通。

1. 组织的正式沟通

所谓组织的正式沟通是指按照组织结构的组织层级和正式程序来进行的沟通,因此,任何发生于组织中与工作相关的沟通,都可称为正式沟通。

组织的正式沟通可以分为垂直沟通与横向沟通(也称水平沟通)。垂直沟通是经由组织中的正式报告程序,循着组织的层级所进行的向上与向下沟通,因此又可细分为下行沟通与上行沟通;横向沟通(也称水平沟通)是指位于组织同一层级的相同职位之间的沟通。

下行沟通是信息由管理者流向下属的沟通。当管理者将目标和任务分派给员工时,就是运用了下行沟通。管理者在管理中经常通过下行沟通方式,向员工们颁发岗位责任书,通告组织的各项规章制度和程序,表扬或批评下级。

上行沟通是信息由下属人员流向管理者的沟通。管理者依靠上行沟通获取信息、有关工作的进展和出现的问题以及下属人员对管理者及整个组织的看法,并以此获得改进工作的意见。组织中使用上行沟通方式的程度与组织文化有关。如果组织中的民主意识、参与意识较强,管理者尊重和信任下级,则组织中会有较多的上行沟通。

横向沟通是信息在组织的同一层次之间流动的沟通,通常是组织员工之间或同一层次的管理者之间进行的沟通。如各个职能部门或各个不同事业部之间的沟通。

2. 组织的非正式沟通

非正式沟通是指组织内不循着组织结构的组织层级和正式程序所进行的沟通,也称为葡萄藤沟通。如员工们在餐厅或过道里的交谈,或相知者在社交活动中的交流都属于非正式沟通。员工之间建立起友好关系后,会经常相互沟通。组织中的非正式沟通可发挥两方面的作用:(1)满足员工社会交往的需要;(2)有利于改进组织的绩效,因为它提供了一条更快速和更广泛的沟通通道。

由于非正式沟通在组织中无所不在,且不受正式组织的程序与规范限制,它的信息传播速度与传播范围远远优于正式沟通。非正式沟通中最突出问题就是所传播信息的正确性问题。由于信息来源于非正式渠道,可能会出现一些无中生有的流言,或者一些小问题被无限放大,进而给组织造成很大的冲击与弊害。在一个组织中,非正式沟通的发生是不可避免的,它是人的社会性要求及其必然体现,是不以管理者意志为转移的客观存在,因此管理者必须维持一个开放的沟通通道,但不可忽视其可能带来的负面效应,应给与足够的关注和积极的引导。只要合理地引导和利用,非正式沟通也可成为组织的一种资源。管理者可以从中获得很多正式沟通通道所得不到的信息,可以利用这个通道来传播信息以试探组织成员对组织新措施的反应,建立培育组织文化的一条重要途径。

三、提高沟通的有效性

有效沟通对于调动员工的工作积极性,提高管理者的领导效果,促进组织目标的实现具有非常重要的意义,管理者应认真分析、准确认识有效沟通的主要障碍,并采取相应措施积极促进和改善组织内部的人际沟通。

(一)有效沟通的障碍

前面在分析沟通过程时已指出,沟通的每个环节都可能发生噪音,造成信息扭曲或失真,导致沟通不能有效进行。沟通的障碍既有个人方面的因素,也有组织方面的因素。

1. 影响有效沟通的个人因素

影响有效沟通的个人因素主要包括以下方面:

(1)信息扭曲

信息的发送者、传递者及接收者都可能在有意无意间造成信息的扭曲。造成信息扭曲的主要原因有:第一,信息的过滤。信息的发送者发送的是过滤后的信息,如在上行沟通中,人们往往会报喜不报忧,汇报的都是管理者喜欢听到的信息;信息的传递过程中也会发生信息过滤,信息传递过程实际上是一个信息浓缩和综合的过程,而在这个浓缩和综合的过程中往往加入了信息传递者对信息重要程度的主观认识,导致信息失真。信息传递经过的通道越长、环节越多,信息失真扭曲的可能性就越大。此外,组织文化也会影响信息扭曲的程度,如组织文化是一种重形式而不务实的文化,发生信息扭曲的可能性也愈大。第二,信息接收的选择性。由于认识的局限性或偏见,人们在对收到信息进行解码的时候,往往根据自己的需要、动机、经验、态度、利益或者兴趣爱好有选择地解读所获得的信息,只重视某些方面而忽视了其他方面。如在面对一位自己不喜欢的人时,负面的信息可能会更引起重视。第三,情绪。人在不同的情绪下对同一信息会做出截然不同的解释。在很多情况下,极端的情绪常常使人们无法进行客观而理性的思维,而代之以情绪性的判断。

（2）信息过量。当所获得的信息量超过了人们的处理能力时，人们往往只能对这些信息进行筛选，挑选一些自己认为重要的、紧急的信息，而轻视、忽略或遗忘某些自以为不重要的信息，导致信息缺失，影响信息的解码和沟通效果。

（3）语言含义。在同一个组织中，不同年龄、不同教育、不同文化背景的人们往往使用着不同的"语言"，即使是同一个词汇但表达的可能是不同的含义。如目前很多年轻人常用的"网络语言"对于一些上了年纪的人来说可能就很难理解，一些非正式组织中的习惯用语其他人可能也很难理解，导致沟通困难。

（4）防卫意识。当人们感到自己受到威胁时，通常会做出防卫式反应，这会降低相互理解的可能。如人们对自己的竞争对手或曾经伤害过自己的人传递的信息总会带有怀疑或不信任的心理，甚至从反面去理解，这将阻碍客观和理性的思维，成为沟通的障碍。

（5）文化因素。在全球化背景下，国与国之间、一国范围内不同地区间的人员流动日益频繁，在一些组织中既有来自不同地区的本国人，还有来自不同国家的外国人。在这些组织中，文化差异往往会成为沟通的障碍。即使同是本地人，在价值观多元化的今天，不同的价值观会影响人们对事物的判断，文化差异会影响到管理者对沟通方式的选择。如果对这种文化差异没有充分认识，就极可能成为有效沟通的障碍。

2. 影响沟通的组织因素

来自组织的沟通障碍主要有以下因素：

（1）专业化。组织内部的专业化分工，人们长期从事某一种专业工作必然形成与本职工作相适应的思维方式和思考逻辑。如从事市场营销工作的员工和从事技术开发的员工，由于他们的工作性质导致他们在思维方式、思维风格等方面存在较大差异，往往在沟通上会出现困难。

（2）组织层级。即与组织结构的设计有关，在一个高耸型组织结构中，组织层级愈多，信息传递经过的环节越多，产生扭曲和遗漏的可能性也就愈大。反之，在扁平型组织中，信息传递所经历的环节少，在传递过程中被扭曲的可能性相对较小。

（3）组织地位。在组织中不同层级间由于地位的不同往往沟通较困难，即使在同一层级中，也会因地位的不同导致沟通困难。

（4）目标差异。当人们之间的目标不一致时，便会造成沟通障碍。如市场营销部门从扩大销售角度考虑，希望产品能多品种、小批量生产，这样可以满足更多细分市场顾客的需要，有利于扩大销售；而从生产部门来看，多品种、小批量生产可能会增加生产的难度和生产成本。

（二）沟通障碍的克服

要克服沟通障碍，需要积极倾听，注意语言的准确，运用反馈，避免在沟通中加入自己的情绪等。

1. 积极倾听

"倾听"和一般的"听"不同，倾听是不带先入为主的判断或解释地对信息完整意义的接受，是主动地搜寻对方话中的意义，因此，倾听者必须全神贯注；而一般的"听"是被动的。在很多情况下，人们是用"耳朵"而不是用"心"去听别人说话，记住的只是别人的话而不是其中的含义。理解对方发送的信息的真正含义,确保对信息理解的准确、全面是有效沟通的前提。倾听的目的就是避免过早的判断或诠释而扭曲了对方的信息,避免不必要的误解,以确保了解对方的意思。

2. 注意语言的准确和易懂

如上所述,由于每个人所处的文化、所受的教育以及所接触的群体不同,所使用的语言自然也不同,语言往往成为沟通的障碍。因此,管理者应根据信息所指向的不同听众,选择措辞并注意表达的逻辑,使用对方容易了解的语言,使发送的信息清楚明确,易于接收者理解。如果一位总经理在给基层员工描述企业未来发展蓝图时,使用的是非常深奥的战略管理术语,除了让员工佩服他的学识外恐怕很难让员工真正理解他想表达的实质内容,通俗易懂的语言不仅能让员工真正理解,也能产生亲切感,降低对方对沟通的抗拒。

3. 运用反馈

很多沟通问题是由于误解或理解不准确造成的,多运用沟通则可以减少问题的发生。如管理者在沟通过程中可以通过询问,或让接收者用自己的话复述沟通信息的方式,来确认接收者是否真正理解了自己的真实意思。而且,双向沟通可以减少对方的反感和反抗,还可了解其所持看法。这里的反馈可以是言语的,也可以是非言语的。例如沟通对方虽然口头上赞同,但不以为然的眼神往往表露了对方对沟通信息的不认同。因此,管理者应该保持高度的敏感。

但是要注意的是,不恰当的反馈也会造成不必要的误解。不仅要多用反馈,更要注意反馈的艺术和技巧。如管理者在就某项失误与作为当事人的员工进行沟通时,如果只是一般地批评而不是具体地指出错在哪里,或者将一些无法预见的原因或不可抗力导致的结果也归罪于当事人的话,可能会引起反感。

4. 避免在沟通中掺入情绪

如前所述,不愉快的情绪往往是导致人们不能客观和理性思考从而导致信息发送或解码不准确的原因。因此,管理者应尽量避免在沟通中掺入情绪。当发现自己的情绪已介入沟通时,为避免干扰暂停沟通未必不是一种好的沟通策略。当然,更重要的是管理者要有开阔的胸怀,要善于听取不同的,甚至是负面的反馈,要摒弃偏见和成见,努力从客观的角度来倾听对方的意见。

来自组织的沟通障碍是不可避免的,这本身也说明了组织中沟通的必要性和重要性,克服来自组织的沟通障碍,加强沟通有助于提高沟通艺术的水平。

案例

黄工程师为什么要辞职

助理工程师黄大佑,是一所名牌大学的高材生,毕业后工作已八年,于四年前应聘到一家工厂的工程部负责技术工作,工作勤恳负责,技术能力强,很快就成为厂里有口皆碑的"四大金刚"之一,名字仅排在一号种子厂技术部主管陈工之后。然而,工资却同仓库保管人员不相上下,一家三口尚住在来时住的那间平房。对此,他心中时常有些不平。

黄厂长，一个有名的识才老厂长，一句"人能尽其才，物能尽其用，货能畅其流"的孙中山先生名言，在各种公开场合不知被他引述多少遍了，实际上，他也是这样做的。四年前，黄大佑调来报到时，门口用红纸写的"热烈欢迎黄大佑工程师到我厂工作"几个不凡的颜体大字，是黄厂长亲自吩咐人事秘书部主任落实的，并且交代要把"助理工程师"的"助理"两字去掉，这确实使黄大佑当时春风得意，工作更卖力。

两年前，厂里有指标申报工程师，黄大佑属有条件申报之列，但名额却让给一个没有文凭、工作平平的老同志。他想问一下厂长，谁知，他未去找厂长，厂长却先来找他了："黄工，你年轻，机会有的是。"去年，他想反映一下工资问题，这问题确实重要，来这里其中一个目的不就是想增加收入，提高一下生活待遇吗？但是几次想开口，都没有勇气说出来。因为厂长不仅在生产会上大夸他的成绩，而且，他曾记得，有几次外地人来取经，黄厂长当着客人的面赞扬他："黄工是我们厂的技术骨干，是一个有创新意识的……"哪怕厂长再忙，路上相见时，总会拍拍黄工的肩膀说两句，诸如"黄工，干得不错"、"黄工，你很有前途"之类的话。这的确让黄大佑兴奋："黄厂长确实是一个伯乐。"此言不假，前段时间，他还把一项开发新产品的重任交给他呢，大胆起用年轻人，然而……最近，厂里新建好一批职工宿舍，听说数量比较多，黄大佑决心要反映一下住房问题，谁知这次黄厂长又先找他，还是像以前一样，笑着拍拍他的肩膀："黄工，厂里有意培养你入党，我当你的介绍人。"他又不好意思开口了，结果家没有搬成。

深夜，黄大佑对着一张报纸招聘栏出神。第二天一早，黄厂长办公桌上压着一张小纸条，写着：

黄厂长：

您是一个懂得使用人才的好领导，我十分敬佩您，但我决定走了。

黄大佑于深夜[①]

本章小结

充分发掘人们的潜力、调动人们的主观能动性以确保组织目标的实现，是管理者的重要职能。因此在管理过程中，管理者要设计和运营组织的激励机制，选择有效的领导方法和领导艺术，并通过加强沟通不断完善激励机制、改进领导方法和领导艺术。

在管理学中，激励是指一种精神力量，起到激发和强化人们动机的推动作用。根据研究侧重点的不同，激励理论大致可以分为需要型激励理论和过程型激励理论。需要型激励理论侧重研究激励过程的起点，即从人的需要出发，研究是什么因素引起、维持并且指引某种行为去实现目标的问题，代表性理论主要有马斯洛的需要层次论、赫茨伯格的双因素理论和麦克莱兰的成就激励理论等；过程性激励理论侧重研究从人的动机产生到行为反应这一过程中有哪些因素会对人的动机与行为发生作用，从动态分析的角度来研究激励问题，代表性理论主要有期望理论、公平理论、强化理论以及在上述理论基础上形成的

---

① 姜仁良.管理学习题与案例[M].北京:中国实践经济出版社,2006:161.

波特—劳勒激励模式等。这些理论对于组织激励系统的设计都具有一定的指导意义。

组织激励系统可以有广义和狭义的理解,广义的激励系统是指由组织中的各种激励因素相互作用形成的一个体系,狭义的激励系统通常是指一个组织的绩效考评指标体系以及与此相关联的奖惩体系。通常所说的激励系统主要是指狭义的激励系统。激励系统的不同设计对组织的各个方面都会产生影响,因此管理者必须根据自己所在组织的不同情况设计相应的激励系统。在激励系统的设计中,绩效考评的准确性以及奖酬分配的经济性是既重要又很难准确把握的两大难题。

在组织中管理者同时又是领导者,发挥着领导作用。领导作为一项管理职能是指管理者为实现群体目标对群体活动施加影响的过程,一个好的领导者应当具有较强的影响力。领导者的影响力来自于权力和非权力因素两个方面,权力是指组织结构赋予管理者的法定权、奖励权和强制权,非权力因素主要是指管理者的个人品质以及管理者的能力。有关领导的研究分别从领导者个人特质、领导行为以及领导行为与环境的关系等三个方面进行了研究,形成了领导特质理论、领导行为理论和领导权变理论等各种领导理论。这些理论认为,具备优秀领导者的个人特质只是取得较好领导效果的基础,更重要的是应当根据不同的领导环境选择不同的领导行为才有可能取得好的领导效果。

组织是由两个以上的人构成的群体,组织的本质在于协作。因而,在组织中人与人之间的沟通以及在沟通中的冲突就是不可避免的现象。有效沟通有助于组织协作和组织目标的实现,管理者必须具有较强的沟通能力和应对冲突的能力。

沟通是指意思的传递和理解,有效的沟通是指发送者的意思完全被其目标接收者所了解。按照沟通的通道不同,沟通可以分为语言沟通、非语言沟通和电子沟通;按照参与者的不同,沟通可以分为组织的正式沟通和非正式沟通等。

影响有效沟通的障碍因素包括个人因素和组织因素,个人因素主要有信息的扭曲、信息过量、语言含义的不同、防卫意识、文化差异因素等;组织因素包括组织内的专业化分工导致的思维方式差异、组织层级过多导致的信息扭曲、组织地位的差异、各自目标的差异等。为了克服这些沟通障碍,有效地开展沟通,需要积极倾听、注意语言的准确性、运用反馈、避免在沟通中加入自己的情绪等。

思考题

1. 需要型激励理论和过程型激励理论的代表性理论有哪些?
2. 组织激励系统的设计需要注意哪些问题?
3. 一个好的领导者主要通过哪些途径提高自己的影响力?
4. 在管理中有效沟通可以发挥什么样的作用?
5. 上述案例中黄工为什么会辞职? 如果你是黄厂长,你将会采取什么激励措施来留住黄工?

第八章
控　　制

巴林银行是 1763 年弗朗西斯·巴林(Francis Bahrain)爵士在伦敦创建的世界首家"商业银行",这家具有悠久历史的银行曾经创造了无数令人瞠目的业绩,其雄厚的资产实力使它在世界证券史上具有特殊的地位。1995 年 2 月 27 日,英国中央银行突然宣布:巴林银行不得继续从事交易活动,并将申请资产清理。这个消息让全球震惊。因为英国中央银行的这一决定意味着这家具有 233 年的悠久历史、在全球范围内掌管 270 多亿英镑的银行宣布破产。巴林银行最后被荷兰某集团象征性地以 1 英镑收购了。

表面上看,导致巴林银行破产的直接原因,是当时一人身兼首席交易员和清算主管两职的巴林银行新加坡期货公司执行经理的里森(Leeson)为了私利一再动用"错误账户"①来掩盖其因违规操作导致的巨额亏损,使公司的损失越来越大,最后造成超过 10 亿美元的损失。而其根本原因正如新加坡财政部发出的英国普华会计师事务所起草的一份《巴林银行事件的调查报告》结论所指出的那样:巴林银行事件的主要原因是银行内部管理存在严重的缺陷。职责分工、交易授权、不相容职位必须由不同的人员担任,相互牵制,相互监督,这些内部控制理论中最基本的要求,居然被巴林银行的管理者们轻而易举地忽视了,让里森身兼二职——交易员和结算员,这为他制造假账,瞒天过海提供了绝佳的机会;而总部对海外分支机构又缺乏必要的监督,事实上里森为掩盖问题所制造的假账极易被发现,因为公司每天都有一张资产负债表,每天都有明显的记录可以看出里森的问题。但巴林银行却没有严格的审查制度或没有严格地执行审查制度,最终导致了巴林银行灾难性的毁灭。

从以上案例中可以看出,在组织的管理中,一个有效的监督纠正机制是不可缺少的,它可以使组织提前发现环境的变化以及工作过程中的失误,防止实际工作出现大的偏差,并及时采取必要的补救和修正措施以确保组织目标的实现。这个监督和纠正机制就是管理的控制职能,控制活动的质量决定了组织的执行力。

第一节　控制概述

计划提出了管理者追求的目标,组织提供了完成这些目标的结构、人员配备和责任,领导提供了影响、指挥、激励和沟通的环境,而控制提供了有关偏差的知识以及确保与计划相符的纠偏措施。无论计划制定得多么完美,没有控制就难以保证计划的有效实施和计划目标的实现。可以说,控制活动是管理者最日常性的一项管理工作。

一、控制的含义

所谓控制是指组织在动态的环境中为确保组织目标实现而采取的检查和纠偏的活动过程。控制既可以理解为是一系列的检查纠偏的活动,即控制活动;也可理解为是检查和纠偏的过程,即控制过程。

---

① 所谓"错误账户"是指银行对代理客户交易过程中可能发生的经纪业务错误进行核算的备用账户。

　　控制是一项重要的管理职能,即使在组织正常运行的情况下也需要进行控制,因为在管理者未将计划实施的实际状况与计划目标比较之前是无法判断是否正常的。控制活动也是最具普遍性的一项管理活动,无论哪个层次的管理者,要确保管理计划目标的实现都需要进行控制工作。一个有效的控制系统可以保证组织的各项活动都朝着组织目标实现的方向进行,没有控制活动,计划就等于一纸空谈,控制系统越是完善,管理者实现计划目标的可能性就越大。

　　需要指出的是,在强调控制职能重要性的同时,也不能过分强调控制职能的独立作用。首先,控制与其他管理职能之间存在着密切的关系。控制本身不是目的,只是实现计划目标的手段,因此,控制必须以计划为依据,没有计划,控制就是无本之木,计划越具体、越明确、越完整,控制的效果就越好。而且控制工作本身也需要有计划,如对控制的程序、控制的内容和规则等,都必须进行计划,没有计划,控制工作就无法正常进行。其次,在管理控制活动中不能忽视人们具有自我控制的能力。人最本质的特征就是人的社会性,人具有判断能力和自律能力,人们总是在相互作用、相互影响中决定自己的行为,别人的行为会成为自己行为的参考,自己在采取行为之前会考虑自己的行为是否与周围环境相协调,换言之,人们总是以某种形式进行着自我管理。因此,在一个组织中,如果人们对组织有较高的忠诚度,而且每个人都有明确具体的目标,人们会在一定程度上进行自我控制。控制的效果是组织的他律与人们的自律综合作用的结果。因此,在设计组织的控制系统时不能忽视了人们自我控制的作用。

▌二、控制的必要性

　　斯蒂芬·罗宾斯(Stephen Robbins)曾说:"尽管计划可以制定出来,组织结构可以调整得非常有效,员工的积极性也可以调动起来,但是这仍然不能保证所有的行动按计划执行,不能保证管理者追求的目标一定能达到。"在现代组织管理中,控制之所以必不可少在于以下几个方面的原因。

(一) 组织环境的不确定性

　　组织的计划和目标是对未来一定时期内组织的活动方向和行动步骤所作的安排,而任何组织的计划实施都是在特定的环境下进行的。如果组织处在一个稳定的环境中,一切都能按照事先的安排顺利推进,那么也就无须进行控制。而现实的环境却是急剧变化着的,经济全球化使得国与国之间的经济联系日益密切,一国的经济变动迅速波及其他国家;科学技术日新月异,新产品层出不穷,与组织计划实施相关的各种环境因素的不确定性加大,尽管预测技术在不断完善,但人们仍然很难准确预测未来环境的变化。为了保证目标和计划更符合实际的组织环境,使目标和计划适应变化了的环境,确保组织目标的实现,组织就必须通过控制来及时了解环境变化的程度和原因,通过控制来准确把握计划与实际发生差异的程度和原因,从而采取有效的纠偏措施。

(二) 组织活动的复杂性

　　组织是一个协作的社会系统,组织目标的实现需要组织各个部门的有效协作。组织不仅要有明确的战略目标并把战略目标分解到组织的各个层次、各个部门,而且在实施过程中要进行大量的组织协调工作,保证每个部门、每个层次的活动或工作顺利进行,各环节之间能很好地衔接,这就需要组织自始至终都能及时准确地了解实际工作进展情况,确保各部门之间有效地开展协作。随着专业化的不断发展,组织内部的分工与协作关系愈益复杂,为了使从事各项具体工作的人员能够自主地高效率地开展工作,管理者必须授权,而由于个人观念、工作态度、知识、能力的局限性,无论计划制定得如何周密,在实施过程中总是存在许多不确定因素,不可避免地会出现意想不到的情况或一些失误。特别是在一些规模庞大、活动地域广泛、业务复杂的大型组织中,有了完善的控制系统,可以及时发现问题,及时采取相应措施解决问题。

三、控制的原则

控制是管理的一项基本职能,也是一项复杂的工作,既涉及对人的控制,也包括对物的控制,这些都增加了控制的复杂性。但尽管如此,有效的控制系统仍具有一些相同的特性,这些共同的特性也就是组织在进行控制时必须遵循的一些基本原则。

(一)重点原则

即应该控制那些对组织具有战略性影响的因素。一个组织的活动千头万绪,管理者不可能控制一个组织中的每一件事或工作中的所有的项目,即使可能也需要支付相当大的成本,这就违背了管理的本来目的,即高效率地实现组织目标。因此,应该重点控制那些对组织目标实现具有战略性影响的关键性活动。当然,至于哪些活动或哪些事项是关键点则因组织的不同而不同,即使是同一组织在不同时期也会不同。因此,管理者应根据具体情况,准确把握组织活动的关键点,有的放矢地进行重点控制。

(二)及时性原则

有效的控制系统,必须是能够及时发现问题并及时解决问题。控制的本来目的就是要通过对实际工作过程的监督以便及时发现工作中的偏差,采取纠偏措施,以确保组织目标的实现,防止偏差给组织带来损失。因此,及时性是有效控制的一个重要原则。这一方面要求组织有一个高效的管理信息系统,能够及时提供控制所需的相关信息,另一方面要求管理者能够根据相关信息及时做出判断、及时采取措施,需要有一个及时纠正偏差的机制。很多情况下往往并不是管理者没有发现问题,而是发现了问题但没有引起足够重视,或优柔寡断没有及时地采取措施而贻误了解决问题的最好时机,给组织造成损失。

此外,在外部环境复杂多变的情况下,即使管理信息系统能够及时提供相关信息,但等到发现问题时再临时来研究采取措施为时已晚,或者已经造成损失。因此,要求管理者必须对未来的变化有一定的前瞻性,要尽可能地采用前馈控制方式,事先对各种可能发生的情况做出预测,并拟定相应的预案,一旦预料中的问题出现可按照事先拟定的对策及时解决问题。

（三）灵活性原则

由于控制标准是计划的细化，而计划总是面向未来的，未来总是有许多不确定性。尽管人们在制定计划或确定控制标准时总是试图对未来变化做出较为准确的预测，虽然预测可以减少不确定性但不能消除不确定性，实际的变化可能与预测会有较大的不一致。这就要求控制系统必须具有一定的灵活性，以提高控制系统的有效性。例如，根据销售收入预测制定的相应预算中的各项支出，会因实际销售量大大高于或低于预测数而失去意义。再如僵化地固守某些控制标准可能会因此失去一些很好的机会。

（四）经济性原则

所谓经济性原则是指一个控制系统在运行过程中从经济角度看必须是合理的，一个有效的控制系统应当是既能保证目标实现又能使控制成本最低的控制系统。控制是一项需要投入大量的人力、物力和财力的活动，无论是标准的制定、信息的收集，还是对衡量结果的判断分析，都需要有大量的人力、物力、财力的投入。因此必须考虑控制的经济性。要把控制所需的费用与控制所产生的效果进行经济上的比较，只有当控制所产生的效果大于控制成本时才实施控制。例如，在信息收集阶段，信息越准确，其质量越高，管理者就可以越放心地利用这些信息进行决策，但一般而言，要求的信息质量越高，获取信息的成本也越高。如果信息质量的提高并不能显著提高管理者的决策能力，那就不值得为此付出增加成本的代价。

作为实现控制经济性原则的手段：第一，实行有选择的控制。要正确选择控制点，即重点控制关键要素，而不是面面俱到；第二，要努力降低控制的各种耗费而提高控制效果，改进控制方法和手段，花费少而效率高的控制系统才是有效的控制系统。

四、控制的类型

在组织的日常管理中管理者进行着各种各样的控制活动，根据控制活动时间的不同、性质的不同，这些控制活动可分成许多不同的类型。了解控制的各种类型，根据实际情况选择合适的控制类型，对于有效控制是十分重要的。

（一）根据时机、对象和目的的不同，可以把控制分为前馈控制、即时控制和反馈控制。

1. 前馈控制

所谓前馈控制是指实际工作开始之前进行的控制活动，如计划就是典型的事前控制，此外，市场调查和可行性分析、入学考试和体检、各种员工手册、各种应急预案等均属于前馈控制。前馈控制被认为是最理想的控制类型，因为它是未来导向的，是要在实际问题发生之前就采取管理行动，期望用来防止问题的发生而不是当出现问题时再补救。前馈控制有效作用的前提是对未来可能出现的问题有充分的预测。但是由于外部环境的多变，很多问题事先很难准确地预测到，因此，仅靠前馈控制是很难保证有效控制。

2. 即时控制

即时控制也称同步控制、过程控制、现场控制，是指发生在活动进行之中的控制。电脑在安装软件的过程中，如果出现操作失误便会自动停止安装，出现一个对话框，告诉你操作有误，只有改正错误后才会继续安装下去，这是典型的即时控制。管理控制中的即时控制与此相似，如管理人员在作业现场直接视察下属的行动，当发现下属发生问题时马上进行纠正。即时控制的好处就在于能够及时发现问题，在没有造成大的损失之前及时制止了损失的发生。但即时控制需要经常不断地衡量工作，当这种控制方式应用在对人的行为控制时，过于频繁的衡量或检查容易引起人们的反感。

3. 反馈控制

反馈控制是指控制活动发生在行动之后的控制，即在行动结束之后，将活动的结果与预先确定的标准进行比较，如果发现结果未能达到预定的目标再采取相应的补救措施，如对责任人给予处罚或培训等，以使将来避免出错。反馈控制的最终目的是根据对实际工作绩效的评价，为未来的前馈控制和即时控制打下基础。反馈控制的缺点在于当管理者发现问题时，损失已经造成，是一种亡羊补牢式的控制，但在很多情况下，反馈控制是唯一可用的控制手段。而且反馈控制也有其他两种控制方式所没有的优点：首先，反馈控制为管理者提供了关于计划效果的真实信息，可以验证计划制定得是否合理，为管理者制定下一轮的计划提供了依据；其次，反馈控制有利于增强人们的工作积极性。由于反馈控制是在行动结束以后才衡量工作的，在活动过程中则无需像即时控制一样频繁地衡量工作，从而可以给员工更多的发挥个人主观能动性的机会。

（二）根据控制的性质可以把控制活动分为预防性控制和纠正性控制。

1. 预防性控制

预防性控制是一种前馈控制，即为了避免活动开始之后出现偏差，在活动开始之前，根据经验或分析，充分考虑将来可能出现的问题，采取预防措施。如国家的普法教育、组织的规章制度、工艺流程、岗前培训等都起着预防控制的作用。预防性控制的有效性在于对整个活动有比较深刻的认识，要充分预见到可能出现的问题，同时要有较强的执行力，各项预防性措施要能够得到坚决的贯彻。

2. 纠正性控制

即时控制和反馈控制都属于纠正性控制，即在行动开始之后，对行动过程进行监督，发现问题后采取必要的措施来纠正错误以确保目标的实现。由于环境的多变性以及活动的复杂性，事先不可能预测到可能发生的所有问题，因此，仅有预防性控制不能确保目标的实现，必须要通过纠正性控制来防止实际的工作出现偏差。

（三）按改进工作的方式可以把控制活动分为直接控制和间接控制。

1. 直接控制

是相对于间接控制而言的，它是着眼于培养更好的主管人员，使他们能熟练地应用管理的概念、技术和原理，能以系统的观点来进行和改善他们的管理工作，从而防止出现因管理不善而造成的不良后果。因此，直接控制的原则也就是：主管人员及其下属的质量越高，就越不需要进行间接控制。

直接控制的优点有：管理人员的质量可以得到控制，在对个人委派任务时可有较大的准确性,从而使出现偏差的机会得到控制;可加强采取纠正偏差的措施并使其更加有效;由于提高了主管人员的质量,减少了偏差的发生,也就有可能减轻间接控制造成的负担,节约经费开支;直接控制的心理效果也给人以深刻的印象,主管人员的质量提高了,他们的威信也就得到了提高,下级人员对他们的信任和支持也会增加,这样就有利于整个计划目标的顺利实现。

2. 间接控制

间接控制是指根据计划和标准考核工作的实际结果,分析出现偏差的原因,并追究责任者的个人责任以使其改进未来工作的一种控制方法,多见于上级管理者对下级人员工作过程的控制。间接控制的优点在于它能纠正管理人员由于缺乏知识、经验和判断力所造成的管理上的失误和偏差,并能帮助主管人员总结吸取经验教训,增加他们的知识经验和判断能力,提高他们的管理水平。

间接控制是观察管理人员的行动,跟踪和找出造成不良结果的原因,追究个人责任并使他们在实践中改正的过程。间接控制的方法是建立在以下假设基础上:工作成效是可以计量的,因而也是可以相互比较的;人们对工作任务负有个人责任,个人责任是清晰的、可以分割的和可以相互比较的,而且个人的尽责程度也是可以比较的;分析偏差和追究责任所需的时间、费用等是有充分保证的;出现的偏差可以预料并能及时发现;有关责任单位和责任人将会采取纠正措施。

各种控制类型都各有利弊以及各自的适用性,因此,在实际的管理中,管理者应当根据管理的不同需要,合理选择控制类型以及它们的组合。

五、控制系统

企业的控制活动是一个复杂的系统,完整的控制系统主要由以下几个要素构成:

(一)控制的目标体系

任何控制活动都是为了达成一定的目标,无目标的控制是不存在的。每个组织都有其总体目标,而组织是一个分工与协作的整体,总体目标必须分解为各个部门的乃至每个人的子目标,组织总体目标的实现依赖于各个子目标的实现。换言之,组织中存在着一个由各个不同部门、不同层次乃至不同个人的具体目标构成的一个目标体系,这个目标体系就是控制的依据,控制的目的就是要确保这些目标的实现,从而实现组织的目标。

(二)控制的主体

控制是一项由人来执行的有目的的活动,因此必须有一个控制的主体。而在组织中,控制是一项管理职能,即由管理者来执行的管理活动。和组织的目标体系相对应,组织中的各个层次、各个部门的管理者就是控制活动的主体,他们根据变化了的环境和条件有意识地调节自己的活动以确保所管部门目标的实现,管理者最主要的日常管理工作就是控制工作,管理者控制水平的高低决定了控制系统的效果。

（三）控制的客体（对象）

组织内控制系统的控制对象是整个组织的活动。控制对象可从不同的角度进行划分：从横向看，组织内的人、财、物、时间、信息等资源都是控制的对象；从纵向看，组织中的各个层次，如企业中的部门、车间、班组都是控制对象。因此组织的控制应该是全面的控制，组织中的各种活动、各种资源都应当是控制的对象。当然，全面控制并不意味着对所有的控制对象都给予同等程度的关注，需要根据不同时期不同目标，分清轻重缓急，抓住关键要素进行重点控制。

（四）控制的方法和手段

控制是一项有目的的活动，要有效地达到控制的目的从而确保组织目标的实现，就需要根据控制的对象、内容、层次、环境等情境的不同选择不同的方法和手段，如对产品质量的控制和对人的控制就需要用不同的方法和手段。这些不同的方法和手段构成了一个方法和手段的体系。

一个组织的控制系统能不能有效地发挥作用就取决于这些要素能不能合理地选择和组合。

第二节　控制过程

虽然控制的对象各有不同，控制工作的要求也各不一样，但控制工作的过程基本是一致的，大致可分为四个步骤：首先要确定控制标准，然后将工作结果与控制标准进行比较，进而分析两者之间的偏差，最后针对存在的问题采取纠正措施。

一、确定标准

所谓标准，就是评定成效的尺度。标准是控制的基础，离开了标准就无法对活动进行评估，控制工作也就无从谈起了。

标准的制定属于计划工作的范畴，各项控制标准的制定应以计划目标为依据，但通常计划只是给出一个主要的目标，不一定适合控制工作的要求，需要将计划目标进一步细化为各项具体的指标和标准；而且控制工作需要的不是计划中的全部指标和标准，而是其中的关键点。所以控制的第一步就是以计划为基础，制定出控制工作所需要的标准。

1. 控制标准的类型

标准的类型很多，可以是定量的标准，也可以是定性的标准。根据目标管理的原理，作为具体化了的目标的控制标准应尽可能数量化，以保证控制的准确性。在实际管理中经常使用以下几类标准。

（1）时间标准，是指完成一定工作所需的时间限度，如某项工作必须在某月某日之前完成，或者某项工作必须在几天之内完成。

（2）生产率标准，是指在规定时间里应完成的工作量。如每个员工每天或每年应完成的工作量，再如销售部门在 6 月 30 日之前应当完成全年销售总额的百分之多少等。

（3）消耗标准，是指完成一定的工作量所需的有关消耗。如完成一件产品生产的人工费、材料费的标准等，再如完成某种产品的一定销售额的销售费用标准等。

（4）质量标准，是指产品或劳务所应达到的品质标准。如产品的各项质量指标及其水平、服务部门的各项服务指标及其水平等。

（5）行为标准，是指对人员的行为准则要求。如各项操作规范、员工守则等。

对不同的组织、组织内部的不同部门或不同的工作，控制的侧重点不同，具体的控制指标和标准也不同。如生产型企业和服务型企业，或同一企业内的生产部门和财务部门，控制的重点以及标准都不一样。

2. 控制标准的制定方法

控制标准一旦制定，就成了人们的工作目标，因而也是人们关注的焦点，具有很强的导向作用，富有挑战性但又是有可能实现的标准才具有激励性，如在质量控制标准方面，较高的质量标准可以促使员工更加努力，增强产品或服务的竞争力，但不切实际的过高的标准也会使人们失去信心，或产生抵触情绪。因此，必须选择合适的标准制定方法确保标准的合理性。在实际工作中常用的制定标准的方法有以下三种。

（1）统计方法，即根据组织的历史数据记录或对比组织的水平，用统计学的方法确定标准。这种方法常用于拟定与企业经营活动和经济效益有关的标准。

（2）工程方法，即以准确的技术参数或实测的数据为基础制定标准。这种方法主要用于制定生产定额标准。

（3）经验估算法，即指由经验丰富的管理者根据以往的经验来制定标准。这种方法通常是对以上两种方法的补充和修正。

标准的制定是控制工作的第一步，一个周密完善的标准体系是整个控制工作的质量保证。

二、衡量工作

有了完备的标准体系，第二步就是要采集实际工作的数据，了解和掌握工作的实际进展情况是否与标准一致。在衡量工作中，衡量什么以及如何去衡量，这是两大核心问题。事实上，衡量什么的问题在衡量工作之前就已经得到了解决，因为管理者在确立标准时就已经确定了哪些是需要衡量的。可以说所有的标准都是需要衡量的。所以简单地说，要衡量的是实际工作中与已制定的标准所对应的要素。

关于如何衡量，是一个方法的问题，即采用什么方法有效地收集与控制对象有关的信息。以下几种方式是常用的信息收集方法。

1. 个人观察法

即管理者深入第一线考察实际工作状况。通过个人观察，管理者可以获得关于实际工作进展情况的最直接的第一手资料，这些信息未经过第二手的传递，因此可以避免可能出现的遗漏、防止信息的失真。特别是基层工作人员在进行工作绩效控制时，个人观察是一种非常有效，同时也是无法替代的衡量方法。因此，提倡管理者要深入基层与第一线的人员进行交流以获得真实情况。但是个人观察法也存在许多局限。首先，这种方法费时费力，需要耗费管理者大量的时间。管理者尤其是高层管理者能够亲临第一线的时间有限，往往不能全面了解各个方面的工作情况，随着组织规模的不断扩大，利用这种方法收集信息的难度也在不断加大；其次，仅凭简单的观察往往只能观察到事物的表象，难以考察更深层次的工作内容；最后，人们在被观察时和未被观察时的表现往往不一样，管理者可能得到的只是假象。因此，个人观察法的有效性往往与管理者的观察能力和分析能力有关。管理者运用观察法来收集信息时，对所观察到的情况要进行由表及里的分析，透过表象看到事物的实质。

2. 统计报告法

统计报告法就是将在实际工作中采集到的数据以一定的统计方法进行加工处理后而得到的报告，如财务报表就是一种典型的统计报告。管理者可以利用统计报表来了解实际工作的进展情况。如一家跨国公司的总经理可以利用财务报表来了解远在数千公里之外另一个国度里的子公司的生产经营情况。在计算机应用越来越普及的今天，统计报告在一个组织内部管理信息系统中的作用越来越重要。但尽管如此，统计报告的应用价值还是要受两个因素的制约：其一是统计报表的真实性，即统计报告所采集的原始数据是否正确、使用的统计方法是否恰当，管理者往往难以判断。如一家跨国公司总经理得到一份关于某子公司经营业绩的财务报告书，也许其中的数据是经过加工修正过，或者因统计方法不恰当的而得到的数据是不准确的。其二是统计报表的全面性。统计报告能反映的只是部分可以用数据来衡量的信息，而组织中有许多活动很难用数据来衡量（如人力资源部门的工作质量，即使可以量化也未必准确）；即使那些可以用数据来衡量的活动，统计报表也未必能完全涵盖，甚至可能会遗漏或掩盖了其中的一些关键点。

3. 口头汇报和书面汇报

口头汇报是人们获得信息常用的一种方式，如各种会议、电话、一对一的谈话等。这种方式的优点就在于快捷方便，而且能够得到及时反馈，其缺点是不便于存档查找和以后重复使用，但随着信息技术的发展，这一缺陷已在很大程度上得到了解决，会议实况、电话内容、电脑语音、视频对话等都可以很容易地录制和保存下来。相对来说，书面汇报要比口头汇报更加正规，因此人们在进行书面汇报时往往更加谨慎，考虑得更加周到，因此获得的信息可能更加准确，而且书面汇报也更加易于分类存档和查找。

4. 抽样检查

在工作量比较大而工作质量又比较平均的情况下，管理者可以通过抽样检查来衡量实际工作，即随机抽取一部分工作进行深入细致的检查，以此来推测全部工作的质量。最典型的就是应用在产品质量控制方面：在产品数量很大的情况下，一一检查成本过高，或者产品质量检验具有破坏性时（如对汽车的抗颠簸抗冲撞能力的测试等），这是人们常用的一种检查方法。此外，这种方法也经常应用于对一些日常性工作的检查。如在学校教育中，教育行政主管部门经常通过随机抽样检查的方式对学校教学质量进行检查，以判断学校教育的质量。

衡量工作是整个控制过程的基础性工作，而获得合乎要求的信息又是衡量工作的关键。因此，在选择应用何种方式来衡量工作时，要特别注意所获取信息的质量，以保证对实际工作进展情况考察的客观性。信息质量主要体现在以下四个方面：

（1）准确性。即所获取的用以衡量工作的信息应能客观地反映现实，这是最基本的要求。

（2）及时性。即信息的传递以及对信息的分析、判断要及时。很多信息只有在一定时间范围内才是有价值的，才能通过这些信息及时发现问题。过时的信息将会使衡量工作失去意义，从而影响整个控制工作的进行。

（3）可靠性。准确的信息未必就是可靠的信息，不全面、不完整的准确信息是不可靠的，甚至可能会因为遗漏某些重要信息而造成误导。如在实际工作中经常出现的"报喜不报忧"的现象，虽然喜讯确实是准确的，但在喜讯的后面可能隐藏着严重的问题。

（4）适用性。即应根据不同的控制目的而收集不同种类、范围、内容、详细程度、精确性的信息。如对于财务部门来说，有关财务活动的信息必须非常精确、全面、完整，而对于董事会或总经理来说可能只需要几个关键的财务数据。过多的或不适用的信息既会增加信息获取的成本，还可能会干扰了对信息的准确判断。

三、分析衡量结果

衡量工作的结果是获得了工作实际进行情况的相关信息，分析衡量结果就是将标准与实际工作的结果进行对照，并分析其结果，以判断是不是要进一步采取管理行为。

比较的结果无非有两种可能，一种是实际的工作情况与标准之间不存在偏差，另一种情况是两者之间存在着偏差。事实上实际工作情况与事先拟定的标准完全一致的情况只是偶然，出现偏差在所难免。因此，必须确定一个可以接受的偏差范围，只要不超出这个偏差范围就可视为正常，无需采取管理行动，而只有超出这个范围才需要采取相应的纠偏措施。然而多大的偏差是能够容忍的范围，这本身是管理者须准确判断的问题。如将可容忍的范围设定得过大，忽视了问题的存在，可能会错过及时解决问题的时机，带来重大损失；如将可容忍的范围设定得过小，把本不是问题的小偏差作为大问题，兴师动众地来解决，也许会造成资源的浪费，甚至有可能产生新的问题。因此，准确地判断问题是管理者的一种重要能力。

出现偏差可能有两种情况。一种情况是实际的工作情况要好于控制标准，即出现了正偏差。例如一家企业原定到当年的 6 月 30 日，应完成全年销售额的 60%，但实际的情况是已经完成了全年销售额的 75%。另一种是负偏差，即实际的工作结果没有达到预定的控制标准。如仍是上例中的企业，在原定期限内只完成了全年销售额的 45%。实际的工作结果好于预定标准当然是件令人高兴的事，人们也很容易因此而沾沾自喜。但事实上很多的正偏差仅仅是因为偶然的运气好，或是预定的控制标准太低。现实中，由于偶然因素导致较好的业绩从而掩盖了工作中的重大问题的现象并不少见。因此，即使是正偏差也应给予足够的重视，搞清其产生的原因。如果是工作结果出现负偏差，当然更需要作进一步分析。出现负偏差往往是由多方面因素导致的。如上例中上半年的销售额之所以与原定销售目标存在较大差距，可能是因为营销部门工作放松、制造部门产品质量下降；也可能是因为竞争对手实力加强，或是因为宏观经济调整引起的行业性需求疲软；还可能是因为当初计划制定就是不切实际的。因此,管理者必须分析出现偏差的真实原因,才能有的放矢地采取相应措施。一般来说,导致偏差的原因不外乎三种:一是计划或标准本身存在偏差;二是由于组织内部因素的变化,如组织内部各部门间的协调出现失误、工作人员的懈怠等;三是由于外部环境的变化,如宏观经济的调整等等。换言之,作为分析问题的基本思路,无非是从这三个方面去找原因,但现实中因果关系直接一一对应的情况很少,更多的往往是多种因素共同相互作用的结果,这就要求管理者必须具备科学的思维能力,通过对现象抽丝剥茧的深入分析抓住问题的本质。

四、采取管理行动

控制过程的最后一项工作就是采取管理行动,纠正偏差。如上所述,导致偏差的原因无非是由于计划或标准本身存在偏差、组织内部因素的变化或由于外部环境的变化,因此,作为纠正偏差的管理行动无非是修订标准,或者改进工作,或者两者同时调整。

1. 修订标准

当工作中的偏差是源于不切实际的标准,如在一些行政部门中,好大喜功的管理者为了追求所谓的政绩,往往会提出一些不切实际的高指标。在这种情况下管理者就应当根据实际情况及时修订标准。但其前提是标准确实存在问题。现实中,当人们工作达不到标准时,往往会把责任归罪于标准过高过严或抱怨环境的变化,而不愿承担自己的责任。如当产品质量达不到标准时,人们往往会抱怨说是质量标准过高了。因此,管理者必须认真分析标准是否合理,如果确认标准本身是合理的就应当坚持标准。

2. 改进工作

如果分析衡量的结果表明,计划是可行的,标准也是合理的,而出现偏差的原因是由于组织内部工作上的失误,纠正偏差的办法当然是针对工作中的问题采取相应措施,改进工作,以确保标准的实现。

改进工作可以是"头痛医头,脚痛医脚"式的改进,也可以是从产生问题的根源上彻底改进。"头痛医头,脚痛医脚"式的改进简单且见效快,但只能取得一时的、表面的效果,而不能彻底解决问题,遇到合适的条件问题也许还会再次发生;但在一些紧急情况下,作为一种应急措施采取这种改进方式是必须的。例如在由于企业激励机制的不合理导致员工情绪低落,不能如期完成客户的订货,而交货期迫在眉睫的情况下,采取一些临时性措施,调动员工的积极性以确保如期交货是必要的,但在事后如果不采取措施进一步完善组织的激励机制,彻底解决存在的问题,这种情况以后也许还会发生。

要从源头上彻底消除问题发生的可能往往不是某项单一措施能做到的,也不是一朝一夕能解决的,在很多情况下往往需要进行伤筋动骨的调整。如上例中的激励机制调整,可能会涉及决策体系、组织结构、考评指标体系、奖惩体系、领导方法、领导艺术,甚至包括控制机制等管理的各个方面,可能需要花费较长的时间,面对一些突发事件还需要采取一些应急措施。因此,通常改进工作总是两者的结合。

3. 调整标准与改进工作相结合

如果出现偏差的原因是由于外部环境的变化,这就可能就需要视具体情况,将改进工作与调整标准相结合,即一方面根据环境的变化适当调整控制标准,同时改进自己的工作以适应变化了的环境。如某出口企业上半年度的出口收入出现了大幅减少,远远低于计划目标,其主要原因是由于人民币汇率的大幅升值导致出口数量的减少以及外汇兑换人民币的损失。管理者无法改变人民币不断升值的趋势,因此,只能根据人民币不断升值的趋势适当调整出口收入目标,同时采取相应措施,如调整产品结构、出口地区、计价货币乃至调整经营战略来应对环境的变化。

第三节　控制的内容与方法

管理者希望对组织的所有活动都能进行有效的控制,但控制作为一项管理活动是需要支付成本的,对控制活动的成本同样需要控制,而且管理者的时间和精力有限,不可能面面俱到。因此,应分清轻重缓急,对组织的关键活动进行重点控制。通常在组织中,以下五个方面往往成为控制的焦点。

一、人员控制

在管理中,为了提高工作效率,组织需要层层授权,将部分管理决策权授予下级管理人员或员工。组织的所有工作都是通过人来完成的,而人与组织的其他资源最显著的区别就在于人的行为具有不确定性,一个业务能力很强的员工未必能将其所有能力都应用于工作;获得授权的管理人员由于观念、认识或能力的局限,未必能有效地行使其握有的权力,甚至有可能出现利用组织授予的权力为自己个人谋取私利的现象。如北京市一清环卫工程集团董事长唐大明与总会计师于小兰是一起共事多年的老同事。于小兰感激董事长的知遇之恩,对老板言听计从,不惜冒着犯罪的危险私设账户转存巨额资金,在小金库里积攒下 3 600 万元。2006 年 3 月 1 日唐大明突然去世。此后,在清产核资和对唐大明任职期间经济情况的两次审计过程中,小金库一直没被发现。2008 年,因有人举报于小兰的研究生学历造假,她才进入纪检部门的视线。经过大规模审计,2008 年 3 月 3 日,于小兰隐匿小金库一事终于浮出水面。2008 年 11 月 17 日,北京市检察院第二分院向北京市二中院提起公诉。检察机关指控,于小兰与唐大明用公款 238 万余元购买三套住房,将公款 3 612 万余元予以隐匿并非法占有。2009 年 5 月 22 日,会计于小兰以贪污罪被判处死刑,缓期两年执行。这一案件也被称为"中国小金库第一案"。经调查发现,该公司内部管理混乱,资产、账款随意核销,一清集团公司下属 10 多个子公司,这些公司的所有收入均不入企业大账,而是单独立账,成为企业的小金库,资金体外循环,为管理者贪污提供了便利。究其原因就在于该公司上级管理部门以及公司内部缺少有效的控制机制,对该公司以及公司主要负责人缺乏有效的监督,以致在长达三年的时间里没能及时发现存在的问题[①]。

为了确保下级能够将权力应用于组织目标实现所必须的工作上,而且能够按照管理

---

① 杨蓉. 防惩并举,治理小金库[J]. 上海国资,2010(8):82.

者所期望的方式去有效地行使权力,就需要对下级的权力行使过程以及工作过程进行控制。

管理者通常会综合应用前馈控制、即时控制和反馈控制等控制方式对人员进行全面控制。在人员的招聘和录用阶段,管理者会根据工作岗位的需要拟定录用条件、录用标准,并采用各种甄选手段来识别和录用那些符合录用标准、被认为有可能较好履行岗位职责的人员;录用以后,管理者要对人员进行上岗前的培训,包括履行岗位职责所必要的业务技能的培训、各种规章制度和岗位职责的学习以及思想观念和组织文化的灌输,以期望他们上岗后在技术上符合履行岗位职责的需要、在观念上与组织所倡导的价值观一致、在行为上符合组织的各项规定和要求,这些就是前馈控制。在上岗后,管理者会通过现场视察、对下级人员的工作过程进行监督和指导,甚至手把手地传授,以避免工作中出现偏差,这些就是即时控制;工作任务结束或一定的时期后,管理者要根据事先颁布的绩效标准和行为标准对人员进行考评,并根据绩效的不同给予奖励或处分,以此来强化和鼓励所期望的行为和消除不期望出现的行为,这些就是反馈控制。

■ 二、财务控制

管理的任务就是高效率地实现组织的目标,也就是以尽可能少的资源投入来实现组织的目标。在市场经济中,各种投入资源都可以表现为一定量的费用或成本,如原材料的投入可表现为变动成本、厂房设备等的投入可表现为固定成本。因此管理者要高效率地实现目标就必须对费用或成本进行控制,即通常所说的财务控制。

财务控制最常用的手段就是预算控制。预算首先是一种计划工具,是一种以货币和数量表示的计划,是关于完成组织目标和计划所需资金的来源和用途的书面说明。但预算一旦编制完成便成了一种控制工具,它将工作任务与资源投入结合起来,限定了完成一定的工作任务目标可能利用的资源投入量,将完成一定的产出所需要的资源投入量控制在一定范围之内。

除了预算外,组织还常利用各种财务报表及对财务报表的比较性分析来进行财务控制。管理者通过对财务报表的比较分析,来了解组织的全部运营情况,做出必要的调整。最常用的财务报表有资产负债表和损益表。资产负债表反映了组织某一时点的财务结构,损益表反映了一个组织某一时段资产(资源)应用的绩效,当运用愈少的资产而能创造出一定的收益,便表示管理者愈能有效地利用组织的资源。在进行财务报表的比较性分析时,管理者会应用一些被实践证明是合理有效的财务比率作为标准来衡量实际的财务活动是否出现了偏差,如果发现某些财务比率偏离正常值过远则需要采取一些有效的措施确保这些指标在正常值的范围内。常用的财务分析比率有运营能力比率(如存货周转率、应收账款周转率等)、清偿能力比率(如流动比率、速动比率、资产负债率等)、盈利能力比率(如销售净利率、资产净利率等)。

比较性财务分析要能够很好地发挥其控制的作用,关键在于各种财务数据的准确性和及时性。

三、作业控制

任何组织都可以被理解为一个资源转换器,即从外部获得资本、人员、设备、原材料等各种资源,在组织内部对资源进行加工,将资源转换成社会所需要的产品或服务提供给社会。这一资源转换过程的循环往复使组织得以生存和发展。而要使这一转换过程能够循环往复地不断进行,就必须对这一转换过程进行有效的控制。简单地说,作业控制就是为确保组织能够在合理的成本下生产出较高品质的产品与服务,或说是能以较低的成本生产出所设定品质的产品与服务。不良的作业控制可能使组织的成本过高、产品或服务的品质低劣、产品无法满足顾客的需求而使转换过程中断。

有效的作业控制包括成本控制、存货控制、质量控制与进程控制。

(一)成本控制

成本直接影响到产品的定价从而影响到组织的竞争力,因此成本控制成为作业控制的一个重要问题。同时,管理者也必须清醒地认识到,成本控制并非纯粹降低资源的实际耗费,而是如何将经济资源合理地进行管理,使企业在竞争中不断处于优势地位;不恰当的成本控制反而会影响组织的竞争力。如服务人员为了降低成本而减少对顾客的服务时间会导致顾客的不满意,为了降低产品成本而采购价廉但质次的原材料会影响产品的质量等等。

最基本的成本控制借助于成本会计,会计人员设定了每一单位的成本标准,包括原材料、人工与直接制造费用等。一旦实际成本偏离了标准成本,管理者便必须找出偏离的原因,并采取必要的修正行动。

作为加强成本控制的手段之一,就是提高管理人员对成本控制的责任心。因此,在管理中,许多管理者会采用成本中心作为控制成本的工具,即管理者依据组织的特性与成本产生的方式,将组织的单位划分为许多不同的成本中心,再依据某一分摊基础,将组织所发生的成本分摊至每一个相关的成本中心,并要求这些成本中心的管理人员必须对成本的绩效好坏负责。

(二)存货控制

为了保证作业过程得以顺利进行,组织须有一定数量的原物料、零组件、产品及其他相关资源的库存以备不时之需。存货控制的目的就是将这些资源的库存量控制在一个适当的水平,既能确保生产或服务的正常进行,又能使存货总成本降至最低。

通常,与存货相关的成本包括四类:

(1)订购成本:是指来自下单与准备采购订单所发生的费用。

(2)持有成本:是指存货在仓库所发生的成本,包括破损、折旧、仓租、保险费用、税负、遭窃以及资金积压等的费用。

(3)短缺成本:是指因库存不足而无法因应顾客的需求或生产所需而发生的成本。

(4)取得成本:为了取得一项资产并使其处于可供使用的状态而发生的成本,包括订购成本和附带成本。

对存货控制而言,其主要决策包括:维持一个适当的存货水准以及决定一个理想的采购数量。当存货过高时,持有成本会增加;相反,当存货不足时,则短缺成本会增加。在采购数量方面,若采购数量过高,虽然订购成本和取得成本下降,但持有成本会增加;反之,若采购数量过低,虽然订购成本和取得成本上升,而持有成本则会减少。

(三)质量控制

质量是指产品或服务的特性或功能与原先所设计的规格相符合的程度。提高产品质量是增强组织的竞争力,保证组织的生存和发展,提高组织经济效益的重要因素。

构成质量的因素很多,通常所说的产品质量包括性能、可靠性、耐久性、安全性、经济性以及服务等。

传统的质量管理观认为,产品质量控制主要是依赖在转换过程中或转换过程后的产品检验。因此,控制的重心是放在事后的产品检验,也就是在事情出错后才采取修正行动。因此持传统品质观的公司通常会有一个专门的产品质量检验部门来负责此项工作。

起源于20世纪50年代末和60年代初的全面质量管理(TQM)则是一种基于现代质量管理观的质量控制体系。所谓全面质量管理是指以充分考虑满足顾客要求为前提,为确保和提高产品质量,把组织内各部门的研制质量、维持质量和提高质量的活动构成为一体的一种有效的体系,它强调质量控制的系统性,包括控制对象的系统性、控制过程的系统性、参与人员的系统性以及控制方法和控制技术的系统性。

为了要确保产品的质量,不仅仅要对产品的质量进行控制,更要加强对工作质量的控制。因此,1994年,在全面质量管理的基础上,由国际标准化组织(由130个国家和地区的标准化组织组成的联合体,总部设在瑞士日内瓦)编制、形成了一套统一的质量保证体系——ISO9000,该标准规定了制造型企业和服务型企业为确保产品的高质量应该遵循的统一标准。如果组织通过ISO9000认证,就可获得一个资格证书。ISO9000标准和认证的实施,一方面可用于证实通过该认证的组织具有提供满足顾客要求和适用法规要求的产品的能力,有助于增进企业的顾客满意度,从而提高组织的竞争力。因此对企业有较强的吸引力。另一方面,它规定了确保产品质量应遵循的统一标准,申请该认证的组织必须进一步改善组织内部涉及质量管理的各方面的工作,以使其符合该标准的要求。这有助于促进组织质量控制的有效性。

(四)进程控制

进程是从时间角度来安排的活动顺序以及各项活动完成的时间节点。当时间成为产品或服务的一项重要评价标准或关键因素时,进程控制便显得相当重要。如在工程、产品或服务招投标中,完工期或交货期往往是一个重要的评价标准。进程控制就是对完成各项组织活动的时间节点进行的控制,以保证各项活动按计划的时间节点如期完成。

常用的进程控制工具,通常包括甘特图及计划评审技术。

(1)甘特图

甘特图是由亨利·甘特(Henry Gantt)发明的一种进程控制工具,甘特在20世纪初提出了以他的名字命名的条状图标。他认为应该把总的计划分解为条状图来表示各项活动实际状况和计划要求之间的差距,从而帮助管理者及时发现问题,制定纠偏措施。如图8-1所示:

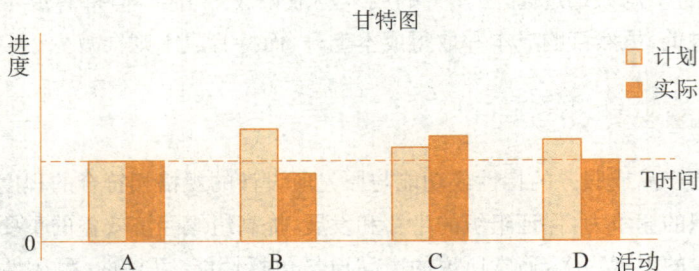

图8-1　甘特图

从图8-1中可以看出,在T这一时点上,A活动已按计划的要求按时完成,B活动则大大落后于计划要求,C活动业绩已超过了计划要求,而D活动则基本按计划进行。管理者利用甘特图可以了解各项活动的完成情况,并根据进度是否超前、符合进度或落后来调整作业或调整计划以完成任务,提高效率。

(2)计划评审技术

计划评审技术(Program Evaluation and Review Technique,简称PERT)也称网络计划技术,是50年代后期发展起来的一种计划和控制技术。作为一种计划技术,利用计划评审技术可以对计划进行优化,以提高计划水平;作为一种控制技术,利用计划评审技术则可以对各项活动的进程和完成的时间点进行监视与控制(计划评审技术在本书的计划部分已作详细介绍,故不再赘述)。

四、信息控制

管理者的基本工作是决策,而管理决策不能单凭管理者的直觉或臆测,需要依靠信息来做出判断和决策,及时、准确、可靠的信息可以帮助管理者了解组织活动是否正常,而不精确的、不完整的、过多的或延迟的信息将会导致管理者做出错误的判断和决策。信息控制正是为了确保能在正确的时间、以正确的数量为正确的人提供正确的数据,以保证决策的合理性所进行的控制。为此组织需要构筑一个有效的管理信息系统。

一个良好的管理信息系统不仅可以使控制活动更有效,而且对整个组织的经营和管理都会产生极大的影响。在信息系统不完善、信息传递不顺畅的情况下,管理者为了防止自己失去对组织的控制,往往会采用更集权的方式和更严密的规章制度加强控制。如果管理信息系统能够提供及时、准确、全面、可靠的管理信息,管理者可以迅速了解决策的结果,发现决策偏差时可以迅速进行修正与调节,维持良好控制的话,管理者就会更加倾向于大胆分权,从而使组织更有机化,同时又能保持对组织的控制。

一个良好的管理信息系统通常具备以下特点。

1. 确保信息收集、传递、处理的及时性

在控制过程中,管理者必须将实际的工作进展情况与各项控制标准进行比较。有关工作实际进展情况的信息获得越及时,管理者就越能及时发现问题、及时采取纠正措施,可以避免给组织造成大的损失。因此,一个好的管理信息系统应该能够确保信息收集、传递、处理的及时性。

2. 确保信息的准确性和可靠性

准确的信息是正确判断、正确决策的基础,没有准确的、完整的、可靠的管理信息就不可能有效地进行控制,甚至可能会导致做出错误的判断和决策,给组织造成重大损失。因此一个有效的管理信息系统应该能够为管理者提供管理决策所需要的准确的、完整的、可靠的管理信息,而不是不确定的、模糊的或者是扭曲的信息。

3. 确保控制工作的低成本

控制工作中的管理信息是需要成本的,不仅信息的收集、储存和传递需要成本,信息的处理更需要成本,管理者对信息的识别和分析不仅需要时间,更需要有各种相关知识和能力的学习和训练。过于繁杂的、冗余的信息会大大增加管理者识别、分析和处理信息的难度从而增加信息的成本。20 世纪 70 年代国际上曾经开展过管理信息系统为什么失败的讨论,人们发现,早期管理信息系统的失败并非由于系统不能提供信息,事实上系统能够提供大量信息,而是这些信息并非经理决策所需,大多被经理们扔进了垃圾箱。因此一个良好的管理信息系统不仅要能保证为管理者提供准确、及时、全面、可靠的信息,同时还应当能根据不同管理者对管理信息的不同需求有针对性地提供合适的信息,并且是清晰、明了、能够反映事物基本特征的信息。

随着信息技术和信息工具的飞速发展,为管理者建立有效的管理信息系统和进行有效的信息控制提供了有利条件。如一家在世界各地有着数十家子公司的跨国公司总部可以利用互联网在任何时间随时获得有关各子公司销售情况的信息,也可以利用即时信息传递系统进行视频对话或者召开视频会议,过去用人工需要几天时间才能完成的信息收集和传递过程现在只需要几分钟甚至瞬间就能完成。但信息技术的发展也对组织的信息控制提出了新的挑战,如信息的安全问题等。因此管理者要顺应信息技术发展的趋势,进一步调整和完善组织的信息控制系统。

五、安全控制

安全控制包括对人身安全、财产安全、信息安全等方面的控制。安全控制直接关系到组织人心的稳定、财产的保障以及组织未来的发展,安全问题上出现差错将会给一个组织造成重大损失,因此安全控制也是组织控制中的一个重要方面。

(一)人身安全

人身安全控制的核心是控制各种工伤事故和职业病的发生。对于组织来说,人是最可宝贵的资源,作为管理者有责任保证组织成员的人身安全,也是在现代社会中组织应当履行的一种社会责任。首先,要加强安全教育,使组织每个成员都树立起安全第一的观念,自觉遵守安全作业的各种规章制度。特别是管理者,要真正树立"以人为本"和"绿色管理"的思想观念和管理道德,高度重视安全问题,防止只重视经营、重视经济效益而忽视安全、忽视环境保护导致工伤事故或职业病的发生;其次,要认真遵守和执行劳动保护和环境保护相关法律法规,建立健全安全保护监控系统,建立健全有关劳动保护的各种规章制度,采取有效措施消除各种可能出现的安全隐患,努力营造安全的工作环境;再次,对于已发生的工伤事故或职业病,除了要及时采取急救措施,将由此导致的损失降低到最低程度,更要做好调查和记录工作,深入分析问题发生的原因,采取纠偏措施,防止再次出现此类问题。

(二)财产安全

组织中的各种财产是组织各项工作得以开展的物质保证,对于组织中的各种物资要妥善地保管。要建立严密的财产登记、保管制度,根据不同物资的特性确定不同的保存要求,防止变质、丢失、火灾等事故的发生;对存有重要物资的部门采用技防与人防相结合的安全防范措施,确保万无一失;要建立检查制度,定期或不定期地清点各类物资,做到账物相符,并检查各种设备是否保持在正常状态,以便在需要时能及时投入使用。

(三)信息资料安全

组织中的各种文件、资料、档案等信息资料是组织历史的记录,对于组织工作中各类问题的处理极为有用。特别是一些与组织的发展战略或与知识产权相关的文件资料,如企业的产品开发计划、市场营销计划、产品开发图纸数据等,对于一个组织来说极为重要,这些信息资料的外泄,不仅涉及组织的财产收益等经济利益,而且还直接影响到组织的竞争力和未来的发展。即使在组织内部,也存在一些不宜公开或在一定时期内不宜公开的资料或信息,这些信息的泄漏同样会给组织造成损失。因此必须加强对资料信息的安全控制。首先,要加强信息安全教育,强化信息安全意识;其次,建立完善的保密制度,对于重要程度不同的信息资料要设定不同的密级和不同的传播范围,对于涉密人员要有严格的保密纪律;再次,不断完善文档管理制度,对于各种文件档案资料均应建立相应保管制度妥善保管;最后,要加强电子数据传递和保存的安全保障。信息技术的发展既为信息的传递和保存提供了极大的便利,但同时也带来许多新的安全问题,如计算机软件的毁坏导致数据的丢失或毁坏,人为的毁坏数据、修改数据或剽窃数据,未经授权的情况下的传播等,都给信息安全产生了新的威胁。因此,要随着信息技术的发展,及时更新相关技术,确保信息安全。

第四节　预算控制

预算(Budget),是一种系统的方法,用来分配企业的财务、实物及人力等资源,以实现企业既定的战略目标,它将各种经济活动用货币的形式表现出来。预算与计划(Planning)不同。计划侧重于用文字说明企业未来经济活动的主要目标和如何完成这些目标。计划在付诸行动前必须把所定的目标和如何完成这些目标数量化,以提高实施计划的可行性。预算就是对计划的数量说明,是用数字和表格把计划反映出来,也就是把计划量化。在企业的计划和控制中,预算是使用有效的工具之一。企业可以通过预算来监控战略目标的实施进度,从而更便于控制,同时,预算控制结合了前馈控制、同步控制和反馈控制等管理控制,因而是运用最广泛的一种控制。

一、预算的种类

由于预算是对计划的表述,而组织中有着各种计划,因此预算的种类很多,不同的组织,其预算也会各有特点。预算可以根据不同的依据进行分类。

(一)长期预算和短期预算

预算按照预算适用的时间长短可分为长期预算和短期预算。

1. 长期预算。长期预算一般指的是预算适用期在一年以上的预算,如固定资产购置,长期资金收支预算等,这一类预算一般都是长期投资方面的预算,亦称"资本支出预算"。长期预算一般金额比较大,周期较长,是一种战略性质的预算,影响周期较长。正是由于长期预算的时间跨度较长,许多不确定性的因素很难在事前考虑周到,因而此类预算的准确性较差。但这类预算关系到企业生产经营的战略目标,在较长时期内会对企业的财务状况和经营成果产生重大影响,因而经常受到企业各级管理人员及有关主管部门的关注。同时,随着时间的推移,还需要每年根据实际情况对原编预算及时进行修订、调整,以便企业在投资项目的整个寿命周期内对资本支出的实际数及投资效果进行有效的监督和控制。长期预算通常应首先按每一投资项目分别编制,并在各项目的寿命周期内分年度安排;然后,在编制整个企业计划年度的全面预算时,再把属于该计划年度的长期预算进一步细分为按季或按月编制的预算,使其与全面预算的其他各种预算相互联系起来。企业长期预算是否合理直接影响着企业的战略目标的能否实现。

2. 短期预算。相对于长期预算,短期预算预算期较短,一般都在一年以内或一个经营周期内。它通常包括业务预算、财务预算、一次性专门业务预算等。这类预算多以一年为期,并与企业的会计年度相配合,以便能够将实际数与预算数进行比较。在年度预算下,又经常分为月度或季度预算。短期预算编制期间的确定,对以后企业实施日常成本控制具有重要影响。一般来讲,在年度预算下,现金预算应根据企业的具体需要按月、按周、按天编制;其他财务预算(包括预计资产负债表、预计收益表)应按季编制;业务预算和一次性专门业务预算应按季分月编制。

(二)业务预算、财务预算和专门决策预算

预算按其具体内容的不同可分为业务预算、财务预算和专门决策预算。

1. 业务预算。业务预算是指为供、产、销及管理活动所编制的,与企业日常业务直接相关的预算,主要包括销售预算、生产预算、直接材料预算、直接人工预算、制造费用预算等。这些预算以实物量指标和价值量指标分别反映企业收入与费用的构成情况。

2. 财务预算。财务预算是一系列专门反映企业未来一定预算期内预计财务状况和

经营成果，以及现金收支等价值指标的各种预算的总称，具体包括现金预算、预计利润表、预计资产负债表和预计现金流量表等内容。各种业务预算和专门预算大都可以反映在财务预算中。

3. 专门决策预算。专门决策预算是指企业为那些在预算期内不经常发生的、一次性业务活动所编制的预算，主要包括：根据长期投资决策结论编制的与购置、更新、改造、扩建固定资产决策有关的资本支出预算；与资源开发、产品改造和新产品试制有关的生产经营决策预算等。专门决策预算所涉及的不是经常预测和决策事项，因而一般为长期或不定期编制的预算，针对性较强。专门决策预算又可分为资本支出预算和一次性专门业务预算。资本支出预算是根据经过审核批准的各个长期投资决策所编制的预算。一次性专门预算是指财务部门在日常理财活动中为提高资金的使用效果而进行的筹措资金和投放资金等财务决策的预算。

二、预算控制中常出现的问题

预算是用来编制计划和进行控制的一种手段，是一种最普遍最有效的计划和控制方法，预算编制和执行水平也是组织执行力的一种表现。但在预算编制和预算执行阶段也经常会出现以下情况，导致预算不能有效地发挥控制作用。

（一）预算编制依据不足

预算首先是一种计划，是对未来组织资源的使用所做的安排，因此，必须对组织未来的活动进行预测，而未来又充满着不确定性。因此在实际的预算编制中，增量预算法往往成为最常用的一种预算编制方法，因为这种方法简单易行，只需以前期的实际支出数为基础，结合计划期内的各种变化作适当增减即可。预算的编制固然要参考过去的情况，但过去的情况与未来的情况毕竟不能等同。仅以前期的预算执行情况来编制下一计划期的预算，依据显然不足。此外，在编制过程中，各级管理人员为了获得更多资金，往往会夸大对资金的需要；或者为了使项目得以通过，故意缩小各项预算基数，待项目上马后再迫使追加款项，而预算编制中往往对这样一些不符合实际情况的要求不严加审查或难以审查。

（二）预算编制过于繁琐

在编制预算时往往过于追求完整、精确，试图把各种细枝末节的费用都列入预算控制的范围。预算作为一种控制标准，编制得越具体固然越有利于控制，但如果过于繁琐的话，一方面要花费大量的人力和时间，增加预算编制成本；另一方面，预算毕竟是根据预测编制的，不可能把所有可能出现的情况都准确预测到，过于具体、过于繁琐的预算可能会束缚管理人员的手脚，使预算失去灵活性。如果预算编制的过细，在实际执行中出现了编制预算时未预料到的情况，管理人员就无法进行灵活调整。

（三）预算执行形式主义或缺乏灵活性

在实际的预算执行中经常会出现两种倾向，一种情况是形式主义，预算归预算，预算得不到严格执行，人们往往可以找出各种理由来突破预算，预算成了一种形式；另一种情况是过于拘泥于预算，把是否严格执行预算视为管理目标。预算作为控制的标准，为了提高组织的执行力，固然要维护预算的严肃性，必须严格执行预算。但预算本身并不是管理目标，只是实现组织目标的手段，错把手段当目标就可能会影响组织目标的实现，预算的有效性就会减弱或消失。如公司的市场营销部门可能会因为差旅费预算用完不能出差而失去一笔大的订单，产品开发部门可能会因为年度开发经费用完而使得本来可以抢得先机的新产品推迟到竞争对手之后发布。因此在进行预算控制时，既要维护预算的严肃性，又要正确认识手段与目标的关系，使预算是可变的和灵活的，需要对费用项目进行分析，确定哪些是不变的，哪些是部分可变的，哪些是完全可变的，据此来制定相应的预算。

三、预算编制方法

常用的预算编制方法有：增量预算、零基预算、滚动预算、概率预算等。

（一）增量预算

所谓增量预算也就是以基期各部门的实际开支数为基础，再根据计划期内的各种变动因素来确定各个部门的预算数的一种预算方法。这种预算方法有两个显著的特点：第一，计划期的预算是以上一期的预算作为参考的，在上一期实际支出数的基础上作适当增减；第二，通常资金首先是被分配给部门，再由部门安排给各项活动或项目，而不是直接根据活动或项目的需要来进行资金的分配。因此，这种预算方法可能产生两方面的问题。

1. 可能掩盖低效率和浪费

由于预算的基本依据是上一期的实际支出数，因此如果上一期的预算分配本身就是不合理的，那下一计划期的预算仍将是不合理的。在现实中经常可以看到，一些部门为了在下一计划期内仍能获得较多预算，在上一计划期末即使有资金剩余也会尽量将其用完，以避免下一期预算减少。

2. 缺乏针对性

由于预算是分配到部门或单位，而不是直接分配给活动或项目的，容易导致一个部门或单位设立多重目标，部门管理者认为重要性目标往往可以优先得到预算。在一个组织被分割成若干个部门后，本位主义不可避免，该部门的重要目标与全局目标有时并非一致。因此增量预算的方法有可能导致资金分配缺乏针对性，即没有被使用在实现组织目标最为重要的活动上。

（二）零基预算

零基预算是由美国德克萨斯工具公司担任财务预算工作的彼得·派尔（Peter Pyle）于 1970 年编制该公司的费用预算时提出的。美国前总统卡特（Carter）在担任美国佐治亚州州长时，曾在该州极力推广此法。卡特当选总统后，曾指示 1979 年联邦政府要全面实行零基预算，于是该预算方法在当时的美国风行一时，引人注目。零基预算就是不考虑组织的各部门或各单位上一计划期是否获得预算或实际的预算支出数，一切从零开始来考虑各项费用支出的必要性及支出规模的一种预算方法。希望获得预算的部门或单位均必须首先确定拟进行的活动或项目以及需要的预算数，并论证该活动或项目的重要性以及得到预算的必要性。然后由预算决策部门对每一费用项目从全局角度进行成本—效益分析，在此基础上进行各项目的比较评价，区分轻重缓急，结合计划期内可用资金来源分配预算。

零基预算是以零为起点来分析活动或项目的重要性及预算数的，预算直接分配给活动或项目。由于预算不受上一计划期资金实际支出情况的限制，资金直接分配给活动或项目，有利于预算决策部门从全局角度区分轻重缓急来考虑资金的运用，防止了资源的浪费和低效率使用，从而提高了资金使用效果。但零基预算大大增加了预算的工作量，要花费大量的时间进行准备以及对各项活动或项目的比较评价；而且，事实上预算决策部门不可能对所有的活动或项目都熟悉和了解，很难准确判断每项预算申请的真实性，评价的依据在很大程度上还是依赖于各部门的申请，而各部门在申请时完全有可能会夸大活动或项目的重要性或所需的预算量，甚至申请人的文字表达能力也可能会对预算的决策产生较大的影响。由于零基预算存在着以上缺陷，如果组织的规模较大，全部预算工作都通过这种方式来进行的话可能会降低组织的效率。所以，在实际工作中很难实行，该法在公共组织部门运用较为普遍。

（三）滚动预算

滚动预算，其主要特点是预算期是连续不断的，始终保持 12 个月（一年），每过去一个月，就根据新的情况进行调整和修订后几个月的预算，并在原来的预算期末随即补充一个月的预算。这种预算要求一年中，头几个月的预算要详细完整，后几个月可以略粗一些。随着时间的推移，原来较粗的预算逐渐由粗变细，后面随之又补充新的较粗的预算，循环往复，不断滚动。

滚动预算方法的理论根据是：第一，根据企业会计中持续经营的时间观，企业的生产经营活动是延续不断的，因此，企业的预算也应该全面地反映这一延续不断的过程，使预算方法与生产经营过程相适应；第二，企业的生产经营活动是复杂的，随着时间的变迁，它将产生各种难以预料的变化；再说人们对未来客观事物的认识也是由粗到细、由简单到具体的过程，而滚动预算能帮助我们克服预算的盲目性，避免预算与实际有较大的出入。

滚动预算的优点：首先，保持预算的完整性、继续性，从动态预算中把握企业的未来；其次，能使各级管理人员始终保持对未来 12 个月甚至更长远的生产经营活动作周详的考虑和全盘规划，保证企业的各项工作有条不紊地进行；再次，便于外界（银行信贷部门、税务机关、投资者等）对企业经营状况的一贯了解；最后，由于预算不断调整与修订，使预算与实际情况更契合，有利于充分发挥预算的指导和控制作用。

当然，采用滚动预算的方法，预算编制工作比较繁重。所以，也可以采用按季度滚动来编制预算，而在执行预算的那个季度里，再按月份具体地编制各月份的预算，这样可以适当简化预算的编制工作。总之，预算的编制是按月份滚动还是按季度滚动，应视实际需要而定。

采用滚动预算，必须有一个与之相适应的外部条件，如上级下达的生产指标，材料供应的时间等。如果这些外部条件仍然是以自然年为基础，一年一安排的，则企业要编制滚动预算是有困难的。随着我国经济体制改革的深化,市场经济的发展,这些条件的限制越来越小,这将为滚动预算的编制创造有利的条件。

(四) 概率预算

在编制预算过程中,涉及的变量很多,如业务量、价格、成本等,在生产和销售正常的情况下,这些变量的预计可能是一个定值(例如当业务量为多少时,其相应的收入、成本也各为多少),但是在市场的供需、产销变动比较大的情况下,这些变量的数字就难以确定了。这就需要根据客观条件,对有关变量作一些近似的估计,估计它们可能变动的范围,分析它们在该范围内出现的可能性(即概率),然后对各变量进行调整,计算期望值,编制预算。这种运用概率来编制预算的方法,叫做概率预算。

例如:某企业 2009 年度预计有关产量和成本数据见表 8-1:

表 8-1　某企业 2009 年度预计有关产量和成本数据　　　　单位:万元

计划产量		计划单位变动成本		计划固定成本
数量	概率	金额	概率	
2 000	0.2	6.3 5.8 4.6	0.1 0.6 0.3	3 000
4 000	0.5	6.3 5.8 4.6	0.2 0.5 0.3	3 200
6 000	0.3	6.3 5.8 4.6	0.2 0.6 0.2	3 600

根据上述资料,计算各成本的期望值,并确定计划成本,见表 8-2:

表 8-2　计划成本　　　　单位:万元

计划产量		联合概率	计划变动成本			计划固定成本		总成本	
数量	概率		单位	总额	期望值	总额	期望值	总额	期望值
2 000 P=0.2	0.1 0.6 0.3	0.02 0.12 0.06	6.3 5.8 4.6	12 600 11 600 9 200	252 1 392 552	3 000 3 000 3 000	60 360 180	15 600 14 600 12 200	312 1 752 732
4 000 P=0.5	0.2 0.5 0.3	0.1 0.25 0.15	6.3 5.8 4.6	25 200 23 200 18 400	2 520 5 800 2 760	3 200 3 200 3 200	320 800 480	28 400 26 400 21 600	2 840 6 600 3 200
6 000 P=0.3	0.2 0.6 0.2	0.06 0.18 0.06	6.3 5.8 4.6	37 800 34 800 27 600	2 268 6 264 1 656	3 600 3 600 3 600	216 648 216	41 400 38 400 31 200	2 484 6 912 1 872
计划成本		1.00			23 464		3 280		26 744

总之,各种预算方法都有其利弊及其适用性,管理者要根据不同情况分别选择不同的预算方法,或将两种预算方法结合使用,对一些常规性的工作适当运用增量预算的方法,而对一些例外或者比较重要的活动或项目则采用零基预算的方法。

案例

中航油事件

中航油,一个因成功进行海外收购曾被称为"买来个石油帝国"的企业,一个被评为 2004 年新加坡最具透明度的上市公司的企业,一个被作为中国国有企业走向世界的明星企业于 2004 年 12 月 1 日向新加坡高等法院申请破产保护,爆出如此丑闻,发人深思。究竟是什么原因导致中航油巨亏破产?

一、背景资料

据资料显示中国航空油料集团公司核心业务包括:负责全国 100 多个机场的供油设施的建设和加油设备的购置;为中、外 100 多家航空公司的飞机提供加油服务(包括航空燃油的采购、运输、储存直至加入飞机油箱等),堪称国内航空界的航油巨无霸。

1997 年,在亚洲金融危机之际,陈久霖被派接手管理中国航油(新加坡)股份有限公司,在陈久霖的管理下,作为中航油总公司唯一的海外"贸易手臂"——新加坡中国航油,便开始抓住了国内航空公司的航油命脉,在中国进口航油市场上的占有率急剧飙升:1997 年不足 3%,1999 年为 83%,2000 年达到 92%,2001 采购进口航油 160 万吨,市场占有率接近 100%。2001 年,中国航油(新加坡)在新加坡交易所主板挂牌上市。

二、事件过程

最初,中航油新加坡公司,经中航油集团公司授权,开始进行油品的套期保值业务。2002 年 3 月,中航油新加坡公司时任总裁陈久霖擅自扩大业务范围,从事石油衍生品期权交易。对期权交易毫无经验的中航油新加坡公司最初只从事背对背期权交易,即只扮演代理商的角色为买家卖家服务,从中赚取佣金,没有太大风险。自 2003 年始,中航油开始进行风险更大的投机性的期权交易,而此业务仅限于由公司的两位外籍交易员进行。在 2003 年第三季度前,由于中航油新加坡公司对国际石油市场价格判断与走势一致,中航油尝到了甜头,于是一场更大的冒险也掀开了序幕。

2003 年第四季度,中航油预估油价将有所下降,于是公司调整了期权交易策略,卖出了买权并买入了卖权。中航油对未来油价走势的这一判断为整个巨亏事件埋下了根源,且没有意识到仅仅一次判断失误将引来一连串不利的连锁反应。

第四季度,油价并未向中航油预计的走势发展,而呈现持续攀升的局面。结果导致中航油期权交易在 2003 年第四季度出现 120 万美元的账面亏损(以市值计价)。2004 年第一季度,期权盘位到期,公司开始面临实质性的损失。当时正在与新加坡国家石油公司(SPC)、英国富地、淡马锡等多家外国企业谈合作的中航油顾虑重重,最终选择了在没经过任何商业评估的情况下于 2004 年 1 月进行了第一次挪盘,即买回期权以关闭原先盘位,同时出售期限更长、交易量更大的新期权。出售的期权盘位多是在 2004 年第二季度至 2005 年第一季度之间到期,但也有一些甚至延伸到 2005 年第四季度。

随着油价持续升高,2004 年二季度,公司的账面亏损额增加到 3 000 万美元左右。公司因而决定进行第二次挪盘,新期权期限延后到 2005 年和 2006 年才交割,交易量再次增加。

2004 年 10 月,油价再创新高,公司此时的交易盘口达 5 200 万桶石油,账面亏损再度大增。10 月 10 日,面对严重资金周转问题的中航油新加坡公司,首次向母公司呈报交易和账面亏损。为了补加交易商追加的保证金,公司已耗尽近 2 600 万美元的营运资本、1.2 亿美元银团贷款和 6 800 万元应收账款资金,账面亏损高达 1.8 亿美元,另外已支付 8 000 万美元的额外保证金。

10 月 20 日,母公司提前配售 15%的股票,将所得的 1.08 亿美元资金贷款给中航油新加坡公司。公司因无法补加一些合同的保证金而遭逼仓,截至 10 月 25 日,公司的实际亏损达 3.81 亿美元。

2004 年 12 月 1 日,在亏损 5.5 亿美元后,中航油宣布向法庭申请破产保护令。

总裁陈久霖因隐瞒公司巨额亏损且涉入内线交易等罪被判刑四年零三个月。这个消息如同一个重磅炸弹,一时舆论哗然,将此事件称为"中国的巴林银行事件"。

三、原因分析

(一) 控制环境失效

企业内部控制环境决定其他控制要素能否发挥作用,是内部控制其他因素发挥作用的基础,直接影响企业内控的贯彻执行,是企业内控的核心。中航油事件正是由于内部治理结构存在严重缺陷、外部治理对公司干涉极弱导致的。"事实先于规则",成为中国航油(新加坡)在期货交易上的客观写照。中国证监会的监管人士向媒体透露了这样一个经过:中国航油(新加坡)在 2001 年上市后并没有向证监会申请海外期货交易执照,后来证监会看到其招股书有期货交易一项,才主动为其补报材料。中航油用新加坡上市公司的身份为掩护同国内监管部门展开博弈,倚仗节节上升的市场业绩换取控股方航油集团的沉默,从而进入期货和期权业务;而监管方对此不仅没有追究到底,还放任其"先斩后奏"的行为,直至投机和亏损的真实发生。而中航油的董事会更是形同虚设,普华永道对公司董事会成员、管理层、经手交易员进行详细问询,出具了详细的调查报告。通过当事人之口,中航油(新加坡)这家一度被认为是"样板"的海外国企,内控混乱不堪、主事人不堪其任、治理结构阙如。

(二) 风险意识薄弱

中航油内部的《风险管理手册》设计完善,规定了相应的审批程序和各级管理人员的权限,通过联签的方式降低资金使用风险;采用世界上最先进的风险管理软件系统将现货、纸货和期货三者融合在一起,全盘监控。但是自 2003 年开始,中国航油的澳大利亚籍贸易员杰拉德·里格比(Gerard Rigby)开始进行投机性的期权交易;陈久霖声称,自己并不知情。而在 3 月 28 日获悉 580 万美元的亏损后,陈久霖本人同意了风险管理委员会主任重辛迪(Cindy Chong)和交易员杰拉德·里格比提出的展期方案。这样,陈久霖亲自否定了由他本人所提议拟定的"当任何一笔交易的亏损额达到 50 万美元,立即平仓止损"的风险管理条例,也无异于对手下"先斩后奏"的做法给予了事实上的认可。

(三)信息系统失真

中航油(新加坡)通过做假账欺骗上级。在新加坡公司上报的 2004 年 6 月份的财务统计报表上,中航油新加坡公司当月的总资产为 42.6 亿元人民币,净资产为 11 亿元人民币,资产负债率为 73%。长期应收账款为 11.7 亿元人民币,应付款也是这么多。从账面上看,不但没有问题,而且经营状况很好。但实际上,2004 年 6 月,中航油就已经在石油期货交易上面临 3 580 万美元的潜在亏损,仍追加了错误方向"做空"的资金,但在财务账面上没有任何显示。由于陈久霖在场外进行交易,集团通过正常的财务报表没有发现陈久霖的秘密。新加坡当地的监督机构也没有发现,中航油新加坡公司还被评为 2004 年新加坡最具透明度的上市公司。这么大的一个漏洞就被陈久霖以做假账的方式瞒天过海般的掩盖了这么久,以至于事情的发生毫无征兆。

(四)管理失控,监督虚无

中航油(新加坡)董事兼中航油集团资产与财务管理部负责人李永吉,没有审阅过公司年报。其次,即使李永吉想审阅年报,也有困难。因为身为海外上市公司董事,他英语不好,所以不能从财务报表中发现公司已经开始从事期权交易。荚长斌兼任中航油(新加坡)董事长及中航油集团总裁。他强调,由于中航油集团并没有其他子公司在中国以外上市,所以董事的职责对他而言是不熟悉的。他指出,直到 2004 年 11 月 30 日,董事会一直都没有对陈久霖有"真正的"管辖权。与李永吉一样,荚长斌声称,语言障碍使得他对中航油(新加坡)缺乏了解和监管,而且,尽管身为中航油(新加坡)董事长,他的财务信息却来自位于北京的中航油集团财务部。同时,由于监事会成员绝大多数缺乏法律、财务、技术等方面的知识和素养,监事会的监督功能只能是一句空话。而内部审计平时形同虚设,这种监管等于没有。在经营过程中内部控制失效、董事会和监事会监督功能虚化、缺乏必要的内部审计,中航油的悲剧就这样产生了。①

本章小结

控制是指组织在动态的环境中为确保组织目标实现而采取的检查和纠偏的活动过程。

在管理中控制工作之所以是必需的,这是因为组织目标的实现过程总是在一定的环境的制约下进行的,而现实的环境是在不断变化的;同时组织作为一个协作的社会系统,目标的实现需要组织各个部门的有效协作,由于个人观念、工作态度、知识、能力的局限

---

① 资料来源:转载于中华证券学习网。

性,不可避免地会出现意想不到的情况或一些失误。有了完善的控制系统,可以及时发现问题,及时采取相应措施解决问题。

由于控制的目的在于及时纠正计划实施过程中出现的偏差以确保组织计划目标的实现,组织控制系统的设计及控制的实施过程中应遵循一些基本原则:重点原则,即应该控制那些对组织具有战略性影响的因素;及时性原则,即能够及时发现问题并及时解决问题;灵活性原则,即要求控制系统必须具有一定的灵活性;经济性原则,即一个控制系统在运行过程中从经济角度看必须是合理的,只有当控制所产生的效果大于控制成本时才实施控制。

为了确保控制的有效性,对于不同的控制对象、不同的控制条件、不同的管理层次,需要采用不同的管理方法,这些管理方法大致可以分为前馈控制、即时控制和反馈控制,前馈控制是在活动开始之前进行的预防性控制,而即时控制和反馈控制则是在活动开始之后进行的纠正性控制。各种控制类型都各有利弊以及各自的适用性,因此,在实际的管理中,管理者应当根据管理的不同需要,合理选择控制类型以及它们的组合。组织各个层次、各个部门的管理者应用不同的方法和手段进行的控制活动构成了一个组织完整的控制系统,这个系统包括:控制的目标体系、控制的主体、控制的客体、控制的方法和手段。一个组织的控制系统能不能有效地发挥作用就取决于这些要素能不能合理地被选择和组合。

一个典型的控制过程大致包括以下四个步骤:首先,确定控制标准。正确确定标准是控制的基础,离开了标准就无法判断是否出现偏差,控制工作也就无从谈起;其次,用这个标准来衡量实际工作;再次,如果标准与实际工作之间存在偏差,那么管理者就必须分析产生偏差的原因。对产生偏差原因的认识决定了应该采用什么样的纠偏措施,因此,准确分析、把握产生偏差的原因是控制工作中重要的一个环节;最后,根据对问题产生原因的认识分别采用不同的纠偏措施,确保计划目标实现。

控制是一项需要支付成本的管理活动,管理者应分清轻重缓急,对组织的关键活动进行重点控制,以在提高控制有效性的同时降低控制成本。通常在组织管理中,对人员、财务活动、作业过程、信息的收集与传递、人财物及信息的安全等往往成为控制的重点,管理者应当根据各项管理活动的特点采取有效的手段和方法进行重点控制。

在各种控制手段中,预算控制是运用最广泛的一种控制。所谓预算是一种以货币和数量表示的计划,通过预算就可使计划具体化,从而更便于控制。预算按照预算适用的时间长短可分为长期预算和短期预算,预算按其具体内容的不同可分为业务预算、财务预算和专门决策预算。在预算编制和执行过程中,经常会出现预算编制依据不足、预算编制的过细过繁以及形式主义、缺乏灵活性等问题,因此,要使预算能成为有效的控制工具,在预算的编制及执行过程中要努力克服这些可能出现的问题。作为通常编制预算的方法,可以分为增量预算、零基预算、滚动预算、概率预算等,这些方法各有利弊,管理者要根据具体情况,合理选择和应用不同的方法来编制预算。

思考题

1. 根据控制的性质和内容,分析管理控制的必要性。

2. 比较前馈控制、即时控制和反馈控制等各种方式的利弊,并思考各种控制方式的适用性。

3. 一个典型的控制过程通常要经过哪几个阶段? 各阶段的工作重点是什么?

4. 在组织管理中通常哪些活动会成为控制的重点? 对这些活动通常采取哪些方式进行控制?

5. 你认为本章案例中的中航油存在哪些控制问题? 应该怎么来解决这些问题?

第九章
管理创新

自 1999 年成立以来，阿里巴巴在商业上的成功和快速增长始终贯穿着其不断创新的精神。在初创的时候，包括 CEO 在内的阿里巴巴的创业者，并不知道自己公司的模式叫 B2B。阿里巴巴的 CEO 和他的伙伴们当时的初衷就是希望阿里巴巴可以帮助中小企业成功。马云从底层市场入手，定位于中小企业，并以此作为切入电子商务市场战略途径的出发点，即"找虾米"战略。阿里巴巴的"倒行逆施"，令金字塔的塔底变成了塔尖，让天下没有难做的生意。就是在这样的创新中，马云和他的伙伴们把 B2B 应用于中国市场，并开发出一套盈利的 C2C(Consumer to Consumer)新模式，产出巨大的效益。2003 年，马云在美国哈佛的演讲中曾经总结道："我不懂技术，因此，我要求工程师无论开发出任何软件都要让我先试用，我不会用就意味着 80% 的人都不会用，工程师们就得重新开发。正因为有了这一条，我们的软件操作起来十分简便，已有 2 000 多万个中小企业的老板成为我们的客户。我不做计划，我认为计划书写得越厚越容易脱离实际，但是不按计划书说的办，那就骗了投资者；如果按计划书去运作，又无法应对不断变化的形势，所以我不定计划。"马云和他的同事就是靠这些令人耳目一新的创新思维，成功地实现了经营模式的创新，以及产品、营销和文化等多方面的创新，使阿里巴巴成为全世界最大的 B2B(Business to Business)网站。2014 年 9 月阿里在纽交所上市，市值超过 2 300 亿美元，也成为美国史上最大的 IPO。

像阿里巴巴一样，很多组织就是在不断的管理创新过程中得以发展的。环境在变化，管理就不能一成不变，不能简单重复过去；世界上没有完全相同的组织，组织差异化的特点也要求管理不能简单复制其他组织的经验，不能完全照抄照搬为我所用。管理创新首先表现为管理理念创新，此外还涉及管理制度创新，管理模式创新和管理方法创新等一系列内容。

第一节　管理与创新

管理需要创新，没有创新，就不能适应日益变化的环境，就不能用更有效的方法合理组织与配置资源以实现组织的目标，就不能保持持久的竞争力。从某种意义来看，管理创新是一个组织永葆青春活力和旺盛生命力之关键。

一、创新

创新理论源于奥地利经济学家熊彼特(Joseph Alois Schumpeter)。他在 1912 年出版的《经济发展理论》一书中第一次提出"创新"的含义，指出创新就是建立"新的生产函数"，即"企业家对于生产要素的新组合"，也就是把一种从来没有过的生产要素和生产条件的"新组合"引入生产体系，从而引起生产方式的变革，形成一种新的生产能力。[①] 这种意义下的创新包含下列五种情况：(1)采用一种新的产品，就是消费者还不熟悉的产品，或提供

---

① 熊彼特. 经济发展理论[M]. 北京：商务印书馆，1990：73.

一种产品的新特性。(2)采用一种新的生产方法,即在有关的制造部门中未曾采用过的方法,这种新的方法并不需要建立在新的科学发现的基础上,可以存在于商业上处理一种产品的新的方式之中。(3)开辟一个新的市场,使产品进入以前不曾进入的市场,不管这个市场以前是否存在过。(4)掠取或控制原材料或半制成品的一种新的供应来源,不管这种来源是已经存在的,还是第一次创造出来的。(5)实现一种新的企业组织形式,比如造成一种垄断地位(例如通过"托拉斯化"),或打破一种垄断地位。

20世纪70年代以来,弗里曼(Friman)等用现代统计方法验证熊彼特的观点,并进一步发展创新理论,被称为"新熊彼特主义"和"泛熊彼特主义"。继熊彼特之后,创新日益得到理论界的重视、发展并逐渐形成相对独立的理论领域,形成了各种创新理论和流派,最具代表性的有技术创新学派和制度创新学派。总的来说,创新理论的研究内容主要集中在以下几个方面:关于创新的论述,关于创新组织和制度的分析,关于国家创新系统和合作创新等。我国有些学者结合了国内企业改革和创新的实际,把管理创新从技术创新和制度创新中分离出来单独进行研究,对创新理论的发展作出了贡献。

二、管理创新的含义

国外管理创新理论的代表人物是雷·斯泰塔(Ray Stata,1989)。他首次提出了公司中的管理创新问题,并将管理创新与产品创新、流程创新相区别,指出管理创新是公司发展的瓶颈,是企业管理中应该受到重视的问题。简皮耶·本霍兹(Pierre-Jean Benghozi,1990)也把管理创新从市场和技术的范畴中剥离出来。

在国内较早提出管理创新概念的有常修泽教授和芮明杰教授等人。常修泽教授在1994年出版的《现代企业创新论》中把管理创新视为组织创新在经营层次上的辐射,把管理创新界定为对新的管理方式方法的引入,把降低交易费用视为管理创新的目标。[①] 芮明杰教授在1994年出版的著作《超越一流的智慧——现代企业管理的创新》中提出了管理创新的概念。他把管理创新定义为创造一种更有效的资源整合范式,这种范式既可以是新的有效整合资源以达到企业目标和责任的全过程式管理,也可以是新的具体资源整合及目标制定等方面的细节管理。他认为管理创新包括五种形式:(1)提出一种新的经营思路并加以有效实施;(2)创设一个新的组织机构并使之有效运转;(3)提出一个新的管理方式方法;(4)设计一种新的管理模式;(5)进行一项制度的创新。[②] 他对技术创新和制度创新与管理创新之间的关系作了论述,从管理创新的理论和实践源起、空间、主题、行为、范式、氛围等角度对管理创新作了全面和深刻的论述。周三多等人则认为"创新首先是一种思想及在这种思想指导下的实践,是一种原则及在这种原则指导下的具体活动,是一种管理职能"。[③]

管理创新既与管理有关又与创新有关。管理是社会组织中,为了实现预期的目标,以人为中心进行的协调活动。管理是一种特殊的资源,是生产要素的黏合剂。创新一般是

---

① 常修泽. 现代企业创新论[M]. 天津:天津人民出版社,1994:8.
② 芮明杰. 管理创新[M]. 上海:上海译文出版社,1997:49-50.
③ 周三多,陈传明,鲁明泓. 管理学——原理与方法[M]. 上海:复旦大学出版社,2006:627.

对原有要素的改进,或引进新的要素。管理是结果导向的,资源整合的结果(效率和效益)比过程更重要。而创新注重一个"新",着眼于变化。管理创新是管理和创新的有机结合。管理创新不只是在现有结构中降低成本,还可能是对现有资源整合范式本身的改变,这种改变不仅体现为原有绩效的渐进改善,而且可能获得绩效突破式的成长,达到资源整合范式的飞跃。

我们可以这样给管理创新下定义:管理创新是管理者根据内外环境的变化创造一种更有效的资源整合范式,以提高组织管理系统的综合效率和效益。这个定义包含了以下观点:

1. 管理创新的目的是为了提高一个组织整体的效率和效益。

2. 管理创新的主体是组织的管理者,包括高层、中层和基层,管理创新包含在每个管理者的所有管理活动之中。

3. 管理创新活动是根据内外环境变化而采取的一系列活动,环境的变化是客观的,但管理创新活动却是能动的,要在千变万化的环境中发展壮大就必须更灵活地适应环境。

4. 管理创新的实质是创立一种更有效的资源整合范式,包括形成一种新的管理理念,采用一种新的管理方法,运用一种新的管理模式等,只要能使管理活动更加有效就属于管理创新。

三、管理创新的内容

管理创新活动往往来自于一个小小的灵感或者某种创意,尽管管理创新活动有很多内容,但是管理理念创新总是贯穿在所有活动当中,是管理创新活动的前提。在创新的内容上,很多环节都存在创新的机会,但成效最大的一般有以下几个方面,即管理组织创新、管理制度创新、管理模式创新和管理方法创新(如图 9-1 所示)。

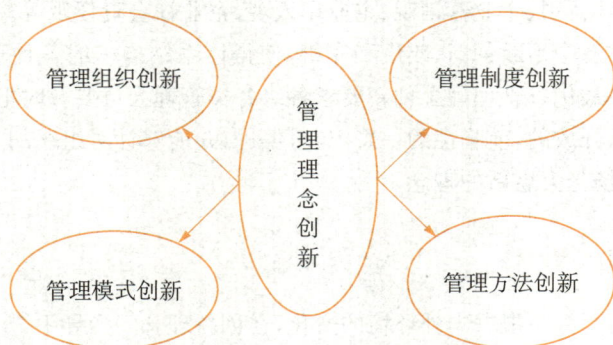

图 9-1　管理创新的内容

(一)管理理念创新

理念是一个哲学名词,柏拉图哲学中的"观念"通常译成理念;在康德、黑格尔等人的哲学中的观点指理性领域中的概念,有时又译作理念。从唯物主义的角度看,理念或观念就是对客观存在的外部事物或内心活动的观察、看法和思想,是思维活动的结果。因此,简单地说,管理理念就是对管理者对组织管理活动的基本看法和思考。管理理念的重要性在于管理者的这种看法和思考是要通过具体的管理活动得以实现的,换言之,管理的组织、制度、模式和方法等都是在管理理念或观点的指导下形成、运行和发展的。管理理念决定方向,决定组织和制度,决定模式和方法。管理理念决定管理的成败。

管理理念创新就是根据组织环境的变化,革除旧有的不合时宜的既定看法和思维模式,以新的视角、新的方法和新的思维模式,形成新的结论或思想观点,这种新的思想与观点直接或间接地体现在管理活动的创新上,并对后者产生决定性的影响。被公认为美国"最具创新精神企业"的 3M 公司(明尼苏达州矿业和制造公司)的创新理念是"创新=新思想+能够带来改进或创造利润的行动"。这就是说,创新首先需要新的思想和理念,但是创新不只是一种仅仅停留在思维层面上的新思想,而是一种得以实行并产生实际效果的思想或观念。

我国海尔集团总裁张瑞敏认为:脱胎于计划经济,长期浸润于传统模式的中国企业,经历了一个创新缺失的漫长时期,从空白到丰满需要一个艰苦的填充过程。我国企业的创新,应该是一种从基础开始的创新,是一种肌体创新,全方位创新,全过程创新,而并非单纯的技术创新和产品创新。改革开放之初,中国引入了在当时看来十分先进的生产线,也积累了相对先进的生产技术,但许多企业之所以后来销声匿迹,就在于这种全方位创新的不足,只满足于技术性产品生产销售,忽视了企业发展的基础创新和全方位创新,使企业最终失去了可持续发展的动力。树立全方位创新的理念,致力于打造企业整体发展能力,树立全过程创新的理念,致力于形成不断创新的机制,是企业能够持续发展的根本所在,这是增强和保持企业自主创新能力的体系性基础。张瑞敏的这种全方位创新理念,是十分有见地的。

管理理念创新具有综合性和前瞻性,同时也必然会涉及一系列具体的管理理念,从而形成一个理念创新的体系。例如对于企业组织来说,这个理念创新体系包括企业战略观、企业竞争观、企业效益观、企业营销观、企业用人观、企业社会责任观等。管理理念创新就是要在组织理念体系中不断创新、改进和完善,使得体系结构中的各种理念相互协调,达到理念体系的整体最优。管理理念创新要求各级各类管理人员要及时把握组织内外环境的变化,以全新的、开放的、前瞻性的视野,与时俱进,并能够针对组织的个性特点,勇于抛弃陈旧的观念,发扬光大崭新的理念。

(二) 管理组织创新

管理组织创新指组织根据内外环境的变化,在创新理念的指导下,及时调整内部的组织架构和权责关系,保持组织与环境的均衡,达到组织发展目标的变革过程。美国学者小艾尔弗雷德·钱德勒曾提出"结构跟紧战略"(Structure Follows Strategy)的理论,解释了组织结构的变动与战略之间的关系[①]。他认为,当一个企业或公司或者通过地区多样化,或者通过增加产品线和产品的最终用途以扩展其业务活动时,其组织必须从集中的职能形式变成一个分散的事业部制结构,以增强其有效性。根据这个理论,进一步可以推论,

---

① Alfred D. Chandler. Jr. Strategy and Structure [M]. Cambridge, Mass. : MIT Press, 1962.

随着企业战略的变化和发展,企业的组织结构也要发生适应性变化。钱德勒的这种结构跟紧战略的理论模式从某种意义上可以看成是一种管理组织的创新,这种组织创新是战略创新的结果。事实上,这个理论模式已经为许多企业所证实。近年来,针对官僚等级组织日益出现的弊病,不少企业进行组织创新,实施了扁平式的或其他有效的组织架构。本章开头引入的春兰集团的"横向立法、纵向运行、资源共享、合成作战"的创新型矩阵管理,就是一种十分典型的管理组织创新。

(三) 管理制度创新

从广义看,管理制度包括从产权制度到组织内部管理制度(如劳动人事制度、财务管理制度、生产制度等)等各个方面,但是从实际情况看,一个组织能够有所作为地进行制度创新主要是内部管理制度的创新。芮明杰认为管理制度的创新具体有:(1)各类企业管理制度的创新;(2)管理制度的效用评价;(3)管理制度的制定方式;(4)系统化管理制度的创新;(5)企业内部工作流程的设定与创新;(6)科学议事规则设定等等。[①] 管理制度创新以新的观念为指导,通过制定新的行为规范,把组织创新等其他创新活动及其成果制度化、规范化,为实现组织新的价值目标进行创造性活动。简单地说,管理制度创新就是用一种效率更高、效益更好的制度代替旧的制度。制度创新的本质就是对权力和利益进行调整和再分配,以适应新的环境与理念。

(四) 管理模式创新

管理模式具有综合性,着重于内容的落实与贯彻,是管理组织围绕一定的管理内容而建立的一系列规则、范式和操作规程。管理模式创新就是要根据企业的特点,创造出新的成功的管理规则、范式和操作规程。从具体的领域看,包括生产管理模式创新、人事管理模式创新等等。

(五) 管理方法创新

与管理模式不同,管理方式相对地具有单一性,它是企业资源整合过程中所使用的工具和具体方法,管理方法是否有效,直接影响企业资源的有效配置。管理方法创新就是创造性地有效地运用新的管理方法,提高管理的效率和效益。近年来,流程再造、模块化等为管理创新提供了有效的方法。

第二节　组织创新

组织创新是管理创新的重要组成部分。在本书前几章我们已经知道,在世界各地盛行的所谓扁平化组织、虚拟组织以及网络组织等是对传统组织的摒弃,是组织创新的结

---

① 芮明杰.管理创新[M].上海:上海译文出版社,1997:95.

果。总体上看,传统的高耸式的官僚科层组织正在向扁平的动态的有机组织结构转化。对每一个组织来说,组织创新还是一个复杂的系统工程,组织创新要从自己的实际出发,不能简单地照抄照搬某种组织模式或结构;同时,组织创新既要重视外在的显过程,也要重视内在的隐过程。

一、组织创新论

组织创新源于熊彼特的创新理论,但是熊彼特的创新理论主要与技术创新相关,组织创新研究相对被忽略了。20 世纪 20 年代和 30 年代末,经济学家弗兰克·奈特(Frank Knight)、罗纳德·科斯(Ronald Coase)对企业组织问题进行了开拓性的探索。进入 70 年代,威廉姆斯(Oliver Williamson)发展了科斯的交易成本理论,研究了企业结构及其演进;而钱德勒(Alfred D. Chandler Jr.)等人则对组织结构进行了经验研究。这些研究为现代组织的发展及其创新奠定了基础。

20 世纪 80 年代以来,有关组织创新与组织绩效关系的研究受到广泛重视。组织创新最重要的是以提高组织绩效为出发点。研究表明,组织绩效的低下会促进组织进行创新,组织创新的成功会提高其绩效。米歇尔·克瑞曼·博尔顿(Michele Kremen Bolton)通过对美国的 74 所高新技术企业的研究,发现低于标准绩效的组织更愿意进行创新或较早采纳创新。[1] 维克多(Victor)指出:组织创新越是有价值、越是不可模仿、越是稀缺便会得到越高的绩效。[2] 达曼波(Damanpour)和埃文斯(Evans)研究管理创新与技术创新的相互关系以及这两种不同性质创新的采纳率对组织创新绩效的影响。他们指出:与低绩效组织相比较,在高绩效组织中,管理创新和技术创新存在更高的相关度;组织管理创新和技术创新采纳率的差异度与组织绩效呈负相关,即组织绩效越高的企业,管理创新和技术创新的采纳率越接近[3]。

关于组织创新的诱因,有很多争论,归纳起来,有单因素、两因素、三因素等几种观点[4]。

1."单因素"说

交易成本经济学认为,现代企业组织的创新是由于效率方面的原因。"交易成本"是指交易双方可能用于寻找交易对象、签约及履约等方面的一种资源支出,包括金钱的、时间的和精力上的支出。交易成本一般可分成两类:一是谈判成本,二是履约成本。威廉姆斯提出了三个原则。第一,资产专用性原则。资产越是用于专门的用途,甚至专门化到一个唯一的用途,越不可以转移到另一种用途。资产越是专用的,其潜在的交易成本越大,组织就趋于替代市场机制。第二,外部性原则。该原则通常与不履行合同以及降低产品

① Michele Kremen Bolton. Organizational innovation and sub2 standard performance: when is necessity the mother of innovation? [J]. Organization Science, 1993,4 (1):57 - 75.
② Victor J Garcia-Morales, Francisc J L lorens-Montes, Antoni J Verdu-Jover. Antecedents and consequences of organizational innovation and organizational learning in entrepreneurship[J]. Industrial Management + Data Systems, 2006,106(1/2):21 - 22.
③ Evans W. M. Organizational lag [J]. Human Organizations, 1996,25:51 - 53.
④ 张钢. 关于组织创新研究的观点综述[J]. 科研管理,1997(4).

质量问题有关。如果交易的外部性很强,为了制止合同履行中的私打小算盘和欺骗行为,就必须付出极高的交易成本。出于节约交易成本的目的,生产者与购销者就势必合并起来,以一体化的组织替代市场合同的交易。第三,等级分解原则。该原则旨在使组织内部结构安排能够克服当事人的机会主义动机或打小算盘的行为。[1] 等级分解的最主要内容是日常经营活动与发展策略规划的分离,后来就深化成所有权与经营权的分离。各个部分之间的利益和动机必须符合"激励相容"原则,也就是各个当事人努力相互刺激,相互促进。

2. "两因素"说

国外许多学者认为,组织创新的诱因是技术和市场共同作用的结果。罗森堡(Rosenberg)说:"创新活动由(市场)需求和技术共同决定,需求决定了创新的报酬、技术决定了成功的可能性及成本。"钱德勒在对企业史的系统研究中得出结论:企业的组织创新取决于技术和市场两个因素。"现代工商企业首先是在这样一些部门和工业中出现、成长并继续繁荣的,这些部门和工业具有新的先进技术,而且具有不断扩大的市场。反之,在那些技术并不造成产业急剧增加、市场依然是小而专的部门和工业中,管理的协调并不比市场的协调更为有利。因而,在那些领域中,现代工商企业的出现就较晚,而且发展缓慢。"[2]

3. "三因素"说

组织创新的诱因有技术推动、市场导向、政府调控三种模式。技术创新过程就是技术从无到有、从思想到实物、从不成熟到成熟、从实验室走上市场的过程。这个过程要求并推动与之相适应的组织形式的变化与创新。市场诱发下的组织创新主要服务于创新性技术成果的商品化,形成以技术市场为依托的各种组织形式。政府的激励与调控主要是通过财政手段(包括税收、财政补贴与补助、拨款、银行利率等)、政策导向(包括科技政策、发展规划、技术政策)和行政干预(包括指令、通报、认可或否认等)三个途径实现的。新制度学派则认为,组织创新有三方面的来源:要素相对价格的变化,经营规模的变化,发明的结果。[3]

二、组织创新的涵义

组织创新是对其成员责、权、利关系的重构,目的在于取得对新目标的进一步共识。组织创新是指对影响创新性技术成果运行的社会组织方式、技术组合形态和制度支撑体系的创新。它不是泛指一切有关组织的变化,而是专指能使技术创新得到追加利益的组织的变化。简单地说,组织创新是指组织根据外部环境变化和内部环境需求,通过内部调整或者重构,维持本身均衡,达到组织生存与发展目的的过程。组织创新往往表现为组织内部结构的不断优化;表现为引入新的组织因素,完善企业的功能;表现为各种社会组织之间的联合。

[1] 张春霖.企业组织与市场体制[M].上海:上海三联书店,上海人民出版社,1994:103-111.
[2] 小艾尔弗雷德·D·钱德勒.看得见的手——美国企业的管理革命[M].北京:商务印书馆,1987:8.
[3] 科斯.财产权利与制度变迁[M].上海:上海三联书店,1994:306.

（一）组织创新的分类

依据不同的标准，组织创新有以下几种分类：

1. 按主导形式分，组织创新有三种类型，市场交易型、行政指令型和混合型（指市场交易与行政手段相结合）。市场交易型组织创新主要依靠个体利益的诱导，当个体认为参加新的组织能获得大于先前所得的利益时，市场交易型组织就会出现；行政指令型组织创新主要依靠权力的驱动，当权力上层发觉重构认同能实现整体的新目标或使旧目标更好地实现时，行政指令型创新就会发生；混合型创新介乎其中，它广泛存在于组织与市场共存的相互作用体系中。

2. 按完成的手段分，组织创新也有三种类型：一是兼并型，包括横向的、纵向的和全方位的成员合并；二是分割型，主要是将目的不同的成员分开，在必要时为维护整体目标的相同而丢弃部分不相适应的成员；三是创建全新组织型，往往是在某一新目标的驱动下，不同成员相聚集，形成新的组合。

3. 按组织范围大小和组织成员的多寡，组织创新可以表现在三个层次上，即制度创新、产业组织创新和企业组织创新，这三个层次的创新相互贯通，互为前提。

（二）组织创新的内容

组织创新内容包括很多方面，一般有以下几点：

1. 组织结构创新

企业传统的组织结构是按职能划分部门的，各职能部门往往各自为政，因部门利益或部门之间的利益冲突而损害组织整体利益的情况时有发生。德鲁克指出："组织不良最常见的病症，也就是最严重的病症，便是管理层次太多，组织结构上一项基本原则是，尽量减少管理层次。"[1]组织结构创新首先要减少管理层次，在管理幅度与层次之间找到最佳的平衡点。管理者所处的层次、工作本身的性质、组织所处的政治环境和经济环境等因素都会影响到企业层级的设置，从而影响组织机构扁平化的进程。其次，增加组织的有机性，减少组织的机械性，根据自己的特点，在有机性与机械性之间找到最佳的结合点，这也是组织结构创新的重要内容。最后，组织结构创新还要延伸组织的边界，联合其他组织，取长补短，形成新颖的经济联合体。正如本书第六章已经指出的，组织结构的扁平化、柔性化、虚拟化、网络化可能是一种必然的趋势和选择。当然，组织结构的创新还不仅仅局限于此。事实上，组织情况各异，组织结构创新的内容、重心和模式也不尽相同。创新是不可能千篇一律的。

2. 业务流程创新

顾客满意是流程创新的根本目标，要建立能以最快速度响应和满足顾客需求的运作机制和业务流程；要强化流程的程序控制，消除摩擦，提高效率和响应速度。流程中每一个环节的工作由其"顾客"进行评价，而不是由领导主管决定。全面关注业务流程的系统优化，强调注重流程设计而不是部门设置或职能划分，关注整个流程的优化而不单是流程

---

① MBA 智库百科，组织扁平化，http://wiki.mbalib.com.

中个别环节的绩效提高。借助信息技术成果,实现信息实时共享基础上的集成管理。

3. 工作环境创新

如前所述,"霍桑实验"的研究结果表明,物理环境的创新并不能对组织或个人的绩效产生实质性的影响,但也能影响员工的某些行为。工作空间的布局不能随心所欲,应充分考虑员工的工作需要、正常交往需要和社会需要等因素。比如,可以改变工作场所的亮度与颜色,冷暖的程度,噪音的大小和种类,装饰和配色的风格等,使工作环境更为舒适,以有利于提高组织成员对工作环境的满意度,进而提高其工作绩效。

4. 人员创新

人是组织中最宝贵的资源,是组织价值的源泉。人员创新就是要通过各种途径,提升组织成员的素质,改变其态度,引导其行为,帮助组织中的个人和群体更加有效地在一起工作。这种创新通常是通过沟通、决策的参与和问题的解决来实现的。

5. 文化创新

在本书的第三、四章,我们已经知道组织文化、文化环境的重要性。不断排除陈旧的组织文化,倡导与建设新的价值观念与行为准则,进行文化创新,组织才能与时俱进。彼得·圣吉指出:"在某些层次上,个人学习与组织学习是无关的,即使个人始终都在学习,并不表示组织也在学习。但是如果是团体在学习,团体变成整个组织学习的一个小单位,他们可将所得到的共识化为行动,甚至可将这种团体学习技巧向别的团体推广,进而建立起整个组织一起学习的风气与标准。"①如前所说,要建设组织以及团队的学习文化,团体的智慧高于个体的智慧,团体能放大个体的力量。在组织内部形成一种重视学习、善于学习的文化氛围,打造成为一种学习型组织将是企业文化创新中的一项重要内容。

三、组织创新的过程

组织创新是一个复杂的过程,既包括一系列正规的、明显的过程,如组织结构变化、职位的调整、人员的变换等,也包括那些非正规的、看不见的隐过程,如人们观念的转变、角色的调整、文化的整合等。

(一)组织创新的显过程

组织创新的显过程是人们可以看得见、体会得到的,这一过程一般要经历组织创新的论证、组织创新设计、方案的评价和选择、组织创新的准备和实施、效果的评价和成果的巩固五个阶段(如图9-2所示)。②

1. 组织创新的论证阶段。在这个阶段,创新的组织者进行组织调查,系统收集有关资料,根据组织的现状,综合考虑多方面的因素,判定组织创新的必要性与可行性。一般应该考虑以下几方面的因素:组织当前存在的问题和缺点,是否处于成长中的危机阶段;当前的组织状况是否适应当前环境和组织成长的需要;组织创新的主要动力是什么;未来

---

① 彼得·圣吉. 第五项修炼[M]. 上海:上海三联书店,1998:269.
② 郭韬. 企业组织创新活动的一般流程[J]. 北方经贸,2004(6).

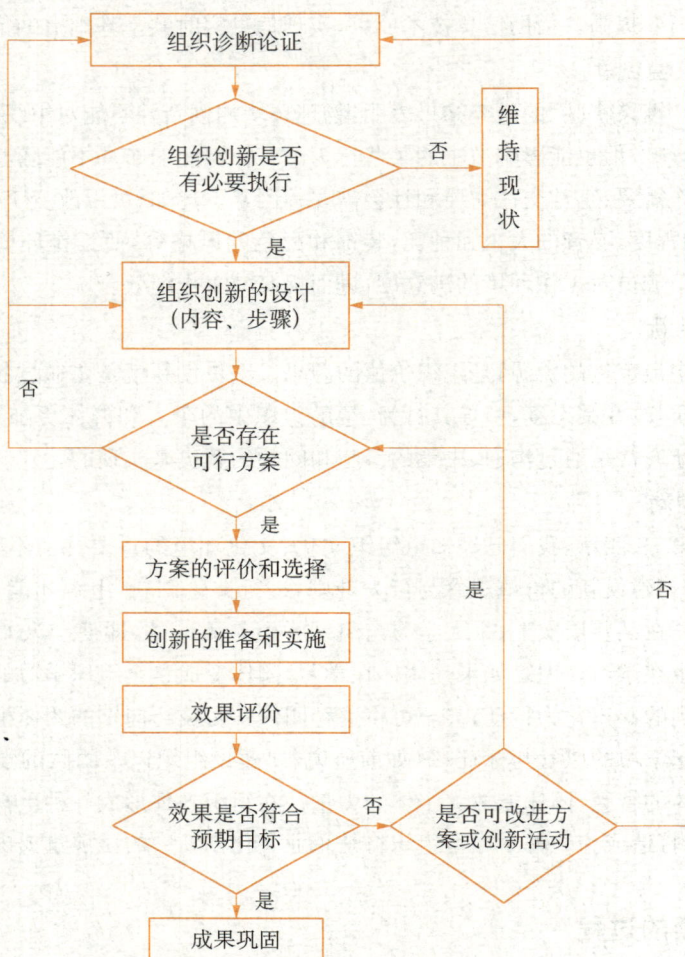

图 9-2 组织创新的 5 个阶段

的组织创新的阻力是什么;为了克服这些阻力要付出何种代价;组织创新的投入产出比如何。

2. 组织创新的设计阶段。如果经过第一个阶段的论证,认为组织创新是可行的和必要的,就可以进入创新的设计阶段。在设计阶段,首先要确定组织创新的目标,再根据这一目标,采取各种办法激发人的想象,以产生尽可能的创新构想,设计出若干个可行方案。方案应包括两个方面:组织创新的内容设计和组织创新的步骤设计。组织创新的内容设计是指根据组织内外环境、组织创新的动力和阻力,确定本次创新的重点内容,从结构、流程、环境、人员、文化这几个方面选择出本次创新的突破口,并设计创新的详细内容。组织创新的步骤设计首先要确定本次创新的总体步骤,即一步到位还是渐进式,并据此来设计详细的创新实施步骤。如果选择了渐进式创新,还要在方案中明确试点单位和推广时机。

3. 方案的评价和选择阶段。在这一阶段,应对前一阶段设计出的各个组织创新方案进行综合评价,选择出满意的方案。在方案的评价过程中,有可能发现前两个阶段的遗留问题,此时还应对创新活动的论证和设计进行修正和完善。

4. 组织创新的准备和实施。选择出满意的方案之后,创新的组织者应进行充分的准备。组织创新工作是一项复杂的活动,准备的内容也包含多个方面,既包括人员、资源和机构上的准备,也包括思想和观念上的准备。充分的准备工作可以为下一步的工作打下基础,也会在很大程度上预防和克服组织创新的阻力。在进行了充分的准备之后,即可实施创新的方案。在创新方案的实施过程中,要对创新活动进行动态的监控,遇到偏差时,要采取应对措施。

5. 组织创新的效果评价与成果巩固。有效的效果评价有利于发现和解决问题,保证创新的成功实施,同时也可以积累本企业的资料,为将来的组织创新活动提供借鉴。如果企业组织创新的效果被证实是满意的,就可以进入最后一个环节——组织创新的成果巩固,即通过适当的强化手段巩固创新的成果,防止个人和组织退回到从前的行为方式。

(二) 组织创新的隐过程

组织创新的隐过程通常是非正规的、看不见的、人们意识层面的变化,不是表现在正式的组织结构、机制等方面,而是表现在组织文化的某些方面。组织创新的隐性内容和过程,是组织文化最重要的部分。它虽然隐藏在显性内容的背后,但它直接表现为精神活动,直接具有文化的特质,而且它在企业文化中起着根本的决定性的作用。组织创新的隐过程涉及管理哲学、价值观、企业道德、企业精神等方面的创新。这个隐过程都是一个观念震荡、内部冲突,并最后趋于稳定平衡的过程。

1. 观念震荡

随着组织创新的进行,组织需要的价值观或行为规范会与原有的组织文化发生冲突,这会对人们原有的观念产生影响,要求原有观念的转变。适度的观念震荡会激起新观念的萌芽,对组织创新产生推动作用,但过度的震荡会造成人心涣散,甚至组织的动乱,阻碍组织创新的继续进行。所以,在组织创新之前要做好观念转变工作,让组织成员认识到组织创新的必要性和重要性,提前做好充分的思想准备。

2. 内部冲突

由于资源的有限性、信息沟通的障碍、任务的不确定性、认识或情感的冲突等原因,组织内部的冲突时有发生。这些冲突有些是建设性的,有些是破坏性的。建设性的冲突,往往源自组织内部不同成员对问题的不同看法,这种不同有利于组织对目标各方面的利弊权衡,使组织各方面相互制约,以有机体的形式保持活力,保持动态性和开放性,为创新提供更多的机会。然而破坏性的冲突,通常都是消极的,会降低组织的绩效,增加组织的协调费用,阻碍组织目标的实现。所以管理者必须将冲突维持在一个适中的水平,使组织既充满生机又井井有条,减小组织创新的阻力。

3. 稳定平衡

组织创新会带来激烈的观念震荡和内部冲突,这是十分正常的。但是在管理者的正确引导下,各种观念看法、价值观、企业道德和精神等要逐渐趋于一致。组织不是为创新而创新,创新源自稳定平衡,其目的也是要达到新的条件下的稳定平衡。因此,经过观念的激荡和冲突,组织的成员要在基本方面达成共识,只有这样才能保证组织显性创新得到大家支持,并最终实现组织创新的目标。

第三节　制度创新

从组织制度发展的历史经验看,组织制度的创新和发展与各时期社会经济状况相联系。现实经济的变化总会引起具体组织制度的革新,以适应新的经济环境。伴随着世界经济一体化及知识经济的蓬勃发展,组织制度变革与创新也迎来了新的高峰,各种各样的制度正在接受检验。

一、制度创新及其理论

制度创新是管理创新的根本保证。管理创新是一项庞大的系统工程,一个组织在一定条件下要成功实现组织目标,必须有强有力的制度作保证,必须在管理制度上不断进行创新。

(一)制度

人们对制度的认识,随着时代的进步而不断发展。

凡勃仑(Thorstein B. Veblen)作为制度学派的开山鼻祖,在其著作中将制度定义为:"一种自然习俗,由于被习惯化和被人广泛地接受,这种习俗已成为一种公理化和必不可少的东西。它在生理学中的对应物,类似于各种习惯性的上瘾。"[1]康芒斯(John R. Commons)在其代表作中,提出了"我们可以把制度解释为集体行为控制个体行为",集体控制就是"指出个人能或不能做,必须这样或必须不这样做,可以或不可做的事"。[2] 诺斯(Douglass C. North)和托马斯(Robert P. Tomas)从制度角度论证了西方世界兴起的奥秘所在,得出的结论是"制度提供了一种经济的刺激结构,随着该结构的演进,它规划了经济朝着增长、停滞或衰退的方向发展"。[3] 科斯(Ronald Coase)则论证了交易费用对制度形成的影响,以及交易费用和权利配置对资源配置和收入分配的影响。[4]

从制度观念看,市场是一套社会制度,市场中的交易包括契约性的协议和产权的让渡,还有构造、组织交换活动并使之合法化的机制。简言之,市场经济的发展需要丰富的制度基础。而制度具有高度的复杂性,它体现着人们的愿望与需求、结果与目标、方法和手段等,因而习惯、惯例和流行的意识形态都有一个累积的逐渐发展的过程。舒尔茨(T. W. Schultz)曾划分了四种制度形式:

1. 用于降低交易成本的制度(如货币、期货市场);

2. 用于影响生产要素的所有者之间配置风险的制度(如契约、合作社、公司、保险、公共社会保险项目);

---

① 凡勃仑:《不在所有权和最近的商业企业》,1923年版。转引自徐向艺. 企业制度变迁与管理创新[M]. 北京:经济科学出版社,1997:4.
② 康芒斯. 制度经济学(上卷)[M]. 于树声,译. 北京:商务印书馆,1983:87.
③ 诺斯,托马斯. 西方世界的兴起[M]. 厉以平,蔡磊,译. 北京:华夏出版社,1989:7.
④ 科斯. 企业、市场与法律[M]. 盛洪,陈郁,译. 上海:上海三联书店,1990:254.

3. 用于提供职能组织与个人收入之间配置风险的制度(如财产权利,包括继承法、资历和劳动者的其他权利);

4. 用于确立公共品和服务的生产与分配框架的制度(如高速公路、机场、学校)。①

总而言之,制度是一个组织正常运行的原则、规定、措施、章程、纪律等行为规范的总称,也是管理者对管理成员的权、责、利关系的合理界定。制度的规则性,具体表现在各种特定重复的情形中,并且能够自行或借助某种外在权威来实行。

(二)制度创新

关于制度创新的定义,一般认为主要是指创新者为获得潜在利润而对现行制度进行变革的种种措施和对策。② 兰斯·戴维斯(Davis Lance)和道格拉斯·C·诺思(Douglass. C. North)认为制度创新的全过程包括五个主要的阶段,即形成“初级行动集团”阶段、“初级行动集团”提出制度创新方案的阶段、“初级行动集团”对已提出的各种创新方案进行比较和选择的阶段、形成“次级行动集团”阶段、“初级行动集团”和“次级行动集团”协作实施制度创新并将其变为现实的阶段。③ 且他们认为这个过程是动态变化和发展的过程。同时,制度创新存在时滞效应(Davis, Lance, Douglass. C. North),具体表现在以下几个方面:一是认识与组织的时滞,即从认识外部利润到组织初次行动集团所需要的时间;二是发明的时滞;三是“菜单选择”时滞,即搜寻已知的可替换的菜单和从中选定一个能满足初级行动集团利润最大化的创新的时间;四是启动时间时滞,即可选择的最佳创新和开始旨在获取外部利润的实际经营之间存在的时滞。④

(三)制度创新理论

20世纪50年代以来,经济学家对人的行为分析取得了重大进展,突出地表现在以下几个方面⑤:一是尽管仍假定人是理性的,但已用效用最大化替代了传统的利润最大化假定,理性被理解为人能根据各种约束作出一系列欲望、期望与偏好的选择⑥;二是认识到按传统理论的观点,整个经济活动的协调与组织受“市场”这一看不见的手的作用影响,在完全竞争条件下,个人追求利益最大化的结果会导致社会福利最大化,这样实际上是假定了市场的运作不存在为达成交易而搜寻信息的交易费用。事实上,任何一项交易的完成,都需要进行合约的议定、对合约进行监督和讨价还价等活动,因而必然存在交易费用,正是由于交易费用的存在,才产生了用于降低交易费用的不同制度安排;三是完全竞争模型要求完全界定私产制度,认为这样是最有效率的⑦,但事实上这只不过是一种理论期望,实际上是很难做到的,现实生活中产权结构的多重特征也证明了这一点。基于这些认识,

① 舒尔茨.制度与人的经济价值的不断提高[C]//科斯,等.财产权利与制度变迁.刘守英,等,译.上海:上海三联书店,1994:233.
② 李文涛,苏琳.制度创新理论研究述评[J].经济纵横,2001(11):61-63.
③ 王娴.投资基金的制度变迁研究[J].金融参考,1999(2):7-11.
④ 黄新华.中国经济体制改革时期制度变迁的特征分析[J].财经问题研究,2002(1):72-77.
⑤ 张召龙.企业制度创新问题研究综述[J].经济研究导刊,2007(4).
⑥ 吕受权.“经济人”、产权制度与经济发展[J].商业研究,2002(6):6-8.
⑦ 程恩富.西方产权理论的哲学审视[J].经济经纬,1999(2):14-16.

产权学派企图揭示产权制度的功能及其对社会资源配置和经济增长的作用;新制度学派认为制度是内生的,并探讨了制度的基本功能、影响制度变迁的各种因素以及作出不同制度安排选择的原因等多个方面。[①]

二、企业制度创新及其理论

企业制度创新是形成和保持核心竞争力的重要内容。制度竞争是当今企业竞争的重要领域。在制度建设方面具有优势的企业,可以在战略竞争中处于有利地位。

(一) 企业制度

企业作为一个有机体组织,为了实现其内部资源与外部环境的协调,达到其既定的目标,在财产关系、组织结构、运行机制和管理规范等方面必然有一系列制度安排。因此,企业制度就是指在企业这一特定范围内的各种正式和非正式的规则的集合。关于企业制度具体包含的内容,国内的专家学者有不同的认识理解。

周三多认为企业制度分为产权制度、经营制度和管理制度三部分。[②] 魏杰认为完善的企业制度应包括产权制度、法人治理结构、内部管理制度、组织结构、契约制度和企业人格化制度六个方面的内容。[③] 事实上,管理制度、经营制度与企业内部的组织制度紧密相关,因此企业制度主要包括产权制度、公司治理结构及内部制度三个不同层次、不同方向的内容。

1. 产权制度

产权,财产权利(Property Rights)的简称,是一个现代经济生活中使用频率极高的词汇。国外对产权的定义众说纷纭,有代表性的是 1991 年 F·E·富鲁布顿和 S·佩杰威克的定义。他们在对产权理论文献进行总结后,在《产权与经济理论:近期文献概览》一文中指出:"产权不是关于人与物之间的关系,而是指由于物的存在和使用而引起的人们之间一些被认可的行为性关系,产权分配格局具体规定了人们那些与事物相关的行为规范,每个人在与他人的相互交往中都必须遵守这些规范,或者必须承担不遵守这些规范的成本。这样,社会中盛行的产权制度便可以描述为:界定每个组织或个人在稀缺资源利用方面的地位的一组经济和社会关系。"这个定义比较科学,既概括了现代西方产权经济学家从不同角度给产权下的定义,也与罗马法、习惯法以及现代法律对产权的定义基本一致。

我国目前对产权的定义也不是很统一,但从法律上把产权定义为:财产所有权和与财产所有权有关的财产权。财产所有权是财产权的主要形式,其他形式的财产权都是由其派生出来的。2007 年 3 月 16 日《中华人民共和国物权法》通过,我国在产权立法方面又前进了一大步。与所有权有关的财产权,是在所有权部分权能与所有人发生分离的基础上产生的,是指非所有人在所有人财产上享有、占有、使用以及在一定程度上依法享有收益和处分的权利。

---

① 蔡彬彬. 20 世纪发展经济学的发展轨迹及其启示[J]. 财经科学,2004(3):59-62.
② 周三多,陈传明,鲁明泓. 管理学——原理与方法[M]. 上海:复旦大学出版社,2006:634.
③ 魏杰. 提高企业竞争力的制度安排[J]. 决策咨询,2004(6):26-27.

2. 公司治理结构

公司治理结构（Corporate Governance），主要包括经营及管理方面的制度规定，是有关经营权的归属及行使权力的条件、范围、限制等方面的原则规定。这是一种对工商业公司进行管理和控制的体系，明确了公司各个参与者的责权分布，说明了公司决策应遵循的规则和程序；同时，它还规定了一种结构，设置公司目标，提供达到这些目标和监控运营的手段。公司治理结构是由股东大会、董事会和高层管理人员组成的结构，既可保证作为经营专家的高层管理人员放手经营，又不至于失去出资者（股东）对经理人员的最终控制。

狭义的公司治理问题实际上主要就是股东与董事会，董事会与经理之间的委托—代理关系问题。委托—代理关系是一种契约，"在这种契约下，一个人或更多的人（即委托人）聘用另一人（即代理人）代表他们来履行某些服务，包括把若干决策权托付给代理人"（Jensen）。委托—代理关系主要包括三个方面，即聘选、激励、监督。聘选要解决的是委托人如何选择代理人；激励涉及的是需要采取哪些收益分配激励手段，以使代理人最大限度地实现委托人的目标；监督则强调委托人对代理人行为进行考核和制约，以防止代理人行为偏离委托人的目标。广义的公司治理则不仅包括狭义的公司治理的若干方面，同时还涵括了公司的人力资源管理、收益分配激励制度、财务制度、企业战略发展决策管理系统、企业文化和一切与企业高层管理控制有关的其他制度，或者说是"董事和高级管理人员为了股东、职员、顾客、供应商及提供间接融资的金融机构的利益而管理与控制公司的制度或方法"（胡汝银），简言之，就是公司的"管控软件"。公司治理，从狭义上看，可定义为公司和其股东的关系，从更广的含义上看，可看作公司和社会的关系。广义的公司治理还包括诸如信息披露等有关内容。世界银行行长沃尔芬森指出，公司治理是关于如何提高公司的公平、透明和责任等方面的活动。

3. 内部组织制度

在规定的产权制度和治理结构下，需要建立适合的内部组织制度，以规范日常经营的各个方面，保证整个组织高效运转。内部组织制度，直接涉及组织内所有成员的利益和责任，对组织的成败有着重大影响。

现代组织提倡以人为本，人力资源是组织最重要的资源。人力资源管理制度的设计具有决定性意义。人力资源管理制度包括用工制度、劳动制度、薪酬考核、福利待遇等。此外，内部组织制度还有财务制度、生产制度等。这些具体的内部组织制度与企业的产权制度及公司治理结构密切相关，共同构成了组织的制度体系。

（二）企业制度创新理论

从制度角度对企业进行分析，始于罗纳德·科斯，他在其成名作《企业的性质》中把企业定义为与市场相对应的可以相互替代的经济制度，从而引发了现代经济学中的新制度主义革命。新古典经济学把企业看作是一种投入与产出之间的技术关系，而新制度学派的主流观点，则是把企业看作是一种人与人之间的交易关系，认为企业是契约的有机组合和人们之间交易产权的一种方式。随着企业制度理论的发展，形成了以市场和企业关系为研究对象的交易成本理论和以企业内部组织结构及企业成员之间代理关系为研究对象的代理理论两大分支，其共同点是强调企业的契约性和契约的不完全性，以及由此导致的企业所有权的重要性。[①]

综观已有的研究成果,企业制度的特征可以归纳为三个主要的方面:一是企业是一组与市场相对应的契约关系,企业与市场的替代,仅仅是一种契约取代另一种契约。[②] 二是企业这组契约是不完善的。[③] 由于交易成本的存在使得契约存在完善空间,从而容易导致机会主义的产生,而机会主义行为会使合约双方的专用性投资无法达到最优,只有通过纵向一体化,将不同的市场交易主体合并到一个企业内部,才能有效地降低交易成本。三是企业本质上是一种团队生产方式,是不同要素所有者之间契约关系的集合。[④] 但企业作为一种契约关系,其内部同样存在交易成本,主要表现为代理成本,因此,企业资金所有者必须设计一种制度安排来尽可能降低这种代理成本。[⑤] 由此可见,企业家创新的动机是扩充自己的财富、权力、地位,会将其他的因素(如对社会财富的考虑)放在次要的位置。因此,虽然企业创新的内容清单理论上可以有很多,但在实践中由于受到经济和制度的约束,必须有所选择。[⑥]

三、企业制度创新的途径

企业制度创新是管理创新的根本保证,同时也是形成和保持核心竞争力的重要手段。制度竞争,是当今企业竞争的重要领域。在制度建设和创新方面具有优势的企业,可以在战略竞争中处于有利地位。根据市场环境的变化和企业自主创新的客观要求,切实推进组织制度创新是组织发展的必然要求。华为公司是一家专门从事通信产品研制开发的高科技企业。经过十年的艰苦奋斗,成功地完成了第一次创业。在辉煌的成绩面前,华为人思考的是在进入第二次创业时,如何正确处理企业面对的各种新问题和矛盾,为企业的可持续发展探索有效的动力机制和制度保证。他们经历三年探索,总结了公司创业以来的成功经验和失败教训,在此基础上,制定了《华为公司基本法》,其内容涵盖了企业发展战略、产品与技术政策、组织建立的原则、人力资源管理与开发,以及与之相适应的管理模式与管理制度等方面。《华为公司基本法》规范了企业职工的基本行为准则,是改革开放以来我国企业自主制定的第一部系统的企业管理大法,也是华为公司结合企业实践进行的一种制度创新,使华为在日后成为了一家国际级的大公司。

推进组织制度创新主要途径是完善企业产权制度、重构内部组织制度、引入高效的激励制度。

(一)完善企业产权制度

按照市场经济运行规律进行创新的企业制度,所有者与企业的关系演变成投资人与企业法人的关系,即股东与公司的关系。现代企业制度下,所有者对企业财产的权利进行

---

① 高核,徐渝.从交易费用和契约看新制度经济学研究范式[J].思想战线,2003(5):7-10.
② 王万山.企业组织效率求解[J].江苏商论,2003(12):90-91.
③ 吴炯等.论产权明晰的内涵与企业治理的本质[J].经济体制改革,2003(1):56-59.
④ 陈仲常,等.马克思劳动力商品理论与现代企业合约理论研究[J].探索,2004(3):66-69.
⑤ 李克强.风险投资中风险管理的理论框架[J].河北学刊,2001(2):72-76.
⑥ 张召龙.企业制度创新问题研究综述[J].经济研究导刊,2007(4).

合理分解,使投资人所有权与企业法人财产权相分离,投资人与企业法人各自享有不同的权利和义务(见表9-1)。[①]

表9-1　投资人与企业法人的权利和义务

	权　利	义　务
投资人	以投入企业的资本额享有所有者的资产收益; 参与选择主要管理者; 实施重大决策; 在企业破产或歇业时拥有最终所有权	必须依法向企业注入资本金并履行资本保全的义务; 在企业正常存续期间,投资人不得随意抽回投资,只能依法转让; 以其出资额为限对企业承担有限责任
企业法人	企业法人对投资人投入企业的资本金及其增值形成的财产享有独立的财产权利,即企业依法享有对法人财产的占有、使用、收益和处分权	使得企业法人以独立法人财产对其经营活动负责; 以其全部资产对企业债务承担责任; 行使法人财产权受出资人所有权的约束和限制,必须对出资人履行义务,维护出资人的权益,对所有者承担资产保值和增值的责任

投资人和企业法人这种基本关系,须通过法律手段给予确认和保护。建立与规范企业法人财产制度,产权交易制度和公司治理结构,实现投资人所有权与法人财产权的分离,有利于社会化生产向大规模、专业化发展,也适应市场经济的需要。

(二)重构内部组织制度

从组织内部看,要根据实际变化情况,梳理已有的各项管理制度,摒弃不合理的或过时的管理制度,强调管理的制度化建设,建立有效的管理制度,实现制衡和监督统一。例如要建立健全人力资源管理制度,科学、规范地做好人员的引进、留用、职业生涯规划等工作。2008年1月1日,我国开始实行新的劳动法,组织就应该根据新劳动法,规范用工制度,实现用人的法制化。

(三)引入高效的激励制度

企业的运作,其实就是物质资本与人力资本共同创造财富的过程。而人力资本具有主观能动性,需要有效的激励制度,以获取最大的投入产出效益。对员工及管理层可采取的激励制度主要有员工持股制度和管理层收购两种。[②]

1. 员工持股制度

员工持股制度(Employee Stock Ownership Plan,简称ESOP),是指公司内部员工认购本公司的股份,委托某一法人机构托管运作,该法人机构代表员工进入董事会参与公司治理,并按所拥有的股份享受公司利润分配的一种新型组织制度。

[①] 郭咸纲. 企业创新驱动模式[M]. 北京:清华大学出版社,2005:151.
[②] 侯先荣,等. 企业创新管理:原理与实践[M]. 北京:电子工业出版社,2003:107-113.

实行员工持股制度，形成一种共存共荣激励机制，让员工增强主人翁意识，提高工作的积极性。员工的收入与公司的业绩挂钩，相互依存，无形中提高了工作的效率。企业内部本来处于对立地位的劳资双方，以此加强合作，创造良好的工作氛围，推动企业的健康发展。

我国在员工持股制度的推行方面，尚有许多工作要做，以使其规范化的运行。首先加强与此有关的法律法规的建设，并做好与社会保障制度、公司法、劳动法等制度与法律之间的配套衔接工作，从而使员工持股的法律地位得到确认。其次制定相关的金融及税收支持政策，激励员工参与该计划的热情。再次，健全员工持股会的设置和功能，真正的代表持股的员工行使权利，同时加强对员工持股的管理。最后，尊重员工的意愿，采取自愿的原则，公平公正地进行该计划。

2. 管理层收购

所谓的管理层收购（Management Buy-out，简称 MBO），是指目标公司的管理层利用所融资本购买目标公司的股份，从而改变公司所有者结构、控制权格局以及公司资产结构的一种方式。管理层通过融资收购了自己所服务的公司的全部或者部分股权，从而使其能以所有者和经营者合一的双重身份重组公司，减少或消除道德风险，降低内部的代理成本，激发管理层的积极性和潜能，使企业获得快速发展。

为了防止国有资产流失，MBO 的操作需要规范。首先，要制定相应的法律法规，做到有法可依，制定统一的程序，在法律的框架下操作，做到公平公正。其次，操作的过程透明化、公开化，防止暗箱操纵。再次，建立积极有效的监督机制，加强控制管理。最后，MBO 完成后，要做好善后工作，制定相应的对策，以保证一般员工的利益。一种好的方法，需要强有力的执行规范，否则就会收到相反的效果。MBO 并不是适合所有的企业，因此要经过详细的论证、策划，最后再去执行。即使完成了 MBO，管理层创业的梦想才刚开始，管理层必须以更饱满的热情，去面对市场的机遇与挑战。

第四节　管理模式与方法创新

随着社会科技经济的变革和发展，现代企业所面临的内外环境发生了一系列的变化。为了适应这种变化，国内外的企业探索出许多引人注目的管理新模式和新方法。

一、管理模式创新

管理模式具有综合性，是围绕一定的管理内容而建立起来的一整套的范式和操作规程，侧重于如何实施组织的既定战略。一个组织应该借鉴其他组织的有益经验，结合自身的实际情况，积极进行创新，以建立合适的管理模式。

（一）管理模式创新的概念

企业管理模式（Enterprise Management Model，简称 EMM），作为企业综合性和全面的管理范式，它与企业的特点有密切联系，主要包括结构模型和支撑模型。[①] EMM 的结构要素主要有企业文化、经营管理、管理技术、管理体制和规章、决策及领导体制；支撑模型则说明支撑 EMM 存在和有效运转的要素以及要素之间的联结关系。EMM 的支撑要素包括人员素质、产品技术、企业目标和目标市场。以上这些要素，只有在企业管理中按照一定的规则产生互动，才能发挥各要素应有的作用。在知识经济时代，面对知识爆炸与环境挑战，结合自身的特点创造出全新的管理并获得成功，这就是管理模式的创新。这种创新不仅仅是整个组织的管理模式创新，也可以是某个具体领域的管理模式创新。

（二）管理模式创新的要求

在不同的环境之下，管理模式具有不同的特点。现在，经济全球化、无处不在的互联网、铺天盖地的信息等冲击着传统的管理模式，要求组织的管理及其具体模式不断创新。管理模式创新的要求是：

1. 强调以人为本，建立共同愿景

从管理思想的发展历史上，我们已经知道，管理要以人为本，以人为中心，要让人性得到最完美的发展。以人为本的管理思想如何通过具体的管理模式体现出来，这是一个很大的难题，没有一个放之四海而皆准的标准答案，需要通过富有特色的创新活动才能加以解决。一般认为，建立共同愿景（Shared Vision），凝聚组织成员的力量，发挥组织成员的最大效用，进而实现组织及其成员的共同目标，这是人本主义管理的重要内容与创新。

建立共同愿景，就应该持续不断地鼓励其成员发展自己的个人愿景，使得共同愿景构筑在个人愿景之上。只有整合个人愿景到共同愿景，让拥有强烈目标感的人结合起来，才能创造出强大的综效（Synergy）。建立共同愿景，要注意围绕组织的宗旨，让组织成员很清晰地感受到企业的定位，以及自己在这个定位中的作用。建立共同愿景，要组织全体成员积极参与，这样共同愿景就有了更强的可操作性。

2. 把握战略定位，追求持续发展

成长的可持续性是现代企业组织面临的重要课题。国外在这方面已经进行了一些有价值的研究，如阿里·德赫斯的《长寿公司》和科林斯、波勒斯合著的《基业常青》等。他们在研究了长寿公司的经验后指出，持续成长是企业在日益激烈的竞争中的生存方式。一些组织寿命过短的原因有很多，其中非常主要的原因就是缺乏可持续成长的战略管理理念。美国学者弗拉姆毫茨（Eric G. Flamhltzh）和兰德尔（Yvonne Randle）在《企业成长之痛》一书中指出：企业的成长经历了 7 个阶段，即创业阶段、扩张阶段、规范化阶段、巩固阶段、多元化阶段、整合阶段、衰落和复兴阶段。当企业内部管理不能适应组织规模的发展，就会陷入成长之痛，企业规模与其基础架构的发展失衡越严重，企业经历成长阵痛的可能性就越大（如图 9 - 3 所示）。[②]

---

① 叶国灿. 从管理理论演进看企业管理模式创新[J]. 中国人民大学学报，2004(2).
② Eric G. Flamhltzh、Yvonne Randle. 企业成长之痛——创业型企业如何走向成熟[M]. 王任飞，彭瑞梅，译. 3 版. 北京：清华大学出版社，2004：45.

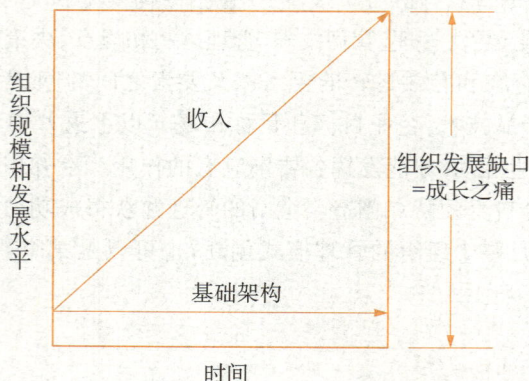

图 9-3　企业成长之痛

组织的基础架构是指保证企业组织经营所需的运营辅助系统和管理系统,前者保证产品的生产、服务的提供以及日常运作;后者包括计划系统、组织结构、人力资源管理系统、控制系统、绩效管理系统等。从图中可以看到,组织发展的缺口就是组织的基础架构跟不上组织发展的需要。只有变革基础架构,进行管理创新,才能填补缺口,消除成长之痛,使组织从一个阶段顺利地进入另一个阶段,持续发展和成长。战略就是定位,要根据组织的发展状况,正确定位,不断进行管理变革和创新,使得基础架构满足成长的需要,保证组织的可持续发展。

3. 优化系统整合,发挥整体优势

管理模式既涉及组织总体,也涉及某一个特定的领域。组织内部各管理层次、各环节、各部门都有一个以什么样的模式进行管理的问题。从组织的高度来看,各种类型的管理模式是相互制约相互联系的,它们共同构成了管理模式的体系。如果一个部门的管理模式与另一个部门的管理模式发生冲突,那么就可能降低整个组织管理的效率。但是,不同层次和部门,不同领域的管理模式能够有机协调,也不是很容易的事;而且,昨天看来很协调的各种管理模式,今天或明天就可能会发生变化。因此,管理模式需要不断创新,不断根据内外环境的变化进行及时优化,注重个体与整体的配合,保证组织的整体竞争优势。

4. 重视软件建设,培育良好文化

组织的软件建设,又称组织的软环境建设,这是相对于机器设备等硬件建设而言的。计算机设备固然十分重要,但是离开了计算机软件,计算机设备成了一种摆设,毫无用处。计算机设备配上精心设计的软件,才能如虎添翼,物尽其用。反过来,再好的计算机软件,也需要和计算机设备相配合,否则,计算机软件就不能运行。在具备一定的硬件条件下,重视组织软环境建设,"软硬兼施",充分发掘软环境对组织发展的价值,已经越来越成为管理模式创新重要特点。如前所说,企业文化虽然看不见摸不着,但却是组织软环境中最基本、最重要、最核心的部分。组织文化包括组织的价值观、信仰和准则。真正取得成效的创新管理模式,一定会努力培育有利于组织发展的核心价值观,让全体组织成员对自身、对组织、对顾客、对社会充满着催人奋进的设想与期望,用一定的行为规范来约束组织成员。良好的组织文化和软环境,会增强组织的凝聚力。这种区别于其他组织的文化氛

围和环境,是一个组织的核心竞争力之所在。

5. 强化知识管理,挖掘知识价值

美国管理学家德鲁克认为,在知识社会,知识员工将成为企业的关键成员,这给企业管理带来了新的挑战。知识员工不同于传统雇员,他们投入工作的是学识、思想和经验,而非体力;他们生产的不是物质产品,而是知识和智慧产品。这意味着企业很难用传统的管理方法来监督和评估知识员工的工作绩效,如何激励知识员工成为许多企业面临的共同难题。所以,管理模式创新的重要任务和特点就是要正确评价知识员工的工作,激励、吸引和稳定知识专家。

对形成核心能力起关键作用的知识管理活动一般可分成两类:一类是知识管理的基本活动,它们围绕知识管理的过程展开,即知识的获取、知识的共享、知识的创新和知识的应用;另一类是知识管理的辅助活动,它们围绕知识管理支撑条件和其他影响因素展开,对知识管理的基本活动起到支持、指导和规范的作用。知识管理的辅助活动主要包括知识的领导、技术、控制、组织和测评。企业借助上述活动来实现知识的价值增值,培育核心能力,我们将这个描述性理论模型,称之为知识价值链模型(Knowledge Value Chins,简称KVC)。[①] (如图 9-3 所示)利用知识价值链,有助于搞好知识管理,充分发挥知识员工的价值。

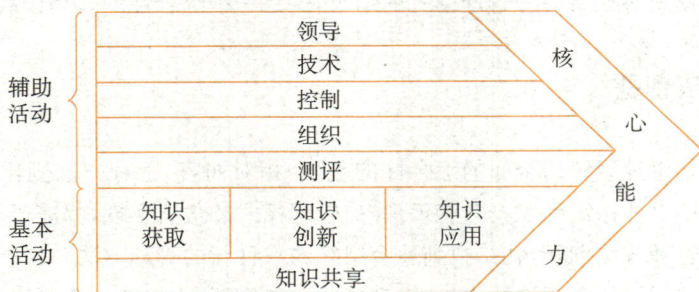

图 9-3　知识价值链

(三)管理模式创新的内容

管理模式与一个组织的特点相联系。从全面的综合性的角度看,管理模式的创新就是结合企业的特点创造全新的管理并取得成功。但是一个组织又是十分具体的,有很多特定的部门或者领域。因此,从一个特定的部门或领域看,管理模式创新又表现为具体管理模式的创新,如人力资源管理模式创新、财务管理模式创新、物流管理模式创新、计划管理模式创新、生产管理模式创新等等。

因此,管理模式创新至少可以包括以下几个方面的内容:

1. 组织管理综合性创新;
2. 组织中某一个领域中的综合性创新;
3. 管理方法手段等综合性创新;

---

① 牟小俐,等.知识管理的价值链分析[J].技术经济与管理研究,2001(5):34-35.

4. 综合性管理方式、方法的创新。[1]

编制预算是世界上绝大部分企业进行管理的重要模式。在美国,这种管理模式在过去的一个世纪中一直是主导性模式;在中国,这种管理模式也是现代管理的主流模式。但是,随着实际情况的变化,这种管理模式的弊端开始显现:其一,预算编制既麻烦又费钱;其二,预算编制无法适应当今的竞争环境;其三,预算编制玩弄数字游戏的程度达到了令人无法接受的地步。[2] 在 20 世纪 90 年代激烈竞争的大环境下,特别是在 2001—2002 年期间关于公司治理的丑闻暴露以后,人们才逐渐意识到这些问题的严重性。于是,有的企业在实行预算管理的同时,也开始使用诸如作业成本计算(Activity-based Costing,简称ABC)和平衡计分卡(Balanced Score Cord,简称 BSC)之类的创新工具对编制预算稍作改变,但是从总体上看,预算编制仍然是主流的管理模式。

但是瑞典商业银行却不同。早在危机时期,当时的主席托尔·布罗瓦拉(Tore Browaldh)于 1970 年任命了詹·瓦兰德(Jan Wallander)为首席执行官。瓦兰德的第一个也是具有决定性意义的动作,就是摒弃了预算编制以及由此而造成的官僚主义,而代之以激进的分权主义。他认为在一个快速变化的世界中,一家公司能够获得竞争优势,唯一的因素就是人员——尤其是他们的创造力、洞察力和判断力——这种模式与其他地方普遍流行的以数字为驱动的模式形成了鲜明的对照。[3] 瓦兰德最终取得了成功,这种成功是使用一种管理模式替代另一种管理模式的结果,这是一种综合性的管理模式创新。

二、管理方法创新

管理模式是管理组织的全面的综合性的范式,相对而言,管理方法则比较单一,是在管理中所采取的具体做法和工具。管理理念、管理模式的最终实现,都需要体现在具体的管理方法上。管理方法创新,就是找到适合组织的一种新的管理方法,有效整合组织的各种资源,协调人际关系,激励组织成员,提高生产或工作效率,成功达到组织目标。

为了适应信息社会及经济全球化的发展,管理方法创新也呈现百花齐放的局面,取得了可喜的成果。

(一)流程再造

在第三章我们已经了解当代管理理论的一个重要分支即企业再造理论。企业再造又称流程再造(Reengineering),这是美国企业在全面学习和总结日本制造业全面质量(TQM)、精益生产(Lean Produce)、及时制造(Just-in-time)、零缺陷(Zero Defect)等管理经验的基础上,创造的一种新的全面变革企业经营、提高企业整体竞争实力的一种管理方法。再造就是对战略、增值、营运流程以及支持它们的系统、政策、组织结构的快速、彻底、急剧的重塑,以达到工作流程和生产率的自由化,或干脆说再造就是推倒重来。[4]

① 芮明杰. 管理创新[M]. 上海:上海译文出版社,1997:94.
② 杰里米·霍普、罗宾·弗雷泽. 超越预算[M]. 胡金涛译. 北京:中信出版社,2005:4.
③ 杰里米·霍普、罗宾·弗雷泽. 超越预算[M]. 胡金涛译. 北京:中信出版社,2005:121.
④ 王伟,等. 管理创新原理与实务[M]. 北京:中国对外经济贸易出版社,2002:413-416.

1. 流程再造的原则

流程再造原则主要有：围绕结果而不是工序进行组织；让那些决定生产结果的人从事这些工作；在真正产生信息的实际工作中处理信息；把地域上分散的资源当作集中的资源来对待；把类似活动的过程联系起来，而不要等多项活动结束以后把所有的结果拼凑起来；在工作中决策，将控制融入流程中；从信息源及时捕捉信息[①]；新流程应用之前首先要做可行性实验；再造必须顾及最先受到影响的人们的个人需求，涉及变革的方案必须邀请当事人参与决策；再造应该在一年内初见成效。

流程再造需要有一定的信息化手段、较高的管理水平和员工素质。对大多数企业来说，并不需要对全部的流程进行重建，而只需要诊断出核心流程及瓶颈环节，然后加以适当的投资改造，就可实现业务流程及组织结构的优化。流程再造是为了优化业务流程和组织结构，是为了提高效率。

2. 流程再造的过程

流程再造是一个系统的工程，是一个观念再造、流程再造、组织再造、由点到面实现目标的过程。具体来说包括：

（1）组建再造队伍

参与再造人员选择的正确与否直接关系到流程再造能否成功。一般来说，流程再造队伍中要包括领导者、流程负责人、再造小组、指导委员会、再造总监等角色。

（2）对原有流程进行全面分析

根据企业现行的作业流程，制作出详细、明晰的作业流程图。一般而言，原有的作业流程图是针对过去的市场需求和技术条件的。当市场需求和技术发生变化时，如果作业流程与之不相适应，就会使组织的效率降低。因此，要从如下几个方面分析现行的作业流程问题：[②]

① 功能障碍。随着技术的发展，技术上具有不可分性的团队工作（TNE），个人可完成的工作额度就会发生变化，这就会使原来的作业流程或者支离破碎增加管理成本，或者核算单位太大造成责权脱节，并会造成组织机构设计的不合理，形成企业发展的瓶颈。

② 重要性。不同的作业流程环节对企业的影响是不同的。随着市场的发展，顾客对产品、服务需求的变化、作业流程中的关键环节以及各环节的重要性也在变化。

③ 可行性。根据市场、技术变化的特点及企业的现实情况，分清问题的轻重缓急，找出流程再造的切入点。为了对上述问题的认识更有针对性，还必须深入现场，具体观测、分析现存作业流程的功能、制约因素以及表现的关键问题。

（3）重新设计企业流程

抛弃原有的一切框架，设计新的业务系统蓝图。在蓝图中，必须表明新的重组业务系统的必要详情，也要包含重新设计的组织结构模型和支持新的流程的详细规格说明。此外，还要包括新的管理系统和价值体系、新的管理战略、新的绩效评估、补偿系统以及报酬

---

① Hammer. M. Reengineering Work: Don't Automate, Obliterate [J]. Harvard Business Review, July-August (1990):104-112.

② 魏文斌. 现代西方管理学理论[M]. 上海:上海人民出版社,2004:289.

系统等。而且,重新设计可能要求对企业的整个文化或氛围进行改造。

(4)组织实施与持续改善

实施流程再造方案,必然会触及原有利益的格局。因此,必须精心组织,谨慎推行。新的流程意味着新的组织或新的管理模式,但流程再造方案的实施并不意味着流程再造的终结,在新的时代,企业不断面对着新的挑战,这就需要对企业再造方案不断地进行改进,以适应新形势的需要。

流程再造实际上就是通过创新让组织得到再生,得到持续发展。这种创新不仅在国外十分流行,就是在我国,也不乏因再造和创新流程而成功的案例。郑州宇通客车股份有限公司在经历连续 9 年 50% 的高速增长以后,遇到了"成长的烦恼"。公司老总汤玉祥深感"一竿子捅不到底"的困惑,曾寄希望于其时盛行的 ERP,以强化内部控制。但是问题仍然没有得到解决,2004 年 1 月到 5 月,虽然公司销售额在继续增加,但利润却在逐月减少。更为糟糕的是,不仅没有实现强化控制的初衷,而且整个企业信息面临失控、系统所报告的数据与实际脱节的危机。在这种情况下,公司果断决定否定旧的流程,再造一个新的统一的业务流程。

公司在 2004 年 6 月启动流程再造项目,成立了需求计划小组、供应周期小组、生产周期小组三个项目组。他们根据自己的特点,把复杂的系统简单化,将原有的 ERP 的十个模块整合为供给和需求两大块。开始宇通主要从一些关键流程着手,如对公司的产供销流程进行优化和改善,延长需求计划的下达周期,缩短生产周期和供应周期,从而保证企业运行效率和效益的不断提升。此后,才考虑从关键的流程逐步扩展到一般流程及推广到企业集团所有成员企业和所有流程。这种再造是整个企业从文化到组织,再到考核的全方位的企业转型。汤玉祥认为,流程再造及其期待的改变应被当成战略问题看待。流程再造不只是为了解决管理过程中的具体问题,它还是企业发展到一定规模后必须进行的工作,是企业发展中要解决的问题,是效益和效率、组织和管理创新问题。

宇通客车的流程再造取得了成功。2005 年报显示,在上市公司现金流量排行榜上,宇通客车以每股经营型现金流 2.13 元位列第三,而在此前的 2003 年,其每股经营型现金流不到 1 元钱。流程再造被分析师认为是宇通现金流增长的关键。2004 年,宇通集团销售收入 74 亿元,比上年增长 52%,而存货的周转天数由去年年初的 60 多天下降到不到 30 天,公司存货也因此下降了 20%。

(二)模块化

模块(Modularity)化一般是指一个复杂的生产系统或过程通过模块的分解和整合过程,提高子系统的独立性、互补性和创新性,实现大规模的个性化生产的经济活动。从微观角度看,这种经济活动主要表现在,厂商在对一定范围内的不同产品功能分析和分解的基础上,划分并设计、生产出一系列通用模块或标准模块,然后,从这些模块中选取相应的模块并补充新设计的专用模块和零部件一起进行相应的组合,以构成满足各种不同需要的产品的一种标准化形式。如图 9-4 所示汽车工业模块化演进的轨迹,即是从零部件到模块再到系统形成的过程。汽车由许多零部件所组成,而关系比较密切的若干个零部件组成了几个模块,例如汽车驱动模块、旋转底盘模块、前方和后端模块等;同类的若干模块又进一步形成了系统,如图中车内系统由三个模块组成,车身系统由四个模块组成,电路和电子系统由三个模块组成,底盘系统由三个模块组成。

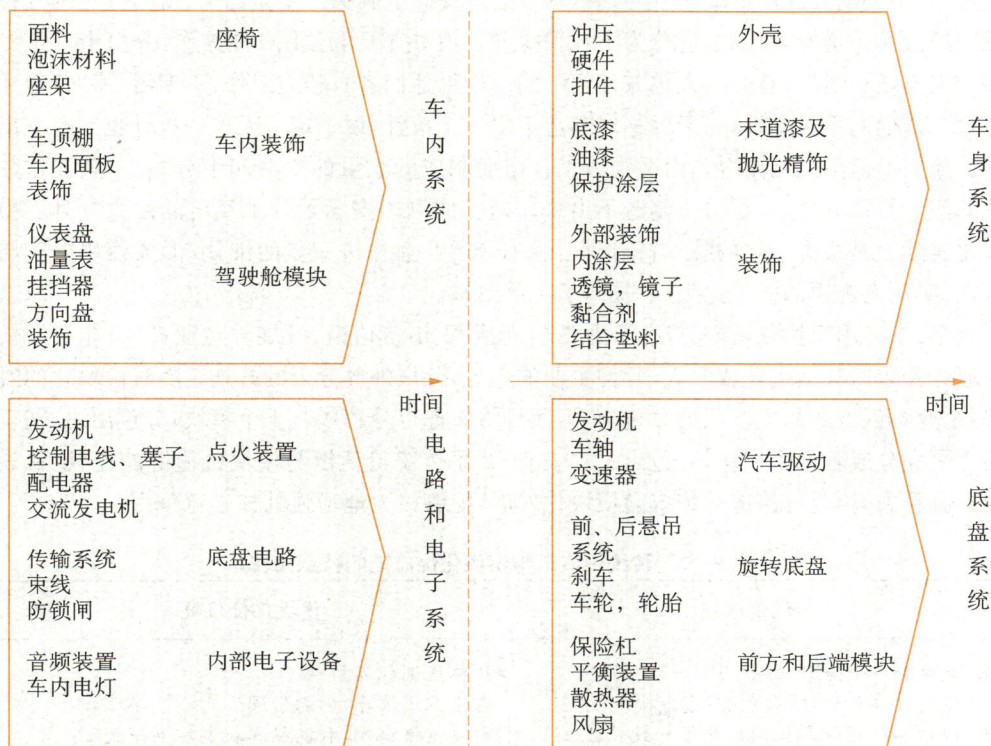

图 9 - 4　汽车工业模块化的形成轨迹:从部件到模块再到系统

资料来源:Shahid Yusuf, M. Anjum Altaf, Kaoru Nabeshima. 全球生产网络与东亚技术变革[M]. 中国社会科学院亚太所,译. 北京:中国财政经济出版社,2005:51.

对模块化的认识和运用,最早主要局限于技术和生产领域。1965 年,斯塔尔(Martin K. Starr)在《哈佛商业评论》上提出了一个全新的概念——模块生产(Modularity Production),认为模块通常意味着一个功能性的集合体,许多的模块按照一个规则组成一个更大的系统,运用模块不仅可以实现大规模、标准化的高效率、高质量生产,还能满足用户的个性化要求;埃文斯(Evans)在 1963 年提出模块设计概念,企业通过对产品进行模块化的设计,把许多功能集成在一个个的模块中,通过这些模块的不同组合满足顾客的个性化需要,同时获得大规模生产的好处,像家电、汽车、航空等行业普遍处于模块化发展的这一阶段。模块化在这里包括了产品的组合化和产品内在的通用化。尽管顾客对每种产品的个性要求不同,但主体性质是基本相同的。企业可在保持产品主体稳定的情况下,将客户要求的功能、爱好等附件组合于主体上。企业的个性化定制是以产品模块化为基础的。

1995 年,德斯(Dess)和拉希德(Rasheed)把产品模块化理论的基本概念引入企业管理,他们指出,应该根据产品模块的重要性及其价值链,把非关键的模块外包给其他企业或个人,企业通过战略模块控制企业网络(Dess & Rasheed,1995)。在管理中成功引入模块化分析方法,这是非常重要的管理创新。

第一,运用模块化管理方法,有利于深化组织内部的分工与合作,提高生产的效率。亚当·斯密在《国富论》第一章举过一个制针的例子。一个人抽铁线,一个人拉直,一个人切截,一个人削尖线的一端,一个人磨另一端,以便装上圆头。要做圆头,就需要有两三种不同的操作。这样,针的制造分为十八种操作。有些工厂,这十八种操作,分由十八个专门工人担任。当然,有时一人也兼任两三门。如果他们各自独立工作,不专习一种特殊业务,那么,他们不论是谁,一天内绝对制造不出二十枚针,说不定一天连一枚针也制造不出来。他们不但不能制出今日由适当分工合作而制成的数量的二百四十分之一,就连这数量的四千八百分之一,恐怕也制造不出来。斯密的例子揭示了分工经济的巨大好处。模块化实际上是根据一定的技术特点对已经细分的产业作进一步的细化,形成模块分工与合作,实现大规模的标准化生产,提高了生产效率。

第二,运用模块化管理方法,企业不断创新,重组价值链,发展外包业务,将非核心模块业务外包给其他企业或个人,延伸企业的边界,分享外部分工的好处。随着模块化的发展,企业不仅把产品生产制造分包出去,而且将服务也分解成若干个模块,分包出去,甚至还将研发分成若干个模块,分包出去。表9-2是传统价值链与模块价值链的比较,从表中不难看到,企业价值链从传统向模块化发展,能够极大地增强其核心竞争力。

表9-2　传统价值链与模块化价值链的特点比较

传统价值链	模块化价值链
1. 战略和计划是独立的	战略规划相互协调
2. 信息共享和协同解决问题受限制	信息广泛共享、问题协同
3. 评估和利润核算机制彼此不一致且独立	解决价格机制、利润核算机制相互一致
4. 营销只是将产品推给客户	销售是多方共同协商的过程
5. 资源利用重复且低效	资源共享
6. 边界基本上由独立的企业包揽,界限清晰	地理、垂直、水平和外围边界模糊
7. 每个组织都旨在把自己的利益最大化	每个组织都旨在将整个价值链的成功最大化

资料来源:Ronald N. Ashkenas, David Ulrich, *The Boundaryless Organization*. SanFrancisco, California: Josseey-Bass, 1998.

第三,运用模块化管理方法,企业生产、配置及组装呈现出显著的区位特征,反映了局域网络产品(Local Network Goods)的制造向全球网络产品(Global Network Goods)制造演进的趋势。局域网络产品是指传统产品,全球网络产品主要是指模块产品。全球各地的模块供应商在遵循系统设计师所制定的"明确规定"的设计规则前提下,自行设计某一具体模块,模块供应商可以隐藏本模块内部的设计规则,不必考虑其他模块的设计思路,这样每一个模块都具有信息异化的特征,即除了遵循系统信息外其内在的个别信息是隐藏的,不为外界所了解的"黑箱",由于具有"背对背"竞争的特点,不同的模块创新者往往拥有异化的个别信息,这也是模块供应商创新的动力。

第四,运用模块化管理方法,有利于管理的持续创新。模块化可以促进专业化知识积累和持续创新,模块化过程通过上述两方面的有机结合,实现创新的持续性,从而使企业甚至整个产业充分利用了不确定性带来的机遇和挑战。这是因为,创新一方面表现为专业化知识的积累,另一方面表现为对多样性的专业化知识积累的选择。在这两方面中,对知识积累的选择是今天研究模块化是如何促进持续创新最值得关注的内容。而这种健全的选择机制是硅谷高科技取得成功的关键。

第五，用模块化方法管理企业，企业以产品模块化特点构建组织架构，以标准化的模块组合满足市场对产品的多样化需求，以及多学科的组合开发提高企业的创造力。企业的国际化和全球化行为常常和模块化运作联系在一起。这一切都有利于企业充分利用全球资源，获得国际分工的经济好处。

图9-5是华为构建的企业模块化价值链，在这个价值链中华为以市场管理、流程重组、产品管理为基础构建起营销服务模块、生产制造模块、研发模块。借助模块化，华为在全球范围内寻找成本最低的模块制造商，将附加价值低的模块外包出去，自身则专注于核心模块，强化其在核心模块上的控制地位，使核心模块的附加价值持续获得提升。像华为那样的跨国公司利用不同国家和地区的区位比较优势，把价值链上的各个环节和职能加以分散和配置，使它们有机地结合起来，实行综合一体化经营，努力降低生产经营成本，以期获得长期、稳定的全球竞争优势，实现最大化的全球效率。这些跨国公司在实施全球战略的时候，考虑的是全球性的机遇、全球性的抉择以及全球性的效果。模块化的产生和发展使得跨国公司的全球战略不但成为可能，而且得以不断重组和创新。而跨国公司全球战略的发展，也使得模块化实现有了载体并不断向深度与广度发展。跨国公司根据技术规则不断发展模块结构，重新安排价值链，进而借助迅速发展的信息和通信技术不断变革产业组织，在全球范围内寻求持久竞争优势。发达国家大型跨国公司成为全球模块集聚的主导力量，它们利用价值规律将各种不同的模块集聚到不同的地区，在特定模块集聚的国家和地区实行大规模、低成本的标准化生产；同时又通过全球范围内各种模块的不同组合，满足不同市场的不同需要。模块经济的发展扫除了跨国公司实施全球战略的很多障碍，跨国公司不仅可以将产品生产制造模块化，而且可以将服务和研发模块化，并进而推动了全球范围内产业重组，推动了与此相适应的组织和管理的模块化。

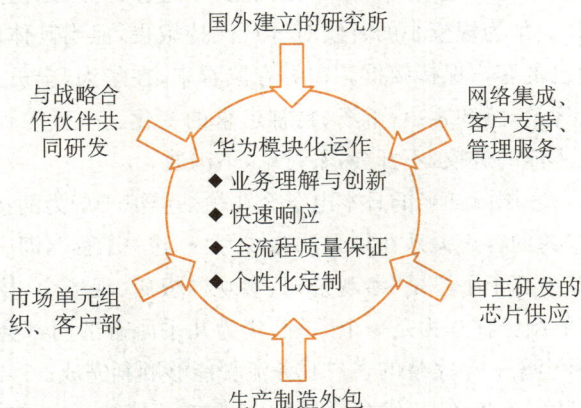

图9-5　华为公司的模块化价值链

资料来源：李方，等. 基于华为公司的案例分析——全球化视角下中国先进制造模式动态演进研究［EB/OL］数字化企业网，http://articles.e-works.net.cn/PDM/Article88675.htm.

任正非:华为管理组织上要像眼镜蛇

在狼性文化以及乌龟精神外,任正非又对外阐述了华为管理组织上要像眼镜蛇——头部可以灵活转动,一旦发现觅食或进攻对象,整个身体的行动十分敏捷。

提到华为,许多人便想到狼性文化,甚至误认为是狼性文化促进了华为在世界企业之林崛起,但是殊不知,华为狼性文化背后,还有另外两种动物精神隐现——乌龟精神和眼镜蛇特质。

其中,乌龟精神已经散见于华为总裁任正非的公开与非公开讲话中,也真正被贯彻到华为的战略与执行中。眼镜蛇特质,则是任正非近年来深入思考并逐渐开始在华为推行的,在此前的中国媒体见面会中,这位"最神秘的中国商人"向包括《第一财经日报》在内的多家媒体表示,时代变化太快,流程管理都是僵化的,要跟上时代变化。找到一种模式,普适是不可能的。

因此,在狼性文化以及乌龟精神外,任正非又对外阐述了华为管理组织上要像眼镜蛇——头部可以灵活转动,一旦发现觅食或进攻对象,整个身体的行动十分敏捷。

生存:狼性文化

华为的狼性究竟是什么,它是如何打造和保持的?

2001年,任正非发表《华为的冬天》,他把狼性文化定义为偏执的危机感、拼命精神、平等、直言不讳、压强原则,让公众首次认识了华为的狼性文化。

《华为基本法》的起草者之一吴春波教授曾经撰文表示,在中国,信奉狼性的企业不少,但多有误解。

"华为的狼性其实是敏锐的嗅觉,是对客户、市场的关注。许多企业倒下,常常是因为对客户傲慢,但华为一直秉承的基本原则是:永远做乙方,永远以乙方的心态面对大大小小的客户。华为规模小的时候对客户保持敬畏,但当其体量已经超越它的客户时,依然对自己的客户保持敬畏。"在吴春波看来,在华为,全员永远追求屁股对着老板、眼睛盯着客户,感知客户、市场、精神追求的变化。一旦闻到肉味、看到机会本能扑上,这就是本能的进攻,不开会,不讨论,不沟通。

一个例子是,一家国际知名的日本电子企业领袖震惊于华为的接待能力,他称之为"世界一流"。华为的客户关系在华为被总结为"一五一工程",即一支队伍、五个手段、一个资料库,其中五个手段是"参观公司、参观样板店、现场会、技术交流、管理和经营研究"。客户的服务在华为是一个系统,华为几乎所有部门都会参与进来,假设没有团队精神不可想象一个完整的客户服务流程能够顺利完成。

此外,如何使队伍不堕落、不懈怠,保持狼性和奋斗精神,华为有自己的一套批判精神。

2000年,华为虽然继续保持高速增长的势头,销售额达220亿元,并以29亿元的利润居国内行业之首,但深感美国IT业泡沫消退的危机,任正非于当年10月撰写了 2001 年十大管理要点，并指出华为或将面临最困难的一年。那时的任正非已经认识到内部管理在华为前进中的巨大影响，并将这一影响转化为危机意识传递到了基层。第二年华为便在深圳蛇口风华影院召开千人干部大会，任正非逐条讲解管理要点，此后有了名声大噪的《华为的冬天》一文。在此前的采访中，任正非曾经对包括《第一财经日报》在内的少数媒体表示，外界都说华为公司是危机管理，其实这只是假设，不是危机意识。"诚惶诚恐不可能成功。"

任正非强调，思想家的作用就是假设，只有有正确的假设，才有正确的思想；只有有正确的思想，才有正确的方向；只有有正确的方向，才有正确的理论；只有有正确的理论，才有正确的战略。

"我们公司前段时间挺骄傲的，大家以为我们是处在行业领先位置。但是他们用了半年时间做了战略沙盘，才发现我们在全世界市场的重大机会点我们占不到 10%，弟兄们的优越感就没有了，知道如何努力了，这就是假设——假设未来的方向。"在任正非看来，自我批判不是为批判而批判，也不是为全面否定而批判，而是为优化和建设而批判，总的目标是要提升公司整体的核心竞争力。

追赶：乌龟精神

自我批判是拯救公司最重要的行为，但随着国际市场的开拓和全球竞争的展开，华为的决策管理者却更多开始谈论"乌龟精神"。

任正非认为，华为这只"大乌龟"25 年来一直在艰苦地爬行，而一抬头看到的是"龙飞船"——特斯拉。任正非高度赞扬了特斯拉的创新精神，自比华为为宝马，认为"宝马应学习特斯拉"。

"不断涌现颠覆性创新的信息社会中，华为能不能继续生存下来？不管你怎么想，这是一个摆在你面前的问题。我们用了 25 年的时间建立起一个优质的平台，拥有一定的资源，这些优质资源是多少高级干部及专家花费了多少钱，才积累起来的，是宝贵的财富。我们珍惜这些失败积累起来的成功，如果不固步自封，敢于打破自己既得的坛坛罐罐，敢于去拥抱新事物，华为不一定会落后。"任正非说。

任正非眼中，理想的乌龟精神的实践，是发现一个战略机会点，华为随即能够千军万马压上去，后发式追赶。

不过，对于体量大的华为而言，与小公司创新的区别在于，能够用投资的方式，而不仅仅是以人力的方式，把资源堆上去。

他承认，人是后发式追赶中最宝贵因素，"不保守、勇于打破目前既得优势，开放式追赶时代潮流的华为人，是最宝贵的基础"，如是，华为就有可能追上"特斯拉"。

事实上，在 ICT 领域，技术和商业范式的巨变令人始料不及。从过去的北电网络，到不久前的诺基亚，巨人衰败甚至倒下的案例并不鲜见。

以华为和爱立信的竞争而言，从战略方向的比较和财务数据的佐证可以看出，退出手机终端业务，出售光接入业务，专注移动宽带、网络服务和运营支持解决方案三大领域的核心，爱立信近年一直在集聚内敛，放弃部分低利润率市场的份额，将资源集中于高附加值领域。在主干业务上，爱立信依然是全球最大的通信设备制造商。

反观华为，则更多地在扩张。从传统通信设备领域出发，加大了对企业网络搭建与服务,以及智能手机制造方面的投入。虽然处在相同行业,但因起点、阶段、资源以及内外环境不同,华为和爱立信的战略难说高下。

更重要的是,进入顶级竞争阶段,效率成为关键,而华为在这方面仍有差距。任正非对《第一财经日报》记者坦言:"与爱立信对比,爱立信管理一万人,而我们是三万人,多出两万人,就多了三十亿美元的消耗,几乎相同的收入规模意味着华为的单位人均产出更低。"

ICT是个"大行业",华为清楚地认识到在这样的行业竞争中,资源的可贵和对手的强大。这也是任正非所说的"能力有限"的原因所在。

近日,华为消费者BG公布2014年上半年终端发货数据:手机、移动宽带业务及家庭终端共计发货6 421万台,其中智能手机发货量3 427万台,同比增长62%。华为此前也公布了2014年上半年度经营业绩。数据显示,今年上半年,华为实现销售收入1 358亿元人民币,同比增长19%;营业利润率18.3%。

面对一片大好形势,华为CEO任正非仍然强调的是"聚焦","我们只可能在针尖大的领域里领先美国公司,如果扩展到火柴头或小木棒这么大,就绝不可能实现这种超越",任正非在年报致辞中这样比喻。

变阵:眼镜蛇特质

除了狼性文化、乌龟精神,华为也在今年开始了管理组织的"蛇形"变阵。

6月16日,任正非出现在深圳华为总部"蓝血十杰"的会议上,这是华为管理体系建设的最高荣誉奖的颁奖现场。而不为外人所知的是,在会上任正非邀请过往在华为做出过突出贡献的华为人为目前的管理"诊脉",以期让华为的组织架构变得更加灵活。

"时代变化太快,流程管理都是僵化的,要跟上时代变化。找到一种模式,普适是不可能的。"任正非会后对《第一财经日报》记者表示,华为需要实现流程化,就像一条蛇,蛇头不断随需求摆动,身子的每个关节都用流程连接好了。蛇头转过来后,组织管理就能跟得上变化;如果没有流程化,蛇头转过去,后面就断了,为了修复这个断节,成本会很高。流程化就是简化管理、简化服务与成本。

据华为高管透露,华为的目标是通过3到5年的努力,管理体系逐步过渡到以项目为主、功能为辅的强矩阵结构,而不是完全项目化的运作。

据了解,华为公司系统侧设备的增长速度正在放缓。2013年,固网和电软核呈现负增长趋势,无线由于LTE的发展,实现了9%左右的增长。但可以看到,虽然设备增长放缓,但华为整个服务的增长却达到了24%。在华为看来,价值正在从设备向服务和软件转移,而服务和软件都是以项目为驱动的。此外,交付项目数量众多且大项目仍在增长。

"面对这么多项目,如果没有一个好的项目经营管理体系来支撑,是不可能做好公司整体经营管理的。"华为高管在内部讲话中提出。

"眼镜蛇的头部就像我们业务前端的项目经营,而其灵活运转、为捕捉机会提供支撑的骨骼系统,则正如我们的管理支撑体系,这就是公司未来管理体系的基本架构。"华为方面进一步解释说。具体而言,以项目为中心就是指组织级的项目管理,通过成熟的组织级项目管理方法、流程和最佳实践,充分发挥代表处的灵活性、主动性,使代表处的经营活动标准化、流程化,使经营管理向可预测、可管理和可自我约束的方向发展,从而提升运营效率和盈利能力。

　　"其实就是要激发一线活力,提高运营效率,这也是我们提出以项目为中心的根本诉求。"华为一名高管对《第一财经日报》说。[①]

本章小结

　　管理创新既与管理有关又与创新有关。管理创新是管理者根据内外环境的变化创造一种更有效的资源整合范式,以提高组织管理系统的综合效率和效益。这个定义包含了以下观点:(1)管理创新的目的是为了提高一个组织整体的效率和效益。(2)管理创新包含在每个管理者的所有管理活动之中。(3)管理创新活动是根据内外环境变化而采取的一系列活动。(4)管理创新的实质是创立一种更有效的资源整合范式。管理创新内容主要包括管理组织创新、管理制度创新、管理模式创新和管理方法创新。

　　组织创新指组织根据外部环境变化和内部环境需求,通过内部调整或者重构,维持本身均衡,达到组织生存与发展目的的过程。组织创新表现为组织内部结构的不断优化;表现为引入新的组织因素,完善了企业功能;表现为各种社会组织之间的联合。关于组织创新的诱因,有单因素论、两因素论、三因素论等几种观点。组织创新按主导形式分,有市场交易型、行政指令型和混合型;按完成的手段分,有兼并型、分割型和全新组织型;按组织范围与成员分,有制度创新、产业组织创新和企业组织创新。组织创新内容包括组织结构创新、业务流程创新、工作环境创新、人员创新和文化创新等。组织创新过程包括显性过程和隐性过程。组织创新的显过程是人们可以看得见、体会得到的,这一过程一般要经历组织创新的论证、设计、选择、实施以及效果评价与成果巩固五个阶段。组织创新的隐过程不表现在正式的组织结构、机制等方面,而是表现在组织文化的某些方面,是组织文化最重要的部分。这个隐过程是一个观念震荡、内部冲突,并最后趋于稳定平衡的过程。

　　制度是一个组织正常运行的原则、规定、措施、章程、纪律等行为规范的总称,也是管理者对管理成员的权、责、利关系的合理界定。制度创新,主要是指创新者为获得潜在利润而对现行制度进行变革的种种措施和对策。企业制度主要包含产权制度、公司治理结构以及内部制度等方面。制度创新可以通过完善产权制度、重构内部组织制度及引入高效的激励制度等方法来实现。

　　管理模式具有综合性,是围绕一定的管理内容而建立起来的一整套的范式和操作规程,侧重于如何实施组织的既定战略。面对知识爆炸与环境挑战,结合自身的特点创造出全新的管理并获得成功,这就是管理模式的创新。这种创新不仅仅是整个组织的管理模式创新,也可以是某个具体领域的管理模式创新。管理模式创新要求:(1)强调以人为本,建立共同愿景;(2)把握战略定位,追求持续发展;(3)优化系统整合,发挥整体优势;(4)重

[①] 资料来源:李娜,《第一财经日报》2014 年 08 月 01 日,中国经济网,http://www.ce.cn/cysc/newmain/pplm/czrw/xw/201408/01/t20140801_3273353.shtml.

视软件建设,培育良好文化;(5)强化知识管理,挖掘知识价值。管理模式创新内容:(1)组织管理综合性创新;(2)组织中某一个领域中的综合性创新;(3)管理方法手段等综合性创新;(4)综合性管理方式、方法的创新。

　　管理方法是所采取的具体做法和工具。管理方法创新,就是找到适合组织的一种新的管理方法,有效整合组织的各种资源,协调人际关系,激励组织成员,提高工作效率,成功达到组织目标。流程再造和模块化是两个典型的管理方法创新。

思考题

1. 什么是管理创新? 管理创新包括什么内容? 你认为管理创新有什么意义?(试举例说明)
2. 如何理解和认识美国 3M 公司提出的"创新=新思想+能够带来改进或创造利润的行动"?
3. 什么是组织创新和制度创新? 举例说明如何进行组织创新和制度创新。
4. 管理模式创新的要求是什么? 什么是流程再造? 什么是模块化管理?
5. 分析本章关于华为公司管理理念和文化创新的特点。为什么在不同历史时期,任正非要提出不同的理念,并使之成为公司的文化? 你认为这种管理理念和文化的创新对华为发展成为具有国际竞争力的大公司具有什么重大意义?

第十章
全球视角的管理

联合国贸易和发展会议 2014 年 6 月 24 日在日内瓦发布的《2014 年世界投资报告》显示,2013 年中国吸引外国直接投资(FDI)1 239 亿美元,较上年增长 2.3%,成为仅次于美国的全球第二大 FDI 目的国。同年,中国对外投资达 1 010 亿美元,较上年增长 15%,成为仅次于美国、日本的全球第三大 FDI 来源国。商务部、国家统计局、国家外汇管理局联合发布的《2013 年度中国对外直接投资统计公报》显示,截至 2013 年底,中国 1.54 万家境内投资者在国(境)外设立对外直接投资企业近 2.54 万家,分布在全球 179 个国家(地区)。在对外贸易方面,2013 年中国货物进出口总额首次突破 4 万亿美元(具体数字为 4.16 万亿美元)成为全球最大贸易国,100 多年来发展中国家首次成为世界货物贸易冠军。这些都是中国成为全球最大外汇储备国(2006 年)、最大出口国(2009 年)、第二大经济体(2010 年)之后在经济规模上的再次突破。

这些数据表明,改革开放以来在华中外企业贸易和投资的国际化、全球化已经取得显著的进展,与此相适应,这些国际企业及其他相关机构管理者还必须将管理视野从一个国家或地区拓展到全球。国际化和全球化给相关组织带来了前所未有的机会和挑战,这些组织的管理者需要站在全球大视野、大格局的高度积极主动寻找、整合各种机会和资源,并做出相应的有效决策和部署。本章着重从全球战略、全球组织结构设计、多元文化下的领导以及全球控制四个方面分析全球视角下的主要管理问题。

第一节　全球战略

在汽车、飞机、集成电路等行业,由于全球贸易和投资环境的自由化,来自技术、经济和社会方面的发展趋势正在创造一个更大规模、更加统一的全球市场。这些行业中的主要竞争者必须在全球市场上展开激烈的角逐。为了在这样的环境中保持市场地位并获取利润,企业必须时刻关注塑造和保持产品/服务特色并同时降低成本(提高效率),企业的全球战略主要涉及在全球市场上发现、采用能够提供差异化产品或服务并降低成本的方法。

一、全球战略的内涵与特征

面对日益加快的经济全球化进程以及不断加剧的企业间跨国界竞争,企业需要制定和实施全球战略才可能建立和维持全球市场范围内的竞争力地位并实现全球范围内的利润最大化。

(一)全球战略的概念

20 世纪 80 年代,跨国公司专家开始探讨全球战略(Global Strategy),进入 20 世纪 90 年代,在竞争中居于领先地位的跨国公司纷纷开始实践全球战略。

对于企业而言,全球战略意味着:在竞争全球化的经济环境中,企业从全球角度出发,抓住全球性机遇,确定全球性战略目标,进行全球性部署,在世界范围内合理配置和整合区位资源,实现全球收益最大化经营目标。正如惠而浦公司(Whirlpool)前总裁戴卫·怀特曼(David Whitman)所认为的那样[①]:"全球战略是在世界范围内综合平衡公司的能力,从而使公司作为整体的总和效用大于分散个体效用的总和;仅仅实现销售全球化,或拥有全球知名品牌,或在不同国家经营都远远不够。"

(二)全球战略的基本特征

对于企业而言,全球战略具有以下几个突出的基本特征:

1. 决策者具有全球性思维

实行全球战略的企业管理决策者不受民族、国家的限制,考虑在全球范围内筹供资源并实行资源的最优化配置,而不是孤立地考虑特定的某个国家/地区的资源和市场;追求在全球多国基础上取得最佳的长期总体效益,而不斤斤计较于国际业务活动中一时一地的得失。

2. 世界范围内有效配置一揽子资源

对于实施全球战略的企业而言,要在世界范围内将公司可转移的要素优势(资本、技术和管理等)与各国际区位难以转移的区位优势(土地、劳动力和优惠政策等)紧密结合,实现优势互补,发挥有限资源的最大效用。

3. 组织结构网络化

企业的全球战略要求在母子公司之间建立不可分割的紧密联系。金字塔式管理结构适用性大大降低,多层次的网络组织管理结构更加实用。在这种结构中,既有跨国公司内部各子公司之间或母子公司之间相互连接的内部网络,也有跨国公司相互之间进行竞争合作而构成的外部网络。

4. 跨国经营内部化、母公司国籍淡化、子公司"本土化"

跨国界市场交易成本的高昂使得企业跨国经营活动趋于内部化(Internalization)。贸易和投资自由化进程的推进以及交通通信技术的进步也为企业跨国经营内部化创造了有利条件。合资、并购等企业经营活动使得东道国企业和外国企业之间形成了你中有我、我中有你的格局,母公司(分支机构)及其所提供的产品/服务的国籍更加淡化。同时,东道国/地区政府和居民更广泛地将子公司等分支机构视为当地公司,这些分支机构还在研发、制造、营销、人力资源、财务等领域采取本土化的策略。

5. 风险性更强

由于国际市场调查和预测的难度加大,政策变动、法律修订、当地文化等不易控制的因素增多,从而使企业全球战略决策风险加大。同时,由于全球战略的实施强调企业应着眼于长远利益、全局利益做出巨大的资源承诺,因而决策失误可能造成的损失也将更大。

二、全球扩展的优势来源

全球扩展使企业能够以纯国内企业所不能及的方式获取利益(包括降低成本、增加收

---

① 金润圭. 国际企业管理[M]. 北京:中国人民大学出版社,2005:123.

益、分散风险等）。这包括以下几种基本途径[①]：转移核心能力、实现区位经济（Location Economics）、实现更大的经验曲线效应（Experience Curve Effect）。当然，企业需要根据各国（地区）的不同情况调整自己的产品种类、营销战略和商业策略，而这种必要的调整会在一定程度上限制企业利用以上方式获取利益的潜力。

（一）转移核心能力

核心能力是组织中的积累性学识，特别是关于如何协调不同的生产技能和有机结合多种技术流派的学识（C. K. Prahalad and Gary Hamel，1990），是指某一企业在生产、营销、研究开发、人力资源管理等诸多价值创造活动中所具有的、竞争者无法轻易赶上或模仿的技能。核心能力是企业竞争优势的基础，能够帮助企业降低生产成本或者增加产品/服务价值从而使高位定价成为可能。例如，丰田公司在汽车生产方面就具有核心能力，它生产的汽车品质高、设计优，同时交货价格之低，是世界上其他竞争者所无法比拟的。

对于拥有核心能力的企业而言，全球扩展使它们能够在更广阔的全球市场中施展自己的才干、提供自己的产品/服务，从而进一步发挥这些才干和产品/服务创造价值的潜力。

（二）实现区位经济

区位经济是指企业由于在最佳地点从事某项价值创造活动而获得的经济优势。依据国际贸易理论，由于国家或者地区之间在经济、政治、文化和要素成本等方面的差异，某些国家或者地区在生产某种产品时尤其具有比较优势。例如，日本擅长汽车和家用电子产品的生产；美国在化学、医学、生物制药和金融服务等领域优势突出；而瑞士则在精密仪器和医药方面有上佳表现。

对于在全球市场中激烈竞争的企业而言，在贸易壁垒和运输成本允许的情况下，企业可以为某些生产活动选择合适的地点而从中受益。在这种地方，当地的经济、政治、文化和要素成本等因素都有利于该项生产活动的进行。从理论上讲，当一家企业把它的价值创造活动分散布局到最佳地点实现区位经济的时候，这家企业相对于那些把所有的价值创造活动集中于一个地点的竞争者而言具有竞争优势，企业也能够更好地提供差异化的产品或者服务，并降低生产成本。

（三）实现更大的经验曲线效应

经验曲线效应是指企业在某种产品的生命周期中单位生产成本规律性下降的趋势。这源于：一方面，随着时间的推移，当劳动者逐渐掌握某项工作最有效率的方法时，劳动生产率也随之提高。管理人员通常随着时间的推移而逐步掌握更有效率的管理方法。由于劳动生产率和管理效率的提高，单位生产成本将相应下降。另一方面，企业可以通过大批量生产和营销而把固定成本分摊到众多产品中去。企业累计销售额增长得越快，固定成本分摊得也越快，单位成本下降得也越快。

[①] 查尔斯·希尔. 今日全球商务[M]. 孙建秋，邹丽，羡锡彪，译. 北京：机械工业出版社，1999：293 - 297.

经验曲线效应具有重要的战略意义。沿着经验曲线向下运动,企业可以降低单位生产成本;沿着经验曲线向下运动最快的企业相对于它的竞争者而言将获得成本上的优势。企业若想在经验曲线上尽可能迅速地向下移动,就必须尽快释放单个工厂的产能。由于全球市场比国内市场大,在一个地点从事生产而在全球市场营销的企业相对于那些仅仅向国内市场提供产品/服务,或者那些在多个不同的生产地点向多个市场提供产品/服务的企业而言,将更有可能更迅速地释放产能和增加产量。

▌三、全球战略的基本类型

如何选择合适的全球战略以获取和维持竞争优势是企业全球战略管理的基本问题。为此,企业必须首先深入了解影响经营业务领域的各种环境压力,在此基础上确定相应的全球战略。

全球一体化(Global Integration,简称 GI)和当地回应(Local Responsiveness,简称 LR)是两种同时存在、相互对立的基本环境压力,而全球一体化——当地回应框架是分析全球化扩张的公司所处环境压力的重要工具。全球一体化压力反映了不同国家/地区竞争性环境之间相互联系的程度,主要源于共同的顾客需求、全球性客户、全球性竞争者、更强的投资强度及成本竞争等具体的产业压力,并受到更自由的贸易投资环境、更发达的全球金融服务和资本市场、快速进步的通信和运输技术等因素的推动,反映了企业面临的降低成本方面的压力。当地回应压力主要源于贸易投资壁垒、文化差异、政府特别要求、民族主义和保护主义等国家/地区方面的差异及消费者偏好、基础设施、分销渠道等国别性/地区性差异,反映了企业顾及地域差异方面的压力。

基于这样的战略框架,国际企业可能采用四种基本的全球战略(如图 10-1 所示):国际化战略、多国化战略、全球化战略(Globalization Strategy)、跨国化战略。[①] 某战略是否适合一个企业与该企业所承受的成本压力以及顾及地域差别的压力有关。

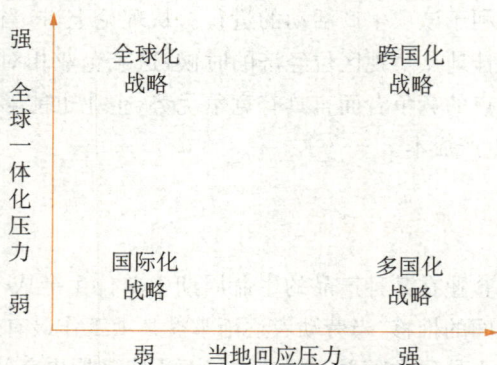

图 10-1　基于全球一体化—当地回应框架的全球战略基本类型[②]

---

① 查尔斯·希尔. 今日全球商务[M]. 孙建秋,邹丽,羡锡彪,译. 北京:机械工业出版社,1999:301.

② 理查德·M·霍杰茨,弗雷德·卢森斯. 国际管理——文化、战略与行为[M]. 赵曙明,程德俊,译. 5 版. 北京:中国人民大学出版社,2006:185.

（一）国际化战略

当企业拥有外国市场上的竞争者所不具备的宝贵的核心能力，并且企业所面临的顾及地域差别的压力和成本压力均较弱时，采取国际化战略就比较合理。采用国际化战略的企业通过向国外市场转移自己有价值的技能和产品/服务而创造价值。大部分国际企业一般把产品开发放在本国，而把本国开发的各种产品/服务推向新的国际市场。技术和其他知识则从母公司向海外子公司转移。尽管国际企业也倾向于在有业务的主要国家/地区设立生产和营销功能，也根据当地的条件制定产品和营销战略，但这种行为的规模往往有限，而且主要是作为保护国内市场的一种手段。[①] 国际企业的总部则最终牢牢控制着当地产品和营销战略。

不过，当顾及地域差别的压力较大时，采取国际化战略的企业将更可能输给那些更加重视产品和营销战略本地化的企业。另外，由于重复性的生产设施建设，采取这种战略的企业经营成本很高。

（二）多国化战略

当企业回应地域差别的压力较强而降低成本的压力较弱时，采用多国化战略比较合理。采用多国化战略的企业致力于最大限度地顾及地域差异带来的压力。多国化战略型企业也倾向于向国外市场转移在本国开发的技能和产品，但是这些企业往往更加广泛和深入地调整它们在当地的产品和营销战略，使之适应各国/地区差异化的情况。它们还倾向于在有业务的主要国家/地区建立一整套的价值创造活动（包括生产、营销和研究与开发）。

多国化战略不适用于那些成本压力很大的行业。多国型企业倾向于使用东道国/地区独立的企业家开展本公司在当地的经营业务，而且这些本地企业家利用所掌握的当地市场知识以及母公司对当地的投资往往能够有效促进公司在当地的成长[②]，但是这种模式很容易促使多国型企业发展成为由较为独立的各国/地区子公司所组成的松散联盟，公司总部面临失控的威胁。而且生产设施的重复性建设也导致很高的经营成本，一般情况下企业还无法获得经验曲线经济以及区位经济的好处。

（三）全球化战略

在交通通信技术不断改进、贸易和投资壁垒不断降低的经营环境下，当降低成本的压力很强而顾及地域差别的压力很弱的时候，全球化战略最为适宜。这种战略意识的根本假设是，不同国家/地区的习俗和偏好的相似性大于差异性。[③]

采用全球化战略的企业通过实现经验曲线经济和区位经济而降低成本，增加盈利。

[①] 克里斯托弗·A·巴特利特，休曼特拉·戈歇尔. 跨国管理：教程、案例和阅读材料[M]. 赵曙明，主译. 2 版. 大连：东北财经大学出版社，2000：12.

[②] 克里斯托弗·A·巴特利特，休曼特拉·戈歇尔. 跨国管理：教程、案例和阅读材料[M]. 赵曙明，主译. 2 版. 大连：东北财经大学出版社，2000：12.

[③] 克里斯托弗·A·巴特利特，休曼特拉·戈歇尔. 跨国管理：教程、案例和阅读材料[M]. 赵曙明，主译. 2 版. 大连：东北财经大学出版社，2000：13.

它们抱着为世界市场创造产品的观点，面向全球，把生产、营销和研究开发活动集中在少数几个效率最高的地点进行，而且一般不针对各地情况高成本地调整产品和营销战略。全球型企业偏好在世界范围内销售标准化产品，从而获得最大的规模经济，并利用这种成本优势支持世界各地市场上强有力的价格竞争。

这种战略模式需要更加集中的协调和控制，研究开发、制造活动往往被公司总部重点管理，大多数战略决策由公司决策中心做出。当然，当某些市场上人们对地域差别的要求仍很高从而顾及地域差别的压力很大时，这种战略并不适宜。

（四）跨国化战略

当企业同时面临很强的降低成本和顾及地域差别的压力时，采用跨国化战略最为合适。按照克里斯托弗·巴特利特（Christopher A. Bartlett）和休曼特拉·戈歇尔（Sumatra Ghoshal）的观点，企业若想在当今竞争非常激烈的全球环境中生存下去，就必须发掘以经验为基础的成本经济和区位经济，必须在企业内部转移与众不同的核心能力，必须重视全球学习。① 他们将试图同时实现以上目标的企业所采取的战略称为跨国化战略。

采用跨国化战略的企业尽管试图同时取得低成本和产品多样化的优势，但是顾及地域差别的压力和降低成本的压力却对企业提出了互相矛盾的要求。因为顾及地域差别往往需要做出适应当地情况的调整，这种调整会增加成本，从而与降低成本相冲突。

▌四、全球市场的进入模式

对于企业而言，一旦确定将要进入的海外目标市场，就要整合自身的产品、设备、技术、商标和管理等资源并选择合适的国外市场进入模式。一般来看，可供企业选择的有贸易型、契约型、投资型三种基本进入模式。

（一）贸易型进入模式

贸易型市场进入模式是企业通过向目标国家或者地区出口商品而进入国外市场。该模式起步的费用和风险都较低，而利润的回报速度却很快，是中小企业国际化起步阶段常用的一种方式。贸易型进入模式可以进一步分为直接出口和间接出口两种方式。

1. 直接出口

直接出口是指企业把产品直接卖给国外的中间商或最终用户，其主要途径有：利用国外的经销商；利用国外的代理商，包括佣金代理商、存货代理商、提供零部件和服务设施的代理商等；设立驻外分支机构；直接供货于最终客户；等等。

直接出口的主要优点表现在：企业可以摆脱中间商渠道与业务范围的限制，可以对拟进入的潜在国外市场进行更加自主的选择；企业可以直接（较快）获得更加完整、准确的市

---

① 全球学习意味着，在现代跨国企业中，独特的能力并不仅仅存在于母国。这些能力可以在全球范围内企业的任何一个业务地点形成。企业的经营才能和产品的流动不应仅仅从母国企业流向海外子公司，经营才能和产品也应该从海外子公司流向本国，并在海外子公司之间流动。

场信息反馈,并据以制定更加切实可行的出口营销策略;企业拥有较大的海外营销控制权,可以建立自己可控的渠道网络;也有助于更加直接地提高企业的国际营销业务水平。

这种方式的局限性主要表现在:成本比间接出口要高,需要大量的最初投资与持续的间接费用;需要增加可以直接与海外客户接触、洽谈和交易的专门人才;在海外建立自己可控的渠道网络需要投入更多的资源和付出艰苦的努力。

2. 间接出口

间接出口是指企业将其产品卖给国内的中间商,并由其负责出口。间接出口的渠道有出口商、制造商的出口代理商、出口管理公司、国际贸易公司、合作出口、利用国外驻国内销售机构将产品转售国外市场;等等。

间接出口方式的主要优点表现在:首先是企业进入国际市场较快;其次是费用节省,企业既无需承担出口贸易资金上的负担,又不需要配备专门的人员亲自去海外做市场调研,建立专门的销售网点以及回收货款;第三是风险较小,因为企业不必承担外汇风险以及相关的信贷风险;第四是灵活性强,因为长短期业务均可管理。

然而间接出口的企业并非直接参与国际营销,这使得企业难以获得国际经营的直接经验,缺乏对国外市场的直接控制,所获市场信息反馈有限,利润亦更加有限。这一方式是企业进入国际市场最脆弱、最容易的方式,比较适用于小型企业,而大企业运用此方式主要针对潜力不大而风险很大的国外市场。

(二) 契约型进入模式

契约型进入模式是企业通过与目标国家或者地区的法人之间签订长期的非投资型的合作协议而进入国外市场。这种合作协议往往牵涉无形资产的转让、劳务出口和工程承包等。该模式在避开外国政府设置的进口限制或者投资障碍等方面成效显著,也往往是国际企业建立更高层次战略伙伴关系的前奏。契约型进入模式一般包括授权经营、服务合同、生产合同以及契约式国际战略联盟四种模式。

1. 授权经营

企业通过授权经营进入国外市场一般包括普通授权经营(Licensing)和特许经营(Franchising)两种基本形式。

(1) 普通授权经营

国际市场上的普通授权经营指的是许可方(Licensor)通过契约将自己的专利、技术秘诀和商标等无形资产转让给海外的受让方(Licensee),让其在一定的期限内使用并向许可方支付授权费和其他补偿。

这种进入模式使得许可方企业不必耗费大量的投资就能够从现有的产品或者技术中获取利润,销售产品/服务的费用较低,是规避国外市场障碍的有力武器,在效果不理想的情况下企业可以通过终止协议减少风险和损失。

普通授权经营的主要不足在于:企业控制程度低,因为一旦协议生效,受让方就控制了生产、销售以及产品的调度;受让方可能成为许可方未来强劲的竞争对手;在法制不健全的国家和地区容易遭受版权和专利权的侵犯;许可方不能控制当地销售产品的质量,不能参与产品或者技术的经营管理,受让方对产品和技术的调整可能改变许可方在当地的市场开发策略的初衷。

（2）特许经营

特许经营是授权经营深层次扩展的产物，许让方（Franchisor）向受许方（Franchisee）转让技术、商标、统一的经营方法等，让受许方在一定的期限内在许让方的监督和帮助下利用许让方的形象和品牌开展特定的业务，受许方则向许让方支付一定金额的特许费用（Franchise Fee）。普通授权经营和特许经营之间最大的差别在于：后者的许让方还需要监督受许方的经营管理以确保特许品牌在国外市场上不降低质量。

特许经营的主要优点表现在：企业不需要投入大规模资金就可打入国际市场；通过出售一揽子特许经营权就可提升特许专业公司的知名度；特许经营费往往计入到许让方收到的预付款中，成为公司可观的额外营业基金收入。

特许经营的主要不足表现在：一般适用于服务业，不太适用于高技术产业和制造业；特许协议一旦生效，管理上容易失控，而且跨国语言和文化上的障碍可能抑制特许经营在国外市场上的有效性。

2. 服务合同

企业通过服务合同进入国外市场的模式包括技术协议、服务合同和管理合同等形式。

（1）技术协议

技术协议是企业同外方签订协议，向外方提供新技术、新工艺、新产品开发方面的技术咨询服务活动。

（2）服务合同

服务合同是指通过签订合同向外方提供财务、营销、人员培训或者其他方面的有偿服务。

（3）管理合同

管理合同是指某企业依据与海外目标国家或者地区的企业签订的合同全权负责合同期内该海外企业的全部业务管理。管理合同一般不涉及以下各项权利和义务：进行新的资本投入；承担永久债务；决定红利政策；设定基础管理政策或者改变管理政策；改变所有权状况等。

管理合同可以使得承担管理的企业无需承担投资风险和责任而获得可观的收益。对方通常通过以下方式向管理承担者支付报酬：按照利润额或者销售额的百分比提取；按照单位销售额提取固定报酬或者按照具体服务支付规定的费用。

3. 生产合同

企业通过生产合同进入国外市场的方式主要有交钥匙工程、合同生产和分包合同等。

（1）交钥匙工程

交钥匙工程（Build-Operate-Transfer，简称 BOT）指企业为东道国建设一个工厂体系或者工程体系，承担全部设计、建造、安装、操作人员培训、调试以及试生产等活动。当合同完成的时候，外方客户获得可以随时完全运作的整个设施的"钥匙"。交钥匙工程实质上是一种高度专业化的出口，一般涉及管理复杂性强和专业化要求高的大型基础设施项目。

该模式有两种具体方式。一种是在承包工程完成、试车成功达到合同规定的指标要求之后就可完成技术交接，另一种是承包人在上述基础上还需要帮助培养管理、技术和操作人员并由输入方单独操作达到合同规定要求之后才能交接。

（2）合同生产

合同生产指本国企业与目标国家或者地区的企业签订供应合同，要求后者按照合同规定的技术要求、质量标准、数量和时间生产本企业需要的产品，交由本企业用自身的品牌销售。

这种方式的主要优点在于：可以租赁当地企业的生产制造能力而不必承担租赁引起的一系列业务工作，节省资金成本并迅速进入国外市场，市场控制权掌握在本企业手中；产品在当地制造，有利于搞好与东道国的公共关系。

主要局限在于：难以找到合格的制造商；难以控制产品/服务质量；需与制造商分享利润；一旦制造合同终止，东道国制造商可能成为本企业在当地的竞争者。

（3）分包

分包意味着一家企业将某一具体的生产任务或者将企业的某一经营部门发包给另一家企业。分包合同可长期，也可短期。分包合同形式在基建产业、航空产业和汽车产业等产业领域占据重要的地位。国际分包过程中，由一国的总承包商向另一个国家的分包商订货，后者负责生产部件或者组装产品，最终产品由总承包商在其国内市场或者第三国市场上销售。

分包的主要优点在于：发包商可以聚焦于核心部件的设计、生产或者技术开发，而不太重要的生产交由其他企业；可以充分利用海外生产商低廉的土地、设备和人力资源；了解工业分包商的产品和生产过程，利用其最新的技术武装自己的产品。

分包的主要不足在于：可能导致发包商日益依赖海外合作伙伴的零部件供应、产品开发和设计能力，从而弱化自身的生产能力、整体运营灵活性和管理控制能力；可能导致发包商生产经营空洞化，引致国际失业增加和来自国内民族对抗情绪的压力。

4. 契约式国际战略联盟

国际战略联盟是属于不同国家或者地区的两个或者两个以上具有共同战略利益和对等经营实力的企业为达到拥有市场、共同使用资源等战略目标，通过各种协议结成的优势互补、生产要素水平式双向或者多向流动的一种松散型合作模式。国际战略联盟主要分布在资本、技术密集型的产业部门。

国际战略联盟包括股权型和契约式两种基本的形式。合资企业就是一种典型的股权型战略联盟，而契约式国际战略联盟不涉及股权投资，仅仅是各方达成的基于共同利益的相互合作、共担风险、共享利益的协议。

企业通过契约式战略联盟进入国外市场具有快速性、互补性、防止过度竞争、分担风险、获取规模经济和提升竞争力等方面的显著优势，但是其成功的四大关键因素则在于：订立联盟策略；选择合适的对象；建立联盟组织机构与管理制度；订立终止联盟计划。

（三）投资型进入模式

投资型进入模式包括直接投资型和间接投资型两种。

1. 直接投资型进入模式

直接投资型进入模式是指企业通过直接投资进入目标国家或者地区，即企业将资本连同本企业的管理、技术、销售、财务以及其他一揽子资源转移到目标国家或者地区建立起受本企业控制的分公司或者子公司。这种进入模式以获取海外经营管理权为核心,还可以细分为海外新建和海外并购两种基本形式。

(1) 海外新建

新建又称绿地投资(Greenland Investment)。海外绿地投资是指外国投资者直接向东道国/地区输出资本,在东道国/地区设立新企业,并对该企业的经营管理拥有有效的控制权的投资方式。绿地投资通常需要投入大量资本,涉及在一块空地上兴建厂房、提炼厂或码头等设施。新建的企业实体一般包括独资企业和合资企业两种基本类型。

主要优点在于:新建企业能够赋予企业最大的自由度和主动权,企业可以选择最优的地点,可以采用最新的技术和设备,可以找到最为理想的人员,贯彻既有的制度和文化的可能性也更大。采用这种方式可以更加熟悉当地的销售网络和经营方法。另外,这种方式还受到东道国/地区的大力欢迎,这些国家/地区往往为此提供十分优厚的引资政策和条件。

主要不足在于:新建投资耗资大、速度慢、周期长、不确定性因素多。尤其是由于当地市场发育不完善,经营管理方法、经营目标方面可能同初衷恰恰相悖。

(2) 海外并购

海外并购(M&A)是企业海外兼并(Merger)和收购(Acquisition)的合称。兼并又称吸收合并(合并的一种特殊形式),指两家或者更多的独立企业合并组成一家企业,通常由一家占优势的企业吸收一家或者多家其他企业,占优势的企业保持名称和法人地位不变,而其他企业名称和法人地位则被注销。一般意义上的合并(Consolidation)则是指两个或两个以上的企业合并成为一个新的企业,合并完成后,多个法人变成一个法人,具体包括吸收合并(即兼并)和新设合并。收购是指一家企业用现金或者有价证券购买另一家企业的股票或者资产,以获得对该企业的全部资产或者某项资产的所有权。

并购的实质是在企业控制权运动过程中,各权利主体依据企业产权做出的财产权利制度和企业制度安排而进行的一种权利让渡行为。在并购过程中,某一或某一部分权利主体通过出让所拥有的企业控制权而获得相应的收益,另一部分权利主体则通过付出一定代价而获取这部分控制权。

海外并购的主要优势包括:可以快速进入国外市场;迅速扩大产品种类;迅速推进本土化以降低风险;可以减少竞争对手;可以利用被并购企业的技术、人力、管理和客户资源。

海外并购的主要不足在于:并购过程中的价值评估困难;并购企业的信息收集非常困难;并购之后的文化冲突导致跨文化融合成本高;很多并购很容易遭到东道国政府及其国民的抵制;等等。

2. 间接投资型进入模式

间接投资型进入模式又称国际证券投资。国际证券投资是投资者在海外金融市场上投资于股票、债券、基金及其各种金融衍生产品并获取预期收益的活动。与直接投资不同,从事国际证券投资的企业,不直接参与企业的筹建和经营管理,其根本目的是获取资本收益而非目标企业控制权。不过,二者并非截然可分。在特定国家或者地区(例如美国),当投资者持有的股权比例上升到一定水平(例如美国规定为10%),证券投资就被视为直接投资。

　　企业采取国际证券投资模式进入国外市场一般基于以下几个因素的考虑。[①] 例如：企业资金丰裕但是缺乏经营管理所需的技术、人才和管理经验，从而难以进行直接投资；企业可以规避开办新企业周期长、见效慢所蕴含的风险；有效利用闲散资金；寻求资金调度、投资转移和变现方面的灵活性。

第二节　全球组织结构的设计

　　合适的组织结构是企业实施全球化经营战略及其目标的重要保障。全球组织机构形式多样，没有适用于所有企业的理想组织结构。组织不能简单地将国内组织结构直接拓展到全球环境之中，必须根据自身特定管理需要和当地实际情况设计或者选择一个合适的组织结构形式，并且经常根据内部发展动态和外部环境变化做出相应的调整。

一、全球组织结构设计的复杂性

　　复杂化和动荡化的国际经济、技术和政治环境往往使得实行全球战略的企业日益面临一种非常独特的经营环境，从而其组织结构也显现出复杂性的特征。这种复杂性主要体现在以下几对矛盾上。[②]

（一）全球化与当地化矛盾

　　国际化经营的企业一方面需要在全球范围内进行专业化分工，共享管理、技术、知识和信息资源并追求规模经济，从而实现全球范围内的最低成本。另一方面又需要根据当地市场的特点利用当地优势资源开发、生产和销售当地化的产品/服务，同时要做好适应当地文化和政府要求的公关工作，从而形成全球范围内的最佳议价能力。兼具全球化和当地化的组织结构固然意在帮助企业确立强大的综合竞争优势，但是这在实践中往往很难兼顾。

（二）大与小的矛盾

　　开展多年全球化经营的企业已经形成规模庞大、层次分明的组织结构，但是企业内部的各层次工作人员却时时处于特定地区的特定的局部（小）单位之中。高层管理人员看到的是庞大而复杂的组织，而基层工作人员却很重视清晰地界定所在小单位的每一项工作。一方面，基层经理人员要有明确的责任和义务以及相应的最大限度的自由决策管理权，另一方面高层管理人员又要确保个体部门和人员理解如何努力甚至牺牲个体的局部利益以

① 金润圭.国际企业管理[M].北京:中国人民大学出版社,2005:140.
② 薛求知,刘子馨.国际商务管理[M].2版.上海:复旦大学出版社,2002:314-315.

促进实现企业整体利益最大化。这在实践中也是一对难以兼顾的矛盾。

(三)集权与分权的矛盾

进入全球市场之后,由于当地市场条件和政府规制引起激烈而难以预期的变化,海外分支机构的经理人员一方面要求得到充分的自主决策权以做出及时适应环境变化的决策来确保公司的生存和发展,这对以"地方为主"的扁平化组织控制结构提出了要求,从而保证总部的决策思想和智慧光辉与来自当地一线丰富的动态营养充分交融。另一方面还要求来自总部的足够支持和控制以减弱应对当地不确定性的脆弱性,这又会促进总部的集权化管理。由此,在处理母公司与海外分支机构之间的关系问题上,企业既要体现总部对海外分支机构的战略性控制,又要给予海外分支机构相当大的自主经营权。这两种统一于一家企业的管理需要之间的矛盾在跨国经营背景下表现得尤为突出。

▍二、全球组织结构的基本类型

对于走向全球市场的企业而言,全球组织结构设计需要对以下三个战略性问题做出回应[1]:如何激励国内市场主导的企业充分利用海外的发展机会;如何在开展全球业务过程中有效融合产品知识和地区知识;如何在很多国家/地区中保持自我风格的同时协调海外分支机构的活动。从管理学意义上看,企业对各个问题的侧重性考虑会形成形态各异的全球组织结构。

(一)早期的组织结构

许多公司依靠建立出口部或者海外子公司初次进入国外市场销售商品和提供服务。相对而言,它们是风险水平最低的参与国际市场竞争的组织形式,对国内企业组织结构提出的变革要求也较为简单。

1. 出口部结构

企业在通过出口方式进入国外市场的初期阶段,一般委托独立的专业外贸公司代理出口初次进入国外市场。随着企业产品出口量的不断增长,企业有必要建立一个专门的出口部(Export Structure)(如图 10-2 所示)与国外购买商进行商务谈判并提高商品及服务供应的速度。[2] 显然,对于长期立足国内市场销售的企业而言,一般脱离于国内营销部的出口部的出现很容易导致国内业务和国外业务之间出现相互冲突或者争抢资源的局面。

随着出口量的进一步增加,企业还会增加该部门的人员规模并在海外建立销售、服务和仓储等设施。几乎与此同时,依靠出口部出口开拓国际市场,并具有庞大的出口规模的企业将日益明显地感知到来自进口国/地区的关税、配额以及其他进口壁垒的限制。为规

---

① 帕达克(Phatak, A. V)巴贾特(Bhagat, R. S)卡什拉克(Kashlak, R. J.),石永恒. 国际管理(中国版)[M]. 北京:机械工业出版社,2006:219.

② D. H. Holt & K. W. Wigginton. 跨国管理[M]. 王晓龙,史悦,译. 北京:清华大学出版社,2005:212.

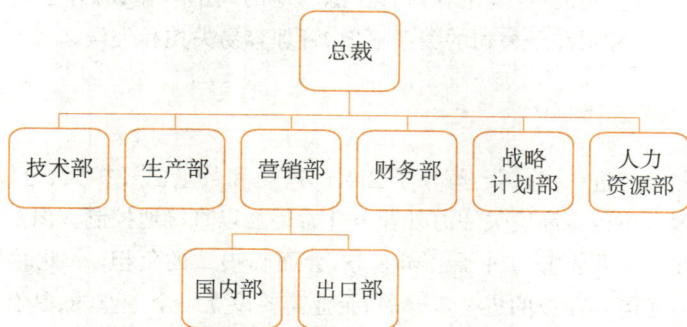

图 10 - 2   出口部结构

避这些进口限制,企业可能转而采取许可贸易或者国外生产的方式。随着海外生产对国内出口的替代增强,出口部与海外生产相关部门之间也容易出现日益尖锐的冲突。

2. 海外子公司结构

一般来看,与企业通过许可贸易和海外生产规避进口壁垒相适应的组织安排是设立海外子公司结构(National Subsidiary Structure)(如图 10 - 3 所示)。这个阶段的海外子公司作为代表母公司对外交易的分支销售/生产机构,往往采取分权式管理。[①] 主要因为,考虑到企业国际化早期阶段海外子公司规模较小、数量较少、经营成败的总体影响有限以及母公司本身缺乏国际生产经营经验,母公司常常采用控股方式(并定期按股权收取红利)控制海外子公司,海外子公司在所属地区对自己的经营活动具有高度自主决策权,其领导人既向协调国际业务的高层管理者汇报工作,又直接向母公司总裁汇报。这样高度自治的组织结构既可以帮助海外子公司适应来自当地竞争和当地政府的要求,也可以向当地政府和市场显示成为高度本土化的企业公民的意愿和姿态。

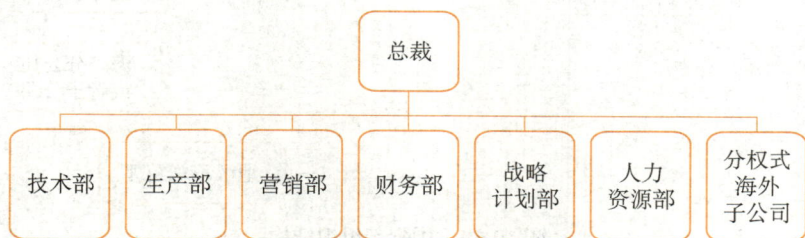

图 10 - 3   分权式海外子公司

主要优势在于:高度自主的子公司能对当地市场环境的变化做出迅速而灵活的回应;子公司领导的权威得到最大程度的体现,能够带领子公司在当地得到稳定高效的发展;母公司的资源投入较少,负担轻,风险也较低;子公司凭借当地法人地位更利于集聚当地的人才和资金。

主要不足在于:母公司往往没有专门的国际业务管理机构和人员,其管理决策失误率较高,而且海外子公司之间缺乏更高层次的协调;海外子公司没有受到母公司的高度重

---

① D. H. Holt & K. W. Wigginton. 跨国管理[M]. 王晓龙,史悦,译. 北京:清华大学出版社,2005:214.

视,无法充分分享母公司的资源,也容易只考虑当地的局部利益;海外子公司难以得到母公司的有效指导,母公司和子公司的关系松散、管理容易失控和失误。

(二)国际部结构

随着国际业务的进一步扩张,海外子公司的规模和数量已经扩大、地位得到提升,母公司的高层管理者不得不高度关注海外业务并希望加以直接地控制。但是母公司总裁既要处理好国内业务又要管好海外子公司业务,会面临很重的负担。[①] 此时分权式海外子公司难以有效适应国际业务的进一步开展,企业需要设立一个专业的、具有实权的国际部(International Division Structure)(如图 10 - 4 所示)来处理国际业务。国际部经理主要负责协调并管理海外业务(例如,国际经营政策、战略规划、出口业务、技术授权、海外投资以及监督海外子公司的建设和发展)、接受海外子公司汇报并直接向总部报告。

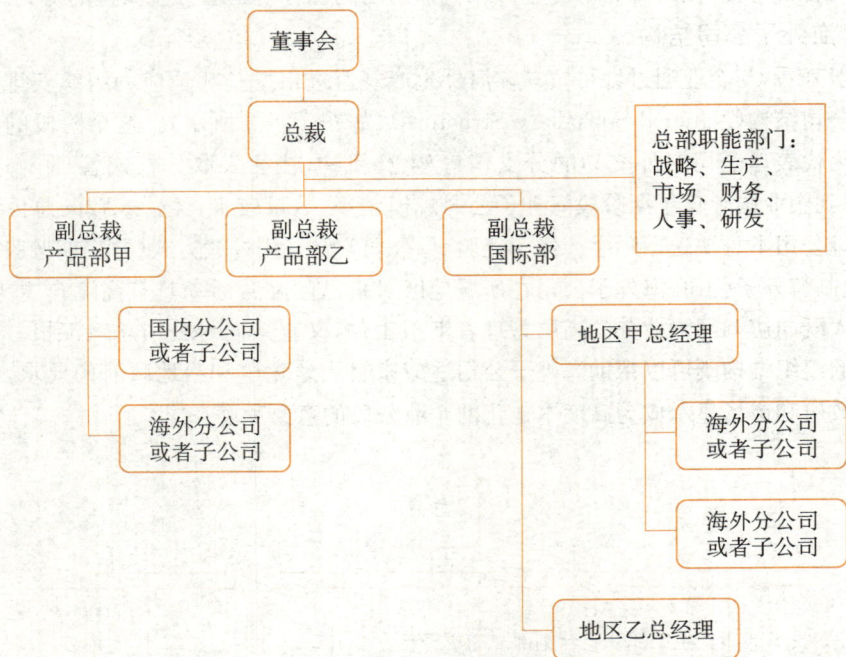

图 10 - 4　国际部组织结构

主要优势在于:海外业务更加容易受到总部高层的关注和重视,总部和海外子公司关系更加紧密;有利于海外子公司之间相互协调、调配资源,易于避免过度竞争;利于国际部为国际业务统一筹资减少利息成本;协调子公司之间的交易减轻企业整体的税收负担;有利于通过国际部的联系在海外子公司之间共享情报和信息;有利于培养能够应对复杂广泛的国际经营业务的国际经理人才等。

主要不足在于:人为突出国际业务和国内业务的区分,容易激发国内部门(经理)和国际部门(经理)利益集团之间在目标、策略和风格等方面的消极冲突;国际部统一制定国外

---

① 金润圭. 国际企业管理[M]. 北京:中国人民大学出版社,2005:244.

市场的经营策略会限制当地子公司的灵活决策和回应;随着海外业务和子公司规模变得庞大,国际部往往难以适应更加繁杂的国际业务的管理需要,从而影响子公司及国际业务的效率。

(三)全球性组织结构

在海外业务的范围日趋广泛、重要性日益增强的情况下,企业国际化经营会进入更加成熟的阶段,国际部面对高度繁杂的国际业务协调管理不堪重负,企业有必要在产品、职能和地区地位相同的基础上建立全球性组织结构。在全球性组织结构中,总部从全球战略出发,统筹(而不再人为区分)国内业务和国际业务,协调全球范围内的生产、销售、人事和财务等活动。全球性组织结构通常有全球职能分部、全球产品分部、全球地区分部、混合型和矩阵型结构五种基本类型。

1. 全球职能分部结构

全球职能分部结构(Global Functional Division)(如图 10-5 所示)是在全球范围内首先按照研究开发、生产制造、市场营销、财务、人力资源等职能(部门),然后按照产品等级划分和组织全球性生产经营活动的组织结构。这种按照职能划分组织部门的方式明显体现出职能知识及其拥有者在组织中的主导地位,而且几乎存在于所有企业组织结构的某些层次中。在这种组织结构下,总部确定全球战略和目标,由各副总裁控制的职能部门分别主持本职能部门的国内外一切事务。采用这种组织结构的企业一般经营品种很少、产品标准化程度高、产品市场的地区范围和需求数量都比较稳定。

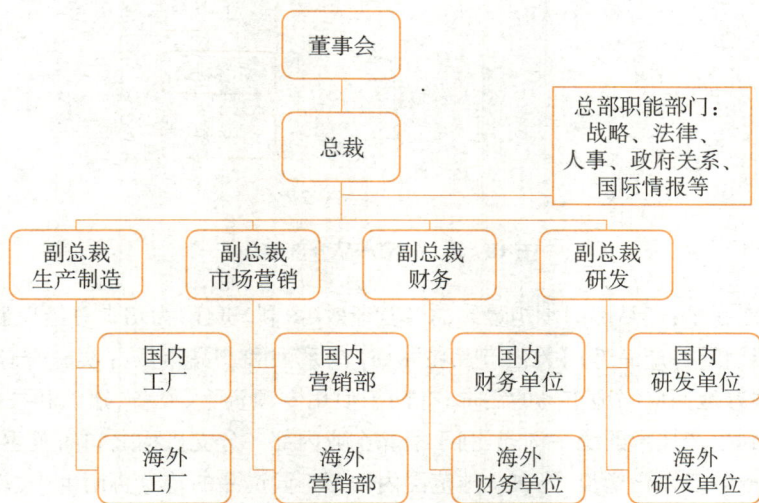

图 10-5　全球职能分部结构

主要优点在于:非常直接和明显地反映出组织部门的职能内容;为高层管理者提供了严格集中控制经营活动的手段;符合专业化原则,能够维护和加强职能部门的权力和威信;所需经理人员相对较少,管理机构比较精干;为简化员工培训提供了有利条件。

主要不足在于:关键人员分工过细,观点容易狭隘;容易滋生职能部门本位主义,部门之间尤其是生产和营销之间沟通协调比较困难,应对市场和客户需求的速度较慢,从而弱化了公司的总体目标;总裁负责整个企业的最终经营绩效(尤其是利润),负担太重;很难适应产品和地区的多元化扩张。

2. 全球产品分部结构

全球产品分部结构(Global Product Division)(如图 10-6 所示)是主要按照产品或者业务划分和组织全球性生产经营活动的组织结构,产品分部被授权在全球市场范围内经营特定的产品(群)。这种按照产品划分组织部门的方式明显体现出产品知识及其拥有者在组织中的主导地位。在该组织结构下,母公司总部确定总体战略和目标,各产品部主持本产品在世界范围内的企划、管理和控制等各种经营管理活动,并设立地区专职人员负责协调本地区内各种产品的业务活动。产品分部经理具有很强的经营管理自主权,但是总部一般通过预算限制、对某些决定的批准权以及对主要经营成果规定"底线"的方式保持控制。① 该组织结构适用于规模庞大、产品系列复杂、技术要求较高、宜于就地制造以及要求对用户提供很快很多技术服务的企业。

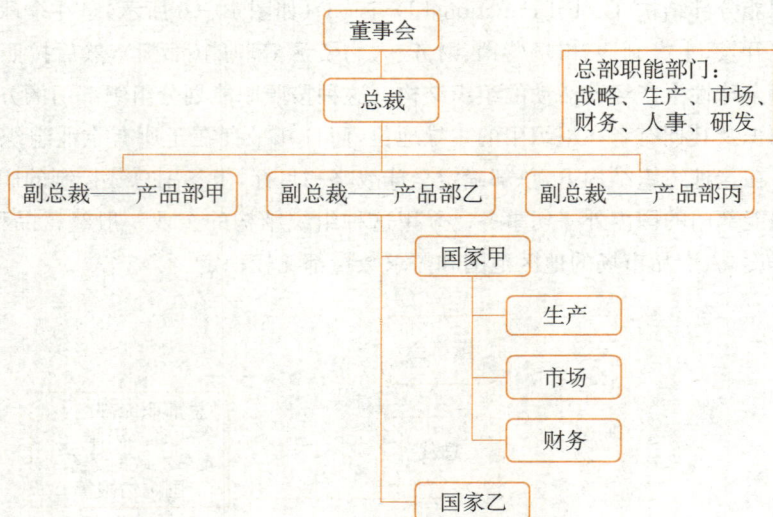

图 10-6　全球产品分部结构

主要优点在于:产品部门承担最终的经营绩效(盈利)责任,为培训总经理创造了有利条件;有利于引导各产品部门关注产品技术、产品系列和产品市场并实施全球性产品策略,从而能很好地回应当地市场的需求;有助于使用专项资金、设备、知识和技能;保证了产品从信息到生产技术的统一沟通,利于消除企业内部各分支机构之间的矛盾和冲突;允许产品和服务的多元化增长;能在全球范围内按照不同产品的特点协调生产、营销和财务等职能,引导企业各部门共同开拓世界市场,强化全球竞争观念。

主要不足在于:各个产品部的职能部门一应俱全,难以维持经济的集中服务,造成资源冗余严重;需要很多具有总经理能力的国际人才,而只具有产品专长和熟悉国内业务的人员可能因为缺乏国际业务经验而难以承担起全球性的经营责任;同一地区内的不同产品部门之间的协调、沟通比较困难;高层管理者不容易有效协调(控制)各个产品部的规

---

① 金润圭. 国际企业管理[M]. 北京:中国人民大学出版社,2005:246.

划、长期投资和市场营销策略;产品分部经理也可能因为更加熟悉本地而过于关注本地市场而不是国际市场;产品分部经理可能过于关注当前经营比较好的地区而忽略其他具有较大长期发展潜力的地区;小的产品部可能因为资源有限而无法采取积极有效的国际战略。

3. 全球地区分部结构

全球地区分部结构(Global Area Division)(如图 10-7 所示)是主要按照区域划分和组织全球性经营活动的组织结构,这通常标志着公司战略的重大变化。这种按照地区划分组织部门的方式明显体现出国家/地区知识及其拥有者在组织中的主导地位。在该组织结构下,母公司总部确定全球战略和控制全球机构,各地区部门对所在地区的各种产品的生产经营活动负责。这种结构适用于公司产品线有限、产品标准化程度高、地区范围广泛而且地区性市场特色明显的企业。

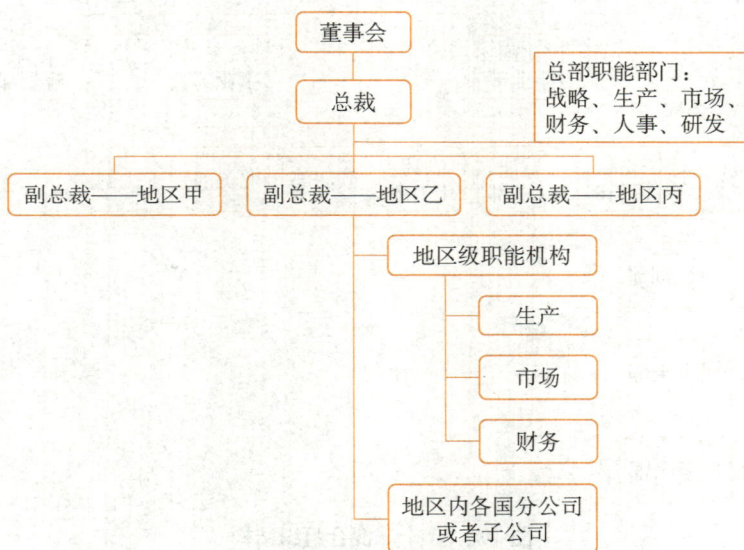

图 10-7　全球地区分部结构

主要优点在于:责任下放到地区基层,地区经理能够更加容易地贴近东道国/地区市场特点最佳配置职能和产品能力,能很好地回应当地市场的需求和问题;强调各国子公司作为利润中心的地位,有利于各子公司更好地与当地利益相关方面对面沟通以及利用当地经营获得自主发展并培养具有总经理能力的国际人才;高层主管、地区总部和各国子公司之间有效的权力和沟通渠道利于简化高层管理工作。

主要不足在于:随着产品线的增加和技术等级的上升,难以在各个地区之间协调产品的变动和技术的转移,容易受到"非本地发明综合征"(Not Invented Here)的影响;地区总部所需要的具有总经理能力和丰富国际经验的管理人员容易短缺;地区总部、职能部门和业务部门人员重复配置,难以维持经济的集中服务;总部高层管理者在协调产品重点和地区导向关系上面临巨大困难,缺乏集中的管理和控制,导致管理费用的增加和一个地区又一个地区的重复工作;业务常常过于集中于少数重要的地区,易于过于重视这些地区而忽视企业的全球利益;地区分部常常更加重视那些已经被证明成功的、易于全球销售的产品,而忽视新产品的研发工作。

4. 全球混合组织结构

全球混合组织结构往往是全球性组织设计过程中仔细平衡和灵活妥协的结果。在一定的情况下,不管是全球产品分部、全球地区分部,还是全球职能分部,都不能满足企业发展的组织需要。尤其是在企业规模庞大、产品线众多、国家/地区覆盖广泛的情况下,不同业务、国家/地区具有不同的全球性需求、供给和竞争结构,需要适应不同业务、国家/地区发展的需要配置不同的组织结构(或部门)等问题多发。另外,企业还可能通过并购建成分布于不同国家或者经营不同产品的其他企业。这样一来,整个公司组织结构就呈现出混合型特征(如图 10-8 所示)。

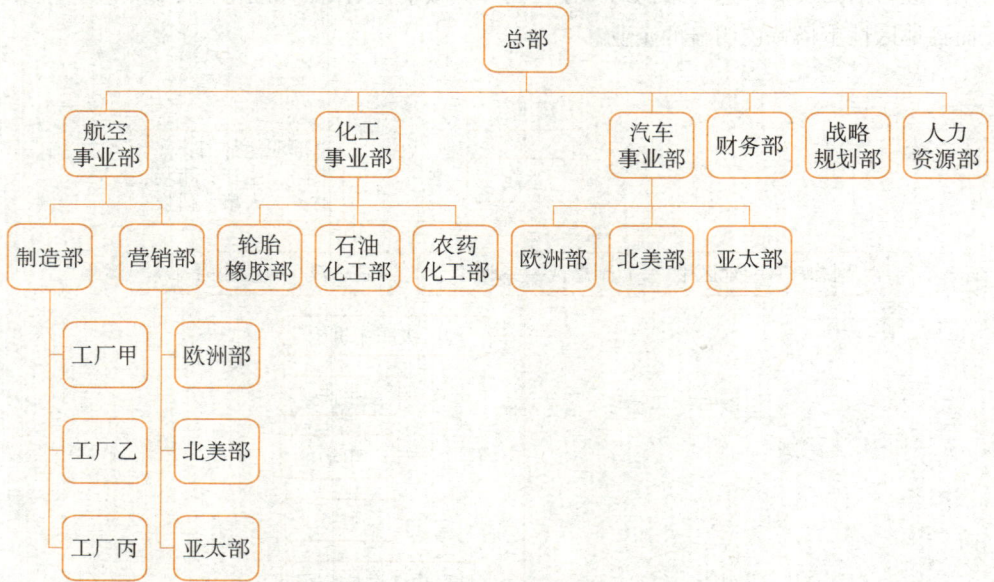

图 10-8 全球混合组织结构

全球混合组织结构(Mixed Organization Structure)能够融合其他结构的许多优点,使得企业创造出独特的组织结构,最大限度地灵活适应企业的实际需要。由于这种结构既弥补了按照单一维度划分组织结构的不足,又兼顾到不同经营活动的特殊需要,因此,随着企业产品市场的日益多元化,全球混合型组织结构可能日益普遍。不过,这种组织结构要求企业具有雄厚的资本和技术实力、先进的管理手段以及增多的总部的协调工作量,如果设置不当,容易引起协调困难、指挥失灵和整体效率低下。

5. 全球矩阵结构

全球矩阵组织结构意味着组织从职能、产品、地区等维度中选择两个或者多个维度一起作为划分和组织全球性生产经营活动的基础。尤其是在企业同时面临强大的产品竞争压力和适应目标国/地区市场需求压力的情况下,单一地按照地区维度安排组织结构难以确保产品的全球竞争地位,单一地按照产品维度安排组织结构又容易丧失本土性的地区市场,这促使企业采用全球矩阵结构(Matrix Organization Structure)(如图 10-9 所示)综合来自两个部门的视角和知识并为同时实施全球战略和本土战略提供更加理想的组织结

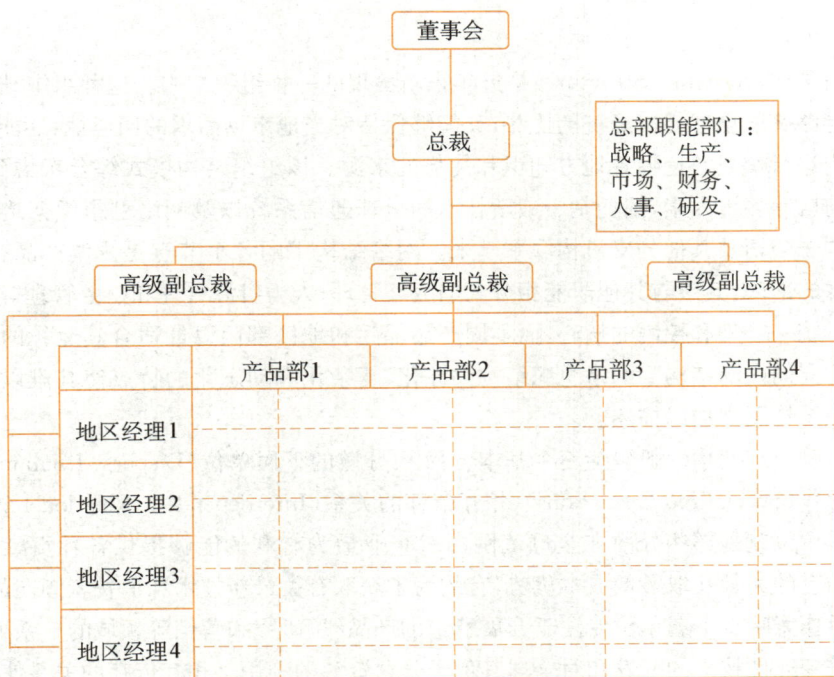

图 10 - 9   全球矩阵组织结构

构。矩阵结构中经理必须同时向两个不同的上司汇报,两个或者多个矩阵部门共同指挥下属,最后由高层经理领导的双重结构。

这种组织结构主要适用于以下情况:企业产品种类繁多,地区分布也很广泛,需要在产品的全球效率和地区的差异需要之间达成协调一致的决策;企业国际业务的发展要求企业的产品、职能和地区部门同时做出有效的反应;企业最高决策层协调能力强,企业内部有完善的、高效率的管理网络,尤其是中层经理与高层经理之间要具备良好的人际沟通关系;企业基础雄厚,允许资源在多重部门共享。

主要优点在于:可以采用不同的组合以全面考虑到产品和地区市场竞争压力的大小和方向,并适应情况进行灵活的调整;便于信息流动,企业对外界环境的变化和压力具有高度的感知力和适应性;可以多方面调动企业各部门的工作积极性,便于更好地制定和实施规划。

主要不足在于:结构复杂,各层次的不同专业人员常常产生利益冲突,需要擅长调解人际关系的管理人员,而且管理决策者要花费大量精力处理这些冲突和纠纷;相互关系和责任划分难以清晰,容易出现职权冲突,达成协调一致的决策往往繁琐而缓慢;多重报告制度可能导致造成指挥不统一和管理混乱;过多的内部协调反而容易贻误决策和行动时机;严格要求制定决策的权力被分散到合适的权力层上,而且政策要由具有相关信息的人制定出来。[1]

---

[1] 帕达克(Phatak, A. V.),巴贾特(Bhagat, R. S),卡什拉克(Kashlak, R. J.),石永恒. 国际管理(中国版)[M].
北京:机械工业出版社,2006:228.

（四）网络结构

网络结构(Network Structure)是近年来新出现的一种组织结构。这种组织结构使得企业既能够获取全球规模经济的优势，又能够保持对当地市场需求的回应性，还能够在全球范围内进行学习并挖掘各地方知识和优势的来源。该组织结构模式综合考虑到职能、产品和地区等多重因素，依托基于最新技术的全球通信系统以及网络型组织架构将全球范围内的子公司及其他分支机构联系起来。网络结构中的各个节点是协调产品、职能和地区信息的部门，其中与其他职能相分离的战略管理、人力资源管理和财务管理等构成由总部进行统一管理和控制的核心，而不同产品部门和地区部门以最适合其运作的方式拥有各自不同的内部结构。网络组织结构柔性化、复杂化和动态化的特点使其难以使用通用的组织结构图来加以描述。

网络型组织架构一般包括三个基本方面[1]：分散的下属单位(Dispersed Subunits)、专业化的运作(Specialized Operations)、相互依存的关系(Interdependent Relationships)。分散的下属单位就是那些分散在全球范围内对企业最为有利的能够提供各种贡献的子公司，例如，有的为了获取最低成本优势，有的为了获取有关最新技术和消费者倾向的信息。专业化运作意味着下属单位专注于开展特定的产品线、研究和营销等领域的一系列业务，它们促进专业性技术的开发和对全球其他子公司资源的利用。相互依存的关系使得所有分散的专业化的下属单位能够源源不断地共享信息与资源。

三、全球组织结构的选择

企业全球组织结构的选择既要考虑到其一般性的演变规律，也要考虑到同企业相关的多元化要素。

（一）全球组织结构的演变

随着企业国际化成长发展阶段的进展以及相应全球战略的调整和更新，组织结构一般呈现以下逐渐演变的过程（见表 10 - 1）。[2]

表 10 - 1　不同发展阶段全球组织结构的演变

商务发展阶段	结构形式	结构特征
初期产品出口	销售部（零星地由出口小组出口）	与海外经销人员保持松散的形式上的联系
产品出口，早期海外生产	出口部和作为过渡的海外子公司结构	海外子公司数量较少，母子公司之间存在松散、非正式的控股关系，子公司高度自治

---

① 理查德·M·霍杰茨，弗雷德·卢森斯. 国际管理——文化、战略与行为[M]. 赵曙明，程德俊，译. 5 版. 北京：中国人民大学出版社，2006：411.
② 金润圭. 国际企业管理[M]. 北京：中国人民大学出版社，2005：251 - 252.

续　表

商务发展阶段	结构形式	结构特征
海外生产规模化	国际部（国内外业务容易产生争执）	海外子公司数量较多，母子公司关系日益正式化
产品、地区多样化	全球性结构（产品事业部、地区结构、职能结构）	子公司更多，产品和地区更加多元化，基于全球视野设置部门、进行经营决策和统筹业务，组织结构变得复杂
寻求全球合理化	混合结构、矩阵结构和全球网络组织	母子关系一体化，组织结构更加复杂

1. 初期产品出口阶段

在初期产品出口阶段，企业跨国经营刚刚起步，在组织结构设计上不设出口部，或者只在原来的国内销售部内设立出口小组，大多通过委托外部独立的专业外贸公司应对出口业务。总部与海外经销人员保持松散的、形式上的联系。

2. 产品出口和早期海外生产阶段

在第二个阶段，企业通过大规模出口的直接营销策略进入国际市场，企业有必要采取专职的出口部和作为过渡的分权式海外制造型子公司结构。海外子公司数量较少，母子公司之间存在松散、非正式的控股关系，子公司高度自治。

3. 海外生产规模化阶段

在第三阶段，企业实施海外投资战略同时进入多个国际目标市场，海外子公司数量增加，海外生产规模化，业务更加繁多，有必要设立统一主管国际业务的国际分部。该阶段海外子公司数量较多，母子公司关系日益正式化，国内外业务部之间容易产生争执和纠纷。

4. 产品、地区多元化阶段

在第四阶段，企业日益趋于多样化经营（包括产品和地区更加广泛），海外销售额比例也达到更高水平，企业有必要设立全球性产品型、地区型或者职能型组织结构。该阶段海外子公司数量更多，产品和地区更加多元化，需要基于全球视野设置部门、进行经营决策和统筹业务发展，使得组织结构更加复杂。

5. 寻求全球合理化阶段

在第五阶段，企业在全球扩张的基础上转向寻求全球范围内的优化组合。企业改变原先相对独立的发展模式，试图优化国内外市场分布组合（包括关停并转以及并购等方式）以求增强全球体系的整体战略优势。企业日益转向混合型、矩阵型甚至网络型组织结构，母子关系更加一体化，组织结构更加复杂。

（二）全球组织结构选择模型

根据前面的介绍，不同的全球组织结构各有利弊，全球组织结构的选择要综合考虑企业长远发展战略、发展阶段、产品多元化程度以及国际营销比重等因素。一般来看，企业可以采用以下模型选择组织结构（如图 10 - 10 所示）。

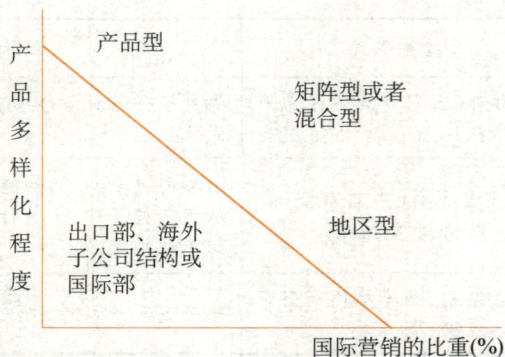

图 10-10　全球组织结构的选择模型①

　　该模型主要从产品多元化程度和国际营销比重两个维度综合决定全球组织结构。该模型定量化色彩比较浓厚,而且两个维度在数据上的可得性较强,因而可操作性也较强。

　　一般情况下,当国际营销的比重达到或者超过 50% 时,企业应倾向于采用地区型组织结构;当企业产品多样化程度增加时,应倾向于采用全球产品型组织结构;当产品多元化程度和国际营销比重均达到很高比重的时候,应倾向于考虑矩阵型或者混合型组织结构;当企业产品多元化程度低于 10%,而且国际营销比重也很有限时,企业宜选择出口部、海外子公司结构或者国际部组织结构。

第三节　多元文化与领导

　　知识经济和经济全球化使得多文化组织越来越多,更多的企业正成为国际化团队的集合地。在多元文化背景下,组织需要正视文化差异、克服文化冲突,并整合地方文化特性于自身的管理和领导观念之中,这样才能使各种文化相互协调配合,且有助于最合理地配置和利用组织资源以及最大限度地挖掘和利用组织的潜力和价值。

一、多文化组织

　　多文化组织(包括企业)的形成是全球化扩展的自然结果,而多文化组织的多样性管理对管理者提出了更加特殊的要求。

(一)员工多样性的增强

　　多样性涉及组织中人与人之间由于年龄、性别、种族、民族、宗教信仰、社会经济背景

---

① 克里斯托弗·A·巴特利特,休曼特拉·戈歇尔.跨国管理:教程、案例和阅读材料[M].赵曙明,主译.2 版.大连:东北财经大学出版社,2000:373.

以及身体状况等因素造成的差异①。

组织员工队伍多样性(Diversity)程度的不断提高是组织管理者不得不面临的重要管理问题。首先,在许多国家或地区,组织员工结构在性别、国籍和种族方面正日趋多样化。另外,组织更为强调跨职能工作团队的重要性,而团队的不同职能会形成不同文化,这一趋势使当今的工作群体面临严峻的文化多元化问题。再则,一些企业全球性营销和跨国经营日益受到重视,多样性趋势日益显著。②

(二)多文化组织的形成

随着组织在全球化环境下的扩张,组织日益摆脱单一组织(Monolithic Organization)的模式和特征,成员不再仅仅来自同一个群体,组织开始雇用来自不同种族和文化背景的员工,从而成为复式组织(Plural Organization)。③

复式组织具有更强的融合性。尽管仍然有少数人处于某一阶层并且发挥着特殊的作用,复式组织积极尝试雇用和培训多元化的员工,积极采取有效的多元化管理,在一定程度上接受少数人群体,减少了歧视和偏见。

与复式组织不同的是,多文化组织(Multicultural Organization)更加强调多元化的文化内涵。多文化组织不仅存在多元化,而且需要对不同的文化给予正确的评价并善加鼓励和利用。多文化组织需要充分融合不同性别、种族以及正式和非正式的人群,减少偏见和歧视,促进所有组织成员最大限度地贡献自己的潜能,从而充分实现多元文化的优势。

(三)多文化组织的多样性管理

多元化文化管理已经成为当代企业迫在眉睫的紧要问题。但是员工队伍多样性增加了管理者对多样性进行有效管理的难度。在日益全球化的经济形势下,多样性日益受到各种媒体、管理者和组织的高度关注。对员工多样性管理不善不仅会产生严重的道德问题,还可能导致严重的社会责任问题。

有效管理多样性的主要措施包括④:高管层对多样性的承诺;管理者不仅自身而且鼓励下属有意识地敞开言路、获得不同的观点和看问题的视角;增强多样性意识,了解他们的观点、体验和态度;改善管理者和下属的关系,加强多样性教育培训,提高他们与不同类型人员一起工作的能力;鼓励组织成员乐于耐心灵活地接受不同的方式和视角;鼓励员工挑战歧视性的行为和言论;奖励员工对有效的多样性管理做出的努力。

二、多元文化的机遇与挑战

对于许多组织来说,员工多元化的最初动力来自社会义务和道德伦理上的考虑。如

① 加雷思·琼斯,珍妮弗·乔治.当代管理学[M].郑凤田,等,译.北京:人民邮电出版社,2005:85.
② Taylor Cox, Jr. Cultural Diversity in Organizations:Theory, Research & Practice [M]. Berrett-Koehler Publishers, Inc.(San Francisco, CA94104-4109),1993.
③ 托马斯·贝特曼,等.管理学:构建新时代的竞争优势[M].王雪莉,译.5版.北京:中国财政经济出版社,2004:281-282.
④ 加雷思·琼斯,珍妮弗·乔治.当代管理学[M].郑凤田,等,译.北京:人民邮电出版社,2005:97-100.

今越来越多的组织(尤其是企业)则已经从更加实际、促进组织发展的角度主动实行员工和文化多元化。多元文化有很多机遇,但是也面临不少挑战。①

(一)多元文化的机遇

多元文化在吸引和保留多元化员工的能力、开发差异化市场的良好前景、促进创新和改善决策、增强组织灵活性等方面具有重要的机遇。

1. 吸引和保留多元化员工的能力

对于那些面临变革和行业需要的组织而言,如果组织有员工多元化的声誉就会在劳动力市场上吸引更多的优秀应聘者,如果这些雇员相信自己的不同之处能够得到容忍和正确评价,他们会更加忠诚、积极主动和富有责任感。同时,有效管理多元化有利于减少特定人群的辞职率,减少由招聘新人填补辞职者空缺产生的经济和时间成本。②

2. 开发差异化市场的良好前景

多元化员工是组织竞争优势的重要来源,有助于组织为客户提供更好的产品和服务。尤其是对于企业而言,随着劳动力市场多元化的发展,顾客及其需求的多元化也在深入发展。多元化员工对不同习惯、文化和市场需求的理解可以帮助企业在全球经济中获得竞争优势。多元文化背景下的员工可以为企业提供更多关于消费者偏好和习惯的信息,从而帮助企业设计、开发这些消费者喜好的产品与服务,而且多元化员工更加容易适应多元化的产品及服务细分市场的需求,具有多元化背景的销售力量也有助于向这些多元化顾客进行营销。

3. 促进创新和改善决策

多元化的组织有更加广泛的经验基础来解决特定的问题,多元化的工作小组或者团队倾向于摆脱传统的方法和习惯的束缚,不同类型的员工能够提供不同的观点、解决问题的方法以及机会,有助于摆脱"群体性思维"的陷阱,因而往往更加具有创造性和革新能力,也有助于改善管理部门的决策。

4. 增强组织的灵活性

成功地管理多元化需要具备一种包容不同风格和方法的组织(企业)文化,员工多元化的组织较少限制政策和程序,较少制定标准化的方法,从而使得组织能够更加灵活地适应环境的变化。

(二)多元文化的挑战

多元文化在组织凝聚力、管理沟通和跨文化管理方面面临不少挑战。

1. 凝聚力降低

由于在语言、文化、经验等方面的差异化,多元化群体往往比单一的群体缺少凝聚力。互信缺乏、沟通困难、紧张的关系以及态度上的差异经常是削弱凝聚力并降低组织生产效

---

① 托马斯·贝特曼,等. 管理学:构建新时代的竞争优势[M]. 王雪莉,译. 5 版. 北京:中国财政经济出版社,2004:280-281.

② 加雷思·琼斯,珍妮弗·乔治. 当代管理学[M]. 郑凤田,等,译. 北京:人民邮电出版社,2005:93-95.

率的重要原因。

　　2. 沟通障碍

　　多元化群体中的成员往往不能同时流利地使用同一种语言沟通,或者为了解释清楚而耗费大量的时间,加之人们更愿意同与他们相像的人沟通,因此多元化群体将容易导致紧张和压力并增强误解、曲解以及沟通低效和缓慢的可能性。对此,管理者需要注重处理员工不熟悉的语言沟通问题。

　　3. 跨文化管理的挑战

　　对于一家跨文化组织(尤其是企业)而言,所面对的跨文化管理问题主要体现在以下几个方面:处理文化差异带来的问题;制定和实施多元化文化背景下的战略计划;有效地组织和控制跨文化企业;有效实施跨文化的沟通与协调;有效地实施跨文化的领导和激励;如何变革组织文化以适应多元文化的新环境;等等。

三、多元文化下的领导

　　多元文化下的组织必然伴随着跨文化群体(团队)的出现和管理。其中跨文化团队不同于一般的群体,是个人组成的更加紧密的联合体。多元文化下的领导需要正确认识跨文化群体的建设性并采用针对性的领导方式。

(一)跨文化群体的建设性

　　跨文化群体中成员之间的文化差异尽管给组织带来诸多管理上的挑战,但是同时也可能带来新的机遇和建设性的影响。正如前文已经提到的那样,不同文化背景的群体成员一起工作,会带来源源不断的新想法、新建议和解决问题的新方案。而且文化背景不同的群体一同工作还有利于防止组织内部经常出现的"小集团倾向",使得少数人的不同意见能够反映到桌面上来,集思广益,避免决策失误。

　　同质群体和跨文化群体的建设性作用存在明显的差异(如图 10-11 所示)。[①] 单一文

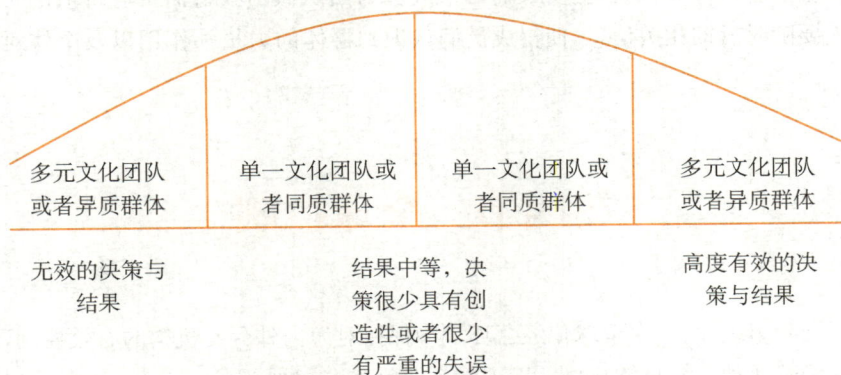

图 10-11　同质群体和跨文化群体建设性作用的差异

---

① D. H. Holt, K. W. Wigginton. 跨国管理[M]. 王晓龙,史悦,译. 北京:清华大学出版社,2005:538.

化群体同质性强,容易达成一致性认同和增强组织凝聚力,不太容易形成高度无效的决策,但是也很少形成极具创造性的决策,因此没有特别突出的成功,也没有特别严重的失败。跨文化群体更具创造性,从而可能导致更加高效的决策,但是在这种多样化群体中达成一致性决策或者协调团队活动可能非常困难,因而常常造成灾难性的结果以及引起团队内部的问题,结果要么特别成功,要么非常失败,跨文化群体的领导者面临严峻的挑战。

(二)跨文化群体的领导

多元文化群体组成的跨国组织必须在世界范围内有效整合群体活动才能获取成功,这种整合对跨文化群体的领导者提出了特殊要求。创造便于成员积极参与团队决策和活动的民主决策氛围是跨文化群体领导者的重要责任。对于跨文化群体的领导,需要重视以下几点:

1. 在跨文化群体中,要求成员正视和正确地理解跨文化差异。只有正视和正确地理解跨文化差异,才有可能提高共同的工作效率。对此,可以对现有员工队伍进行“文化关注”培训,改变员工对多元文化的态度,开发他们在多元文化氛围中共同工作所必需的技能,帮助成员加快对跨文化背景下的生活和工作环境的适应。[1] 另外,一旦成员在认知和情感方面发生破坏性的冲突,跨文化群体领导还要能够及时加以建设性地调节。

2. 引导达成并且坚持一致的超越局部目标的高级目标。跨文化群体在形成一致意见方面比单一文化群体成员更加困难,因此跨文化群体领导人要主动引导跨文化群体成员就高级工作目标迅速达成一致意见。

3. 发起参与性的群体行为,强调成员平等参与决策和管理。发起群体行为的过程中,确保群体成员有共同的议程,保持全体对核心问题和核心绩效目标的关注。制度性地保障成员享受平等参与决策过程的权利,鼓励针对核心问题自由发表意见。群体领导人要按照成员的能力大小而不是按照其文化背景倾向性地安排工作,积极承担决策或者解决问题的责任,而且要成为传授和支持团队活动的帮助者而非命令者。

4. 鼓励并且随时反馈群体的绩效和每个成员的贡献。不仅要减少成员之间因为文化差异产生的各种冲突行为,更要鼓励每个成员为团队做出独特而卓有价值的贡献。群体领导人要随时反馈相关信息,使得成员们认识到群体的力量和作用以及个体对群体的共享。

第四节　全球控制

对于国际组织而言,在全球化经营环境中保持对海内外分支机构的有效控制,才能保证它们的经营活动符合总体战略。以国际企业为例,这种控制一方面为海内外分支机构的决策经营提供战略指导,另一方面衡量、监督和反馈分支机构在企业战略活动中的绩

---

[1] 张素红,梁爽.多文化组织中的员工激励[J].企业改革与管理,2006(6).

效,并结合奖励体系,沟通战略目标,引导下属行为,尤其是在发现分支机构战略实施行为不符合企业整体战略的情况下进行及时纠正和调整。

一、全球控制面临的特殊挑战

对于国际组织而言,全球控制具有更强的复杂性和特殊性。与国内控制相比较,企业对国际化业务的控制更加复杂和困难。这主要因为①:

(一)沟通和交流障碍

企业跨国经营活动地理上的分散性给沟通和交流带来障碍。信息通信技术的发展降低了沟通成本,但是缺乏人际之间面对面沟通的效果。在跨越时区、地区和文化背景下,缺乏面对面沟通往往导致进一步的误解、混乱和冲突。地理距离也增加了国内外沟通和交流的成本。

(二)企业跨国经营的多样化

企业在每个国家或者地区都面临特殊的控制需要,而业务种类和地区上的扩张会加剧这种控制的复杂性。例如,不同的国家和地区劳动力成本、对产品质量和价格的需求都有差异,这意味着跨国企业需要采取复杂的劳动力成本控制标准、质量控制标准和价格控制标准。

(三)风险因素

企业跨国经营过程面临更多政治、经济、社会和文化等方面的风险。例如,当地政府的经济政策变化、不断波动的汇率、当地的社会事件等带来的高度的不确定性都会加剧企业海外控制的难度。

二、全球组织控制的基本模式

全球组织控制的基本模式反映了在组织总部和海外分支机构之间进行集权或者分权的程度。对于全球性企业而言,其全球组织控制包括本国中心型、多元中心型和全球中心型三种基本模式。②

(一)本国中心型控制模式

本国中心型(Ethnocentrism)控制模式是指母公司对海外子公司采取集权式的计划与控制。其基本特征是:母公司对海外子公司的管理采取集权式的计划与控制

---

① 杰夫·拉索尔,迈克尔·M·伯瑞尔.国际管理学——全球化时代的管理[M].张新胜,王湲,译.北京:中国人民大学出版社,2002:270-271.
② 方虹.国际企业管理[M].北京:首都经济贸易大学出版社,2006:145-146.

（Centralized Planning and Controlling），海外子公司的一切决策权集中于总部，并指定母国公民担任海外子公司首席执行官和首席财务官等高级管理职位。公司总部作为最高决策机构，就利润亏损、投资回报率以及全面绩效等建立起各种控制标准，要求各子公司必须遵照执行并接受定期或不定期的检查。为了加强总部的控制，母公司建立起完善、复杂的组织，要求子公司保持比较简单的组织形态，并单向向子公司输送大量控制指令。母公司派遣母国的人员担任海外子公司的各层主管而不任用当地人员，减少了当地管理人员的发展机会，很容易遭到东道国/地区的抵制。母公司采用自上而下的方法制定公司的战略，子公司不能参与。

该模式能够充分发挥母公司总部的中心调控功能，优化配置企业整体资源。但是不利于发挥和培养子公司的自主性、积极性和创造性，在子公司实力增强以及东道国/地区市场要求快速灵活回应的情况下尤其容易打击当地人员士气，激发母子公司之间的矛盾。而在母国外派人员国外适应能力差的情况下其效率会大受影响。一般来说，比较适用于产品单一、技术市场比较稳固以及海外子公司高度依赖总部的企业。

（二）多元中心型控制模式

多元中心型（Polycentrism）控制模式是指母公司对子公司的管理采用"分权式的计划与控制"（Decentralized Planning and Controlling）。其基本特征是：母公司允许子公司根据所在国/地区的具体情况独立地确定长期发展战略和经营目标。子公司属于独立的利润中心，由熟知当地文化、语言、商业运作惯例以及拥有广泛人脉资源的当地公民出任重要职位，并有权决定产品的设计、生产、销售、市场开拓等重要经营问题。母公司鼓励海外子公司相互竞争和共同发展。各子公司的组织往往随着地位的上升和权力的扩大而逐渐完善。

这种模式为海外子公司采取更加地道的本土行动提供保障，能够充分发挥子公司的积极性和创造性，容易受到子公司内部和外部的员工认同以及所在东道国/地区的欢迎。同时，该模式还能规避母国外派伴生的巨大的成本和风险。但是该模式下的母公司难以统一调配资源，各子公司难以共享各自的信息、技术和资源，总部和子公司之间以及子公司相互间在目标和行动一致性方面的协调更加困难。同时，总部员工在直接获取海外工作机会和经验方面也面临很大的限制。这种模式比较适合那些市场分散、投资国环境稳定、难以统一行动或无须采取统一行动的企业。

（三）全球中心型控制模式

全球中心型（Geocentrism）控制模式是指母公司对子公司的管理采用"分权式的计划与集权式的控制"（Decentralized Planning and Centralized Controlling），属于集权与分权相结合的一种管理控制体制。其基本特征是：企业总部不拘国籍，内外配置海外子公司的高级管理职位；重大决策权往往掌握在母公司手中，子公司则可以在总体经营战略范围内自行制定具体的经营计划，调配资源；母公司通过目标、战略规划和控制准则控制子公司；凡是同时涉及母子公司利益的问题，均需由双方协商解决。

这种模式强调在保证企业总部有效控制的前提下，给予子公司较大的自主权。淡化企业的具体国籍,着重反映全球经营活动,便于在更广泛的全球范围内寻找乐于服务于企业的优秀人才,有利于培养全球化的管理团队和队伍。那些规模巨大、股东来源于全球各地、海外子公司众多、产品更加复杂以及市场遍布全球的企业更适合采用这种控制模式。随着信息化和全球化的发展,企业具有更加强大的全球资源调控能力,越来越多的企业开始转向全球中心型控制模式。

三、全球控制的基本手段

对于实行全球化经营的企业而言,全球控制的基本手段包括:输入控制、官僚控制、产出控制和文化控制(社会化)。

1. 输入控制

输入控制是企业在执行跨国经营活动前所采取的行为,例如人员、技术、产品设计、营销知识及资本的输入。在资本日益具有普遍可得性的情况下,企业对海外经营的输入控制日益集中在具有很强稀缺性的人员及其头脑中的知识上,从而人员控制和知识控制成为两种非常关键的输入控制机制。

(1)人员控制

人员特别是高级管理人员是决定企业持续竞争力的关键资源。人员的国际化转移是一种重要的控制手段。人员控制就是企业总部指派可信赖的人员到分支机构直接接触部属以监督和控制部属的行为。

企业选拔国际经营管理人员采用三种各有利弊的国籍策略:管理人员母国化、管理人员当地化、管理人员国际化。由于各有利弊,需要依照具体的控制要求灵活采用。

管理人员母国化是指海外分支机构所有关键的职位均由母国外派的人员担任。例如,强烈的民族感促使日本绝大多数跨国公司更多地选聘本国管理人员出任海外经理,日本的索尼、佳能和本田等跨国公司的高层管理团队往往往往是清一色的日本人。由于来自总部或来自母国的人更加熟悉母公司的战略目标、政策和实践,更能与母公司人员保持有效的联络,总部也更容易控制海外子公司的经营。不过母国化的管理人员往往难以适应当地语言及社会文化、政治和法律环境。

管理人员本土化是指母公司减少外派人员并招聘当地人员担任海外分支机构的重要职位。管理人员本土化的一个重要原因是,本土化的管理人员更加了解当地的社会文化、政治经济、法律和商业惯例等环境。这样做固然可能减少外派人员的开支,为当地人提供晋升的机会,增强他们的责任心,并树立和强化主动融入当地争取相关支持与认同的形象,但是却面临因为语言障碍、国家认同和文化差异产生的母子公司之间沟通上的困难。

管理人员国际化策略反映出在前面二者之间的调和。这种策略中,管理人员的合适性而非国籍才是最重要的考虑因素。企业倾向于选择那些熟知东道国政治经济、社会文化并能够服从总部实施较高程度的集权控制的第三国职业性国际商务经营管理人员担任子公司的重要职位。不过,跨国公司在雇用第三国国民出任经理时,需要考虑到国家间的关系及其有关的敏感问题,而且第三国国民可能成为当地人晋级、担任重要职务的障碍。

(2)知识控制

知识控制主要体现在两个方面,一是控制知识来源,二是促进知识共享。

在控制知识来源方面。海外分支机构的知识来源可能来自公司网络、当地外部网络及企业自身的开发和外购。尽管很多公司日益认识到发展海外分支机构的知识和能力有利于确立全球的竞争地位,但是相当多的公司仍然将核心技术保留在母国或者总部,以免动摇母公司的优势地位。在子公司没有独立的研发部门从而知识和技术主要来自母公司的情况下,总部的知识控制力度就特别强,这在海外直接投资初期表现特别明显。但是随着当地市场地位不断上升,及当地知识基础不断强化,总部会放松控制,转移一部分核心知识和技术到海外子公司以促进研发的本地化发展。

在促进知识共享方面。由于知识本身的公共产品属性,企业知识可以同时应用于多个分支机构而且没有相互的冲突。企业内部的知识共享是获取竞争优势的重要来源。同时,通过知识共享,母子公司之间的知识性联系就更密切,子公司对内部知识网络的依赖程度就更强,这意味着总部可以利用知识共享实现对子公司的控制。

2. 官僚控制

官僚控制就是母公司通过一些规则和程序直接控制子公司的决策,是一种较为正式和直接的行为控制手段,反映了正式化和集权化的重要内涵。

(1) 正式化

正式化是制度化的系统和过程,企业通过建立标准化的运作流程并形成书面化的公司手册、职位说明书、工作规则等,包括管理制度流程的建立、会计程序和制度、员工规范守则、正式的绩效报告及标准的操作程序等,规定了组织规范的明确程度,描述了允许和不允许的行为,代表着资源分配的例行性程度,提供了子公司选择的指导框架。

(2) 集权化

集权化规定了以公司管理阶层为主的决策程序和战略性决策集中于母公司的程度。在这种控制机制中,母公司通过集权化、明确工作程序、紧密监督和行为评估影响海外分支机构实现目标所采用的手段,通过基于政策或者标准化程序了解从输入到产出过程中海外分支机构的要求及其实际采取的行动。总部告知海外分支机构经理人员如何通过手册和政策回应当地情况,而且很大程度上根据其行为符合规定的程度确定其绩效和报酬。地理距离的大小及母公司的文化都影响到集权的程度。例如,母国和东道国距离遥远,分支机构往往拥有相对较强的自主权和更多的地区与产品责任。日本公司往往强调全球化导向和总部集权,而美国公司则注重当地回应,并且子公司的自主权更强。

(3) 集权控制模式

官僚控制中,根据集权和分权的不同结合程度,存在三种一般的集权控制模式。运营介入型的高度集权模式中,总部不仅全面安排公司的总体战略、规划,并就子公司或分支机构的重大经营决策做出选择,有权在任何时候监督和调整子公司的经营状况。财务控股型的分权模式中,总部往往不直接管理子公司的具体经营活动,只对子公司进行必要的监督和宏观调控,海外子公司具有很强的自主决策权。战略控制型的混合模式中,集权与分权相结合,总部要求子公司在统一制定的战略目标框架下自主安排具体的实施方案。

随着企业经营活动日益全球化,复杂化和多元性的国际控制任务使得仅仅依赖标准的行政控制越来越难以奏效。因为这些标准的行政控制往往过于僵化从而不能有效应对越来越多分散于全球又相互依赖的国际经营活动。同时,由于文化价值观上的差异,母子公司对于同样的行为会存在不同的解释。所以,这种行为控制的有效性还会受到母国和东道国之间地理文化距离的限制。

3. 产出控制

产出控制通过一套监视、评价海外分支机构或者子公司的产出并提供反馈的业绩报告制度进行运作。在产出控制中,先由母公司规定获利率、生产率、成长率、产品质量、市场份额、新技术开发、原材料供应质量等方面的目标体系,然后据此衡量海外分支机构的经营绩效并与薪酬激励相联系,从而实现对海外分支机构的控制。有关研究表明,美国公司往往比它们的日本同行具有更强的结果导向倾向。具体来看,产出控制主要包括绩效控制和报酬控制。

(1) 绩效控制

绩效管理需要一套标准化的流程,在设定目标的前提下,评估绩效,发现问题和差距并提升绩效。

有效的绩效控制要求海外分支机构必须依照母公司的指示设定工作目标和标准,从而实现企业国际化战略目标。海外分支机构及其经理的绩效是多种因素综合作用的产物,因此在评估海外分支机构及其经理时需要考虑许多限制因素。在确定子公司的绩效标准时,除了要符合母公司的期望之外,还要考虑其所处的政治、文化与法律环境及本土化的产业环境。在这个过程中,母公司会经常派人访问海外分支机构,海外分支机构也会经常与总部高层会晤沟通,并据此做出相应的调整。

随着海外分支机构管理人员特别是高层管理人员的本地化发展,对当地员工的绩效评估和控制面临文化适应性的问题。例如,在高情景性的文化背景下需要采用更加委婉的方式设计问题、反馈绩效、提出问题与建议。

(2) 报酬控制

报酬控制是绩效控制的配套机制。报酬一方面要吸引和激励海外分支机构经理人员愿意外出工作,还应具有控制的职能。按照期望理论,人们采取某些行为的强度取决于该行为之后可得到某种期望的结果及该结果对个人的吸引力。因此,设计外派人员薪酬时除了要考虑到:国内的员工收入、所在国的生活成本、当地的住房情况和房租、子女的教育、精神补贴、税收等多方面的因素,还应注意激励和控制的效果。一套报酬制度要产生激励效果,需要满足三个条件:报酬必须具有吸引力;绩效与报酬之间必须具有关联性;努力与绩效之间必须具有关联性。由此,母公司可以通过报酬引导海外分支机构经理人员产生良好的绩效,作为母公司依据产出进行控制的手段。

国际报酬政策要与公司的总体战略、结构和企业需求一致,报酬政策还必须与个人绩效结合,才能达到产出控制的目的。通过员工工作的结果和绩效标准的比较,根据绩效成果的优劣提供选择性的报酬或者做出相应的调整。另外,国际报酬政策还要考虑当地环境的特殊要求。由于东道国当地外埠劳动力市场与母国有所不同,将母公司的薪酬制度导入海外分支机构就难以反映子公司当地的需求。因此,公司的报酬制度应配合本土经理人员当地外埠劳动力市场的情况,以获取外部公平。

4. 文化控制

(1) 文化控制的重要性

文化控制是一种非常重要的非正式控制机制。很多情况下,通过直接监督、报告和评估雇员的业绩往往比通过鼓励雇员共享公司价值观来指导行动更加昂贵。而社会化就是一种重要的补充性的控制手段,也是日本跨国公司经常采用的控制手段。

母公司通过建立企业文化并使得海外分支机构成员共享价值观、行为规范和战略目标促进共同决策、实现控制海外分支机构的目的。为建立这些共同的价值观和规则,跨国公司需要高度重视经理人员的选择、培训和轮换,同时需要重视母子公司之间、海外分支机构之间广泛而公开的沟通。① 因为有效的沟通和互动是跨国公司增进海外分支机构共享公司价值观的主要手段,海外分支机构与总部保持经常有效的沟通及总部对海外分支机构的访问有利于增进价值观的共享。

(2)文化控制的主要目的

文化控制的主要目的是建立组织文化与伦理,经过组织成员长期的潜移默化与熏陶,形成组织范围之内对共同价值观、行为规范和目标的共享。共享目标和价值观有利于减少总部和海外分支机构之间的利益分歧并增强相互依赖感,从而是实现控制的一种重要手段。共同的价值观和信念提供了利益的和谐、消除了机会主义行为的可能性。母子公司经理之间的社会化使得海外分支机构可能利用当地的资源和知识追求超越本地利益的公司整体利益。社会化的主要模式包括,管理发展与社会化模式、团队或者委员会之类的冲突管理模式、非正式沟通、跨部门关系、建立组织文化、管理者之间相同的价值体系、子公司管理者价值观和规范的调整、公司社会化等。

(3)文化控制有效性的重要条件

母公司通过企业文化转移对海外分支机构施加文化控制,但地域文化差异性对文化控制存在一定的影响。母国和东道国文化差异愈大,母公司和海外分支机构双方决策的不确定性越大,信息处理要求也越多,此时文化控制已无法发挥效能,而要依赖更多的行政控制。② 因为文化差异小时,母公司外派人员在技术转移与管理制度时较易调适,且采用文化控制也较为容易。反之,总部与海外分支机构的文化距离愈大,则更难有效监督各单位,所以降低文化差异程度可减少跨国公司控制海外分支机构的成本。

可见,母子公司之间的相似性是进行文化控制的重要因素,因此这种控制模式比较适合母国和东道国文化相似性较强的情形,否则就会面临很大限制。

案例

国际化之路:中国企业在南美③

随着全球化进程的加剧,世界格局正经历着巨大的转变,从全球经济到军事政治力量,新的平衡渐渐由发达国家的垄断向发展中国家的广泛参与转变,例如金砖国家(巴西、俄罗斯、印度、中国和南非)。事实上,这其中最引人注目的改变信号莫过于中

① Nohria & Ghoshal. Differentiated fit and shared values: Alternatives for managing headquarters- subsidiary relations [J]. Strategic Management Journal,1994(15):491-502.
② Baliga and Jaeger. Multinational Corporations Control Systems and Delegation Issues [J]. Journal of International Business Studies,1984:25-40.
③ Alberto Aguiló. 国际化之路:中国企业在南美[J]. 东方早报,2014(7).

国经济将赶超美国,或者按照世界银行的分析,这一切已然发生。带动中国国内消费似乎是维持经济持续增长的最行之有效的方式,因此,很大一部分中国企业试图在海外增加活跃度,这不仅仅是根据现状为了外销,更是为了买入,乃至在海外拥有自己的产品并进一步进口到中国。

　　一些巨头们已然向此进发。早在几年前,为了迎接经济全球化带来的挑战,它们就积极重定了战略,有时通过垂直整合手中的业务,将价值链从中国内地扩大到海外。大型国有企业拥有其强大的关系网、出色的管理水平,最重要的是,有支撑它们扩张的资金保障,在中国政府诱人的贷款支持下,它们往往通过合并收购海外大型公司以实现有机增长。然而,放眼中小型企业,它们现状如何?国际化,它们准备好了吗?海外发展,它们该如何做?关于国际化的建议又该听从哪些?在这发展的新阶段,那些战略还能屡试不爽吗?还是厂商们又会开辟新的国际化之道?在这过程中,拦路虎又是什么?

　　我们可能首先要分析一下中国的投资状况。如果我们按照投资流向将国家分成三类,显而易见,在过去的几十年里,中国的投资流向第一类国家:严监管、低风险、低利润,以及第三类国家:松监管、高风险、高利润。然而,第二类国家(主要是南美国家),并未被开发挖掘。事实上,一些专家预见对中国企业来说,南美市场前景明好,最具增长潜力。这不仅源于双方经济的互补特征,还在于彼此良好的发展前景。作为新兴市场,南美堪称战略性低成本运营平台的典范,其重要性绝不亚于消费驱动的龙头——中国国家主席习近平正在南美访问,这本身就体现了这一点。

　　中国海外商业增长的需求和速度已对中国商业家构成了一个巨大的挑战。有些问题的解决需要依靠海外商业的成熟度,然而没有人愿意走弯路,付出高昂代价。基于此,以及南美市场的投资潜力,我们将给出一些指导性意见,这些意见将对中国企业在南美的国际化之路产生推波助澜的作用,不仅仅对中小企业,大型企业集团也能在面对"进入壁垒"时从这些建议中获益。

　　首先,我们要明晰一下"全球化"和"国际化"的概念。全球化指的是经济活动的功能性融合,而国际化是指跨国界的联系交往不断加强的进程。其次,我们要阐明一下将商业扩展到海外的主要裨益。通过国际化,公司可以获得操作弹性,提高工业经济效益。因此,扩展海外商业,攻占国际市场的坚实战略不失为应对新情势的潜在方案。规模经济和范围经济是国际化背后的另两驾马车,在其驱动下,市场扩张,新项目得以开展。海外商业扩展同时也能满足当地需求,改善劳工、运输和物流成本。此外,企业也能因此处于主动位置而获得更好的分散投资。对高新技术公司而言,一些公司可利用国际化获得社会资本注入或者整合技术性投入以实现创新。其他公司将国际化视作打破产业壁垒的战略,通常在国外,企业需要安抚当地情绪。

　　既然我们了解了国际化的好处,那么现在我们可以谈谈中国企业在拉丁美洲动作频频的意图,这与当地的自然资源,投入的确保性及工业生产所需的原材料不无关系。这种战略性转移在中国主要区域性投资上可见一斑,尤其集中在工业和国家的大型单个项目上。中国在南美的"明星"投资产业是石油和天然气,主要的企业是这一领域的国际巨头,如中国石油化工总公司,中国海洋石油总公司。这两家企业在奥里诺科石油带(委内瑞拉)已经投资了新的项目。中国石化分别认购了西班牙雷普索尔(Repsol)巴西子公司 40％的股权,葡萄牙石油和天然气(Galp Energia)巴西子公司30％的股权,同时,中石化还收购了美国西方石油公司阿根廷资产。而中国海油在认购了布里达斯、潘中美能源及埃索(Bridas, Pan American Energy and Esso Argentina)阿根廷子公司的部分股权后,成为阿根廷第二大石油公司。

矿业是第二大投资产业,主要是五矿资源有限公司收购秘鲁的拉斯班巴斯铜矿(Las Bambas)。除了为了获取资源,另一个染指此市场的目的在于战略性的眼光,目前拉丁美洲的进口主要来自欧洲和美国,日后中国有望取而代之。

尽管早在 20 世纪 90 年代初,国有企业就已踏入拉美市场,但相关的增长趋势在21 世纪最初几年才初见端倪,与此同时,南美经济飞速发展,中国加入世贸组织。尽管如此,中国对拉丁美洲的直接对外投资还是相对较低,仍空留了大笔机会。然而俗话说得好,发光的不一定都是金子,这就是为什么中国企业在进入南美市场时要深思熟虑。尽管国际化没有标准路线,相反,每个企业的不同组织能力以及相关产业的特性都将指向不同的国际化之路,但我们还是要提一些商业和文化上要注意的问题。

首先要讨论的是不确定性和对新市场认知的缺乏。在南美,除了巴西(官方语言是葡萄牙语)和一些小国家,大多数都是西班牙语国家。分析和研究新兴市场商机的中文信息很少,有时甚至英语也很少。不过,大使馆和领事馆会提供大量中文的投资、税收、文件、联系方式等信息。例如,阿根廷政府在网站 bapip. inversiones. gov. ar/en/中会提供开放项目的名单和一些规章。近来,南美国家及区域机构与中国召开了多次高层会议,举办了一些展销会和展览会,还组织参观访问中国,试图与中国商人建立起长期的合作关系。另外,在南美,中国的一些银行也有强大影响力,如中国工商银行收购了南非标准银行。这些银行拥有强大的信息资源,是与南美商人沟通联系的良好渠道。

信息是第一步,但是如上文所说,获得信息的困难是可以克服的。另一个更有意思也更让人头疼的问题,是文化差异。近来招聘专家提到了一个非常有意思的话题,一个人会说当地语言,另一个人不仅掌握语言还对当地文化有了解,但是他们之间会有天壤之别。语言壁垒确实是一块很大的障碍,但是考虑到长期的传统影响,以及根深蒂固的文化价值观,文化差异造成的壁垒显然更难解决。若要缓解这个问题,我们需要分三个主题来讨论:拉丁美洲与中国谈判方式的异同;决策制定过程的特点;国际分公司职员中当地人与中国人的合理比例。

谈判方式,同大于异。很多中国商人非常了解欧洲和北美文化,并以此去揣度拉丁美洲人,这是常见的错误。当然南美国家各有差异,甚至在同一个国家,情况也不尽相同,但是大体上来说,拉丁美洲人还是有些共性的,如说同一种语言,过去受到天主教很大的影响,有相似的习俗,都曾被殖民并从同一个殖民者中独立出来。例如,在谈判过程中,你可能会觉得对方很友好,不那么正式拘谨,有时磋商甚至没有具体的主题。北美人在商务谈判时习惯抛开个人情感因素,与此不同,拉丁美洲人更喜欢在熟悉的地方与已经有所了解的人谈判,这点和中国人很像。根据生意规模和谈判人的专业度,对方可能会更看重短期利益而非长期目标。

　　决策制定的过程也和中国人有一些相通处。通常，他们也是权力集中制，无论是多大的事，最后的拍板都需要公司的头儿出面。不过，老板的决定一般会受一个非正式组织结构的影响，与欧洲和北美公司相比，这个组织结构在拉美公司中扮演着相当重要的角色。要想与拉美公司做生意，弄清这个组织结构的运作流程将变得至关重要。

　　和中国人一样，拉丁美洲人认为讨价还价是谈判中很重要的部分。不过，民族骄傲和激情性使然，如果对方认为会议进行得不如他意，那么他们在谈判桌上可是什么都干得出来的。传统的中国式谈判总是婉转迂回，双方都很有磨的耐心，因此拉丁美洲人的这些性格特点需要谈判者牢记于心，他们对于谈判的大致基本点会很上心，但是对细节会很粗线条。有时，他们可能会对会议毫无准备。

　　公司要跨国经营，信任不能少。在南美，如果你和拉美人谈起中国公司，多数情况下你会听到这样的评论：中国公司是具有国际性，但称不上跨国公司。因为当中国企业在海外设立分公司时，他们仍会携带一大批中国职工前来。我在一家阿根廷跨国公司工作，分派过来有一定工龄且濡染本企业文化的阿根廷员工确实符合逻辑又明智，他们可以将这种文化渗透到分公司中。但是，这种策略应该局限在分公司的灵魂人物上，而且在时间上也要有很好的把握，要有明确的计划将这种企业知识和文化转植到当地员工身上。

　　根据评论，中国的海外公司并没有这样做，有些情况下，中国职工的比例甚至可以达到40％，而当地职工仅仅占了60％。与南美的其他外国企业比较，中国的本国职工比例实在高。这其中可能有三个原因：一是中国公司进入南美市场的时间还短；二是考虑到语言文化的差异；三是中国劳工成本低，姿态低。

　　诚如我们前面所言，中国公司在90年代初进入拉美市场，但到21世纪初才显身手，与此同时，南美经济飞速发展，中国加入世贸。另一方面，欧美公司和品牌在20世纪初就进入了拉美市场。举个例子，中国大型通信公司，也是国际上其中一个最知名的中国品牌——华为，于1987年成立于深圳，在90年代末开始打开国际市场，2005年，其国际订单首次超过国内规模。爱立信（Ericsson，瑞典品牌）1905年进入拉美市场（墨西哥），诺基亚、西门子（NSN，芬兰品牌）也已进入数十年。这些企业的南美分公司里没有一家雇用瑞典或芬兰员工超过10％的。在丰富的经验下，它们已经有了一套成熟的机制用于总部和分公司的沟通，分公司立足当地，引入更多当地人管理公司，同时总公司的文化和标准又得以保持。

　　至此我们可以总结，海外分公司高比例的中国职工现状与缺乏国际市场经验息息相关。接下来我们可以移步下一个问题——语言文化差异。鉴于两区域语言习俗差异巨大，公司将会十分倚赖那些能在各个层面上成为分公司和总部接口的职员。大多数在总部工作的职员不会讲西班牙语，有时英语也困难；另一方面，南美的大多数客户和当地职员不会说中文。因此，通常当地职员需要处理好与客户的关系，而中国职员负责与总部沟通交涉。很长一段时间，海外公司都需要依靠这样的方法机制，除非有一天双方开始学习彼此的语言，并且与当地职员交流时更自如、更通晓其文化，才会慢慢降低对这种模式的依赖度。

最后，我们可能要对人力资源成本做下解释。南美相对来说还是一个吸引力不那么大的市场，所以最好的职员，经验老到的通常都会被派往欧美地区。事实上，有时派一个经验丰富的中国职员确实比在南美雇用一个合适的职员更便宜。对比他国外派人员，通常欧洲公司需要支付薪水及其在拉美的大部分生活开销，这些费用加起来一般会超过雇用当地员工所需费用。相反，同样资历的当地员工和中国员工，中国公司需付给中国员工的工资可能更少，并且中国员工还能用中文沟通交流，对总公司的意思能心领神会。不过根据中国劳工市场的特点，在接下来的几年里，情况将发生转变，这种廉价劳工将不复持续。

中国公司应该建立清晰明确的方针，规范化沟通交流体系，并且在语言学习方面要同时为中国员工和当地员工加强投资。诚然，它们应当在关键职位安插中国人，但是也应该给予当地人更多的信任，下放更多的权力，如此才能真正地成为跨国公司而不仅仅只是形式上国际化。在这种多样化下，最后无论是产品还是服务都会有一个质的飞跃。

（本文作者 Alberto Aguiló 是一位阿根廷人，他在一家跨国新能源公司担任财务经理，2012 年被外派至上海，和家人生活在这里至今。电子邮箱是：albertoaguilo10@gmail.com。）

▶ 本章小结

全球视角下的管理者需要制定和调整全球战略。企业全球战略意味着从全球角度出发，在世界范围内合理安排和整合区位性资源，实现全球收益最大化。全球扩展使得企业通过以下几种途径增加盈利：转移核心能力；实现区位经济；实现经验曲线效应，而企业适应东道国市场条件的各种调整会限制企业利用以上方式获取利益的潜力。

企业在国际市场上可能采用国际化战略、多国化战略、全球化战略和跨国化战略四种基本战略，而某种战略是否适合一个企业与该企业所承受的成本压力以及顾及地域差别的压力有关。企业一般有贸易型、契约型、投资型三种进入海外目标市场的基本模式。贸易型进入模式包括直接出口和间接出口方式。契约型进入模式包括授权经营、服务合同、生产合同以及契约式国际战略联盟四种模式。投资型进入模式包括海外新建和海外并购两种基本形式。

合适的组织结构是企业实施全球化经营战略及其目标的重要保证。早期的全球组织结构主要是出口部和分权式海外子公司结构，随着国际业务的进一步扩张，需要设立专业的国际部来处理国际业务。在海外业务的范围日趋广泛、重要性日益增强的情况下，企业有必要在产品、职能和地区地位相同的基础上建立世界范围内的组织结构：职能分部、产品分部、地区分部、混合型和矩阵型结构。而近年来新出现的网络结构综合考虑到职能、产品和地区等多重因素，既能够使得企业获取全球规模经济的优势，又能够保持对当地市场需求的回应性。

不同的全球组织结构各有利弊，全球组织结构的选择要综合考虑企业长远发展战略、发展阶段、产品多元化程度以及国际营销比重等因素。企业一般可以从产品多元化程度和国际营销比重两个维度综合决定全球组织结构。

在多元文化背景下形成的多文化组织必然伴随着跨文化群体（团队）的出现和管理。多元文化下的领导需要正确认识、处理和利用跨文化群体的建设性。

对于企业而言，全球控制具有更强的复杂性和特殊性。全球组织控制模式包括本国中心型、多元中心型和全球中心型三种基本模式。全球控制的基本手段包括：输入控制、官僚控制、产出控制和文化控制（社会化）。

思考题

1. 企业组织进行全球扩展有哪些主要战略？
2. 企业进入国际市场的基本模式有哪些？
3. 全球组织结构的基本类型有哪些？
4. 全球控制的基本手段有哪些？
5. 联系文中案例，你如何评价 Alberto Aguiló 先生对南美市场上中国企业所提出的管理建议？

参考文献

1. Alfred D. Chandler. Jr.. Strategy and Structure [M]. Cambridge，Mass.：MIT Press，1962.

2. Antecedents and consequences of organizational innovation and organizational learning in entrepreneurship [J]. Industrial Management ＋ Data Systems，2006,106(1/2).

3. Baliga and Jaeger. Multinational Corporations Control Systems And Delegation Issues [J]. Journal of International Business Studies，fall 1984.

4. Bartlett and Ghoshal. Organizing for Worldwide Effectiveness：The Transnational Solution [J]. California Management Review，Berkeley：Fall 1988,31(1).

5. Bartlett and Ghoshal. Managing Across Borders：The Transnational Solution [M]. Boston：Harvard Business School Press，1989.

6. Ghoshal，Bartlett. The Multinational Corporation as an Interorganizational Network，Academy of Management [J]. The Academy of Management Review，Briarcliff Manor：Oct 1990,15(4).

7. Edstrom and Galbraith. Transfer of Managers as a Coordination and Control Strategy in Multinational Organizations [J]. Administrative Science Quarterly，1977,22.

8. Hamilton III，Taylor and Kashlak. Designing a Control System for a Multinational Subsidiary [J]. Long，December 1996,29(6).

9. Hammer. Reengineering Work：Don't Automate, Obliterate [J]. Harvard Business Review，July-August (1990).

10. Harold Koontz. Management Theory of Jungle Revised [J]. Academy of Management Journal，1980.

11. Michael Hammer，James Champy. Reengineering the Corporation：A Manifesto for Business Revolution[M]. Nicholas Brealey Publishing，1993.

12. Michele Kremen Bolton. Organizational innovation and sub2 standard performance：when is necessity the mother of innovation? [J]. Organization Science，1993,4 (1).

13. Nohria,N. ﹠ Eccles, R. G. （eds.）. Networks and Organizations：Structure, Form, and Action [C]. Boston：Harvard Business School Press，1992.

14. 亨利·法约尔. 一般管理和工业管理[M]. 迟力耕，张璇，译. 北京：机械工业出版社，2007.

15. 亨利·明茨伯格. 明茨伯格论管理[M]. 闫佳，译. 北京：机械工业出版社，2007.

16. 切斯特·I·巴纳德. 经理人员的职能[M]. 王永贵，译. 北京：中国社会科学出版社,1997.

17. W·H·纽曼. 管理过程——概念、行为和实践[M]. 李柱流,译. 北京:中国社会科学出版社,1995.

18. 哈罗德·孔茨,海因茨·韦里克. 管理学[M]. 张晓若,等,译. 10 版. 北京:经济科学出版社,1998.

19. 海因茨·韦里克,哈罗德·孔茨. 管理学——全球化视角[M]. 马春光,译. 11 版. 北京:经济科学出版社,2007.

20. 加里·戴斯勒. 管理学精要[M]. 吕廷杰,译. 2 版. 北京:中国人民大学出版社,2004.

21. 里奇·格里芬. 管理学[M]. 刘伟,译. 8 版. 北京:中国市场出版社,2006.

22. 切斯特·I·巴纳德. 经理人员的职能[M]. 王永贵,译. 北京:机械工业出版社,2007.

23. 斯蒂芬·P·罗宾斯. 管理学[M]. 孙健敏,译. 7 版. 北京:中国人民大学出版社,2004.

24. 唐·黑尔里格尔,等. 管理学——能力培养方向[M]. 9 版. 北京:中信出版社,2005.

25. 伊查克·麦迪思. 企业生命周期[M]. 北京:中国社会科学出版社,1997.

26. 小野兹. 企业的全面质量管理[M]. 北京:企业管理出版社,1988.

27. S·泰森,等. 组织行为学精要[M]. 高筱苏,译. 北京:中信出版社,2003.

28. 林德尔·厄威克. 管理备要[M]. 孙耀君,等,译. 北京:中国社会科学出版社,1994.

29. 阿伦·肯尼迪,特伦斯·迪尔. 公司文化[M]. 上海:上海三联书店,1989.

30. 彼得·圣吉. 第五项修炼[M]. 郭进隆,译. 上海:上海三联书店,1998.

31. 查尔斯·W·L·希尔. 国际商务:全球市场竞争[M]. 周健临,等,译. 3 版. 北京:中国人民大学出版社,2002.

32. 陈春花,赵曙明. 高成长企业的组织与文化创新[M]. 北京:中信出版社,2004.

33. 陈洪安. 管理学原理[M]. 上海:华东理工大学出版社,2006.

34. 陈劲. 管理学学习指导与案例[M]. 北京:中国人民大学出版社,2012.

35. 陈文汉,蔡世刚. 管理学[M]. 北京:北京大学出版社,2012.

36. 成中英. C 理论:中国管理哲学[M]. 北京:中国人民大学出版社,2006.

37. 达夫特,Richard. L. Daft. 组织理论与设计[M]. 王凤彬,张秀萍,译. 北京:清华大学出版社,2003.

38. 丹尼尔·A·雷恩. 管理思想的演变[M]. 赵睿,等,译. 北京:中国社会科学出版社,1996.

39. 方虹. 国际企业管理[M]. 北京:首都经济贸易大学出版社,2006.

40. 冯国珍,王云玺. 管理学[M]. 上海:复旦大学出版社,2006.

41. 郭咸纲. 西方管理思想史[M]. 3 版. 北京:经济管理出版社,2004.

42. 郭咸纲. 企业创新驱动模式[M]. 北京:清华大学出版社,2005.

43. 侯先荣,等. 企业创新管理:原理与实践[M]. 北京:电子工业出版社,2003.

44. 加雷思·琼斯,珍妮弗·乔治. 当代管理学[M]. 郑凤田,等,译. 北京:人民邮电出版社,2005.

45. 姜仁恩. 管理学——习题与案例[M]. 北京:中国时代经济出版社,2006.

46. 杰夫·拉索尔,迈克尔·M·伯瑞尔. 国际管理学——全球化时代的管理[M]. 张新胜,王瑗,译. 北京:中国人民大学出版社,2002.

47. 金润圭. 国际企业管理[M]. 北京:中国人民大学出版社,2005.

48. 康芒斯. 制度经济学(上卷)(中译本)[M]. 北京:商务印书馆,1983.

49. 科斯. 财产权利与制度变迁[M]. 上海:上海三联书店,1991.

50. 科斯. 企业、市场与法律[M]. 上海:上海三联书店,1990.

51. 拉瑞·托恩·霍斯默. 管理伦理学[M]. 张初愚,张永云,译. 5 版. 北京:中国人民大学出版社,2005.

52. 李琮. 经济全球化新论[M]. 北京:中国社会科学出版社,2005.

53. 李文舒. 企业管理概论[M]. 北京:冶金工业出版社,2009.

54. 李政,等. 大企业病[M]. 哈尔滨:黑龙江科学技术出版社,2002.

55. 理查德·M·霍杰茨,弗雷德·卢森斯. 国际管理——文化、战略与行为[M]. 赵曙明,程德俊,译. 5 版. 北京:中国人民大学出版社,2006.

56. 刘删,等. 组织结构扁平化的意义和用途[J]. 企业管理,2007(4).

57. 马涛. 传统的创新——东方管理学引论[M]. 石家庄:河北人民出版社,2001.

58. 迈克尔·波特,马克·克雷默. 战略与社会:竞争优势与企业社会责任的联系[J]. 哈佛商业评论(中文版),2007.

59. 诺斯,托马斯. 西方世界的兴起[M]. 北京:华夏出版社,1989.

60. 乔治·S·伊普. 全球战略[M]. 程卫平,译. 2 版. 北京:中国人民大学出版社,2005.

61. 芮明杰. 管理创新[M]. 上海:上海译文出版社,1997.

62. 芮明杰,等. 管理学——现代的观点[M]. 2 版. 上海:上海人民出版社,2005.

63. 邵冲. 管理学案例[M]. 北京:清华大学出版社,2006.

64. 科斯. 财产权利与制度变迁[C]. 上海:上海三联书店,1994.

65. 苏东水. 管理学[M]. 上海:东方出版中心,2001.

66. 唐晓波. 管理信息系统[M]. 北京:科学出版社,2005.

67. 托马斯·贝特曼,等. 管理学:构建新时代的竞争优势[M]. 王雪莉,译. 5 版. 北京:中国财政经济出版社,2004.

68. 托尼·莫登. 管理学原理[M]. 崔人元,等,译. 北京:中国社会科学出版社,2007.

69. 威廉·大内. Z 理论[M]. 孙耀君,王祖融,译. 北京:中国社会科学出版社,1984.

70. 魏文斌. 现代西方管理学理论[M]. 上海:上海人民出版社,2004.

71. 邬适融. 现代企业管理——理念、方法、技术[M]. 北京:清华大学出版社,2005.

72. 吴照云,等. 管理学通论[M]. 北京:中国社会科学出版社,2007.

73. 小艾尔弗雷德·D·钱德勒. 看得见的手——美国企业的管理革命[M]. 北京:商务印书馆,1987.

74. 邢以群,张大亮,等. 组织结构设计——规范分工协作体它所系[M]. 北京:机械工业出版社,2007.

75. 许波. 管理学——案例、题库、课件[M]. 上海:上海人民出版社,2006.

76. 薛求知,刘子馨. 国际商务管理[M]. 2 版. 上海:复旦大学出版社,2002.

77. 杨蓉. 公司成本管理[M]. 上海:上海财经大学出版社,2009.

78. 叶国灿. 从管理理论演进看企业管理模式创新[J]. 中国人民大学学报,2004(2).

79. 约翰·科特,詹姆斯·赫斯克特. 企业文化与经营业绩[M]. 北京:华夏出版社,1997.

80. 张铃枣. 管理学概论[M]. 厦门：厦门大学出版社，2006.

81. 张彦宁. 企业管理创新前沿[M]. 北京：企业管理出版社，2005.

82. 周三多，陈传明，鲁明泓. 管理学——原理与方法[M]. 4 版. 上海：复旦大学出版社，2005.

83. 周三多. 管理学[M]. 3 版. 北京：高等教育出版社，2010.

84. 朱荣恩. 内部控制案例[M]. 上海：复旦大学出版社，2005.